"大国三农"系列规划教材

普通高等教育"十四五"规划教材

不动产估价

第3版

朱道林◎主编

Real Estate Appraisal

中国农业大学出版社
China Agricultural University Press
·北京·

内容简介

本书作为学习土地估价、房地产估价等不动产价格评估专业知识与方法的基础教材，主要介绍不动产估价的基本理论、估价方法及主要估价实务的具体内容和要求。全书分上、下两篇，上篇理论方法，主要介绍不动产、不动产市场、不动产价格的概念与特征，阐述不动产估价的基本理论，分析不动产价格的构成及影响因素，重点介绍收益还原法、市场比较法、成本法、假设开发法、路线价估价法的原理、程序与应用等；下篇估价实务，介绍了不动产估价的一般程序，详细分析了城镇土地分等定级与基准地价评估、农用地定级与估价、宗地价格评估、地上附着物估价、房屋征收补偿估价、自然资源资产评估、城市地价动态监测及我国不动产估价行业管理等。

本书可作为土地资源管理、土地整治工程、土地科学与技术、自然资源登记与管理、房地产开发与经营等专业的相关课程教材，亦可作为房地产估价师职业资格考试参考教材。

图书在版编目(CIP)数据

不动产估价 / 朱道林主编. --3 版 . --北京：中国农业大学出版社，2024. 11

ISBN 978-7-5655-3022-7

Ⅰ. ①不…　Ⅱ. ①朱…　Ⅲ. ①不动产-资产评估　Ⅳ. ①F293. 3

中国国家版本馆 CIP 数据核字(2023)第 120724 号

书　名　不动产估价　第 3 版
Budongchan Gujia

作　者　朱道林　主编

策划编辑　梁爱荣　　**责任编辑**　梁爱荣
封面设计　李尘工作室
出版发行　中国农业大学出版社
社　址　北京市海淀区圆明园西路 2 号　　**邮政编码**　100193
电　话　发行部 010-62733489，1190　　读者服务部 010-62732336
编辑部 010-62732617，2618　　出　版　部 010-62733440
网　址　http：// www. caupress. cn　　**E-mail** cbsszs@cau. edu. cn
经　销　新华书店
印　刷　涿州市星河印刷有限公司
版　次　2024 年 11 月第 3 版　　2024 年 11 月第 1 次印刷
规　格　185 mm×260 mm　　16 开本　　23. 5 印张　　580 千字
定　价　76. 00 元

图书如有质量问题本社发行部负责调换

第3版编委会

主　　编　朱道林

副 主 编　王　健　欧阳安蛟　付梅臣

编写人员　（按姓氏笔画排序）

马学年　新疆农业大学
王　健　中国农业大学
王瑷玲　山东农业大学
付梅臣　中国地质大学（北京）
朱道林　中国农业大学
纪昌品　东华理工大学
杜　挺　重庆工商大学
李红波　华中农业大学
吴顺辉　华南农业大学
张立新　中国农业大学
张建军　中国地质大学（北京）
张惜伟　内蒙古师范大学
张蓬涛　河北农业大学
邵战林　新疆农业大学
欧阳安蛟　浙江大学
赵　丽　河北农业大学
徐占军　山西农业大学
龚　萍　内蒙古财经大学
程　建　首都经济贸易大学

第3版前言

不动产市场是我国市场经济的重要组成部分，不仅涉及每个人的切身利益，也是地方经济发展与社会建设的重要领域，同时关乎社会公共利益和国家经济安全。一个基础认识是，任何财产价格应该是能在市场上实现的。不动产与其他财产或商品相比具有特殊性，其市场价格信息往往需要借助专业的评估，交易的价格与评估的价格具有相伴相生的关系，这就产生了评估不动产特定权益于特定时间的价值的"艺术或科学"。

自20世纪80年代改革开放开始，与市场经济发展进程同步，我国先后进行了土地使用制度改革与住房制度改革，分别建立了土地和房地产等不动产产权体系及交易制度，在越来越普遍的土地和房地产交易过程中，开展不动产价格评估越来越为社会经济主体所广泛重视和需要。在这一过程中，学者们不断进行不动产估价理论和方法的研究，逐步制订并完善相关技术规程和规范，并逐步形成了土地及房地产估价行业体系，满足了市场经济发展的要求。同时我们也看到，随着社会经济发展的复杂化，不动产估价领域也面临着新的形势和变化，不动产的类型日趋丰富，权能构成日趋复杂，给估价行业带来一系列新的挑战。习近平总书记在党的二十大报告中指出，要"充分发挥市场在资源配置中的决定性作用，更好发挥政府作用""构建全国统一大市场，深化要素市场化改革"。在不断推进的要素市场化进程中，不动产估价总体仍处在发展过程中，有关估价理论、技术和方法均有待进一步深入研究。

本书力主对不动产估价的基本知识和方法进行介绍，定位为土地资源管理专业本科生学习的基础教材，也可作为土地估价师或房地产估价师学习与执业的参考教材。在内容编写上力求理论联系实际，重点介绍不动产估价的基本知识、基本原理和基本方法，并依据我国土地及房地产估价实践的要求，介绍土地估价和房地产估价的具体方法、步骤及要求等。

本书于2007年出版第1版、2017年出版第2版，得到各相关高校、估价机构和估价师的广泛使用。面向未来，不动产估价实践发生了很多变化，估价技术与方法研究新成果不断涌现，为使教材内容得到及时更新，我们组织修订出版第3版。本次修订，全书共设十八章，分上、下两篇，上篇第一章至第九章为基本理论和方法，下篇第十章至第十八章主要介绍不动产估价实务和行业管理。本书可作为土地资源管理专业本科生专业课"不动产估价"或"房地产估价"等课程的教材，一般设计讲课32～48学时，2～3学分。

本书由朱道林主编，各章编写者分别为：第一章朱道林，第二章朱道林、李红波，第三章吴顺辉，第四章付梅臣，第五章马学年，第六章龚萍，第七章张惜伟，第八章纪昌品，第九章王健，第十章徐占军，第十一章欧阳安蛟，第十二章杜挺，第十三章张蓬涛、赵丽，第十四章王瑷玲，第十五章邵战林，第十六章张立新，第十七章程建，第十八章张建军。

由于知识、时间所限，书中错漏之处在所难免，我们竭诚希望广大读者给予批评指正。

编　者

2024年5月

目　　录

上篇　理论方法

下篇　估价实务

上 篇

理论方法

第一章　绪论

不动产估价是由估价师评估不动产的价格，而不动产价格是由不动产交易市场形成的。因此，在学习不动产估价之前必须对不动产、不动产市场和不动产价格的概念及特征进行认识。本章主要内容包括不动产的概念及特性、不动产市场概述及其特征、不动产价格概述及其特征、不动产估价的概念及不动产估价师应该具备的基本职业要素。

第一节　不动产

一、不动产的概念

不动产(real estate)是指不能移动的财产，其具体含义可从不动产的实体、权属和有关法律界定等方面得到体现。

(一)不动产实体的概念

不动产是一定的物，它以一定的客观物体的形式存在。从实体的角度来谈，不动产是指土地及其地上的定着物。

土地既是一种自然资源，又是一种重要的生产要素，是人类生产生活所必需的。土地依其广义、狭义解释程度的不同，可区分为下面三种：

(1)狭义的土地：指地球表面的陆地，包括土地表面、地表以下及其垂直空间。

(2)广义的土地：指地球表面的陆地和被水覆盖的部分。被水覆盖的部分指海洋、江、河、湖泊、池塘等。

(3)最广义的土地：指自然资源(natural resource)，除包括地球表面的陆地和被水覆盖的部分外，还包括日光、空气、水、热能、风力等自然赋予的一切有形和无形的自然力。经济学家对土地所做的解释多采用最广义的概念。英国经济学家马歇尔(Alfred Marshall)在其著作《经济学原理》(*Principles of Economics*)一书中明确表示：土地是指自然赋予人类的水陆、空气、光线、热能等。美国的亨利·乔治(Henry George)认为：土地一词，并非仅指区别于水及空气的地面而言，其实含有人工以外的全部物质。而政治学家把土地与人民、主权并列称为国家组成的要素，当然不只局限于陆地，应包含水、陆、空及地下蕴藏的各种天然资源，而且更含有领海和领空。

(二)不动产权属的概念

不动产权属，是指不动产本身及其所包括的各种权利的总和。对于不动产来说，这种权利是其重要的、不可缺少的一个方面。不动产作为一种财产，它的位置是固定的，正是由于它的有关权利是可以流动的，才使得它能够进入流通领域（市场），得以实现其经济价值。另外，一个人可以不去占有或使用某一不动产，但只要拥有这一不动产的某项权利，他就可以因此而获得一定的收益。因此，不动产权属关系是其财产状况的重要方面。

不动产作为一种财产，从法律意义上讲，并不仅仅是由物构成的，还是由“人对物的权利”构成的。物本身不一定是真正意义上的财产，但构成了财产的基础和物质，只有财产客体的物存在时财产权利才可能产生。当一物客观地、合法地被某人占用时，为满足其个人的使用，因而排斥了所有其他人的权利，那么这种权利是绝对的；当人们对物的控制未达到绝对的程度，那么这种权利便是有限的或是受限制的。

由于不动产本身的特殊性，不动产权利是有限的或受限制的。不动产权利在国外通常分为所有权和他项权，其中所有权包括占有权、使用权、收益权、处分权等，他项权包括抵押权、留置权、地役权等。这些权利，即使是在土地私有制国家，也都要受到一定的法律限制。这些限制的产生通常是由于规定或者契约保留、约束等条款对财产的地役权有限定。如在不动产买卖契约上规定保留卖方的采矿权、木材采伐权、通行权或其他权利等。另外，土地使用者在使用过程中还要受到有关规划限制等。

我国在土地公有制体系下，实行土地所有权与使用权分离，产权结构比较特殊。按照规定，城市土地属于国家所有，城市郊区和农村土地除由法律规定属于国家所有以外，属于农民集体所有，土地使用权可以同所有权分离，通过出让方式获得的城镇国有土地使用权可依法进行转让、出租、抵押和继承等。

不同的土地权利形态具有不同的权能，不同的权能决定了不动产产权主体基于相应的权能获取收益的能力，进而决定其价格水平，在估价过程中必须予以充分考虑。

（三）不动产概念的法律界定

前文讨论到不动产权利，已经涉及有关法律对不动产权属的规定，不动产作为一种财产，各国的法律都不同程度地把它作为重要的讨论对象。如法国民法典对不动产作了如下规定：“一切财产或为动产，或为不动产”“财产作为不动产，或按其性质，或按其用途，或按其所附着的客体”“地产及建筑物按其性质为不动产”“尚未收割的收获物及尚未摘取的树上果实，均为不动产”“下列权利，按其所附着的客体，为不动产：不动产的用益权、地役权或土地使用权，旨在请求返还不动产的诉权”。日本民法第八十五条第一款规定：“土地及其定着物为不动产。”

《中华人民共和国民法典》（以下简称《民法典》）第一百一十五条规定“物包括不动产和动产”。但在该法中未对不动产的概念与范围进行具体界定。2015 年 3 月 1 日实施的《不动产登记暂行条例》规定“本条例所称不动产，是指土地、海域以及房屋、林木等定着物”。因此，不动产在我国法律上主要包括三个方面：

(1)土地。土地按其自然属性不能移动位置，它自身不仅是重要的不动产，也构成了其他不动产的前提和基础。就土地范围而言，应不仅限于地面，还包括地下及上空。但法律另有规定的除外，如《中华人民共和国矿产资源法》第三条规定“矿产资源属于国家所有，由国务院行使国家对矿产资源的所有权。地表或者地下的矿产资源的国家所有权，不因其所依附的土地的所有权或者使用权的不同而改变”。

(2)附属于土地的建筑物。建筑物包括地上和地下的各种建筑设施,一般主要是指房屋和其他不能移动位置或移动位置会改变其形态和降低其价值的建筑物。

(3)其他定着物。建筑物的固定附属设备等。

上述从不动产的实体、权利和法律界定三个角度分别讨论了不动产的概念问题,在估价过程中,应根据具体情况严格区分其概念关系。

二、不动产的特性

掌握不动产的特性是准确分析不动产价格的基础和前提。因此,这里在讨论不动产概念的基础上,进一步考察其与一般财产相比所具有的特殊性质。

(一)地理位置的固定性与区位条件的可变性

所谓不动产,就是指那些位置不可移动的财产。首先,土地的自然地理位置是固定的,不是以人类的双手所能移动的。虽然地震和火山爆发等会引起土地位置的移动,但是一方面这是自然力的作用,不是人类的行为所致;另一方面这种移动往往会引起其性质和形状的改变,已经不再是原来的土地或不动产了。其次,地上的建筑物和其他定着物,其附着于土地上,土地的固定性使得它们位置也是固定的,或者由于某种力量引起其位置的改变就会造成其性质和形状的改变,其就不能使用或价值量降低,不能构成原来的不动产。由于不动产具有位置的固定性,不动产效用就严格受到位置的支配,而且进行不动产买卖时,也要到实地观察,不能采取样品交易方式。

不动产的地理位置是固定的,但其在被人类利用过程中所表现出的社会、经济位置,或称区位条件则是可变的。例如,有些地区原为良好的住宅区,因附近建了工厂,以致变成环境污染或过密的居住区,影响居住区的居住条件。相反,有些原为不好的居住区,由于公共设施的兴建而变成优良的居住区,城市内的居住小区改造正体现了这一点。从不动产的经济位置来说,也是可变的,城市内道路和车站的增加或迁移,基本设施的扩建、改建,都会影响市区土地的经济价值和利用效益。

(二)土地面积的不增性与经济上的增值性

土地是自然历史的产物,其总量是不变的、有限的,既不可能增加,也不可能减少。人类的劳动会影响土地的质量,但一般而言对土地总面积的影响却是极其有限的,甚至是微不足道的。移山填海,扩展陆地,固然是能够办得到的,增加了一定的陆地面积,但从广义的土地来说,整个地球的土地总面积是固定不变的。不过,土地面积的有限性是针对土地总面积而言的,就某一特定用途面积而论则是不断变化的,例如,在一定地区范围内,居住用地的增加,相应地其他某些用地面积就会减少,城市建设用地增加,农业用地就会减少。

土地的总面积是不变的,而土地的经济价值却具有增值的特性。土地增值是客观存在的,它不仅反映在土地交易中,还反映在土地利用中,只要有人类对土地的利用,作用于土地的活动,都会引起土地的增值。例如,平整土地、兴修水利、改善交通、扩建城市等大规模的基本建设活动,改善了土地的生产条件和环境条件,提高了土地的利用能力,引起土地的正增值;与此相反,对土地的掠夺性经营,导致土地生产能力的下降,引起土地的负增值。同时,作为不动产的土地,由于其位置的固定性和总量的不变性,人类社会活动的发展和经济环境的变化,常常也会引起增值。

(三)土地的永续性和建筑物的折旧

土地的永续性是指土地不因使用而消耗、磨损,乃至灭失。虽然土地会因洪水或其他自然现象而造成流失,但其绝对量非常微小,大体可认为土地不灭,可供永久性使用。如果进行合理利用,其收益也是永久性的。然而,土地的永续性并不意味着适宜土地利用的条件,如地貌、气候、土壤、水、空气等不会被改变,不会被破坏、污染。恰恰相反,人们只有正确处理与土地的关系,切实注意保护和改良土地,才会实现土地的永续利用。

与土地的永续利用性相比,建筑物在使用过程中则会产生磨损、折旧,乃至报废和灭失。因此,不管什么样的人工建筑物,总是有一定的耐用年限的。对建筑物折旧的认识,在不动产估价中具有重要的意义,具体问题将在相关章节讨论。

(四)土地用途的多样性

土地可作为住宅用地、工业用地、商业用地、交通用地、农业用地、旅游娱乐用地等,这就是土地的多用途性。土地用途的多样性与土地数量的不增性同时并存,引起不同用途之间的竞争与改变,例如,农业用地转变为住宅用地、工业用地、交通用地;又如,在一定的地区既有居住用地,也有林地、农地、工业用地等,这种多用途的并存随处可见。

(五)不动产相邻关系的特殊性

不动产相邻会产生相邻法律关系,而动产相邻不会产生相邻法律关系。相邻关系是指相互毗邻的不动产的所有者、占有者或使用者,对各自不动产行使所有、占有或使用权时,因涉及彼此权益而相互给予便利或接受限制而产生的财产权益上的权利义务关系。如相互毗邻的不动产所有者或使用者,为自己行使权利,而对相邻不动产的使用和通行等,如过水、交通、管线的通过等加以限制。这种相邻关系实际上对相邻不动产的权利构成一种限制,相邻关系的原因主要是不动产的位置固定性和永续利用性等。在不动产估价过程中,我们需充分评估对象的各种相邻关系,考察其对不动产权利的影响程度以及对其价值量的影响程度。

第二节 不动产市场

一、不动产市场概述

不动产市场作为生产要素市场,是市场体系的重要组成部分,同时也是一种较特殊的市场。

在现代市场经济条件下,经济学家给市场的定义是:在商品生产和商品交换中产生和形成的商品交换的场所以及由商品交换所连接起来的人与人之间各种经济关系的总和。因此,市场有广义和狭义之分。广义的市场是指通过商品交换和流通所反映出来的各种经济现象,以及由此连接起来的人与人之间的经济关系和经济联系。狭义的市场仅仅是指商品交换和商品转手的地域和空间场所。市场通常由三个要素构成:①市场主体,它是指具有独立的经济利益，并具有自主决策权的经济法人主体。在市场经济中，市场主体包括企业、个人以及其他社会团体。②市场客体，它是指那些通过市场进行交换的有形或无形的产品，现实存在的产品或未来才存在的产品。③市场中介，它是连接市场各主体之间的有形的或无形的媒介和桥梁。市场中介包括联系生产者之间、消费者之间、生产者和消费者之间等媒介关系，在市场经济中，价格、竞争、市场信息、交易中介人、交易裁判和仲裁机关等都是市场中介。

不动产市场是指由不动产所引起的一切商品交换关系的总和。不动产市场，由于其经营的产品具有转移价值大、位置固定等特点，产品不可能集中到固定的空间场所去交换，其交换活动尤其需要凭借金融、信息等部门的作用才能完成。因此，不动产市场的内涵不可能用狭义的市场定义来概括，而应包括中间商、代理商、金融信用、广告信息等一切构成不动产交换关系的经营性活动。不动产市场的客体主要是土地和地上建筑物及其有关的权属关系，但在市场交换过程中，两者必须加以区别，即土地在本质上是自然资源，而建筑物及其他人工构建物为人类所创造，当它们定着于土地时，也称为不动产。因此，一般不动产的特性主要是以土地的特性为基础的。

二、不动产市场的特征

不动产具有与一般商品不同的特殊性，因而不动产市场也具有独立的特征。认识不动产市场的特征是掌握不动产价格的基础和前提。

1. 不动产市场的部分性

不动产市场交易只是针对待售财产总供给量的一部分而言，并不是所有的不动产都是通过市场方式进入消费过程或再生产过程。如果价格合适，所有的财产都被看作可以出售的，但不动产市场只是针对实际各种土地资源总供给量的待售部分，在美国大多数年份里这种待售部分往往不超过5%～6%，中国香港也只有5%。

2. 实质上的权属交易

不动产的根本特性是位置的固定性，但是市场要求其进行流通以实现其价值的转移，这样不动产的权属变更就成了不动产市场流通的根本形式。因此，不动产交易往往以一定的契据等法律文件为依据，权利的取得必须以法律为依据方为有效，并按不动产管理及其市场管理的需要进行变更登记，使其权属的变更得到法律确认。

3. 不动产市场的地域性

由于位置固定的特性，不动产市场基本上是一个地方市场，不动产必须原地出售。不动产市场的地域性还表现在不同地区由于经济发展水平不同，不动产市场产生和发展的动力也不完全相同，因而也就引起不同地区的不动产市场状况的差异。不动产市场的主要消费者是本地消费者，但是并不排斥外地消费者在本地购置不动产，然而毕竟数量有限，因此，不动产市场最终的、大量的消费者还是本地消费者。

4. 不动产市场交易对金融的依赖性

不动产投资占用资金数额大，且周期长。因此，不动产的买者和卖者往往都不能排除对金融业的依赖。其具体的形式有不动产抵押贷款、不动产证券，甚至不动产的金融租赁等。

5. 不动产市场的高度垄断性

土地资源的稀缺和位置固定性以及市场的地域性分割，导致地方性市场的不完全竞争和土地价格不完全依据供求关系来决定，加之不动产交易数额较大，所以不动产市场容易形成垄断。尤其在实行土地公有制的国家和地区，产权买卖只是一定期限使用权的买卖，而不是所有权的买卖。我国香港的批租制和内地实行的土地有偿使用、有偿转让都属于这种性质。由于土地的最终产权始终掌握在代表国家的各级政府手中，而且采取公开招标、拍卖出去的一定期限的土地使用权，其用途又由城市建设规划所限定，不能任意改变。所以，地产市场实际上是由政府控制的垄断市场，因而价格机制、竞争机制等对土地供求关系的调节作用就不如一般商品那样明显。但在具体的交易过程中，价格机制、竞争机制仍然顽强地表现出来，如在拍卖过程中出价高者成交。

6.流通方式的多样性

不动产作为耐用、高值商品，由期限长短、承受能力、安全性大小、收益高低的不同组合，创造出多种不同形式的不动产债权、债务关系，以打破市场流通的局限，满足不同层次的需要。如除买卖外，租赁、分割转让、期货交易、易货（产权交换）交易、拍卖、招标、协议成交、抵押、典当、卖楼花（预售）等交易行为也很普遍。后者的交易频率远较一般商品高。这种流通方式的多样化是不动产市场独有的，在其他任何商品市场极少存在。

7.不动产市场客体的非标准化和异质性

人们可以生产两件完全一样的产品，但是很难找到两块条件完全一样的土地。不动产经纪人出售地块、房屋时，不能像提供一辆汽车、一台电视机的样品一样使产品标准化。

8.不动产市场中广泛的经纪人服务

普通的买者和卖者对不动产市场缺乏经验且属于非经常性参与，他们对不动产的买卖知之甚少，通过经纪人的服务可以得到弥补。大多数不动产经纪人对市场行情和不动产转让比较了解，通过经纪人之间的接触、做广告和共同标价，买者和卖者很快可联系起来。经纪人经常性地接触市场行情，使得他们对不动产市场价格有一定了解，并因此成为不动产价格评估人。这些因素使得经纪人能够为普通买者和卖者提供有价值的服务，经纪人可以向未来的买者建议合适的财产类型和他期望支付的价格，同时，作为交易中介人，他比卖者能更好地提出财产的优点和真实的价格。

第三节 不动产价格

一、不动产价格概述

按照经济学的定义，价格是价值的货币表现，是商品同货币交换比例的指数。具体来说，价格是商品的交换价值在流通过程中所取得的转化形式，是一项以货币为表现形式，为商品、服务及资产所订立的价值数字。不动产作为财产，在市场交换中同样需要以货币表现其价值量，即不动产价格。

所谓不动产价格，一般是指人们对不动产效用的认识、不动产的相对稀少性及不动产的有效需求三者互相结合，所产生的不动产的经济价值（交换价值）的货币表现形式。

这里所说的效用（utility），是指满足人们欲望的能力，由于商品与劳务具有这种能力，才成为人们需求的对象。对不动产来说，由于不动产的使用或占有，能够发挥其舒适性或带来收益，由此引起人们占有该不动产的欲望，这就是不动产的效用。不动产的效用有很多种，尤其土地因具有永续性和多用途性，而能提供各种服务，其效用就随所提供服务的不同而存在着较大差异，如住宅用不动产，能让人感到舒适、安全；工业、农业、商业用不动产，能够提供收益。因此，一切物体只有其具有效用，才会成为人们接受的商品。但是，物体仅仅有效用并不一定能产生经济价值，若其数量丰富，随时随地都能自由获得，比如空气等，就不会产生经济价值。只有数量有限，且对于效用有相对稀少性，才能产生经济价值。尤其土地，前面已经介绍具有不增性，数量有限，因此其具有很强的稀少性。而这里所谓的相对稀少性，是指不动产的稀少性程度与其效用的关系而论，即不同效用的不动产往往存在着不同程度的稀少性。

不动产的效用具有相对稀少性就会产生价值，但这并不能直接以价格表现出来，要有一定的购买力所支持的需求，即有效需求的存在，才能产生价格。换句话说，欲取得或使用不动产，如果没有购买力存在，就不能成为有效需求。只有这种需求有现实购买力的支持，成为有效需求时，价格才能实现。因此，不动产价格是其效用、相对稀少性和有效需求三者共同作用的结果，三者相互结合，产生了不动产价格。

二、不动产价格的特征

不动产本身具有诸多特殊性，所以不动产价格也具有如下特征。

1. 不动产价格，一般以交换价格或租金表示

一般不动产价格以交换价格表示，同时也可用一定期间（通常为一年或一月）的收益，即租金表示。不动产价格与租金之间的关系，犹如资本金与利息之间的关系，如果想求取本金，只要能把握纯收益与还原率，即可依照收益还原法，将纯收益还原，求取不动产价格。相反，如果想求租金，只要能把握不动产价格及期待还原率，就可以求得纯租金。

2. 不动产价格是关于不动产权利的价格

由于土地的地理位置具有固定性或不动性，那么在不动产市场上能够流通的并非不动产本身，而是该不动产的所有权、使用权及其他权利，因此，不动产价格也就是这些权利的价格，这是与不动产市场的权属交易特征相对应的。

3. 不动产的价格是在长期作用下形成的

各个地区的不动产的各种条件并非是固定的，其社会、经济条件经常在变化之中，故不动产的使用或构成状态是否是最合适的，或现在虽然最合适，但随时间的推移，能否保持最合适状态，这些都需要经常进行分析。因此，不动产价格通常是对过去至将来的长期考虑而形成的。今天的价格是昨天的展开、明天的反映，是随着不动产本身条件的变化而不断变化的。在分析该不动产过去如何使用，将来能作何种使用，全面分析不动产的过去、现在和将来，才能形成不动产今天的价格或某一特定时期的价格。因此，在估价过程中，应密切注意把握今天的价格是昨天价格的展开、未来价格的反映这一客观事实。

前面谈到不动产的使用或构成状态是否最合适，就是通常说的不动产的最有效使用的判断。这种判断必须根据不动产所处地区条件，依据该不动产与所处地区的关系，判断其是否为最有效使用；地区条件是经常变化的，因此不动产的最有效使用也是在不断变化的。判断时应注意这一前提，即不动产的最有效使用是否能随着时间的变化而持续，这是估价过程中必须经

常注意的。

4. 不动产价格通常不具备形成市场价格的场所

不动产的现实价格，通常是在其实际交易过程中个别形成的，且常受到急买、急卖、亲戚间交易等特殊情况的影响，因此其价格并非是由一般交易市场形成的。正是由于不动性、不增性、个别性等土地的自然特性，不动产有别于其他一般商品，不易具备交易市场行情，而且不易形成固定的交易市场，不像其他一般商品，可以进行样品交易、品名交易、标价出售等，其价格可以在交易市场上形成。至于土地，并不能将其搬到一处作比较，要认识土地，只有亲自到所在地观察。虽然某些新开发的土地，分为住宅用地、工业用地等，也可形成局部性的市场，但这是极狭小的不完全市场。就现实情况而言，不动产不可能具备完全的自由市场。所以，不动产并不具备任何人均容易识别其适当价格的市场场所。因此，为获得不动产适当的价格，只有依赖于不动产估价。

第四节　不动产估价

一、不动产估价概述

不动产估价主要是由不动产拥有者、未来的买者、管理机构、信贷机构、征税机构和其他的个人或机构等，出于不同的目的和需要而进行的不动产经济价值的测算。相应的估价有不动产市场价格评估、政策性估价、资产清查估价、抵押估价、征税估价等。

按照英国皇家特许测量师协会（Royal Institution of Chartered Surveyors）会员米灵顿（A. F. Millington）的看法，不动产估价是“为特定目的评估不动产之特定权益于特定时间之价值的艺术或科学”，评估时应“考虑该不动产之特性及不动产市场之所有潜在经济因素”。日本不动产鉴定协会从估价的过程对不动产估价作如下解释：首先，不动产鉴定士接受申请后，就委托的内容，依据登记簿以及实测图等进行实地调查；其次，以本项调查为基准，实施鉴定作业，以确定其适宜公正的价格；最后，发布经不动产鉴定士签名盖章的估价报告，其估价报告所记载内容，不仅裨益于当事人的正确判断，也可作具有公正适当价格的证明文件。

完善的不动产估价原则和方法，可以通过科学的研究和实践的总结进行界定，供估价师参考和使用。但是，估价工作的成功还需要依靠教科书以外的更多知识。一个估价人员成功与否及估价结果的准确性，在很大程度上取决于他是否具有收集有关不动产价格数据的能力，是否具有从现行市场条件出发对这些数据以及对该不动产未来可能的生产力进行切合实际分析的能力。估价师不是算命先生，他不应试图占卜未来，但是他必须是一个对未来可能性有看法的热心观察者，应该特别熟悉目前当地的市场状况，并且在收集和分析不动产数据时，能进行有效的技术处理和判断。一个好的不动产估价人员需要具备一系列知识和技术，后文将对此进行详细讨论。

二、不动产估价师

在国外不动产估价师是备受尊敬拥有较高社会地位的专业人士，其地位较之律师、会计师、建筑师等有过之而无不及。在日本，政府每年公布的“公示地价”，皆委托民间的不动产鉴定士来做,然后再交由政府来公布,由此可见其地位与重要性。

不动产估价师拥有崇高的地位,相应地就必须负起相当的社会责任。对此,日本不动产鉴定协会曾有以下的一段宣示:“不动产鉴定士应负担的社会责任:不动产鉴定士,经法律禁止,不得为特定个人或团体作不公正的鉴定评价,若有此种事情,将受法律的处分”。为使会员不动产鉴定士遵守法令以及鉴定评价基准,并凭良心进行正确的评价,以达成社会责任,日本不动产鉴定协会制订独自的伦理纲领。因此,作为合格的不动产估价师,不仅要具备丰富的不动产专业知识,还要有良好的伦理道德和较强的社会责任感。

(一)专业能力要求

作为从事专业服务的估价师,必须具有扎实的基础知识、丰富的从业经验和实务技能。

1. 专业知识

从事不动产估价,既要了解所评估不动产的实体构成、利用状况、规划要求、产权状况,又要熟悉区域经济条件、市场供求状况、估价技术方法等,这些都需要熟练掌握相关资源学、经济学、法学、管理学、城乡规划学等知识,熟练掌握与估价对象及估价业务相关法律法规、政策规定、技术标准等,只有熟练掌握扎实的专业知识,才能科学运用估价方法,准确分析与测算出合适的价格。

2. 调查的才能

对估价对象本身进行调查,对周边环境及条件进行调查,对当地市场状况进行调查,对影响价格的各种因素进行调查等,是不动产估价的基本要求,全面、准确、深入的调查是准确估价的前提与基础,因此,调查的才能是估价师的基本素质。

3. 判断推理的能力

当估价师调查到估价所需要的各种材料和数据,可以从委托方获得相关基础资料,但如何依据这些材料进行价格分析和判断,对不同来源材料及数据进行甄别与分析,确定评估价格,这些都需要基于基本理论和专业知识进行判断与推理,以保证得出科学、准确的估价结果。

4. 熟练的经验

尽管有足够的专业知识,并有调查才能与鉴别资料的能力,可是如果缺乏实践经验,有时也难以很好地完成一项估价实务。经验不足的估价人员,常常过分依赖于书本知识、技术规程乃至已有范本,而做出不切合实际的估价。经验丰富且观察力敏锐的估价师,往往能够准确把握和正确判断估价项目的关键问题,尤其对当地市场判断与分析的经验、不同类型估价项目的特殊性分析等,都是正确判断价格的重要因素。作为估价人员,既要在长期的估价实务中不断积累经验,又需要将专业知识与实践经验有机结合,二者不可偏废。

5. 丰富的常识

不动产既是一种普遍的财产,又是人类生产过程不可或缺的生产要素,是各行各业都离不开的,因此不动产估价往往需要与各行业、各部门打交道,需要了解和掌握不同行业、部门的特殊性,及这些特殊性可能对不动产价格的影响。因此,对于估价人员来说,除具有深厚的专业知识外,还需要有丰富的常识,还需要对评估所可能遇到的日常知识有所了解。

(二)职业道德要求

估价人员除应具备上述要求的专业能力外，还应遵循职业道德要求。

1. 尽职守责

估价人员对于自己职责所在及其重要性应当有完全的认识。估价人员是站在为他人的财产评定价格的位置，委托者信任其评定结果而从事交易或者其他行为，所以估价结果是否适当，对于委托人利害关系有直接重大的影响，估价人员应经常保持这种自觉性。为了减少工作量而怠慢调查，一时疏忽而遗漏应当调查与观察的重点，或受个人好恶影响而作极度悲观或乐观的估价，轻率撰写估价报告等，都将会造成严重的后果。

2. 诚实守信

估价人员应严格遵循职业操守，诚实地开展调查、评估和信息披露，不得有虚伪、隐蔽或欺骗行为。尤其在提供业务结论时不得误导或欺诈，不得使用或提供误导性或欺诈性的报告，不得在知晓的情况下允许雇员或其他人员提供误导性或欺诈性报告。

3. 客观公正

估价师作为市场中介的专业服务人员，应保持中立精神，做到客观公正。在从事估价实务中，应当公正、客观、独立，不得掺杂私利；不能以任何一方当事人的利益或动机为出发点，不宜接受预先确定意见和结论的业务；应尽力回避有直接利益相关的估价项目。

4. 廉洁

估价人员除工作上应获得的报酬外，不应接受其他利益、恩惠等，不应因特殊诱惑而接受委托者或不动产拥有人的要求，以及由此而故意出具违反真实的估价报告。作为估价师，索要、收受或者变相索要、收受合同约定以外的酬金、财物，或者谋取其他不正当利益的，是违法行为。

5. 保守秘密

估价师应当维护估价人员、估价机构与客户之间关系的保密性，应该承担保守在估价过程中所涉及的委托方商业秘密的责任。估价人员在使用保密资料和提供业务结论时，应当以最大诚意维护客户的合法利益，应当熟悉并遵守业务中涉及的所有保密、隐私法律和规定。

三、我国的不动产估价师

随着城市土地制度改革及房地产市场的发展，我国在20世纪90年代中期先后建立了土地估价、房地产估价制度，同时分别建立了土地估价师、房地产估价师的职业资格考试认证与职业资格注册制度。

随着市场经济的发展，国家为规范估价师职业资格管理，根据《中华人民共和国资产评估法》(以下简称《资产评估法》)等要求，2021年10月住房和城乡建设部、自然资源部发布了《关于印发〈房地产估价师职业资格制度规定〉〈房地产估价师职业资格考试实施办法〉的通知》(建房规〔2021〕3号)，建立了房地产估价师统一考试、统一注册、分工监管制度。

《资产评估法》中关于评估专业人员的要求

第二章　评估专业人员

第八条　评估专业人员包括评估师和其他具有评估专业知识及实践经验的评估从业人员。

评估师是指通过评估师资格考试的评估专业人员。国家根据经济社会发展需要确定评估师专业类别。

第九条　有关全国性评估行业协会按照国家规定组织实施评估师资格全国统一考试。

具有高等院校专科以上学历的公民，可以参加评估师资格全国统一考试。

第十条 有关全国性评估行业协会应当在其网站上公布评估师名单，并实时更新。

第十一条　因故意犯罪或者在从事评估、财务、会计、审计活动中因过失犯罪而受刑事处罚，自刑罚执行完毕之日起不满五年的人员，不得从事评估业务。

第十二条　评估专业人员享有下列权利：

（一）要求委托人提供相关的权属证明、财务会计信息和其他资料，以及为执行公允的评估程序所需的必要协助；

（二）依法向有关国家机关或者其他组织查阅从事业务所需的文件、证明和资料；

（三）拒绝委托人或者其他组织、个人对评估行为和评估结果的非法干预；

（四）依法签署评估报告；

（五）法律、行政法规规定的其他权利。

第十三条　评估专业人员应当履行下列义务：

（一）诚实守信，依法独立、客观、公正从事业务；

（二）遵守评估准则，履行调查职责，独立分析估算，勤勉谨慎从事业务；

（三）完成规定的继续教育，保持和提高专业能力；

（四）对评估活动中使用的有关文件、证明和资料的真实性、准确性、完整性进行核查和验证；

（五）对评估活动中知悉的国家秘密、商业秘密和个人隐私予以保密；

（六）与委托人或者其他相关当事人及评估对象有利害关系的，应当回避；

（七）接受行业协会的自律管理，履行行业协会章程规定的义务；

（八）法律、行政法规规定的其他义务。

第十四条　评估专业人员不得有下列行为：

（一）私自接受委托从事业务、收取费用；

（二）同时在两个以上评估机构从事业务；

（三）采用欺骗、利诱、胁迫，或者贬损、诋毁其他评估专业人员等不正当手段招揽业务；

（四）允许他人以本人名义从事业务，或者冒用他人名义从事业务；

（五）签署本人未承办业务的评估报告；

（六）索要、收受或者变相索要、收受合同约定以外的酬金、财物，或者谋取其他不正当利益；

（七）签署虚假评估报告或者有重大遗漏的评估报告；

（八）违反法律、行政法规的其他行为。

根据建房规〔2021〕3号文件规定，国家设置房地产估价师准入类职业资格，纳入国家职业资格目录，实行统一考试、统一注册、分工监管。

房地产估价师(real estate appraiser)是通过国家职业资格考试取得中华人民共和国房地产估价师职业资格证书（以下简称"房地产估价师职业资格证书"），并经注册后从事房地产估价（含土地估价）业务的专业技术人员。由住房和城乡建设部会同自然资源部按照规定的职责分工负责房地产估价师职业资格制度的实施。

房地产估价师职业资格考试实行全国统一大纲、统一试题、统一组织。房地产估价师职业资格考试原则上每年举行1次，设置4个考试科目，分别是：《房地产制度法规政策》《房地产估价原理与方法》《房地产估价基础与实务》《土地估价基础与实务》。其中，住房和城乡建设部会同自然资源部，委托中国房地产估价师与房地产经纪人学会会同中国土地估价师与土地登记代理人协会承担《房地产制度法规政策》《房地产估价原理与方法》科目的考试大纲编写、命审题、阅卷等工作。住房和城乡建设部委托中国房地产估价师与房地产经纪人学会承担《房地产估价基础与实务》科目的考试大纲编写、命审题、阅卷等工作。自然资源部委托中国土地估价师与土地登记代理人协会承担《土地估价基础与实务》科目的考试大纲编写、命审题、阅卷等工作。考试成绩实行4年一个周期的滚动管理，即在连续4个考试年度内通过全部4个考试科目，即可取得房地产估价师职业资格证书。

国家对房地产估价师职业资格实行职业注册管理制度。经考试合格并取得房地产估价师职业资格者，通过注册，可以依法从事房地产估价业务和土地估价业务，签署房地产估价报告和土地估价报告。估价的行业管理实行分工负责，住房和城乡建设部负责制定房地产估价的准则和标准，自然资源部负责制定土地估价的准则和标准。

【本章小结】

本章主要介绍了不动产的概念和特征、不动产市场概述及其特征、不动产价格概述及其特征、不动产估价的概念及不动产估价师应具备的基本职业要素等。主要知识点如下。

不动产指不能移动的财产，其具体含义的界定，可从不动产的实体、权属和有关法律界定等方面得到体现。不动产首先是一定的物，它以一定的客观物体的形式存在。因此，从实体的角度来谈，不动产是指土地及其地上的定着物。

不动产的5个基本特征：地理位置的固定性与区位条件的可变性、土地面积的不增性与经济上的增值性、土地的永续性和建筑物的折旧、土地用途的多样性、不动产相邻关系的特殊性。

不动产市场：指由不动产所引起的一切商品交换关系的总和。包括交易双方、中间商、代理商、金融信用、广告信息等一切构成不动产交换关系的经营性活动。

不动产市场的特征：部分性、权属性交易、地域性、金融的依赖性、垄断性、流通方式的多样性、客体的非标准化和异质性、市场中广泛的经纪人服务。

不动产价格：一般是指由于人们对不动产效用的认识、不动产的相对稀少性及不动产的有效需求三者互相结合所产生的不动产的经济价值(交换价值)的货币表现形式。

不动产价格的特征：一般以交换价格或租金表示，是关于不动产权利的价格，在长期作用下形成，通常不具备形成市场价格的场所。

不动产估价：由不动产拥有者、未来的买者、管理机构、信贷机构、征税机构和其他的个人或机构等，出于不同的目的和需要而进行的不动产经济价值的测算，相应的估价有不动产市场价格评估、政策性估价、资产清查估价、抵押估价、征税估价等。

【习题及思考题】

1. 什么是不动产？分别说明不动产实体概念、权属概念及法律界定等。

2. 不动产概念界定对不动产估价有什么样的影响？

3. 什么是不动产市场？简述不动产市场的特征。

4. 什么是不动产价格？简述不动产价格的特征。

5. 如何理解不动产估价是科学与艺术的结合？

【参考文献】

[1]林英彦. 不动产估价. 11 版. 台北：文笙书局，2006.

[2]中国土地估价师与土地登记代理人协会. 土地估价实务与案例. 北京：中国大地出版社，2022.

第二章　不动产估价的基本理论

不动产估价的过程是估价人员进行不动产经济研究的过程。只有充分掌握不动产估价的基本理论，准确把握不动产价格形成的基本规律，才能在充分熟悉和把握当地不动产市场行情和特点的前提下，依据估价目的，遵循估价原则，采用公开市场标准，在一定估价技术路线指导下，选用适宜的估价方法进行估价，并在综合分析不动产价格影响因素的基础上，评估出待估不动产的客观合理价格。同时，也可以通过实践探索和理论研究，分析解决估价实践中遇到的一系列问题。本章主要对价值理论、市场理论、不动产估价原则等估价基本理论进行简单介绍。

第一节　价值理论

一、价值理论与不动产价格理论

价值一词在日常生活中的含义很广，如历史价值、艺术价值、学术价值、价值观、“人生的价值是什么”中的价值等。不动产估价所涉及的价值主要是经济学范畴的价值。在经济学里，广义的价值分为使用价值和交换价值。其中，使用价值是指物品能满足人们某种需要的效用；交换价值是指一种商品同另一种商品相交换的量的关系或比例，即交换价值表现为一定数量的其他商品。在现代社会，交换价值通常用货币来衡量，因此，交换价值一般表现为一定数量的货币。人们在经济活动中通常提到的价值，一般指的是交换价值；在不动产估价中通常所讲的价值，也是指交换价值。

(一)经济学价值理论

价值是经济学中的一个基本概念，价值理论也是经济学的基础和核心。理论经济学界围绕价值与价格的争论，尤其是对价值本质的争论从未间断过，并逐渐从不同角度形成不同的学说，如劳动价值理论、要素价值理论、效用价值理论、供需均衡价值(格)论等。

1.劳动价值理论

英国经济学家威廉·配第是劳动价值理论的创始人，他将生产成本与商品价值联系起来，首次提出了商品的价值“取决于它所包含的劳动时间”的基本观点。在《赋税论》中威廉·配第首先对商品的自然价格和政治价格进行区分，并认为自然价格就是商品的价值；然后认为商品的价值应归结于生产商品所需要的劳动量，又把商品价值量的大小归结为劳动生产率的高低，并指出：“自然价格的高低，取决于生产自然必需品所需人手的多少”“单位商品价值量的大小与生产商品的劳动生产率呈反比例关系。”

威廉·配第之后，亚当·斯密最先发展了劳动价值理论。在其著名的《国富论》中，亚当·斯密首先从交换和分工的物物交换关系中发现交换价值，并将交换价值从价格中分离出来，区分了使用价值和交换价值，认为“价值一词有两种不同的意义，它有时表示特定物品的效用，有时又表示占有某物而取得的对于他种物品的购买力。前者可称作使用价值，后者可称作交换价值”。然后重点研究了交换价值，并把价值的真实基础归结为生产时所消耗的劳动，把价值量归结为商品内部所凝结的劳动量，指出“什么是交换价值的真实尺度，即构成一切商品真实价格的究竟是什么？是劳动。劳动是一切商品的交换价值的尺度”。亚当·斯密还分析了商品的自然价格和市场价格的关系，指出市场价格受供求关系影响并围绕自然价格变动。

大卫·李嘉图是古典经济学派劳动价值理论的完成者。他继承和发展了亚当·斯密的劳动决定商品价值的理论，肯定了亚当·斯密关于使用价值和交换价值的区分，认识到使用价值是交换价值的物质承担者，进一步指出价值是由劳动时间决定的，但并不是个别生产者在生产商品时实际所耗费的劳动，而是必要劳动，商品价值的大小取决于生产商品的必要劳动量的大小。商品的交换价值取决于它们的绝对价值。货币是一种特殊的商品，因为它是表现其他商品价值的媒介。

马克思批判地继承和发展了古典经济学的劳动价值理论，创立了科学的劳动价值理论，他最大的贡献是首创了劳动的二重性理论。马克思首先从分析商品的使用价值、交换价值和价值入手，指出使用价值是交换价值的物质承担者，价值是交换价值的基础，交换价值是价值的表现形态。进一步指出具体劳动和抽象劳动是同一劳动过程不可分割的两个方面，具体劳动创造使用价值，抽象劳动创造价值。其基本观点是：

第一，商品具有使用价值和价值。商品的使用价值是物品和服务的有用性，由商品的自然属性决定。而价值是指凝结在商品生产过程中的一般人类劳动，是商品的本质和社会属性。使用价值是价值的物质载体，价值通过商品使用价值的交换所体现，商品是使用价值和价值的统一。

第二，生产商品的劳动具有二重属性，即具体劳动和抽象劳动。具体劳动是指生产某种使用价值所进行的特定种类的生产活动，它创造了不同质的使用价值。抽象劳动是指撇开各种具体形式的一般无差别的人类劳动，它是同质的、无差别的形成商品价值的劳动。

第三，商品价值量的大小依据平均的社会必要劳动时间来确定。社会必要劳动时间是指在现有的社会正常的生产条件、社会平均的劳动熟练程度和劳动强度下制造某种使用价值所需要的劳动时间。劳动者在一定时间内生产某种使用价值的效率被称为劳动生产率，劳动生产率越高，单位时间生产的商品数量越多，则生产每一单位产品所需的劳动时间越少，单位时间生产的商品的价值量越小；反之，劳动生产率越低，单位商品价值量越大。

第四，价值由不变成本 C、可变成本 V 和剩余价值 M 三部分组成。C 是消耗掉的生产资料价值，就是不变资本；V 是劳动者的劳动报酬，包括工资、奖金、各种福利；M 是劳动者创造的而被资本家无偿占有的剩余价值。$C+V$ 是商品的经济学成本，$V+M$ 是新增价值，而商品在市场上的价格并不是 $C+M+V$，而是由 $C+V+$ 平均利润构成的。

马克思劳动价值理论认为，价值是指凝结在商品生产过程中的一般人类劳动。价值量的大小依据平均的社会必要劳动时间来确定。价格是商品价值的货币表现，商品的价值是在生产过程中形成，在交换过程中实现的，而商品交换过程中形成的价格除取决于商品生产过程所包括的价值的大小外，还受市场中诸多因素的影响。

2. 要素价值理论

要素价值理论是法国让・巴・萨伊在发展了亚当・斯密提出的工资、利润和地租是一切可交换价值的三个根本源泉的命题基础上，将社会各种收入的源泉归结为一般劳动过程的要素，认为商品的价值是由劳动、资本、土地三个生产要素协调创造的，即所谓的"生产三要素"价值理论。继三要素价值理论，熊彼特的创新理论又将企业家才能纳入生产要素当中，价值理论发展到四要素理论。要素价值理论可以从两个方面理解：资产价值由生产过程中投入的各种要素（劳动、资本、土地、企业家才能等）所带来的效用决定；资产的收益由要素的报酬构成（工资、利息、地租、正常利润等），各种要素均为资产价值增值做出贡献。随着经济和现代生产的发展，越来越多的经济学家开始对传统生产四要素理论进行修正。索洛提出了"技术进步决定经济增长"的观点。而以罗默、卢卡斯等为代表的新增长理论将原本看作外生变量的技术内生化纳入生产函数。因此，知识和技术也被看作形成资产价值和带来资产价值增值的一个要素。

3. 效用价值理论

效用价值理论是通过研究物品满足人的欲望的能力或人对物品效用的主观心理评价来解释价值及其形成过程的一种经济理论。效用价值理论是古典政治经济学瓦解后出现的绝大多数西方经济学流派的理论基础。效用价值理论的发展过程和研究成果可以分为两个阶段，19世纪60年代前主要是关于一般效用论的研究，19世纪60年代后则主要表现为边际效用论。

效用价值理论的理论核心是研究物品的效用，这一观点最早出现于古希腊哲学家亚里士多德的著作中。但直到17～18世纪上半期，效用价值理论才在经济学著作中得到明确的表述。这一时期的效用价值论思想表述的主要是一般价值理论的内容，认为"一切物品的价值都来自它们的效用"。

边际效用价值理论产生于19世纪30年代，完成于19世纪70年代。德国赫尔曼・戈森作为边际效用论重要的先驱者和奠基人，在19世纪50年代提出了"戈森规律"：享乐递减规律和边际效用相等规律。19世纪70年代初，英国经济学家杰文斯、奥地利经济学家门格尔和法国经济学家瓦尔拉斯三个人在同一时期不同国家分别发表了三部具有相同理论倾向的著作，后经经济学家庞巴维克等的发展，形成了比较完整的理论体系。

边际效用价值理论有关价值形成的观点主要有三点：首先，价值来自人们对于商品的主观评价，效用是商品和服务满足消费者需求的程度，效用越大，则商品和服务的价值越大。稀缺性是价值形成必须满足的另一个充分条件，因为人的欲望是无限的，如果供给无限，人们可以不付任何代价取得它，则它不具有价值，只有当物品稀缺时才能引起人们对其评价。其次，决定商品价值量的是边际效用量，即一定量某种物品中最后一单位物品所提供的效用。最后，提出了边际效用递减规律。认为在一定时期内其他条件不变的前提下，随着物品数量的增加，人们对该物品的欲望逐渐减少，该物品对人们的满足程度逐渐降低，即物品的边际效用递减。而在一定收入和价格水平下，当各种商品的边际效用均等时，消费者实现了其效用最大化。

4. 供需均衡价值（格）论

供需均衡价值（格）是马歇尔经济学说的核心和基础。马歇尔在《经济学原理》（1890年）一书中把供求理论、边际效用理论和生产费用理论进行融合，形成了以生产成本分析为中心的供给理论和以效用分析为中心的需求理论相结合的新的经济学体系。马歇尔认为，一种商品的价值，在其他条件不变的情况下，是由该商品的需求状况和供给状况决定的，用商品的均衡价格去衡量商品的价值。所谓均衡价格，就是一种商品的需求和供给相一致时的价格。需求价格是消费者对一定数量的商品所愿意支付的价格，这是由该商品的边际效用所决定的；供给价格是由生产者为提供一定数量商品所愿意接受的价格，这是由边际生产费用所决定的。在均衡价格理论中，马歇尔用价格代替了价值，将二者视为等同，用对价格的分析取代了对价值的分析，认为供给与需求双方的力量决定价格(价值)。自马歇尔之后，西方经济学的主流就不再关注原来意义上的价值论，而是关注供需价格论，认为商品或劳务的客观效用或满足欲望程度的衡量标准就是价格；效用和生产费用是影响价格的两个均等因素；市场竞争程度通过供求关系来影响商品或劳务的价格；市场均衡价格也不是固定不变的，而是不断变化的。

(二)不动产价格理论

不动产价格的本质问题集中反映在把土地当作商品的认识上，认识的角度不同往往产生不同的看法。关于土地价格的实质问题的观点主要有马克思的土地价值与价格理论(或称为劳动价值论)和西方经济学的效用价格论(或称非劳动价值论、多元价值论)两大流派。虽然这些理论各有说法而不尽一致，但其研究对象和目标都集中于在市场经济条件下，土地作为一种商品的价值和价格问题。

1.马克思土地价值与价格理论

(1)马克思土地价值学说。马克思在分析商品、价值与劳动等范畴中创立了劳动价值学说，认为价值和价格是商品经济的范畴，指出："一切劳动……作为相同的或抽象的人类劳动，它形成商品价值。"而"作为价值，一切商品都只是一定量的凝固的劳动时间"。同时又指出："一个物可以是使用价值而不是价值，在这个物并不是由于劳动创造而对人有用的情况下就是这样，如空气、处女地、天然草地、野生林等。"这就是说，价值由劳动创造，凡是本身没有包含任何物化劳动的自然物和自然力都一概没有价值。当然土地作为自然存在和自然赋予的一种自然资源，如未经人类改造利用，不是劳动的产品，无疑它是没有价值的。另外，马克思又通过对土地投资的考察，对已开发利用土地的价值加以确认，并提出"土地资本"的概念。如在论述农业用地的地租时，他指出："资本能够固定在土地上，即投入土地，其中有的是比较短期的，如化学性质的改良、施肥等，有的是比较长期的，如修排水渠、建设灌溉工程、平整土地、建造经营建筑物等。我在别的地方，曾把这种投入土地的资本，称为土地资本。"马克思接着指出："在农业的通常的生产过程中……这种投资和一般单纯的耕作一样，只要这种耕作在某种程度上合理地进行……会改良土地，增加土地产量，并使土地由单纯的物质变为土地资本。和一块具有同样自然性质的未耕土地相比，一块已耕土地有较大的价值。"这就是说，经过改良的土地由于投入土地的资本而具有了价值。因为人们改良土地，对土地进行投资，也就是对土地投入了劳动(含物化劳动和活劳动)，它使土地由单纯的自然物质变成土地资本和生产资料。土地资本与作为土地实体的土地自然物质相结合，不但改良了土地，使其由自然状态变为生产资料，具有了新的使用价值，增加了土地产量和生产力，而且由于人们投入的资本(劳动)凝结在土地之中，形成了土地价值。这就使已利用土地不仅是自然物，还是资本物，从而具有自然与社会双重属性。马克思的这一观点同他把土地的肥力区分为自然肥力、人工肥力和经济肥力的理论是一致的。

另外，马克思在论述建筑用地地租和矿山地租及其价格问题时也提出了土地资本这一范畴。他明确指出:“这种固定资本或者合并在土地中,或者扎根在土地中,或者建立在土地上,如所有工业建筑物、铁路、货栈、工厂建筑物、码头等,都必然提高建筑地段的地租。”

可见,马克思在分析土地价值时把土地区分为土地物质和土地资本两个本质不同的范畴。所谓土地物质,是指土地自然物与自然力,它具有经久的永恒性,不以土地资本的投入而变化,因而没有物化劳动,也没有价值;而土地资本则是指已利用土地,其中凝结了资本和劳动,所以具有价值。同时,马克思还指出,“经济学上所说的土地是指未经人的协助而自然存在的一种劳动对象。”这告诉我们二者之间的这种本质区别是不能忽视的。但是,马克思又说,由于土地资本与土地实体(土地物质)有“不可分离性”,因而在签订新的土地租约时,往往形成租地农场主支付给土地所有者的一部分地租,从而使地租(地价)不断增大。所以,欲要全面理解马克思土地价值学说,必须准确地把握土地物质与土地资本的含义、特性和区别。

(2)马克思地租原理。马克思地租原理主要从质和量两个方面来揭示土地价格产生的根源。其主要观点如下:

①地租的本质是经济关系的表现,而不是自然对人类的赐予。马克思认为,“地租来自社会,而不是来自土壤”,“不论地租有什么独特的形式,它的一切类型有一个共同点:地租的占有是所有权借以实现的经济形式”。地租是土地产权人凭借对土地的所有权或占有权,分割一部分剩余价值,它是在分配领域而非生产领域形成的。商品在实现其价值并补偿生产消耗以后的部分可以分解为利润和地租。

②地租是产品价格基础和组成部分。他指出,“产品价格不是地租的原因,相反,地租倒是产品价格昂贵的原因”。“土地之所以具有价格,之所以能买卖,是因为存在着地租,而不是反过来。”“土地价格不外是资本化的因而提前支付的地租。”可见,地价是地租资本化所形成的“虚拟资本”。

③地租存在级差地租、绝对地租和垄断地租等多种形式。级差地租是指租用较优土地所获得的归土地所有者所占有的超额利润。土地条件(反映为土地等级)的差别是级差地租形成的基础。这种差别表现为土地自然条件(如肥力、承载力、地形等)、地理位置及开发利用的程度。在等量投入的情况下,土地等级不同,土地收益便不同,因此地租额不同。根据级差地租形成的基础不同,马克思又将级差地租分为级差地租Ⅰ和级差地租Ⅱ两种形态。级差地租Ⅰ是由土地肥力、地理位置等方面产生的超额利润转化而来的地租;级差地租Ⅱ是由同一块土地上进行连续追加投资使劳动生产率产生差异而产生的超额利润转化而来的地租。

绝对地租是土地所有者凭借土地所有权垄断所取得的地租,是不管耕作什么样的土地都必须缴纳的地租。绝对地租的来源是产品价格与生产价格之间的差额,是农业工人创造的剩余价值的一部分。其产生的条件是农业资本有机构成低于社会平均资本有机构成使得其产品价格高于产品价值。土地私有权的垄断是使超额利润保留在农业部门并使之转化为绝对地租的原因。

垄断地租是由产品的垄断价格带来的超额利润转化而来的地租。因为某些土地具有特殊的自然条件,能够生产某些特别名贵而又非常稀缺的产品,从而形成垄断价格。垄断价格“一般是指这样一种价格,这种价格只由购买者的购买欲和支付能力决定,而与一般生产价格或产品价值所决定的价格无关”。这样,生产者便可获得垄断价格与生产价格之间的差额,即垄断利润。这部分利润由租地资本家转交给土地所有者后,便成为垄断地租。垄断地租不是来自农业工人创造的剩余价值,而是来自社会其他部门工人创造的价值。

(3)马克思土地价格理论。马克思对土地价格的考察,是以他的土地价值理论为基础,并结合地租原理而展开的。其逻辑推理是:超额利润转化为地租,地租转化为地价。

马克思认为:"土地价格不是土地的购买价格,而是土地提供的地租的购买价格,它是按普通利息率计算的。"即土地价格是资本化的地租,是能够带来与地租等量利息的货币额,用数学公式表达为:土地价格=地租/利息率,这是收益还原法估价的理论基础。

自然状态下的土地虽然不是劳动产品,没有价值,但有使用价值,并存在价格。马克思指出:未开垦的土地"没有价值,因为没有人类劳动物化在里面""土地不是劳动的产品,从而没有任何价值"。但是,土地具有特殊的使用价值,在一定的土地关系下即产生地租。正因为有了地租,才产生了土地价格。这个价格不是土地的购买价格,而是土地所提供的地租的购买价格。

土地价格的实质是地租的资本化。马克思指出,资本化的地租表现为土地价格,其公式为:土地价格=地租/土地还原率。

土地租金是出租土地的资本化收入。我们现在利用的土地都经过了人类长期的开发利用,已经物化了人类的劳动。马克思将这种固定在土地中的劳动称为土地资本,属于固定资本范畴。土地资本本身也像其他固定资本一样会损耗和消失。土地资本能为土地所有者带来利息和折旧,它是租金的一部分。而纯粹的自然土地,即抛开了土地资本或土地改良物价值的土地就称为土地物质。土地物质纯粹是自然的恩赐,它给土地所有者带来真正的地租。土地资本的利息、折旧和真正的地租一样都构成了土地所有者的收入,从而都决定土地价格。

2. 西方经济学效用价格论

继三要素价值理论、边际效用理论和供需均衡价值理论,西方经济学和土地经济学家们对价值和使用价值(效用)的概念区别均作模糊处理,主张价值多元化,反对劳动是价值的唯一源泉。认为"价值是有多种含义的",广义的价值是指"满足欲望的能力""有多少种欲望就有多少种价值",而他们关心的是经济价值和市场价值。他们把土地资源视为市场经济体系中的一种商品,土地资源是人们需要的并具有价值,土地价值即"土地资源价值"或"不动产经济价值"。并把经济价值定义为"表示特定财产在特定时间、地点和特定市场的贵贱。从而,经济价值远非每种财产所具备的固有属性,而实际上是一个主观概念",它"往往取决于供求力量的相互作用"。相对于价值理论研究,西方经济学更注重对不动产价格的研究,他们以市场价格为基础,注重从土地收益、土地供求和从城市成长过程、趋势及区位空间结构等方面考察地价问题。他们以土地的效用,即土地具有满足人类的需要,进行各种生产和消费的能力为基础,从需求角度来分析指出地价最终取决于土地市场的供求状况,即地价既反映了土地的劳动消耗,又反映了土地的稀缺程度。其中具有代表性的主要是土地收益理论和土地供求理论。

土地收益理论认为,地价是土地收益即地租的资本化,这里的地租是指经济地租,即土地总收益扣除总成本的余额。土地收益,首先是指正常情况下的土地收益,即有较好的生产能力;其次是指处于最佳利用方向的土地收益。土地具有多项用途,评估地价时一般用其处于最佳利用方向的土地收益。如城市中某宗闲置土地,可以作商业、居住和工业等多种用途,评估时应综合分析其区位及规划限制条件,确定其最佳的利用用途及其开发强度;最后是指土地纯收益,即是总收益扣除生产成本及一切赋税后的剩余值。正如伊利在其《土地经济学原理》一书中所说:如果土地的"总收入仅够劳力和其他费用的开销,而土地则毫无收益;因此,我们说没有地租可言"。关于土地收益和土地价格的关系,伊利认为,不是土地价格决定土地收益,而是土地收益决定土地价格。他说:“应当注意,并不是资本价值决定收益,而是收益决定资本价格。”在实际估价中,各种各样的收益评估模型大都是以这一原理为依据的。

土地供求理论认为,土地具有交换价值又有交换关系发生,所以有土地价格,而决定土地价格的基本条件是供给与需求和供求规律的作用。如张德粹教授在论述土地价格时认为:“土地价格的决定因素是土地的供给和需求。”但土地的自然供给无弹性,土地是自然物没有成本,因而土地的供给不以生产成本为基础,地价中不包含生产成本的因素,土地的自然供给量不受地价变动的影响,也不会对地价构成影响。土地的经济供给虽有变动,但也受土地自然供给量不变的限制,因而在供给量不变或变动不大的情况下,土地价格通常是由需求一方决定的。如马尔萨斯、萨伊、马歇尔、萨缪尔森等认为,土地这一生产要素的价格完全由其需求来决定。在市场经济中,土地与其他商品一样,其价格主要取决于本身的供给和需求。土地的供给增加,需求不变或减少,则地价下跌;土地供给减少,需求不变或增加,则地价上升。然而对一定时期和一定的地区来说,影响土地供需的因素很多,土地的供给与需求又经常在变动,因此地价仍然是在供求规律的作用下形成的。

3. 不动产估价理论的发展

相对于价值理论不同,西方经济学更注重对不动产估价理论与方法的研究。现代估价理论形成于19世纪末,马歇尔是第一位考虑不动产估价的主要经济学者,并被公认首创了三种传统估价方法,即市场比较法、成本法和收益资本化法。1927年,Mertzke出版了《不动产评估》一书,该书采纳了马歇尔的思想,在价值理论和估价理论之间建立起有机的联系,将抽象的经济理论转化为应用估价理论。K. Lee Hyder等在20世纪三四十年代又发展和强调了马歇尔的三种估价方法,建立起了实际运用三种估价方法的系统程序。之后的Schmuatz确立了现代估价模型,并随后将其纳入美国不动产评估师学会1951年出版的《不动产的评估》一书中,从而建立起比较完善的现代估价理论和方法体系。

二、不动产估价中的价值类型

价值在不动产估价实践中具有许多意义,其适合的定义应依其范围及用法而定。在市场上,价值一般被认知为未来可获得利益的期望;由于价值会随时间变动,估价反映特定时点的价值。为避免困惑,估价师一般不单独使用价值字眼,而将之定义为“市场价值”“使用价值”“投资价值”“评估价值”及其他类型的价值。不同的估价目的对所界定的价值类型及定义也不尽相同,可能为市场价值、保险价值、永续经营价值、评价价值、使用价值、投资价值或其他类型价值。多数不动产估价作业以市场价值为重点,而对市场价值进行估计也是多数估价的目的。

(一)市场价值

市场价值或公开市场价值,又称公开市场价格、正常市场价格,是指在充分竞争和公开的市场条件下,买卖双方都没有垄断和强制,双方都有足够的时间和能力了解实情,具有独立的判断和理智选择的能力时,不动产最可能实现的交易价格。通常也称在正常情况下形成的合理价格。市场价值应当是评估基准日内在符合市场价值定义的条件下,市场上能够合理形成的最可能价格。美国联邦金融机构认可的市场价值在经济上的定义是:市场价值是最可能价格(不动产在竞争和公开市场销售时最可能的成交价格),而该市场具备公平交易所需的所有条件,购买者和出售者均经深思熟虑且具备充分信息才行动;而且假定价格不被非正常压力所

影响。从理论上看,公开市场价值应具有以下几个条件:

(1)公开市场价值是以不动产交易双方均充分了解交易不动产的特点及其市场行情为前提的。买卖双方具有关于产品对象的一定知识,均按有利于自己的方式行事,且不存在急需买进或卖出的特殊动机,或诸如亲戚、朋友等的特殊关系。一般而言,卖方对交易不动产比较了解,如一些不易察觉的破损及环境骚扰等,但往往对这些不足之处秘而不宣;买方则会积极了解多种待售不动产的售价,从而较为了解市场行情。虽然双方的知识实际上会有一定差距,但市场价值的定义假定买卖双方对市场行情及交易不动产的特点多具有足够的了解,从而作出理智的买卖决策。

(2)公开市场价值是指交易不动产在市场上公开足够长的时间,使得买方有足够的时间作比较考量后达成的交易价格。待售不动产必须置于市场,在市场上公开,买方可知道其出售的消息,并有合理的时间进行比较分析。

(3)市场价值是指有多个买家、卖家时的成交价。多个买家或卖家意味着买卖双方的数量,使得任何一个买家或卖家的决定都不会对成交价格产生影响。

(4)市场价值是指现款价格或一般市场商业融资安排下的成交价格,而不是卖方愿意买方免息分期付款的名义成交价或有一般抵押贷款特别优惠的贷款支持下的成交价。

(5)市场价值指的是最可能实现的价格。因为完全符合上述情况的理想市场条件几乎不存在,估价人员则通过模拟当前一般市场条件得出买方愿买、卖方愿卖的价格。因此,市场价值并不是在完全竞争条件下唯一的价格,而是围绕着这一条件下理想价格一定范围内的价格。市场价值实质上是在当前市场条件下最具一般性的价格。另外,估计不动产市场价值是对标的不动产的特定权利下的估价,并非对实体不动产的估价。

(二)使用价值

对不动产的所有者或使用者而言,不动产具有特殊使用价值。使用价值是指特定不动产作为特定用途时的价值,或是指个别不动产对一个特定用户的价值。如某人的住宅离工作地点较近,这一住宅对他便有特殊使用价值。使用价值可能随不动产管理和外部状况(如企业经营改变)有所变动,如按照特定装配线工序所设计的工业厂房,在装配技术显著改变之前与之后会有不同使用价格。特殊使用价值不同于市场价值,市场价值是客观的交换价值,是指不动产对于市场上众多买家而言的。不动产一般同时具有使用价值和市场价值。老旧工厂仍由原公司使用时,可能对该公司具有很大的使用价值,但若改作其他用途,仅有一般市场价值。

(三)投资价值

使用价值着重于不动产特定用途,而投资价值针对特定投资者,代表特定投资者的价值。所谓投资价值,是投资者考虑某项投资满足其欲望、需求或投资目的的感觉及愿意为该投资所支付的价格,其反映特定投资者与一项投资间的主观关系。在估价作业中,投资价值是依据其投资需求条件,针对特定投资者评估某项投资的投资价值。与市场价值相比,投资价值是个人的价值,它未必是市场价值。虽然投资价值和市场价值参数可能相似,但其和市场价值在概念上不同。如果投资者需求条件为市场典型条件,则投资价值可能与市场价值相同。

(四)账面价值

财务会计上反映的不动产的历史成本(历史价值)及账面价值,不等同于市场价值。账面价值是不动产的历史成本减去其已提取的折旧,是以成本分摊和补偿为目的的,不能反映不动产的现实价格。实际上,不动产的历史成本是购进时的市场价值,因此,账面价值是以市场价值为基础的。在估价中,不动产的账面价值的用途有限,当不动产是全新资产时,其历史成本可经修正后作为估价的参数之一。

(五)清算价值

清算价值是指企业在解散、破产而急于将资产清偿时,在非正常市场上将资产拍卖的价格。清算价值与市场价值的不同之处在于市场条件不同,它受到期限限制和买主限制,低于市场价值。不动产清算价值的高低取决于清算条件和不动产的通用性,当不动产通用性好即用途广泛又有一定的拍卖时间时,清算价值一般可接近市场价值。实际操作中一般以市场价值为基础,根据通用性和清算条件作一折扣,即为清算价值。

(六)抵押价值

抵押价值是以不动产抵押贷款资金的安全性来考虑的。在不动产抵押贷款中,一边是未偿还的贷款余额,另一边是抵押不动产的价值,贷款人希望在整个抵押期间,抵押不动产无论是在设立抵押权时的价值,还是随着时间的流逝而变化直至实现抵押权时的价值,都要大于未偿还的贷款余额,因为只有这样才可能保障贷款收回。因此,不动产抵押价值应当是债务人不履行到期债务或者发生当事人约定的实现抵押权的情形时,抵押不动产拍卖、变卖最可能所得的价款扣除法定优先受偿款后的余额。法定优先受偿款是假定实现抵押权时,法律规定优先于本次抵押贷款受偿的款额,包括已抵押担保的债权数额、发包人拖欠承包人的建设工程价款以及其他法定优先受偿款,但不包括诉讼费用、拍卖费用、估价费用、营业税等拍卖、变卖的费用和税金。

(七)保险价值

保险价值是将不动产投保时,为确定保险金额提供参考依据而评估的价值。评估保险价值时,估价对象的范围应视所投保的险种而定。例如,投保火灾险时的保险价值,仅是有可能遭受火灾损毁的建筑物的价值及其可能的连带损失,而不包含不可损毁的土地的价值,通常具体是指建筑物在正常市场条件下的重建成本(或重置成本)和重建期间的经济损失(如租金损失)。

三、不动产估价中的价值、价格与成本

价值、价格、成本是不动产估价中最根本的概念,不动产估价理论研究领域,对不动产估价评估的是价值还是价格尚存在较大争议。恰当理解不动产估价中的价值、价格、成本等的相关概念及区别,对完成高质量的不动产估价来说十分必要。

价值是在一定时期内按照特定的价值定义对商品或服务所值货币的估计值。价格从一般意义讲即为出售和交易的成交价格。但不动产估价中所说的价格往往是指市场价值,或公开市场价格,而不是一般意义上的价格。成本与生产有关,是为商品或服务支付的价格,或者是

创造或生产商品和服务所需要的金额。不动产的实际生产成本并不一定等同于市场价值，它可能高于也可能低于市场价值。

（一）价值

价值是一个表示可购买的商品或服务与买卖双方之间货币关系的经济概念。价值不是一个事实，而是在一定时期内按照特定的价值定义对商品或服务所值货币的估计值。价值的经济概念也可以说是在价值有效期内拥有商品或得到服务者增加的收益的货币反映。如前面对经济学价值理论的分析可以看出，马克思劳动价值论重点是揭示了价值的本质，即认为价值是凝结在商品中的抽象人类劳动，是由生产该商品的社会必要劳动时间决定的。但不动产估价活动并不是去寻求蕴含在不动产中的社会必要劳动，不动产估价评估的价值并非是价值本身（即无差别的社会必要劳动时间），而是价值的表现形式——价格，即基于市场供需关系基础上的市场价格。可见，不动产估价所指的价值与马克思劳动价值论中作为质的规定性的价值具有不同的概念内涵。

尽管有关价值或价值表现形式的可供选择的概念有很多，但是不动产估价所依据的重点还是公开市场价值。公开市场价值是一种在具体条件下预期能够支付且通常被定义为最有可能的销售价格。然而，无论市场价值如何定义，它必须要考虑确定的竞争环境，假定所有其他条件和环境都是正常的，市场价值是由市场决定的，它是具有竞争性的买者和卖者相互作用的结果，而不代表不动产对竞争性的买者和卖者对其本身价值量大小的度量。但是对所有者或潜在投资者个人来说，价值是主观的和自我决定的，它不同于在市场中产生的价值，因为市场中每个人的价值观和金融状况是不同的。这种主观的价值量受制于市场中进行讨价还价的买方和卖方。最终的卖价将会体现总体买方和卖方的妥协与折中。因此，市场价值是在正常市场环境下自愿的买方和卖方最有可能达成的销售价格。

（二）价格

价格通常指出售和交易价格，或隐指交换价格，是特定的买者或卖者在特定的条件下，对于商品或服务相应价值的一种表示。价格通常用货币来表示，虽然不一定要用货币来偿付，包括购买者应支付的货币、实物、无形资产或者其他经济利益。马克思劳动价值论揭示了价格的本质，认为价格以价值为基础，是商品价值的货币表现。西方经济学认为价格是为交换商品或服务所支付的代价。价格是已完成的一个历史事实，一旦交易确定，代表其在交易范围、条件下，特定购买者同意支付且特定出售者同意接受的金额。无论价格是否公开，销售价格已是历史数据或事实，即交易价格。由于特定的买卖双方的经济能力、动因或特殊偏好的不同，他们为商品或服务支付的价格与其他人对该商品或服务价值的认可可能有联系，也可能毫无联系。一般情况下，价格反映出在特定条件下特定的买方或卖方对商品或服务价值的认可。

不动产估价中所说的价格是指市场价值或公开市场价格，而不是一般意义上的价格。一般意义上所说的不动产价格，往往反映的是个别不动产的实际成交价格，即指在一笔房地产交易中交易双方实际达成交易——买者同意支付、卖者同意接受，或者买者付出、卖者收取的货币或实物、无形资产和其他经济利益。成交价格是一个已经完成的事实，是个别价格。理解成交价格，应对其形成机制，即卖价、买价、成交价三者的关系有所了解：①卖价也可称为供给价格，是站在卖者的角度，指卖者出售房地产时所愿意接受的价格。由于卖者想尽量多卖一些钱，卖者出售房地产时总有一个内心愿意接受的最低价格（简称最低卖价），买者的出价必须高于这个最低价格他才愿意出售，其心态是在此价格之上越高越好。②买价也可称为需求价格，是站在买者的角度，指买者购买房地产时所愿意支付的价格。由于买者想尽量少花一些钱，购买房地产时总有一个内心愿意支付的最高价格（简称最高买价），卖者的要价必须低于这个最高价格他才愿意购买，其心态是在此价格之下越低越好。③卖价和买价都只是买卖双方中某一方所愿意接受的价格。在实际交易中，只有当最高买价高于或等于最低卖价时，交易才可能成功。

成交价格可能是正常的，也可能是不正常的。正常成交价格是指交易双方在公开市场、信息通畅、平等自愿、诚实无欺、没有利害关系下进行交易所形成的价格，不受诸如垄断或强迫交易、对交易对象或市场行情不了解等不良因素的影响；反之，则为非正常成交价格。

严格地说，正常成交价格的形成有以下7个条件：①公开市场。②交易对象本身具备市场性。③众多的买者和卖者。买者和卖者的数量都必须相当多才不至于使买者或卖者的个别情况影响价格，即他们都应是价格的被动接受者，其中的任何一个买者或卖者对价格都没有控制力，没有显著的影响力。④买者和卖者都不受任何压力，完全出于自愿。⑤理性且自私的经济行为，这又被称为“经济人假定”；其含义有二，即“人是理性的，也是自私的”。在交易中，它具体是指交易双方均是谨慎的，价格不受任何一方感情冲动的影响；卖者总想多卖一些钱，买者总想少付一些钱。⑥买者和卖者都具有完全信息。这是指买者和卖者都充分了解交易对象的性能和特点，充分了解市场行情。⑦适当的期间完成交易，即有适当长的时间寻找合适的买者或卖者，而不是急于出售或急于购买。

由于不动产市场的不完善性，不动产实际交易价格往往受到许多因素的影响，如交易双方的动机、对交易对象的了解、贷款安排是否优惠等，这些因素往往导致实际价格偏离不动产的市场价值。所以在不动产估价过程中，考虑不动产的实际成交价格时，要以市场价值标准来衡量，在一定条件下，偏离市场价值的价格可以修正到反映市场价值的价格。

（三）成本

成本是商品经济的价值范畴，是商品价值的组成部分。人们要进行生产经营活动或达到一定的目的，就必须耗费一定的资源，其所费资源的货币表现及其对象化称为成本。因此，成本是一个与生产有关的概念，是为商品或服务支付的价格，或者是创造或生产商品和服务所需要的金额。当商品或服务完成时，它的成本就成为一种历史事实，为商品或服务支付的价格就成为购买者的成本。不动产的成本一般包括土地取得费、开发费、建筑物的建筑安装费用，以及销售费、法律服务费、融资成本、开发商合理利润等间接费用。

从不动产估价的角度看，成本一般用于生产而非交换有关的活动，因此，不动产的生产费用不一定适用于确定不动产的市场价值，也即不动产的实际生产成本并不一定等同于市场价值，它可能高于也可能低于市场价值。如建筑物设计不合潮流或施工质量欠佳，或在较劣地段兴建高档不动产，都可能导致不动产的市场价格低于生产成本；相反，良好的规划设计及施工质量等可使不动产价格高于其生产成本。此外，不动产的供求关系也影响不动产可实现的价格。虽然在激烈竞争的市场上不动产的价格是其成本的反映，但成本显然不能决定不动产的交换价值。另外，不动产市场的参与者往往又是联系不动产成本来理解其价值的。一般而言，购买者判断现有建筑物的价值时，不仅会考虑类似建筑物的价格与租金，还会比较兴建具有最佳实体状况与最佳功能效用的新建筑物所需的成本。此外，购买者通过估计使现有建筑物达到自己希望的实体状况和功能效用所需要的成本，调整其所愿意支付的价格。可见，市场参与者使成本与价值相关联。

第二节 市场理论

市场上商品的均衡价格是由需求与供给共同决定的，不动产市场也不例外，需求与供给是不动产价格的最终决定因素，其他影响因素都是通过作用于需求与供给来间接影响不动产价格的，同时，不动产价格反过来影响着不动产市场的需求与供给。

一、不动产市场的供给

经济学中的供给是指在一定时期内，在各种可能的价格下，生产者愿意而且能够提供的某种商品数量的集合。

不动产市场的供给同样是指在某一特定的时间内，在每一可能的价格水平下，房地产开发商或拥有者(卖者)对某种房地产所愿意而且能够提供出售的数量。在这个概念里，可以看出，形成供给有两个基本条件：一是房地产开发商或拥有者愿意供给；二是房地产开发商或拥有者有能力供给。如果房地产开发商或拥有者对某种房地产虽然有提供出售的愿望，但没有提供出售的能力，则不能形成有效供给，也就不能算作供给。和其他商品一样，随着价格的上涨或下跌，房地产的供给会相应增加或减少。同时，房地产商品和房地产行业的特点决定了其供给具有自己独特的性质：一是房地产的供给缺乏弹性；二是房地产的供给具有滞后性；三是房地产的供给具有垄断性；四是房地产的有效供给不足。

二、不动产市场的需求

需求是指消费者在一定时期内，在各种可能的价格水平下，愿意而且能够购买的该商品的数量。

不动产市场的需求是指人们在一切生产和生活过程中对地产和房产的需求和消费量，它包括对住宅、办公楼、商业用房及其他房地产产品的生活性消费和生产性消费的需求。实际上，房地产的需求是一种引致需求，因为其价值取决于它对其他产品的贡献，在人们的经济活动中，土地和房屋及其附着物通常作为一种不能独立的生产要素发挥作用，人们需要房屋往往是为了满足另一种需要。例如，正是由于城市第三产业的发展，商业和服务业日益繁荣，才会导致对商场、写字楼、店铺等物业需求的增加。

不动产市场的需求主要具有以下几个方面的特性：①房地产市场的需求分为潜在需求与有效需求；②房地产需求具有很强的区域性；③房地产市场的需求弹性很小；④房地产市场的需求具有两重性。

三、不动产市场的供求均衡

市场经济条件下，供给与需求的相互作用引起商品价格的变化和均衡。所谓市场价格，就是指在没有政府的干预下，使需求量恰好等于供给量的价格，经济学里通常称市场价格为均衡价格，也叫市场出清价格。

众所周知，在其他条件不变的情况下，需求曲线上的每一个点都是消费者愿意并且能够接受的不动产价格与数量的组合，供给曲线上的每一个点都是房地产开发商或拥有者愿意而且能够提供的房地产数量与价格的组合，因而不动产的市场需求曲线与市场供给曲线相交时的价格就形成了市场的均衡价格。

所谓的均衡只是在一种相对静止状态下的均衡。当房价不变时，影响供给和需求的因素变动时，导致供给和需求曲线的整体移动，随着供给曲线和需求曲线的移动，新的均衡价格就会产生。

不动产供需双方是动态变化着的，供需双方的非均衡状态是绝对的、常见的，而它们的均衡状态是相对的、有条件的，因此为达到供需均衡态，不但要求供给价格和需求价格相一致，而且需要使供给数量和需求数量相一致，此二者缺一不可。供需这两个因素之间又是相互联系和相互影响的，价格因素的变化必然引起数量因素的变化，反之亦然。价格受供求关系的支配。因此，当人们寻求这种均衡态时，必须同时注重对价格和数量两个方面的研究，供需关系是在进行房地产市场定价时首先要考虑的因素。人们从某一价格的房屋需求量与供给量对比中分析出市场的供求关系状况，并推断出价格的趋势。

四、不动产价格的形成

由市场理论可知，价格是市场决定的。由于土地的特殊性、土地供给的有限性、其价格更多地受需求方的影响。从需求角度而论，不动产价格则主要是不动产的效用、稀缺性、欲望以及实际购买力相互作用形成的。所有四项因素必须同时出现，不动产才具有价值。

1. 效用

效用是商品满足人们欲望的能力，全部不动产必须对承租人、所有人具有效用。在现代西方经济学中，效用是主观的而不是客观的范畴，它是指消费者在心理上感觉到的满足。不动产市场价值的大小与其相对效用有关。

2. 稀缺性

相对于需求，一项物品的当前或预期供给表现为稀缺性。一般来说，如果需求固定，商品的稀缺性使其更有价值。如处于城市中心区黄金地段的不动产非常稀缺，其市场价值往往最高。取之不尽、用之不竭的物品（如空气），则并无市场价值。不动产的市场价值在一定程度上是由其相对稀缺性决定的。

3. 欲望

欲望是购买者为满足人类需要（即居住、衣着、食物、归属）或是超越生活基本需要的个人愿望而对一项物品所产生的渴求。人们认为欲望、效用、稀缺性和购买力有关。

4. 实际购买力

实际购买力是个人或团体参与市场，用现金或其等值物取得物品或劳务的能力，不动产价值的有效估计，包括市场对该不动产付款能力的正确估计。一种商品具有效用和稀缺性，但若消费者没有足够的购买力，其市场价值不能实现。

形成价值四项因素的复杂交互作用，反映了供给和需求的基本经济原理。商品的效用、稀缺性、欲望强度以及实际购买力，全部反映在特定情况下该商品的供给和需求。

商品的需求由其效用产出，且受其稀缺性影响；需求也受欲望以及形成和刺激欲望的力量的影响。虽然人类所渴求的物品也许无限，但欲望受限于实际购买力。因此，无能力购买昂贵物品会影响需求。

同样，商品的供给受其效用影响，且受其稀缺性限制。土地是有限的商品，而土地在一定范围内适合做特定用途的供给将会特别短缺（如果对该种需求的认知相当充分）。疲软的购买力使供给压力维持平衡；如果购买力扩大，供给相对固定的商品的存量将会减少，这将创造市场需求导向，使供给增加。

第三节　不动产估价原则

如前所述，不动产价格是由其效用、相对稀缺性、欲望、购买力等因素相互作用、相互影响所形成的。而各种因素在何种阶段如何作用，都存在一定的规律或遵循一定的法则。不动产估价本质上是对不动产价格形成过程的分析、判断、再现。所以要准确评估不动产价格，必须要掌握不动产价格形成的这些规律及原则，并以此为指南，细致分析影响不动产价格的因素，正确判断各影响因素的变动趋势，掌握各因素之间的相互作用，进而灵活使用各种估价方法，对不动产价格做出最准确的判断。

关于不动产估价原则的认识，主要有两类：一类是指估价从业人员应该遵守的行为规范，如《中华人民共和国城市房地产管理法》（以下简称《城市房地产管理法》）第三十三条规定："国家实行房地产价格评估制度。房地产价格评估，应当遵循公正、公平、公开的原则。"要求估价师要做到独立、客观、公正，是不动产估价工作应遵循的基本原则。另一类是指估价过程中应遵循的不动产价值形成及变化的规律，是在对不动产价格形成和变化的客观规律认识基础上，总结出的一些简明扼要的、在估价活动中应当遵循的法则或标准。如《城镇土地估价规程》（GB/T 18508—2014）中要求的估价技术原则有：替代原则、最有效利用原则、预期收益原则、供需原则、贡献原则；《房地产估价规范》（GB/T 50291—2015）中要求的估价原则是：合法原则、最高最佳使用原则、替代原则、估价时点原则。本章从估价理论角度，主要介绍估价应遵循的基本规则及规律：替代原则、预期收益原则、变动原则、供需原则、最有效利用原则、均衡原则、报酬递增递减原则、贡献原则等。

一、替代原则

替代原则是指购买者为取得某一不动产所支付的价格，不会高于其他相同或相似不动产的价格，即某一不动产的价值取决于为取得一定时期内效用相同的可替代不动产所愿意支付的价格。替代原则是经济学上的效用理论在不动产价格形成中的体现，它指出，在同一市场上具有相同效用的房地产应具有同样的价格。因为根据市场运行规律，在同一商品市场中，价格相同效用大者需求大，效用相同价格低者需求大。一种商品的价格升高会引起另一种商品的需求增大，则称这两种商品是互为替代品。不动产作为一种特殊商品也是如此，在同一供需圈内，同一时期同一或类似功能的不动产在相同利用条件下，由于彼此间的竞争，使得价格互相影响，并最后趋于一致。也就是说，如果两不动产间彼此功能可以互相替代，价格必然会互相牵制。

替代原则认为，不动产购买者和出售者有选择权，即有其他具有相似用途的不动产可供替代使用。某一不动产是否可以作为另一不动产的替代物，应依其用途、构造设计或获利能力加以考虑。在假定没有因延迟而产生不当成本的条件下，取得成本可能是购买相同效用建筑物及相似基地的成本，这是成本法的基础；假定没有因延迟而产生不当成本的条件下，取得成本可能为购买相同效用的现有不动产所支付的价格，这是市场比较法的基础。从投资角度上看，能产生收益的不动产的替代品，可能是能产生相等投资报酬和相同风险的可替代投资不动产。因此，替代原则是市场比较法、成本法和收益还原法三种传统估价方法的基础。

替代原则经常可用在以下三方面：①以彼此条件相近似、价值也相当的买卖实例相互比较，寻求其能够成为替代的条件；②以产生效用相近的建造成本作为不动产价格估计的替代；③以考量租金收益相当或投资报酬相当作为不动产价格估算的替代。

根据替代原则，在不动产估价实践中，在评估不动产价格或预测不动产收益时，若同一市场上有若干效用相同的不动产市场价格或收益已知时，可以根据这些替代不动产的价格或收益，推算出待估不动产的价格或收益。由于不动产的个别性，效用完全相同的不动产不易找到时，可选择有替代性的相近不动产作为比较参照物，对其中的差别作适当的修正。同样，某不动产的市场价格未知时，可以用在正常市场条件下重新建造该不动产的总费用来估计该不动产的市场价格。

虽然替代原则在多数情况下可以应用，但有时某产品的特征在市场上被认为具有独特性时，则此类产品的需求将可能产生独特价格，因而不能适用替代原则。

二、预期收益原则

预期收益原则是指不动产价格由其未来预期收益决定，对于不动产估价应以估价对象在正常利用下的未来客观有效的预期收益为基准。在不动产市场，财产的当前价值通常不是依据其历史价格或生产成本而定，而是取决于市场参与者对未来利益的预期。如自用型不动产的价值主要取决于未来预期利益、舒适性及占有的乐趣；收益型不动产的价值主要取决于其未来能产生的收益。因此，不动产估价时，必须要了解能影响买卖双方观念及未来期望的地方、区域和不动产市场发展趋势，方能对不动产的价格有准确的把握。对于不动产价格的评估，重要的并非是过去，而是未来，过去的收益旨在为协助解释当前的市场预期，并为推测未来的收益变化动向提供依据。

预期是要预测将来的变动，因此，预期收益原则与变动原则有密切关系。不动产估价对于预期收益的估算必须是客观的、合理的，是在正常的市场状况、经营管理水平下的纯收益，这就要求估价人员必须对价格的形成因素作认真细致的分析，不但要了解过去的收益状况，而且要认真分析不动产市场的现状、发展趋势，以及对不动产市场产生影响的政治经济形势、各项政策，方能对将来的变动趋势作客观、合理的预测，应排除脱离现实的使用或因投机及违法使用所获收益的预测。

预期收益原则是运用收益还原法和剩余法估价的基础。不动产价格是由未来可产生的期望利益所创造的，所以不动产价格可定义为这些未来利益所有权利的现在价值。在不动产估价实践中，预期收益原则对于地区分析、交易实例价格的检查、不动产预期总价值或纯收益及还原率的确定等具有重要指导意义。

三、变动原则

变动原则是指影响不动产价格的社会、经济、行政和环境因素等都处于动态变化之中，这些变化最终影响不动产市场的需求和供给，进而影响不动产的价值。因此，进行不动产估价时，必须要以过去到现在的变动为基础，认真分析该不动产的效用、稀缺性、有效需求，以及使这些因素发生变动的一般因素、区域因素和个别因素，并注重以动态的眼光合理把握各因素相互之间的因果关系，方能有效评估该不动产的适当价格。变动原则又称估价时点原则，要求估价时要以变化的眼光看待不动产，所评估的不动产价格也只是某一时点的价格，时点不同，价格可能不同。同时，因为对价格的变动难以准确预测，所以不动产估价结果的适用时间是比较短的，即这种价格估计只是在估价报告中特别说明的评估期日之后的相对短时期内有效。

四、供需原则

供需原则是经济学的基本原理，是指不动产的价格是由不动产市场的需求和供给的相互关系确定的。在完全市场经济条件下，一般商品的价格取决于需求与供给的均衡点，如果价格低于该均衡点，需求超过供给，价格随之上涨；相反，如果价格高于该均衡点，供给超过需求，价格随之下降。但其成立的条件是，一方面供给者与需求者各为同质的商品而展开竞争；另一方面同质的商品要随价格变动而自由调节其供应量。与此相同，不动产价格也很大程度上由供给与需求的相互关系所决定。但由于不动产不同于一般商品，具有一些人文与自然特性，因而它除了遵循上述供需均衡的基本原则外，还有一些特殊性。首先，不动产具有固定性、不增性、个别性等自然特性，因此，供给与需求均限于局部区域，供给量有限，竞争主要是在需求方之间展开，即不动产不能实现完全竞争，价格的独占性倾向比较突出。其次，不动产交易具有个别性，各个不动产具有独特性，因此，替代性比较有限。最后，需求和供给方不容易了解何处有供给或需求的信息。

因此，不动产的价格虽然受供给与需求相互关系的重要影响，但不能仅按照供需均衡法则来决定。如在特定市场中，不动产的经济用途往往决定其价值，譬如一宗仓库用地，开发商愿意支付的价格主要取决于仓库的净收益及其建筑成本。同时，购买者之间的竞争，对于供给量越稀少、可替代性越小的不动产而言，越容易因众多追逐者竞争而价格越加越高。如在特定的区位上，可供选择的土地或争取最后几块土地之间的竞争非常激烈时，潜在需求者所支付的价格便会远远高出市场均衡价格及最高最佳使用土地所确定的价格。由此可见，供需原则是以预期收益原则及变动原则为基础，又以竞争原则为前提。在不动产估价时，应充分理解不动产的这些特性，客观分析需求与供给情形，特别是应当加入时间因素进行动态分析，因为不动产的当前供求状况常常是在考虑将来发展状况而形成的。

五、最有效利用原则

最有效利用原则是经济学中的效用最大化原理在不动产估价中的具体运用，它是指不动产的价格应是该不动产在获利最大的使用方式（用途和集约度）下的价格。最有效使用原则反映了人们对不动产市场行为的基本假设条件——购买者为不动产愿意支付或出售者愿意接受的价格依据他们对基地及不动产利润最大化的使用情况而定。由于不动产具有多种合法的使用方式，在不动产市场中所有产权人都会充分发挥该不动产的潜力，采用最佳的使用方式，以取得最大收益。因此，不动产的市场价值应该体现各种使用方式中产生最大收益的使用方式的价格，不动产估价应以最有效利用为前提。如某不动产，城市规划规定可以作为商业用途和居住用地，如果作商业用途能取得最大收益，则估价时应以假定为商业用途使用方式为前提；反之，则以作其他取得最大收益的用途为前提，如作为居住用途或居住与商业混合用途。最有效使用原则是不动产估价固有的原则，不仅是收益还原法、剩余法估价的重要指针，还与市场比较法也密切相关。

根据最有效使用原则，不动产估价不应该受现实的使用状况所限制，而应对何种情况下才是最有效使用做出正确的判断。如市区的农田，其最佳使用方式并非是农业而可能是居住用地，所以不能以现行使用方式进行估价。在现实中，不动产处于不合理利用和非最佳利用的现象很多，在实际估价工作中，除某些具有政策性要求的评估外，估价人员应以最有效使用为前提估价，依据当时市场状况、影响市场预期的趋势及其变动，以及待估不动产的使用现状，仔细分析考虑，确定最有效使用方式。

不动产的最有效使用，可定义为：空地或已改良的不动产在合理的且可能的范围内合法使用、在实体上可能、在市场上获得适当支撑、在财务上可行，并形成最高价值。土地利用可能受现有改良物的现状所限制，因此，最有效使用分析可按两种不同情况加以确定。第一种是假定为空地条件下的最有效使用，主要适用于房地产开发或再开发，这是将土地或房地产均视为空地，考虑其最佳开发利用方式。空地或具有潜在开发价值的不动产应以这一假设估价。第二种是假设保持现状条件下的最有效使用，主要适用于对已建成的房地产继续使用时的估价，这时应就现存的土地及建筑物状况，考虑其最佳使用方式。

不动产的最有效使用并非是无条件的，根据前述对不动产最有效使用的概念界定，具体分析判断时应遵循以下四个准则：

(1)法律上的许可性。法律上的许可性是指不动产某种潜在的使用方式或开发利用方式，是否合乎城市规划，是否受法律法规的限制或有其他约束。最有效使用实际上是在法律、行政法规、城市规划、土地出让合同等许可范围内的最有效使用，这也是合法原则的具体体现。

(2)工程技术上的可能性。工程技术上的可能性是指不动产的物质条件，如位置、交通、地形、地质、建筑物质量和性能等是否适用某一使用方式或开发利用方式。如技术上达不到，即使法律上许可的使用方式，也应予以排除。

(3)经济上的可行性。经济上的可行性是指不动产的某一使用方式，是否具有市场需求及能否获利。不具备合理回报的使用方式不具经济可行性，即使在法律上、工程技术上均可行，也应予以排除。

(4)价值上的最大化。最有效使用方式必须是比其他使用方式产生更多的利润。将具备经济可行性的各种可能的使用方式进行比较，回报最大的使用方式即是最有效使用方式。

最有效使用原则与变动原则和预期原则紧密关联，因为不动产价格通常是在过去、现在至将来的长期发展过程中形成的，是经常处于变化之中的，所以，最有效使用原则应当以变动原则和预测原则为基础，就过去、现在至将来作长远的考虑后予以确定。在具体判定不动产的最有效使用时，则应以均衡原则、报酬递增递减原则、贡献原则、收益分配原则、适合原则及竞争原则等为直接或间接基础。另外，不动产常常受其所属地区，尤其是近邻地区的特性所限制，故判定其是否最有效使用，还应充分了解其近邻地区的标准使用状态，即与适合原则相关联。

六、均衡原则

均衡原则有两层含义：一是指构成不动产的内部各要素的配置应当均衡（合乎比例），才能产生最大的收益而不造成其内部要素价值的浪费。因为不动产的价值受土地、劳动力、资金及经营管理四个因素的组合所影响。这四要素配合越均衡，该不动产产生的效用越大；否则，若因投资过度或经营不善，则会导致效用的降低。譬如住宅楼，若建筑物的投入与基地比较显得过小，就会造成土地低效利用和浪费；若在小城市也建起30层的高层建筑，则建筑物的投入与基地比较就会显得过大，这样就会使得土地与建筑物之间的均衡受到破坏，该不动产的收益或舒适性便得不到最佳发挥。二是指不动产与其外在的环境应当保持平衡或协调，方能体现其最适宜的市场价值，否则会降低不动产的价值。分析不动产是否适合环境，即可判定其是否为最有效使用。因为各个不动产与其所处特定用途区域之间有互为依赖、补充、协同等密切关系，深受该地区环境影响，不动产要与其所处地区保持协调一致，才能发挥其最大效用，所以这个原则也称为适合原则或协调原则。如在低级商业中心区内开设高档商品专卖店，因其与周围环境不协调，不一定能获得高收益。

均衡原则与最有效使用原则密切相关，对于判定不动产是否处于最有效使用具有重要价值。要分析某一不动产是否处于最有效使用，就要分析不动产内部构成要素的组合状态及其与外部环境的匹配状况，如果两者均处于最适合的状态，即处于均衡状态，可视为最有效使用状态。

七、报酬递增递减原则

报酬递增递减原则是经济学中边际收益理论在不动产估价中的具体应用。它指出：在增加诸生产要素之一的单位投资量时，收益随之增加，但达到某点之后，如继续追加投资，其收益不会与追加的投资呈比例增加。报酬递增递减原则包含双重含义；一是收益增加量（边际收益）递增递减；二是收益量递增递减。在不动产投资中，随着投资的增加，开始时收益增加量增加很快，这时收益量增加也很快。当收益增加量达到最大值后开始下降，这时收益量增加放缓。当收益增加量转为负值时，收益量达到最大，随后开始下降。如建设高层楼房，开始时楼层的增加导致单位投资的减少，但达到某高度后单位投资增加导致收益增加量减少。

报酬递增递减原则与均衡原则有密切关系，对于检查不动产使用是否处于均衡状态具有重要意义。因为，均衡原则反映的是不动产内部各构成要素，如土地、劳动力、资金、管理水平等处于均衡状态，即达到最优组合状态，此时不动产的效益为最佳。而报酬递增递减原则，通过对不动产某一构成要素的投入数量增加或减少，可以找出不动产收益的边际点，即最有效使用点，并以此边际点来检查各要素是否处于均衡状态。

八、贡献原则

贡献原则是指不动产某一部分的价值，取决于它相对于不动产整体的价值贡献，或者根据当缺少它时整体价值的下降程度来衡量确定。按经济学中的边际收益原则，衡量各生产要素的价值大小，可依据其对总收益的贡献大小来决定。不动产的总收益是由土地及建筑物等构成要素共同作用的结果，其中某一部分的收益，对总收益而言，是部分与整体之间的关系。就土地部分的贡献而言，地价是在生产经营活动之前优先支付的，所以土地的贡献具有优先性和特殊性，评估时应特别考虑。同时，根据生产函数理论，企业的经营收益主要由劳动、资本、土地及经营四种生产要素组合而产生，所以应当根据各生产要素的贡献大小进行分配。如利用土地产生的收益，扣除劳动工资、资本利息、经营报酬后，剩下的收益应归属于土地，即地租。可见，分配给土地或不动产的收益应是企业总收益的最后部分，不动产价格可以适当的还原率，将归属于不动产所贡献部分的收益进行还原即可得到。因此，在该条件下，这一原则也被称为收益分配原则，或剩余生产力原则。

贡献原则是部分收益递增递减原则的应用，也是收益还原法、剩余法估价的基础。估价时，可以从租金收益或企业总收入入手，利用收益还原法分别估算土地、建筑物价格，进而评估整个不动产；也可以根据整个不动产价格及其他构成部分的价格，采用剩余法估算土地价格。另外，贡献原则可用于分析土地或建筑物追加投资、不动产部分改良等活动对不动产价值的贡献程度，来判定该项追加投资是否适当。又可运用这一原则来判断不动产最有效使用的上升程度，即将某不动产现在的最有效使用与投资改良后的最有效使用进行对比分析，即可明白其上升程度。

【本章小结】

经济学价值理论：经济学中的价值思想、价值理论是不动产估价理论与方法形成的基础。马克思劳动价值论认为价值本质上是凝结在商品中的抽象人类劳动，是由生产该商品的社会必要劳动时间决定的。现代估价理论和技术方法主要建立在供需均衡价值(格)论之上，侧重于揭示不动产的市场价值或市场价格。

不动产价格的本质：不动产价格的本质问题集中反映在对土地以及把土地当作商品的认识上。马克思土地价值与价格理论认为，土地价格不是土地的购买价格，而是土地提供的地租的购买价格。西方经济学从需求角度分析指出地价最终取决于土地市场的供求状况，即地价既反映了土地的劳动消耗，又反映了土地的稀缺程度。

价格、价值和成本：价格、价值和成本等名词，估价师需谨慎使用和定义。价值不是一个事实，而是在一定时期内按照特定的价值定义对商品或服务的所值货币的估计值。价格的定义，从一般意义讲即为出售和交易的成交价格。但不动产估价中所说的价格是指市场价值，或公开市场价格。成本与生产有关，不动产的实际生产成本并不一定等同于市场价值，它可能高于也可能低于市场价值。

不动产估价原则：不动产估价原则是指人们在不动产估价的反复实践和理论探索中，在对不动产价格形成和变化的客观规律认识基础上，总结出的一些简明扼要的、在估价活动中应当遵循的法则或标准。预期原则、变动原则、供需原则和替代原则是了解价值动态的基础；均衡原则、报酬递增递减原则、贡献原则，对组成不动产的各生产要素如何整体性地影响不动产价值做了解释。了解不动产最有效利用原则是不动产估价的重要基础。

【习题及思考题】

1. 经济学中有关价值的理论有哪些？基本观点是什么？
2. 不动产估价中的价值、价格与成本概念有何区别？

3.不动产估价实践中有哪些价值类型？市场价值与使用价值、投资价值有何不同？

4.不动产估价原则有哪些？请结合不动产估价方法思考，不同估价原则分别应用于哪些方法？

【参考文献】

[1]美国估价学会.不动产估价.11版.不动产估价翻译委员会，译.北京：地质出版社，2001.

[2]朱道林.土地经济学论纲.北京：商务印书馆，2022.

第三章　不动产价格构成与影响因素

不动产的实体构成要素、权属含义及形态组成不同，不动产的价格也不同。不动产的价格受到社会、经济、区域等诸多因素的影响，这些因素从不同方面、不同程度影响着不动产价格的高低。科学、准确地进行不动产估价必须深入把握和分析影响不动产价格的因素。本章将对不动产的价格构成及影响因素做具体分析。

第一节　不动产的价格构成

所评估的不动产实体构成要素或权属状况不同，不动产的价格就不同。本节将分析不动产的实体构成和权属构成及其对不动产价格的影响，并对城市土地价格和不动产的出售价格的形态构成作具体分析。

一、不动产实体价格构成

所谓不动产是指土地及其地上的定着物。在实践中，可能是土地及其地上的定着物一起构成某一不动产，也可能是其中的某一部分或某些部分单独构成不动产。如土地及其附属设施即可构成一定的不动产。构成不动产实体的材料和设备包括建筑装饰材料和给排水、采暖、卫生、通风、照明、通信、煤气、消防、中央空调、电梯、电气、智能化楼宇设备及配套设施等。因此，不动产实体构成的不同，所反映的不动产价格和价格的含义也就不同，在估价过程中必须首先注意评估对象的实体构成。

不动产实体构成的不同导致不动产价格差异可从图 3-1 得到反映。

生地与熟地的划分通常是针对建筑用不动产而言的。针对农用不动产，正在使用的农地自然是熟地。从图 3-1 中可以看出，由于不动产构成要素的增加，不动产价格自下而上也在增加，至于正在使用中的不动产的价格框尾部用虚线表示，是由于使用过的不动产其地上定着物(建筑物)会产生折旧，而土地一般会增值，因此其实线部分应比熟地的价格框长，至于建筑物折旧多少主要取决于不动产已使用年限等。

正是由于不动产实体具有这种累积性，不动产价格也具有累积性(图 3-2)。

二、不动产权属价格构成

不动产作为一种财产包含一系列各具特色的利益或权利，它们可以分散拥有，当聚合在一起时，则构成了一个权利束。

在土地私有制社会里，一个私人所有者对不动产所能持有的最大权利束是完全所有权或

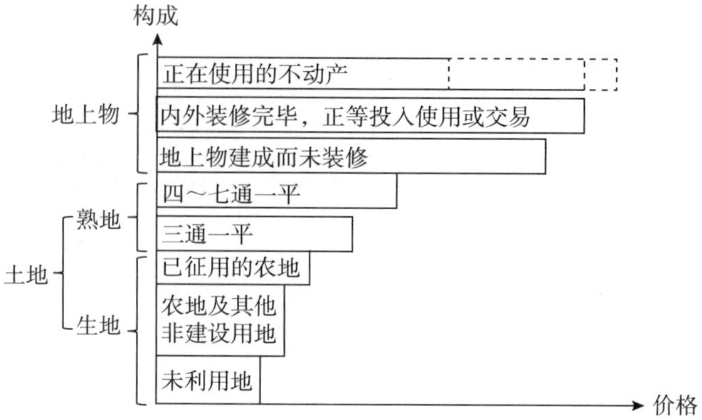

图 3-1 不动产实体价格构成示意图

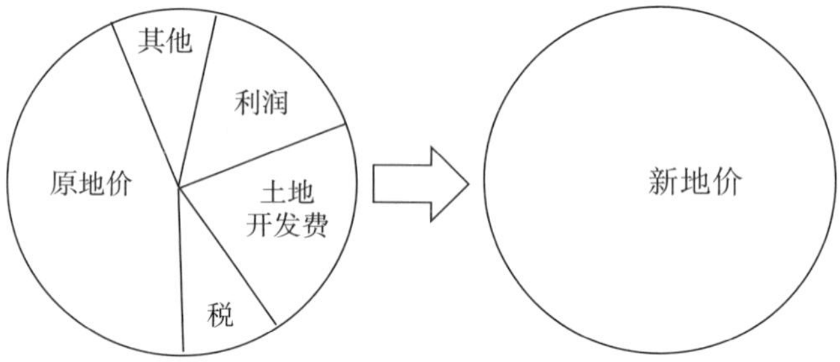

图 3-2 不动产价格累积关系示意图

无条件继承所有权。每一个拥有无条件继承权的所有者持有一束可独立的财产权或财产，他有权支配、使用，在一定理由下开发其土地资源，他可以外加或不加限制条件出卖其土地，这种限制将影响土地未来的使用行为。他可以放弃它，用它交换其他物品或立遗嘱以任一方式赠予继承人。他可以将其使用权租给别人，可以抵押财产或允许建立财产的留置权。他可以为了某些目的重分他的土地财产或给某种用途授予地役权。他能介入为开发、使用或处置他所有的资源的契约协定。因此，土地所有权是对土地全面的支配权，是土地产权权利束中最充分的一项物权，是对不动产所拥有权利的最高一级组合。它由土地占有权、使用权、收益权及处分权等权能组成，是其他物权的源泉和出发点。以所有权为基础的土地乃至于不动产的上述权利，构成了不动产权利的基本内容。

但是，对不动产来说，拥有无条件继承所有权的土地所有者拥有的权利是独立的，但并不是绝对的权利。他的所有权总是要受到国家行政管理和社会利益的限制和约束，这是由土地资源的公共性等特性所决定的。这些限制和约束包括财产的地役权、契约保留权、规划限制、国家征税、公共建设征用、收归国有等权利。

不动产权利还常常受有关法律或契约上的特殊规定的影响，这些规定限制了其财产权的范围。如法律或契约保留权，用于保留采矿权、木材采伐权、通行权或者其他类似给予让与者的特权。一般情况下，契约限制和保护条款，用来对土地将来的使用加以控制。例如，许多住宅小区中的建筑场地，目前在出售时附有规定，即该场地只准许用来盖独产住宅，建筑物必须按某些规定的条例来建造等。契约限制也可用来限定或禁止上述转让物在将来用于某种用途，如限制或禁止进行有污染的工业生产和建设等。

不动产权利还受到权属拥有者数量的影响。人们在不动产上所拥有的权利可以按照拥有者的数量分为三种情况：一是作为某个社区或社会公共财产而公共拥有的财产；二是由两个或多个共有者所拥有的无法分割的财产；三是单个拥有者各自拥有的财产。由两个或多个人以“不可分割财产权”形式拥有的财产，通常是共同占有、联合占有或整体占有。当财产权利按“共同占有”拥有时，各方在该财产上都拥有一份无法分割的份额，他可以将这份不可分割的权利进行出卖、转让和遗赠，否则该份额作为他死时遗产的一部分，并按法律交给其继承人。在“联合占有”下，两个或多个人联合拥有财产权，每人对他人都拥有“生者对死者名下财产的权利”，即如果某一个拥有者死了，他的财产权自动归于生者，而不是像在共同占有情形下归他的继承人或受遗赠人。

另外，社会对不动产具有一种内在的权利。由于社会在授予、承认和保护财产权利上具有优先作用，土地在人们的日常生活中具有重要的经济和社会属性，土地利用对整个社会负担着整体责任，因此，不管是私有制国家，还是公有制国家，都对不动产具有不同程度的社会控制。在土地私有制国家，私人所有权是指占有的独占权利，但是这种权利只是排他的，而不是绝对的，它们总是受某种社会控制的约束。这些社会控制，一些是非正式的，它以习惯、传统、宗教、风俗、伦理准则、道德约束和公共舆论的形式出现；一些是正式的，是通过国家的法律和规定进行约束和控制的，如治安权、征用权和征税权等，都是以国家权力强制性的约束权力。

不动产权利是构成不动产价格的重要方面，因此在不动产估价过程中，应全面分析不动产权属构成和权属关系，针对待评估的权属确定其价格。

第二节　不动产价格的影响因素

不动产的价格受到诸多因素的影响，这些因素从不同方面、在不同程度上影响着不动产价格水平的高低，不动产价格便是这些因素交互作用、相互影响的结果。科学、准确地进行不动产估价必须深入把握和分析这些影响不动产价格的因素。

对影响不动产价格的因素可以从外部因素和不动产自身的因素两个方面进行分析。外部因素又可分为一般因素和区域因素。一般因素即不动产所处的社会、经济和制度背景，其对不动产价格的影响是整体性的、全面性的，覆盖整个社会经济背景下的全部不动产，决定了不动产的价格水平及其走势。区域因素即不动产所在地区所具备的条件和特性，其影响范围是某个具体的区域，区域因素的不同导致在一般因素相同的条件下，不同区域之间同类不动产的价格差异。在一般因素和区域因素相同的条件下，不动产自身的因素直接决定了区域内同类不动产之间的价格差异。

在《城镇土地估价规程》(GB/T 18508—2014)中将城镇土地价格的影响因素分为一般因素、区域因素、个别因素3类。一般因素是指影响城镇地价总体水平的自然、社会、经济和行政因素等，主要包括地理位置、自然条件、人口、行政区划、城镇性质、城镇发展过程、社会经济状况、土地及住房制度与政策、土地利用规划及计划、国民和社会经济发展规划等。区域因素是指影响城镇内部区域之间地价水平的因素，主要包括繁华程度或集聚程度及区域在城镇中的位置、交通条件、公用设施及基础设施水平、区域环境条件、规划及土地开发利用限制和自然条件等。个别因素是指宗地自身的地价影响因素，包括宗地自身的自然条件、开发程度、形状、长度、宽度、面积、规划及土地开发利用限制和宗地临街条件等。

一、一般因素

一般因素即不动产所处的社会、经济和制度背景条件，包括社会因素、经济因素和制度因素，影响到整个社会经济制度背景下的全部不动产，决定了一定时期不动产的价格水平和走势。任何不动产估价都是在既定的社会、经济、制度背景下进行的。因此，不动产估价人员必须首先对影响不动产价格的一般因素进行把握和分析。

(一)社会因素

影响不动产价格的社会因素主要有人口状况、城市化水平、政治状况、社会治安状况、不动产投机状况、心理因素等。

1. 人口状况

人口状况主要从人口数量、人口素质、家庭规模 3 个方面影响着不动产的价格。

人口数量与不动产的价格呈正相关关系，随着人口的增加，对不动产的需求也增加，从而导致不动产价格的上升。反映人口数量的相对指标是人口密度，人口密度的增加一方面可以刺激商业和服务业的发展，使得不动产价格上升；另一方面人口密度过高又会导致居住环境恶化，导致不动产价格下降。

人口素质也会导致不动产价格发生变化。随着社会文明的发展，人口素质不断提高，人类对不动产的消费观念也在发生变化，从最初的对不动产遮风挡雨的需求发展到讲究舒适美观的高层次需求，导致了对不动产数量和质量的更高要求，从而导致不动产价格趋升。另外，现实生活中高素质人口聚居的地区不动产价格往往高于其他地区的情况也反映了人口素质对不动产价格的影响。

家庭规模即家庭平均人口数，人口总数不变，家庭规模发生变化也会引起不动产价格的变化。家庭规模变小，居住单位增加，对不动产数量的需求增加，将导致不动产价格的上涨。

2. 城市化水平

城市化水平反映了一国的经济实力，经济的发展会促进城市化进程。城市化水平的提高意味着在空间上人口向城市集中，城市规模的扩大，对城市不动产的需求不断增加，这带动不动产价格上涨。在人口密集的大城市和经济发达的重要城市，其地价水平往往高于其他城市。

3. 政治状况

一国的政局是否稳定会直接影响其不动产价格。政局稳定将会增加投资者和置业者的信心，增加不动产投资和置业的需求，引起不动产价格的上涨。

4. 社会治安状况

社会治安状况也会影响不动产的价格。社会秩序良好，人们有安全感，愿意置业和投资，不动产价格就会上涨；社会治安混乱，人们缺乏生命和财产的安全保障，不愿进行投资和置业，不动产价格就会下降。

5. 不动产投机状况

社会上的不动产投机状况对不动产的价格会带来影响，有时甚至会引起不动产价格的剧烈波动。投机状况对不动产价格的影响有:当不动产价格上涨时,预测以后价格还会上涨的投机者会购置不动产从而引起价格的进一步上涨;当不动产价格下跌时,投机者因为害怕价格会继续下降抛售不动产的行为会使得不动产价格进一步下跌;但不动产的投机活动有时也可以起到稳定价格的作用,如在价格上涨时投机者抛出不动产,增加供给平抑价格,或在价格下跌时,期待日后价格会上涨而购买房产使得价格上扬。

6.心理因素

心理因素对不动产价格的影响有时是不可忽视的。人们的心理满足程度如讲究时尚风气、接近名家心理,对某种不动产的偏好如门牌号码、风水观念以及购买和出售时的心态都会在极大程度上影响不动产的价格。

(二)经济因素

影响不动产价格的经济因素主要有经济发展水平、财政金融状况、居民收入状况、物价变动等。

1.经济发展水平

经济发展水平状况直接影响着国民生产总值和国民收入状况、产业结构状况、资源利用状况、社会福利状况等。经济发展水平高意味着投资、生产、消费等活动活跃,经济繁荣,金融景气,对相关不动产的需求增加,促使不动产的价格上涨;反之,则不动产的价格下降。不动产的价格变动趋势大体与经济循环趋势一致并滞后于经济周期。

2.财政金融状况

财政金融状况直接影响不动产价格。国家财政收入增长预示着国家经济水平的提高,可以拿出更多的钱用于住宅的投资和提高事业单位职工的工资,使不动产的需求量大大增长,价格相应提高。一般而言,如果经济稳步增长,财政收支平衡,则货币供应量及金融秩序正常,银根比较宽松,存贷利率也会下降,因此可能刺激市场购买力和投资欲望,尤其能增加对不动产的需求,从而引起不动产价格的正常上涨。当经济发展出现失衡的时候,国家会运用紧缩银根的政策调控经济,不动产业的发展就会受到制约。这种情况若持续时间较长,对不动产的需求就会下降,不动产的价格也会下降。

3.居民收入状况

居民收入主要指居民的实际收入。居民收入的变动对不动产价格的影响主要由居民实际收入水平和边际消费倾向所决定。低收入阶层居民边际消费倾向大,增加的收入大部分用于改善衣食等基本生活条件,对增加不动产有效需求的影响小,因此对不动产价格的影响也小;高收入阶层居民由于其各种生活用品基本饱和,其边际消费倾向很小,因此一般也不会引起不动产价格的变动,但若他们将增加的收入用于不动产投资时,会增加不动产的需求从而引起不动产价格的上涨;中等收入阶层居民的收入状况对不动产价格的影响最大,因为对中等收入阶层居民来讲,他们的基本生活条件已经得到满足,所以其增加的收入将主要用于改善居住条件,这样便会引起不动产需求的增加,从而引起价格的上涨。

4.物价变动

物价变动导致货币价值变动而波及不动产价格。通常在通货膨胀严重时,为减少货币贬值，人们会转向不动产投资，以求保值、增值，刺激不动产价格以比通货膨胀率更高的速度上涨。某些物价的变动也会引起不动产价格的变动，如建筑材料等的价格上涨会引起不动产的建造成本增加，从而引起价格上涨。同时由于不动产的供给受土地供给有限和开发周期较长等限制，以及不动产具有保值和难以替代等特性的影响，价格上涨幅度往往大于一般物价的上涨幅度，不动产价格的变动也往往滞后于一般物价的变动。

（三）制度因素

1. 土地及住房制度与政策

土地制度主要指土地所有制度和土地使用制度，对土地价格的影响非常大。如在我国传统的土地制度下，土地无偿无限期无流动地被个人和单位使用，根本不存在地价。在现有有偿、有限期、有流动使用土地的制度下，土地价格呈现多种形式。国家可以通过制定合理、科学的土地制度与政策刺激土地投资者和使用者的积极性，带动地价合理涨落。

住房制度主要指住房供给、分配及相应的配套制度。在我国传统的住房制度下，实行低租金、完全福利制，人们享受福利而不投资不动产，必然造成不动产价格低落；住房商品化后，国家制订的住房制度也直接影响着不动产的价格，一般来说，合理的住房制度可以使住宅价格和居民收入保持适宜的比例关系，促进住宅市场的繁荣。

2. 国土空间规划

国土空间规划依据国民经济和社会发展计划、国土资源和环境保护的要求、土地供给能力以及各项建设对土地的需求，对一定时期内一定行政区域范围内的土地开发、利用和保护制定目标、计划和战略部署；其中城市规划区的规划，确定城市扩展方向、用地结构、用地功能布局、分期开发次序、开发强度和建筑用地技术规范，决定城市未来各区位的不动产开发价值和有效利用程度。国土空间规划对地价及不动产价格的影响主要表现在以下方面：规划对土地用途的限定对地价影响很大，同样的地块用于不同用途，其价格差异很大，一般而言，商业用地价格要高于工业用地等；规划对土地利用强度的规定，如容积率、绿化率、建筑高度等的规定直接影响土地价格；土地或房屋规划用途的改变会引起价格的变化。

3. 税收政策

国家的税收政策会影响不动产价格。供给者如不动产开发商或转让者的税收负担加重，会加大供给成本，减少供应量，使不动产价格上升；需求者的税收负担加重，会削弱购买能力，使不动产价格下降。因此，国家可以通过制定税收政策调控不动产的价格。

4. 交通管制

交通管制即政府交通管理部门对某些道路交通实行的限制性规定，其对不动产价格的影响主要看交通管制的内容和不动产本身的用途是什么以及实施交通管制后的综合效果如何。如住宅区内实行交通管制，限制车辆通行，可以减少噪声，提高住宅区的环境质量和安全水平，从而提高住宅的价格；而对某些不动产实施交通管制后使其通行困难，可及性差，这种情况则会降低此类不动产的价格。

5. 行政隶属的变更

行政隶属的变更也会带来不动产价格的变化。某地的行政级别上升，如将某个非建制镇升格为建制镇或将某个镇升级为市等，无疑会扩大其用地规模和人口规模，加快城市化进程，增加对不动产的需求，使该地不动产价格上升；行政级别不变，若将一地区由原来较落后地区划归为发达地区管辖，也会导致这一地区不动产价格的上涨。

二、区域因素

区域因素即不动产所在地区所具备的条件和特性，其对不动产价格的影响范围是某个具体的区域。由于不动产的不可移动性，在不动产估价中，区域因素起着不可忽视的作用。不同用途的不动产，影响其价格的区域因素也不同。

（一）影响居住不动产价格的区域因素

对于居住型不动产而言，影响其价格的主要区域因素是住宅区的环境条件，具体可分为自然环境条件、居住环境条件和人文环境条件。

1.自然环境条件

自然环境条件主要是指不动产所在区域的日照、湿度、温度、风向等自然地理状态，噪声、污染等公害的发生程度，洪水、地震等灾害发生的可能性，空气及水资源质量以及自然景观等。这是人们购买住宅时首先关注的区域因素，如人们一般愿意购买自然环境条件优美地段的住宅，此类不动产价格相应较高；一般不愿购买位于空气污染严重、自然灾害频发地区的住宅，此类不动产的价格相应较低。

2.居住环境条件

居住环境条件包括街道幅度、构造的状态，商业服务设施、教育设施、文化体育设施、医疗卫生设施等公共配套设施条件，给排水、供电、邮电通信以及环卫绿化设施条件、距市中心距离及交通设施状况等交通便利条件等。这些条件直接影响到人们居住的舒适程度和质量，因而对不动产价格的影响比较大。

3.人文环境条件

住宅区域居民的职业、社会地位以及文化素养等人文环境条件也在相当程度上影响着居住不动产的价格。

（二）影响商业不动产价格的区域因素

决定商业不动产价格高低的主要因素是其收益能力，因此影响商业不动产的区域因素主要是对收益能力有影响的因素。这些因素主要有：商业繁华程度及兴衰动向，客流量大小，交通状况，商业及业务种类、规模、集聚状况，营业类别及竞争状况，商业临近地域状况、顾客群体数量及状况、停车设施状况等。

（三）影响工业不动产价格的区域因素

对工业不动产来说，主要考虑该地区与产品销售市场和原材料产地的距离，干线道路、铁道、港湾、机场等交通设施的便利程度，水资源、动力资源的供应状况，劳动力资源状况及条件，关联产业的位置，有关法律法规对产业发展的有关规定等。

三、个别因素

个别因素，即不动产自身的因素，是指不动产本身具有的特性和条件，是影响不动产价格的最直接、最根本的因素。它又可分为土地自身的因素和建筑物自身的因素，主要有土地位置、地势、地质、地形、土地面积、形状，建筑外观、朝向、楼层、建筑结构、装修、建筑设计、设备、材料、施工质量等。

（一）土地自身因素

1. 位置

位置是不动产自身因素中对其价格影响较大的一个因素。不动产所处的位置不同，其价格也不同。位置好的不动产，其价格就高；位置不好的不动产，其价格就低。好坏的衡量标准是针对具体的不动产类型而言，如对住宅型不动产，好的位置即指交通便捷、环境优美等；而对商业不动产则是指能来更多收益的位置，如临街、客流量大等。

另外，不动产本身的自然地理位置不变，其社会经济位置也可能发生这种变化，这可能是由于交通建设或周围设施的变化引起的。当其社会经济位置得到改善时，不动产的价格便会上升；反之，则下降。

2. 地势、地质、地形

地势即土地与相邻地块高低关系的比较，一般地势高的土地由于可以免受水淹等灾害的影响，其价格高于地势低的土地。

地质条件与土地的承载力密切相关，尤其在现代城市向高层化发展的条件下，地质条件对地价的影响很大。地质条件好，土地承载力大，地基处理费用小，土地价格就高，反之则低。

地形条件影响到土地开发利用的成本，一般来说，地形平坦的土地开发利用的成本低，地价较高，不良的地形使得地价偏低。

3. 土地面积、形状

一般来说，面积大的土地在用途上有多种选择，利用效率高，因此价格往往高于面积狭小、不利于利用的土地。但也有由于相邻土地要兼并面积狭小的土地能获得更多效益，从而使得面积狭小的土地以高价出售等情况。

土地形状的不同导致了其利用的难易程度的不同，形状规则的土地便于利用，因而价格高，如矩形地；形状不规则的土地及三角形地、菱形地等难以利用，因此其价格偏低。对临街土地而言，临街的宽度和深度及其比例直接影响着价格的高低。临街宽度过小，建筑门面小，不引人注目，对消费者吸引力不大，因此其价格就会偏低；临街宽度大，门面醒目，能够引起消费者的注意，因此其价格就会高。宽度一定的情况下，深度过大或过小，都会降低土地的效用而使价格偏低，适当的宽深比例才是理想的状态。

（二）建筑物自身因素

1. 建筑外观、朝向、楼层

建筑物外观即建筑物式样、颜色、风格及与周围环境的搭配协调等，外观新颖大方富有美感，建筑物价格就高；相反，外观呆板、单调，价格就低。

房屋的朝向影响室内的日照、通风等条件以及眺望环境。一般来说，朝东、朝南的房屋在日照、通风方面要优于朝西朝北的房屋，因而其价格也较高。

对住宅而言，楼层的高低直接影响其使用功能的发挥及使用的方便性、舒适性，因此，楼层不同，价格也不同。顶层和底层的价格一般低于中间各层。

2.建筑结构、装修

建筑结构有钢筋混凝土结构、砖混结构、砖木结构等，结构不同其建筑成本不同，寿命也不同，自然其价格也不同。

装修标准也会影响价格，标准高，所花费人工、材料费就高，相应价格也就高。

3.建筑设计、设备、材料、施工质量

建筑物的设计合理，设备标准高且完好，使用优质材料，施工质量好，则其价格就高。

综上所述，不动产的价格是上述外部因素和不动产自身因素综合作用的结果。在不动产估价中，估价人员应注意把握这些因素对不动产价格的影响，注意处理各因素之间对不动产价格影响的错综复杂的关系。如对同一宗不动产，上述因素的影响方向是不同的，有的因素提高价格，有的因素降低价格；在估价过程中应注意把握对价格变动影响程度大的因素；不同的因素对价格的影响有的可以量化，有的难以量化，在估价过程中，应注意定性和定量相结合。

【本章小结】

本章分析了不动产的实体构成、权属构成和价格形态构成；阐明了影响不动产价格的一般因素、区域因素和个别因素，这些因素是不动产估价时的主要因素和重点内容。

所谓不动产是指土地及其地上的定着物。在实践中，可能是土地及其地上的定着物一起构成某一不动产，也可能是其中的某一部分或某些部分单独构成不动产。

不动产作为一种财产，包含一系列各具特色的利益或权利，它们可以分散拥有，当聚合在一起时，则构成了一个权利束。不动产权利还常常受有关法律或契约上的特殊规定的影响。这些规定限制了其财产权的范围。如法律或契约保留权，用于保留采矿权、木材采伐权、通行权或者其他类似给予让与者的特权。

对影响不动产价格的因素可以从外部因素和不动产自身的因素两个方面进行分析。外部因素又可分为一般因素和区域因素。一般因素即不动产所处的社会、经济和制度背景，其对不动产价格的影响是整体性、全面性的，覆盖整个社会经济背景下的全部不动产，决定了不动产的价格水平及其走势。区域因素即不动产所在地区所具备的条件和特性，其影响范围是某个具体的区域，区域因素的不同导致在一般因素相同的条件下不同区域之间同类不动产的价格差异。不动产自身的因素是在一般因素和区域因素相同的条件下，直接决定了区域内同类不动产之间的价格差异。

【习题及思考题】

1.根据不动产的实体构成和权属构成，结合实例，分析不动产价格构成。

2.影响不动产价格的社会因素有哪些？这些因素是如何影响不动产价格的？

3.影响不动产价格的经济因素有哪些？这些因素是如何影响不动产价格的？

4.影响不动产价格的制度因素有哪些？这些因素是如何影响不动产价格的？

5.影响居住不动产价格的区域因素有哪些？

【参考文献】

[1]雷利·巴洛维.土地资源经济学——不动产经济学.谷树忠.译，北京：北京农业大学出版社，1989.

[2]毕宝德.土地经济学.北京；中国人民大学出版社，2020.

第四章　收益还原法

收益还原法是对不动产或其他具备收益性质资产进行估价的一种基本方法，是不动产估价中最常用的方法之一。本章主要介绍收益还原法的概念、原理、公式、适用范围，收益还原法估价的程序与应用，以及土地残余法、建筑物残余法等内容。

第一节　收益还原法的概念与原理

一、收益还原法的定义

收益还原法是指将待估不动产未来纯收益，以一定的还原率还原，以此估算待估不动产价格的方法。将未来不动产收益转换为价格，类似于根据利息推算出本金，即将不动产的纯收益还原为收益价格；在估算待估不动产在未来每年预期纯收益的基础上，以一定的还原率（报酬率或资本化率、收益乘数），将待估对象在未来每年的纯收益转换为估价时点价值得到待估不动产价格的一种方法。由于不动产具有永续性，故其耐用期长，如果某不动产所产生的纯收益未来能够持续取得，则未来纯收益的现值总和即为该不动产实质价值或客观交换价值。

收益还原法是不动产估价中最常用的方法之一，它也是对土地、建筑物、不动产或其他具备收益性的资产进行估价的基本方法。此方法用于不动产估价时，把购买不动产作为一种投资，不动产价款作为购买未来若干年收益而投入的资本，类似于根据利息倒推出本金。因此，有时也将其称为投资法、资本化法、收益法等，在土地经济理论中称为地租资本化法，即：

地价＝地租/利息率

收益还原法也是我们日常生活中经常使用的一种投资分析方法。最简单的收益还原法的运用就是银行存款，当知道年末一年定期存款的利息是 1 万元，银行公布的一年定期存款利息率为 10%，马上推算出年初在银行存款的本金是 10 万元。此时，利息 1 万元、利息率 10%和本金 10 万元分别相当于某宗不动产每年的预期纯收益、还原率和价值价格。较复杂的收益还原法的运用则类似于财务评价中求取净现值（NPV）。所以，收益还原法又称收益法、收益资本化法、收益现值法等。

采用收益还原法评估出的价格通常称为收益价格。

二、收益还原法的理论基础

收益还原法的基础是预期收益原理。因为价值是由未来可产生的预期收益所创造，所以价值可定义为这些预期收益权利的现在价值。所有收益还原方法、技术及程序都要考虑预期收益,并估计其现在价值。这种预测未来收益的理论间接反映了收益随时间变动的模式。对于不动产来说,纯收益不能即时产生,而是在未来若干年会不断产生,就好比把每年的纯收益存入银行,这样就会带来与不动产价格等量的收入。用公式表述即:

不动产价格=纯收益/还原率

假设某人有一宗不动产,每年可产生10万元的纯收益,而另一人拥有200万元,他以5%的年利率存入银行,则他每年可得到10万元的利息。对他二人而言,理论上该宗不动产的价格与存入银行的本金是等价的,即该宗不动产的价格为200万元。

上述收益还原法的原理只是简单地便于人们了解,它是在每年纯收益不变、年利息率(即还原率)不变,且获取纯收益为无限年的特殊情况下才成立的,如果每年的纯收益不是固定的,今年是10万元,明年是15万元,那么就不能简单认为土地价格为200万元;如果还原率是变化的,时为5%,时为6%,也不能把200万元作为该宗不动产的价格;另外,如果不动产的使用年限是有限的,问题会更复杂(如式4-1所示)。现代收益还原法是建立在资金的时间价值观念上的,我们需要对各种情况进行界定,运用不同的公式加以计算。

考虑到上述情况,可将收益还原法的普遍原理表述如下:假设估价时点为现在,若现在购买一宗不动产,未来可以不断获得净收益,如果有一笔资金可与这未来一系列净收益的现值总和等值,则这笔资金就是该不动产的价值。

三、收益还原法的基本公式

(一)理论公式

$$V=\frac{a_1}{(1+r_1)}+\frac{a_2}{(1+r_1)(1+r_2)}+\frac{a_3}{(1+r_1)(1+r_2)(1+r_3)}+\cdots+\frac{a_n}{(1+r_1)(1+r_2)(1+r_3)\cdots(1+r_n)} \tag{4-1}$$

式中:V为待估不动产在估价时点的收益价值;$a_1,a_2,a_3,\cdots,a_n$为待估不动产未来各年的纯收益(图4-1);$r_1,r_2,r_3,\cdots,r_n$为待估不动产未来各年的还原率。n为待估不动产的收益期或持有期,是自估价时点起至待估不动产未来因达到经济寿命或终止收益权益而不能获得净收益时止的时间,与纯收益、还原率的时间单位一致,通常为年,也可以为月、季、半年等。

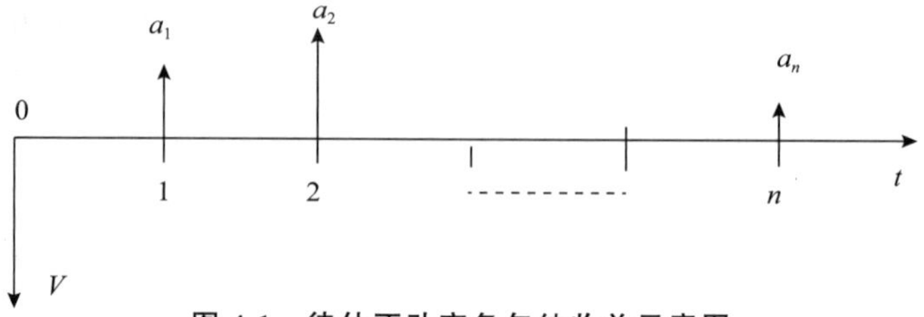

图4-1 待估不动产各年纯收益示意图

(二)基本公式

1. 无限使用年限的公式

$$V=\frac{a}{r} \tag{4-2}$$

式中：V 为待估不动产收益价值；a 为待估不动产的纯收益；r 为待估不动产的还原率。

该公式的成立前提是：① a 每年不变；② r 每年不变且大于零；③年期无限。

例如，有一宗不动产，在正常情况下，该不动产的每年总收益为 10 万元，同时每年支出的总费用为 5 万元，估价期日时不动产还原率为 5%，则该宗不动产的无限使用年期收益价值为：

$$V=\frac{10-5}{5\%}=100(\text{万元})$$

2. 有限使用年限的公式

$$V=\frac{a}{r}\left[1-\frac{1}{(1+r)^n}\right] \tag{4-3}$$

式中：V、a、r 的含义同前；n 为待估不动产的使用年限或有收益的年限。

此公式的成立前提是：① a 每年不变；② r 每年不变且大于零；③ n 为剩余使用年限。如果 r 等于零，则 $V=a\times n$ 。

公式原型：

$$V=\frac{a}{(1+r)}+\frac{a}{(1+r)^2}+\frac{a}{(1+r)^3}+\cdots+\frac{a}{(1+r)^n} \tag{4-4}$$

例如，一宗不动产，正常情况下该不动产每年总收益为 10 万元，每年支出的总费用为 5 万元，还原率为 5%，且该不动产的剩余使用年限为 45 年，则该不动产 45 年使用期的收益价值为：

$$V=\frac{10-5}{5\%}\left[1-\frac{1}{(1+5\%)^{45}}\right]=88.87(\text{万元})$$

(三)纯收益在若干年内有变化的公式

1. 无限年期的情况

$$V=\sum_{i=1}^{t}\frac{a_i}{(1+r)^i}+\frac{a}{r(1+r)^t} \tag{4-5}$$

式中：V、a 的含义同前，a_i 为待估不动产第 i 年的纯收益，t 为纯收益有变化的年限。

此公式的成立前提是：① t 年以前的纯收益有变化；② t 年以后的纯收益无变化且为 a ；③ r 每年不变且大于零；④年期无限。

例如，有一宗不动产，通过预测计算其未来 3 年的纯收益分别为 5 万元、8 万元、12 万元，而从第 3 年以后每年纯收益稳定在 15 万元，还原率为 5%，则该宗不动产无限使用年期的收益价值为：

$$V=\frac{5}{(1+5\%)}+\frac{8}{(1+5\%)^2}+\frac{12}{(1+5\%)^3}+\frac{15}{5\%(1+5\%)^3}=281.54(\text{万元})$$

2. 有限年期的情况

$$V=\sum_{i=1}^{t}\frac{a_i}{(1+r)^i}+\frac{a}{r(1+r)^t}\left[1-\frac{1}{(1+r)^{n-t}}\right] \tag{4-6}$$

式中：V、a、a_i、t 的含义同前，n 为使用年限。

此公式的成立前提是：① t 年以前的纯收益有变化；② t 年以后的纯收益无变化且为 a；③ r 每年不变且大于零；④年期有限为 n。

3. 已知未来若干年后不动产价格的情况

$$V=\sum_{i=1}^{t}\frac{a_i}{(1+r)^i}+\frac{V_t}{(1+r)^t} \tag{4-7}$$

式中：V、a_i、r 的含义同前；t 为已知未来不动产价格的年限；V_t 为未来第 t 年的不动产价格。

该方法适用于某区域在未来改变自然环境条件或用途的不动产价格评估。

例如，某市一宗不动产，在现有条件下单价为 3000 元/m²，每年纯收益 150 元/m²，还原率为 5%，获悉该地区规划为商业中心，需要 5 年时间建成，届时该地区将与现有商业中心的繁荣程度相同，土地级别相同，已知现有商业中心的不动产单价为 6000 元/m²，则可预测该地区五年后建成商业中心的不动产单价也将达到 6000 元/m²，则在获悉兴建商业中心后该不动产无限使用年期收益价值为：

$$V=\sum_{i=1}^{5}\frac{150}{(1+5\%)^i}+\frac{6000}{(1+5\%)^5}=\frac{150}{5\%}\left[1-\frac{1}{(1+5\%)^5}\right]+\frac{6000}{(1+5\%)^5}=5350.6(\text{元}/\text{m}^2)$$

可见，在获悉该地区将规划为商业中心后，该不动产收益价值由原来的 3000 元/m² 上涨到 5350.6 元/m²。

(四)纯收益按等差级数递增或递减的公式

1. 无限年期的情况

$$V=\frac{a}{r}\pm\frac{b}{r^2} \tag{4-8}$$

式中：V、a、r 的含义同前；b 为纯收益按等差级数递增或递减的额度，如纯收益第一年为 a，则第二年为 $a\pm b$，第三年为 $a\pm 2b$，第 n 年为 $a\pm(n-1)b$。当纯收益按等差级数递增时，公式中符号取 +，递减时，符号取 − 号。

例如，有一宗不动产，未来第一年的纯收益为 5 万元，预测其后每年的纯收益会比上一年增加 1 万元，还原率为 5%，则该宗不动产无限使用年期的收益价值为：

$$V=\frac{5}{5\%}+\frac{1}{(5\%)^2}=500(\text{万元})$$

2. 年期有限的情况

$$V=\left(\frac{a}{r}\pm\frac{b}{r^{2}}\right)\left[1-\frac{1}{(1+r)^{n}}\right]\mp\frac{b}{r}\times\frac{n}{(1+r)^{n}} \tag{4-9}$$

式中：V、a、r、b、n 的含义同前；当纯收益按等差级数递增时公式中取＋号，递减时取－号。

(五)纯收益按一定比率递增或递减的公式

1. 无限年期的情况

$$V=\frac{a}{r\mp s} \tag{4-10}$$

式中：V、a、r 的含义同前；s 为纯收益逐年递增或递减的比率，如纯收益第 1 年为 a，则第 2 年为 $a(1\pm s)$，第 3 年为 $a(1\pm s)^{2}$，第 n 年为 $a(1\pm s)^{n}$。当纯收益逐年递增时公式中的符号取－号；递减时符号取＋号。

例如，有一宗不动产，第一年的纯收益 5 万元，预测未来每年纯收益会比上一年增长 1%，还原率为 5%，则该宗不动产无限使用年期的收益价值为：

$$V=\frac{5}{5\%-1\%}=125(\text{万元})$$

2. 有限年期的情况

$$V=\frac{a}{r\mp s}\left[1-\left(\frac{1\pm s}{1+r}\right)^{n}\right] \tag{4-11}$$

式中：V、a、r、s、n 的含义同前；当纯收益逐年递增时公式中取＋号；递减时取－号。

例如，有一宗不动产，第一年的纯收益为 5 万元，预测未来每年纯收益比上一年增长 1%，还原率为 5%，另外该处不动产剩余使用年限为 45 年，则该宗不动产 45 年使用年期的收益价值为：

$$V=\frac{5}{5\%-1\%}\left[1-\left(\frac{1+1\%}{1+5\%}\right)^{45}\right]=103.2(\text{万元})$$

四、收益还原法适用的对象和条件

收益还原法适用于有现实收益或潜在收益的不动产估价。对于收益性不动产，如租赁不动产、企业经营用不动产、农用地经营不动产等估价非常有效，而且是具有充分理论依据的估价方法。

(一)租赁不动产

租赁不动产一般是指租赁土地、房屋等而言，如写字楼出租、场地出租等。以租赁土地来说，根据一年内所能取得的地租，扣除由出租方支付的有关税费，求得纯收益，再以土地还原率进行还原，即可求得出租土地的收益价值。又如出租房屋、出租办公楼、出租公寓等情形，根据一年内的房租收入，扣除由出租方支付的各项税费(包括税金、修缮费、管理费、保险费、中介费等），得到以房租为基础的纯收益，再以土地及建筑物的综合还原率进行还原，即可求得土地与建筑物合成一体的收益价值。

（二）企业经营用不动产

企业经营用不动产是指供店铺、旅馆、工厂、公司、饭店等有收益的企业经营用的不动产，根据经营过程中一年内的营业额，扣除经营过程中的成本、费用及正常运转资金的利息相当额，以及其他为求取纯收益所应扣除的事项，再以还原率进行还原，即可求得企业经营用不动产的收益价值。

（三）农用地经营用不动产

农用地经营用不动产是指农用地耕作、种植、养殖、休闲旅游等有收益的农用地，依据年平均农产品收入或观光旅游收入等，扣除种植、养殖等生产成本、销售成本，再以农用地还原率进行还原，即可求得农用地经营用不动产的收益价值。

收益还原法适用的条件如下：一是估价对象符合“持续使用假设”；二是评估的是现在或未来的价值、价格；三是估价对象的未来收益和风险具有可预测性。

收益还原法适用的基本原则主要有预期收益原则、最有效使用原则、变动原则、需求与供给原则、替代原则等。

第二节　收益还原法估价的程序

利用不动产收益资料，从总收益中扣除总费用后得到纯收益，再结合不动产收益年限，以相应的还原率还原，即可得到不动产价格。

一、不动产收益相关资料收集要求

根据待估不动产用途、区位等收集同一供需圈内类似不动产的状况及相关收益资料。

收集的资料包括待估不动产和与待估不动产特征相同或相似的不动产用于租赁或经营时的年平均总收益、总费用资料等。所收集的资料应具有持续性、稳定性，能够反映不动产的长期收益趋势，对租赁类不动产宜收集 3 年以上的租赁资料；对营业类不动产宜收集 5 年以上的运营资料；直接生产用地应收集过去 5 年中原料、人工及产品的市场价格资料。

二、不动产总收益计算方法

总收益是指不动产或不动产与劳动、资本等要素共同产生的总收益，计算总收益要考虑各要素可能产生的收益，然后按客观、稳定、持续的原则来确定不动产的总收益。在正常情况下，合理利用不动产应取得持续稳定的报酬，主要通过出租、经营收费或者分享投资利润产生，表现为租金收入、商服经营回报收入、生产经营回报收入等。

（一）收益的种类

1. 实际收益和客观收益

实际收益是待估不动产在现阶段实际取得的收益。由于实际经营者的经营能力等因素对实际收益影响很大,依据不动产估价的性质和特点,所以不能用它作为评估的依据。客观收益是指排除了不动产实际收益中特殊的、偶然的因素后得到的一般正常收益,它可以直接用于评估。通常用于评估不动产收益价格的收益应该是所得税前的客观收益。

2. 有形收益和无形收益

有形收益是可以用货币形式表现的收益,无形收益则难以用货币形式表现。在估价过程中,不仅要考虑我们能够得到的有形收益,还要考虑各种无形收益,如建筑历史、民俗文化等。

(二)土地收益和地租的关系

土地是社会经济活动的基础,但由于土地的自然条件不同和土地区位差异性,使土地使用者因使用不同的土地获得不同的收益,而这种土地收益因土地所有权和土地使用权的存在而转化为地租。也就是说,地租是土地所有者凭土地所有权而得到的收益,是土地所有权借以实现的经济形式,即土地所有者从土地上获取收益的权利。因此,土地收益和地租二者在量上具有一致性,只不过由于土地所有权和使用权的分离使来自土地的收益,相对于土地使用者而言,称为土地收益;相对于土地所有者而言,称为地租。土地价格是地租的资本化,在数量上也就是收益的资本化,所以我们可以将不动产价格确定为纯收益和利率的比,即:地价＝地租/利息率。

(三)客观收益衡量标准

在计算收益价格时,应根据一定原则全面分析各种收益,确定合理的客观收益。确定客观收益一般要考虑以下条件:

(1)收益是由具有社会普遍使用能力者使用而产生的收益。

(2)收益是不动产处于最佳利用方向和最佳利用程度下产生的正常收益。

(3)收益必须是持续、稳定且有规律地产生的收益,即可长期取得的收益。

(4)收益是安全可靠的收益。是指必须符合国家规定和批准的经营项目所产生的收益,那些未经批准的,甚至是违法的经营项目收益不能作为计算客观收益的依据。

(四)客观收益计量方法

根据不动产参与生产经营过程的形式和业主以不动产取得收益的方式不同,总收益计量的形式有以下几种情况:

1. 土地或不动产租金

土地或不动产租金是指土地或不动产出租过程中,出租方从承租方取得的租金收入和与租赁相关的各种其他收入,如租赁过程中承租方所缴纳的押金或担保金、预收定金的利息收入、自动售货机和洗衣房等收入。一般根据实际的租赁合同金额和估价时点下的当地不动产租赁市场状况综合分析,确定客观总收益。有租约限制的,租约期内的租金宜采用租约所确定的租金,租约期外的租金宜采用正常客观的租金;合同租金明显高于或明显低于市场租金的,应调查租赁合同的真实性,分析解除租赁合同的可能性及其对收益价值的影响。

不动产租金可以采用以下方式确定:一是采用统计分析方法,估算市场平均租金,并根据不动产的具体条件进行适当修正;二是采用市场比较法,选择类似不动产的租金案例,经修正后确定待估不动产租金；三是按实际租金估算，并根据市场客观条件进行适当修正；四是按合同总租金估算，并根据市场条件和交易约定情况进行适当修正；五是按经验租金估算，必须是依据非常可靠的技术数据判断的结果。

另外，还应充分考虑客观空置和收租损失，如出租不动产的空置（即不动产未租出去）损失、承租人拖欠租金的收租损失等，一般以出租率或空置率、租金损失率计算扣除。

2. 企业经营收益

企业经营收益是指企业在正常的经营管理水平下每年所获得与同类型企业相近的客观总收益。在分析企业经营的客观收益时，首先可以根据企业的财务报表进行分析，客观的财务报表是企业经营状况的基本反映，但是由于企业在经营过程中往往会受到经营管理水平等因素的影响，造成企业财务报表不能客观地反映企业经营状况和不动产的收益能力。因此，在利用企业财务报表进行企业经营收益分析时，应进行适当调整，调整为正常经营管理水平下的客观收益。其次还可以根据企业的经营项目，按照其生产的产品或提供的服务项目及其相应的市场价格，分析计算其客观总收益。

3. 农地种植收益

农地种植收益是指农用地用于农业生产过程中每年平均的农业生产产品的收入，包括主产品收入和副产品收入。收入的计算根据其产量和估价时点的正常市场价格进行，由相似地区的农地平均年产值确定。

在计算总收益时，还应分析计算由估价对象引起的其他衍生收益，如租赁过程中承租方所支付押金的利息收益、企业经营生产过程中的副产品销售收益等，确定的原则是只要由评估对象所产生的并由其产权主体所取得的收益均应计入总收益之中。

超过或不足1年的总收益的收益期，应统一折算为年不动产总收益。

三、不动产总费用的计算

总费用是指为得到收益所投入的直接必要的劳动费用和资本费用。客观成本（费用）与客观收益相对应，是由具备良好素质及正常使用能力者使用而产生的费用，且必须是与不动产经营和使用相关的。在不同估价情况下，总费用所包含的项目也不同。因此，计算总费用，首先要分析可能的各种费用支出，然后计算得出客观合理的支出，各项费用之和即为总费用。不动产在出租或经营过程中所有者为取得总收益而必须支付的相关费用，根据总收益的产生形式不同，总费用的计算也分为以下几种情况：

（一）土地租赁中的总费用

一般这种单纯的土地租赁发生的总费用包括以下几项：

（1）土地使用税。它是指因土地使用和租赁发生的，由评估土地负担的税赋。如城镇土地使用税等。

（2）土地管理费。它是指管理人员的薪水及其他费用，一般以年租金额的3%计算。

（3）土地维护费。它是指维护土地使用所发生的费用，如给排水及道路的修缮费等。

（4）其他税费。如增值税及附加税费。

土地出租中的各项费用应根据当地土地出租合同租金的内涵决定取舍，其中由承租人负担的部分不应该计入。

(二)房屋出租中的总费用

根据房屋出租中租金的构成因素分析,计算房屋的总费用包括以下几项:

(1)经营管理费。指出租房屋要进行的必要管理所需的费用,分为出租经营过程中公共设施的消耗支出和管理人员工资的支出两部分。经营管理费的计算在我国有两种方法:一是按可出租面积平均计算;二是按租金的一定比例计算,经营管理费通常为年租金的2%～5%。

(2)经营维修费。指为保证房屋正常使用每年需支付的维护费用和修缮费用,即房屋所有权人应负担的维修部位或房屋专有部分,如房屋门窗、水暖设备、厨卫设备、照明设备等的维修费。它的计算方法比较复杂,一般有造价比例法、定期轮修法、经验估计法等,为计算方便,通常按建筑物重置价的1.5%～2%计。

(3)房屋保险费。房屋保险属家庭财产保险范畴,主要补偿火灾、爆炸、雷击等自然灾害和意外事故造成的房屋损失。一般按房屋重置价或现值乘以保险费率计算,我国房屋的保险费率是1.5‰～2‰。

(4)税金。指房产所有人按有关规定向税务机关缴纳的房产税和其他税金等。关于税收标准,国家及各省(自治区、直辖市)均有规定。

房产税:按房屋的计税余值或租金收入为计税依据,向房屋所有权人征收的一种财产税。非住房以租金收入的12%计算缴纳,住房以租金收入的4%计算缴纳。

城镇土地使用税:以纳税人实际占用的土地面积为计税依据,依照规定税额计算征收。土地使用税每平方米年税额如下:大城市1.5～30元;中等城市1.2～24元;小城市0.9～18元;县城、建制镇、工矿区0.6～12元。

增值税(营改增前为营业税):不动产租赁服务、销售不动产、转让土地使用权等流转的,应缴纳增值税。根据《关于深化增值税改革有关政策的公告》规定,不动产租赁服务、销售不动产、转让土地使用权的,增值税税率为9%或按5%(表4-1)。其中,适用5%征收率的情况有:一般纳税人选择简易计税方法计税的不动产经营租赁;小规模纳税人出租(经营租赁)其取得的不动产(不含个人出租住房);其他个人出租(经营出租)其取得的不动产(不含住房);不动产融资租赁服务,选择适用简易计税方法的。

表4-1　不动产租赁涉及的增值税计税依据

纳税人	计税方法	税率/%	应纳税额
一般纳税人	一般计税	9	含税销售额÷(1+9%)×3%
	简易计税	5	a. 含税销售额÷(1+5%)×5% b. 含税销售额÷(1+5%)×1.5%
小规模纳税人	简易计税	5	

注:个体工商户及其他个人出租住房的按b计算应纳税额。

一般纳税人出租其2016年5月1日后取得的不动产适用一般计税方法计税,以及出租其2016年4月30日前取得的不动产适用一般计税方法计税的,按照3%的预征率向不动产所在地主管国税机关预缴税款。小规模纳税人出租不动产如下:单位和个体工商户出租不动产(不含个体工商户出租住房),按照5%的征收率计算应纳税额。个体工商户出租住房,按照5%的征收率减按 1.5%计算应纳税额;其他个人出租不动产(不含住房),按照 5%的征收率计算应纳税额。其他个人出租住房,按照 5%的征收率减按 1.5%计算应纳税额。

城市维护建设税及教育费附加:以实际缴纳的增值税税额乘以城建税率(按纳税人所在地不同适用 7%、5%、1%三档税率)和教育费附加率 3%、地方教育费 2%计算缴纳。

印花税:非住房按财产租赁合同租赁金额的千分之一贴花,住房免征。

(5)中介费及其他费用。如委托不动产中介机构出租,出租人应支付的佣金等;出租人提供家具、家电等的折旧费。

房屋出租中的各项费用应根据当地房屋出租合同租金的内涵决定取舍,其中由承租人负担的部分不应该计入,也不包括不动产抵押贷款还本付息额、不动产折旧费、不动产改扩建费用和所得税。

(三)企业经营费用的计算

企业经营费用是指在企业经营过程中为获取经营收益而必须支付的一切费用,通常包括原料费、运输费、折旧费、工资、税金、应摊提费用以及其他应扣除的费用。

根据企业生产经营的方式不同,一般可分为经营型企业(如宾馆、饭店、商场等商业服务业企业)和生产型企业(如工厂、矿山等工业企业)两大类。经营型企业在经营过程中的总费用主要包括销售成本、销售费用、经营管理费、销售税金、财务费用和应归属于企业的利润等;生产型企业在经营过程中的总费用主要包括生产成本(包括原材料费、人工费、运输费等)、产品销售费、产品销售税金及附加、财务费用、管理费用和应归属于企业的利润等。

企业生产经营费用的计算通常有以下两种方法:

(1)企业的财务报表是企业生产经营过程的基本反映,因此可根据企业财务报表中的损益表及有关财务资料分析计算企业经营总费用,但需要详细分析企业生产经营和管理的整个过程,扣除不正常的生产经营和管理费用,计算客观的生产经营费用。

(2)根据企业生产经营或服务的项目计算企业经营费用,如工业企业可根据其生产的各种产品的平均成本计算总成本。

(四)农地种植费用的计算

以农用地维护费和生产经营农副产品的费用之和作为总费用。

农用地维护费指农用地基本配套设施的年平均维修费用;生产经营农副产品的费用包括生产农副产品过程中所必须支付的直接及间接费用,包括种苗费(或种子费、幼畜禽费)、肥料费(或饲料费)、人工费、畜工费、机工费、农药费、材料费、水电费、农舍费(或畜禽舍费)、农具费以及有关的税款、利息、应归属于种植者的利润等。对于投入所形成的固定资产,按其使用年限摊销费用。

超过或不足 1 年的总费用的支出期应统一折算为年不动产总费用。

四、计算不动产纯收益

不动产纯收益的计算可以根据具体估价对象的不同和总收益、总费用的计算方式不同采用不同的计算方法和计算公式。

(一)不动产出租中的纯收益求取

不动产纯收益＝不动产总收益－不动产总费用－空置和收租损失　(4-12)

收租损失是指因承租人拖欠租金等造成的收入损失，包括延迟支付租金、少付租金、不付租金、免租期造成的收入损失。空置和收租损失通常按照租金收入的一定比例估算。

(二)企业经营中的不动产纯收益求取

企业经营纯收益＝年经营总收入－年经营总费用　(4-13)

(三)农地种植中的不动产纯收益求取

农地种植纯收益＝年农产品总收入－年种植总费用　(4-14)

(四)自用或待开发土地的不动产纯收益求取

自用或待开发土地的不动产纯收益可采用比较法求取，即比照类似地区或相邻地区有收益的相似不动产的纯收益，经过区域因素、个别因素的比较修正，求得其不动产纯收益。

对于价值时点为现在的，应调查待估不动产至少最近3年的年实际收入、费用或纯收益等情况。利用待估不动产的资料得出的收入、费用或纯收益等数据，应与类似不动产在正常情况下的收入、费用或纯收益等数据进行比较。当正常客观的数据有差异时，应进行分析并予以修正。

五、确定不动产还原率

还原率是影响收益性地价的重要因素，对它的求取应十分慎重。通过各种方法确定可能的还原率，然后经过综合分析、比较，确定可采用的还原率。

(一)还原率的重要性

收益还原法中求取还原率是一项复杂而精度要求高的工作。因为还原率如果使用不当，即使发生微小变动，都会使评估价格发生显著变化。充分认识还原率的重要性，能让我们对还原率的选取抱着更加科学与慎重的态度。运用收益还原法的估价人员必须认真对待并高度重视这一工作。

(二)还原率的实质

还原率是不动产纯收益与不动产价格的比率，实质是资本投资的回报率、收益率。在收益还原法中还原率确定的准确与否，直接关系到所评估土地价格的精度。

购买不动产实际是一种投资行为，这种投资所需投入的资本量是不动产价格量，这笔投资试图获得的利润是不动产产生的纯收益。因此，还原率实质上是一种资本投资的回报率、收益率，是与内部收益率的性质和内涵相似的比率。我们知道，以最小的风险来获得最大的收益虽然是所有出资者的愿望，可要想收益率越高，风险也就越大。因此，在一个较为完善的市场中，要获得更高的投资收益意味着要承担高的风险。收益性不动产交易的达成就在于投资不动产的利润率与市场中同等风险的商品的收益率是相等的。

达成这样一种认识，使还原率的确定避免一些过于简单或只适合于某些特殊情况下的结论。就土地而言，如马克思所讲，当人们把土地所有权看作所有权的特别高尚的形式，并且把购买土地看作特别可靠的投资时，还原率就要低于其他较长期投资的收益率，甚至比银行的利息率还要低。但当情况不再是这样，如拥有土地者不再有任何特殊地位，受自然或社会因素的影响使地租并不稳定时，还原率就高于其他较长期投资的收益率。

不同区位、不同时期（经营收益周期）、不同性质、不同用途的不动产，投资风险各不相同，收益率也不尽相同。因此，还原率也会随市场状况变化而变化。

（三）还原率的种类

不动产的还原率可分为三类，即综合还原率、建筑物还原率和土地还原率。它们既有严格的区分，又有相互的联系。若知道其中两个还原率以及它们的价格，便可求出另一还原率。其计算公式如下：

$$r_0 = \frac{r_L \times V_L + r_B \times V_B}{V_L + V_B} \tag{4-15}$$

式中：r_0 为综合还原率，适合于不动产估价；r_L 为土地还原率，适合于土地估价；r_B 为建筑物还原率，适合于建筑物估价；V_L 为土地价格；V_B 为建筑物价格。

有时建筑物还原率和土地还原率可以获取，而土地和建筑物价格难以获取，但知道土地价格占不动产价格的比例或知道建筑物价格占不动产价格的比例，也可求综合还原率。其计算公式如下：

$$r_0 = L \times r_L + B \times r_B \tag{4-16}$$

式中：r_0、r_L、r_B 含义同上，L 为土地价格占不动产价格的比例；B 为建筑物价格占不动产价格的比例，$L+B=1$。

建筑物与土地的收益风险程度不同，一般情况下，建筑物还原率比土地还原率高 2～3 个百分点。

（四）还原率的求算方法

1.纯收益与价格比率法（市场提取法）

是利用与待估不动产具有相同或相似收益特征的可比实例不动产的价格、纯收益、收益期或持有期等数据，选用相应的收益还原法公式，计算出还原率。在实际市场提取时，应选择 3 宗以上近期发生交易的，且不动产区域条件、用途、交易类型等与待估不动产相似的交易实例，利用交易实例的不动产纯收益、价格等数据，选用相应的收益还原法公式，测算还原率。就是通过不动产租金与价格的比值来确定不动产的综合还原率，再根据综合还原率、土地还原率和房屋还原率三者之间的关系来推算出其他两个还原率。三种还原率关系如式(4-15)所示。这种方法也称为市场提取法。若容易获得可靠的市场资料，则市场提取法是一种有效而实用的方法。应用此方法应收集市场上 3 宗以上近期发生的类似不动产的净收益和价格等资料，选用相应的收益还原法计算公式，以其均值作为还原率。

例如，在房地产市场上搜集到 4 个与待估不动产类似的交易案例，如表 4-2 所示。

表 4-2　求取可比实例还原率

可比实例	纯收益/[元/(年·m^2)]	价格/(元/m^2)	还原率/%
1	450	7030	6.4
2	400	6820	5.9
3	450	6780	6.6
4	440	6950	6.3

求取表 4-2 中 4 个可比实例的还原率算术平均值，得到待估不动产的还原率：

$$r=(6.4\%+5.9\%+6.6\%+6.3\%)\div 4=6.3\%$$

上述例子是针对无限年期的，对于年期有限的市场，需要进行年期修正。

2. 安全利率加风险调整值法(累加法)

是以安全利率加上风险调整值作为还原率，即

$$还原率=安全利率+风险调整值$$

式中：风险调整值＝投资风险补偿率＋管理负担补偿率＋缺乏流动性补偿率－投资带来的优惠率。

安全利率是指无风险或低风险的资本投资的收益率，可选用国家金融主管部门公布的同一时期的一年期国债年利率或一年期定期存款年利率为安全利率。风险调整值是指投资者为补偿所承担的较高风险而要求的额外报酬率，即承担额外风险要求的补偿，超过安全利率以上部分的投资回报率。风险调整值应根据估价对象所在地的社会经济现状及对未来的预测、行业、市场、估价对象的用途及新旧程度、投资风险程度等确定。风险调整值的主观性较强，不易掌握。

3. 复合投资收益率法

将不动产抵押贷款收益率与自有资金收益率加权平均，求出还原率。计算公式为：

$$r=M\times R_M+(1-M)\times R_E \tag{4-17}$$

式中：r 为还原率；M 为贷款价格比率，抵押贷款额占不动产价格的比率；R_M 为抵押贷款收益率；R_E 为自有资金收益率。

运用此方法，即将不动产看作一种投资行为，不动产价格为投资额，不动产收益就是投资收益。其中，不动产价格可分为抵押贷款额和自有资金，不动产收益就是抵押贷款收益和自有资金收益。因此，不动产还原率就是抵押贷款收益率和自有资金收益率的加权平均值。

例如，某人贷款购买一处不动产，贷款七成，贷款年利率为 6.39%，自有资金的社会一般收益率为 8%，则该处不动产的还原率为：

$$\begin{aligned}不动产还原率&=贷款价格比率\times贷款年利率+自有资金价格比率\times自有资金收益率\\&=70\%\times 6.39\%+30\%\times 8\%\\&=6.87\%\end{aligned}$$

4.投资风险与投资收益综合排序插入法

收益还原法所采用的还原率是典型投资者在不动产置业投资中所要求的报酬率。由于具有同等风险的不同投资的报酬率应该是相近的，所以可以通过与获取待估不动产纯收益具有同等风险的投资的回报率来求取待估不动产的报酬率。主要步骤与内容如下：首先找出社会中各种类型的投资（如银行存款、贷款、国债、债券、股票等）的收益率和风险；其次将收益率由高到低或由低到高排序；再次将估价对象不动产与其他投资进行比较分析，考虑投资的风险程度、管理难易等，找出相近的风险投资，从而判断还原率应落的区域范围；最终确定还原率。

值得注意的是，这些方法并不能让我们准确地得到某个时期的还原率，所求取的还原率都含有主观选择。这就要求我们不仅学会这些方法，更要在实践中与掌握的有关知识、实际估价经验及对当地的投资环境和不动产市场的充分了解融会贯通，只有这样才能作出较为准确的判断。还原率的确定就是估价工作精髓的具体体现，是科学、艺术和经验的结合。

六、确定收益期或持有期，求算不动产价格

（一）确定收益期或持有期

收益期是指在正常市场和运营状况下，预计待估不动产未来可获得净收益的时间，可根据土地使用权剩余期限和建筑物剩余经济寿命，结合市场运营情况进行确定。

（二）求算不动产价格

确定不动产纯收益、收益期或持有期后，根据估价对象、估价目的、收益情况和不动产使用年限等条件，选择适当的还原率和公式，求取不动产价格。同时，应根据具体情况，采用其他的估价方法，如市场比较法或成本法计算不动产价格来验证评估结果。

对于土地与建筑物合一的不动产而言，当建筑物剩余经济寿命与土地使用权剩余期限一致时，收益期为土地使用权剩余期限或建筑物剩余经济寿命。否则，应选取其中较短者为收益期，并对超出收益期的土地使用权或建筑物按下列方式之一处理：

（1）土地使用权剩余期限长于建筑物剩余经济寿命的：收益价值应为按收益期计算的价值，加上自收益期结束时起计算的剩余期限土地使用权在价值时点的价值。

（2）土地使用权剩余期限短于建筑物剩余经济寿命的：非住宅类土地出让合同约定无偿收回地上建筑物的，收益价值应为按收益期计算的价值；未约定的，收益价值应为按收益期计算的价值，加上建筑物在收益期结束时的价值折现到价值时点的价值。

七、应用举例

（一）应用于求取经营服务类不动产价格

某旅游区一宾馆共四层，其中首层供餐饮用，月收入为 18 万元，余下皆为住宿用，共 300 个房间，平均每间每天向客户收取 95 元，空置率为 27%，该宾馆营业实际每月花费 25 万元。当地同档次的宾馆一般每间每天能有 90 元的收入，空置率为 20%，正常营业费用为月收入的

30%；当地单层餐饮业房地产月收入为25万元，营业费用为8万元。该地区的商业不动产的还原率为10%，试用上述资料帮助宾馆经理测算自己宾馆的转让价值。

估价思路：宾馆属于有收益的不动产，本例中宜采用收益还原法。但在本例中应注意实际收益和客观收益的区别。

测算过程：

(1)年有效毛收入，包括住宿收入和餐饮收入

90×300×365×(1－20%)＋250000×12＝1088.4(万元)

(2)年运营费用＝90×300×365×(1－20%)×30%＋80000×12＝332.52(万元)

(3)年净收益＝1088.4－332.52＝755.88(万元)

(4)旅馆价值＝755.88÷10%＝7558.8(万元)

则该宾馆的转让价值为7558.8万元。

(二)应用于求取若干年前收益变化的不动产价格

某宗不动产建成于2020年12月31日，有效使用期至2050年12月31日；2021年末至2022年末分别获得净收益为120万元、122万元；预计2023—2026年每年年末分别有125万元、130万元、135万元和138万元的净收入。而在2026年后该不动产收益能稳定在136万元。该类不动产的还原率为8%。试利用上述资料评估该宗不动产在2023年6月30日的收益价格。

解：估价中应区分过去收益与未来收益的问题，收益价是站在估价时点来看的未来净收益的现值之和。

其收益价格测算过程如下：

$$V_1=\sum_{i=1}^{t}\frac{A_i}{(1+r)^i}+\frac{A}{r(1+r)^t}\left[1-\frac{1}{(1+r)^{n-t}}\right]$$

式中：各年期纯收入$A_1=125$万元、$A_2=130$万元、$A_3=135$万元、$A_4=138$万元、$A=136$万元；还原率$r=8\%$；$n=30-2.5=27.5$(年)；$t=3.5$(年)，代入计算公式：

$$V_1=\frac{125}{(1+8\%)^{0.5}}+\frac{130}{(1+8\%)^{1.5}}+\frac{135}{(1+8\%)^{2.5}}+\frac{138}{(1+8\%)^{3.5}}+\frac{136}{8\%(1+8\%)^{3.5}}\left[1-\frac{1}{(1+8\%)^{24}}\right]=1546.68(\text{万元})$$

第三节　收益还原法扩展：残余法

残余法是当已知整体不动产的纯收益、其中某个组成部分的价值和各组成部分的还原率时，从整体不动产的纯收益中扣除已知组成部分的纯收益，分离出归因于另外组成部分的纯收益，再利用相应还原率进行还原，求取未知组成部分的价值的方法。在实际应用中又分为土地残余法和建筑物残余法。

一、土地残余法

(一)基本思路

首先依据收益还原法以外的方法求得建筑物的价格;然后从待估不动产的纯收益中减掉属于建筑物的纯收益,得到土地的纯收益;再以土地还原率还原,即可得到土地的价格(图4-2)。

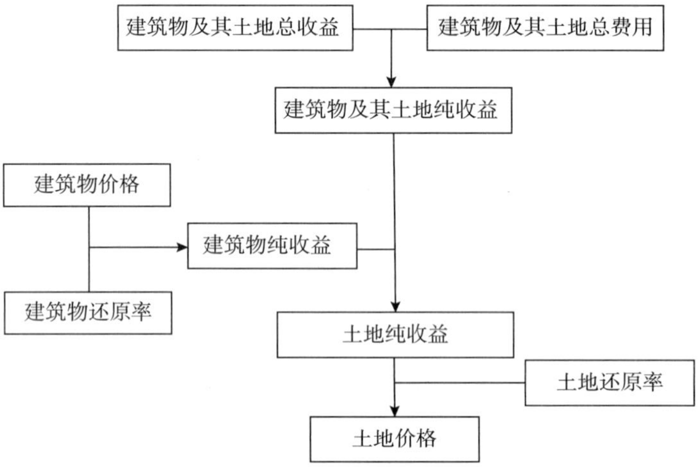

图4-2 土地残余法示意图

(二)计算公式

$$V_L = \frac{a - V_B \times r_B}{r_L} \tag{4-18}$$

式中:V_L 为土地收益价格;a 为不动产总收益;V_B 为建筑物的价格;r_B 为建筑物还原率;r_L 为土地还原率。

(三)估价步骤

(1)确定房地总收益;
(2)确定房地总费用;
(3)求取房地纯收益;
(4)求取建筑物纯收益。

$$建筑物纯收益 = 建筑物价格(现值) \times 建筑物还原率$$

式中:建筑物价格(现值)=建筑物重置价-建筑物折旧。

建筑物重置价必须用收益还原法以外的其他方法求得。建筑物折旧费是指建筑物在使用过程中因损耗而在租金中补偿的那部分价值。其计算公式为:

$$年折旧费 = \frac{重置价格 - 残值}{耐用年限} = \frac{重置价格 \times (1 - 残值率)}{耐用年限} \tag{4-19}$$

式中：建筑物重置价、耐用年限和残值是随建筑物结构及等级不同而不同的，一般各城市均有规定标准。

如果建筑物(房屋)耐用年限超过了土地使用权出让年限，根据《城市房地产管理法》《民法典》规定，对非住宅用地使用期满而使用者未申请续期的，且土地出让合同约定无偿收回地上建筑物的，依据规定由国家无偿取得，则以土地使用权出让年限为房屋可使用年限，在计算年折旧时无须考虑残值。相应的计算公式为：

$$年折旧费 = \frac{重置价格}{房屋可使用年限} \tag{4-20}$$

房屋可使用年限＝土地出让前房屋已使用年限＋土地出让年限

(5)求取土地纯收益：

土地纯收益＝房地纯收益－建筑物纯收益

(6)求取土地价格。

(四)应用举例

某市一综合大厦，于 2018 年 10 月底建成，用途为综合，其中 1～2 层为商场，建筑面积为 4000 m^2；3～8 层为写字楼，建筑面积为 7500 m^2，建筑总容积率为 4。该大厦用地是在 2016 年 10 月底以出让方式获得 50 年的土地使用权，出让地价为 1250 万元。

据调查，目前该大厦租赁合同中商场的实际租金为 5.2 元/(建筑 m^2·日)，写字楼的实际租金为 3.8 元/(建筑 m^2·日)；同类物业的平均租金按可出租建筑面积计算为：商场 5.0 元/(建筑 m^2·日)(可出租面积占建筑面积的 75%)，出租空置率为 5%；写字楼为 4.0 元/(建筑 m^2·日)(可出租面积占建筑面积的 70%)，空置率平均为 20%。各类物业出租的费用一般为：年管理费为租金的 5%，年维修费为重置价的 8%，每年需支付税费 30 元/建筑 m^2，年保险费为重置价的 2‰；该大厦为框架结构，重置价为 3000 元/建筑 m^2，经济耐用年限为 50 年，残值率为 2%，该城市 2016—2023 年物价指数每年上涨 9 个百分点，当地土地还原率为 8%，建筑物还原率为 10%。

2023 年该大厦所有者拟进行股份制改制，请评估出该宗土地在 2023 年 10 月 31 日现状基础设施条件下(基础设施条件略)的土地使用权价格。试根据上述资料，评估该宗土地于 2023 年 10 月 31 日的市场价格。

估价思路：该宗不动产由于存在租金收入，宜采用收益还原法。本例是对土地单独求算价格，应该使用残余法，即先选用收益还原法计算不动产总价，根据重置成本法计算房屋现值，然后从不动产总价中扣除房屋现值即得土地价格。

测算过程：

(1)计算大厦不动产总收益，包括商场和写字楼两部分，收益应采用客观收益，即同类物业的平均：

[5.0×4000×75%×(1－5%)＋4.0×7500×70%×(1－20%)]×365＝1133.325(万元)

(2)计算不动产支出的总费用，包括如下事项：

年总管理费＝1133.325×5%＝56.666(万元)

年总维修费＝3000×(4000＋7500)×8%＝276.000(万元)

年总税费＝30×(4000＋7500)＝34.500(万元)

年保险费＝3000×(4000＋7500)×2‰＝6.900(万元)

年总费用＝56.666＋276.000＋34.500＋6.900＝374.066(万元)

(3)计算不动产的年纯收益

1133.325－374.066＝759.259(万元)

(4)计算建筑物纯收益

重置价格＝3000×(4000＋7500)＝3450(万元)

房屋现值＝3450－71.875×5＝3090.625(万元)

建筑物纯收益＝3090.625×10%＝309.063(万元)

(5)计算土地纯收益

土地纯收益＝759.259－309.063＝450.196(万元)

(6)求取大厦占用的土地的价格

$$V=\frac{a}{r}\times\left[1-\frac{1}{(1+r)^n}\right]=\frac{378.321}{8\%}\times\left[1-\frac{1}{(1+8\%)^{50-7}}\right]=5421.818(万元)$$

楼面地价＝5421.818÷(4000＋7500)×10000＝4714.62(元/m^2)

单位地价＝4714.62×4＝18858.48(元/m^2)

二、建筑物残余法

(一)基本思路

首先,依据收益还原法以外的方法求取土地价格;然后,以建筑物与土地所产生的总的纯收益中,减掉归属于土地的纯收益,求得建筑物的纯收益;将该纯收益以建筑物的还原率还原,就可求取到建筑物的收益价格(图 4-3)。

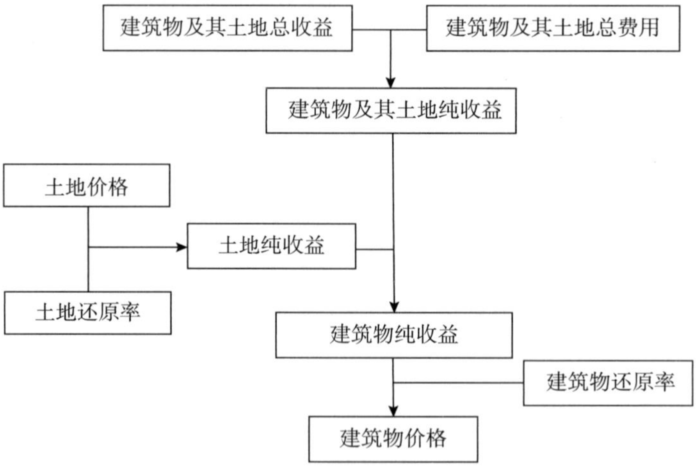

图 4-3　建筑物残余法示意图

(二)计算公式

$$V_B=\frac{a-V_L\times r_L}{r_B} \tag{4-21}$$

式中：V_B、a、V_L、r_B、r_L 含义同前。

(三)估价步骤

(1)确定房地总收益；
(2)确定房地总费用；
(3)求取房地纯收益；
(4)以收益还原法以外的方法求得土地价格；
(5)土地价格乘以土地还原率得到土地纯收益；
(6)房地纯收益扣除土地纯收益得到建筑物纯收益；
(7)将建筑物纯收益还原即得建筑物价格。

(四)应用举例

某公司通过参加拍卖竞得面积为 2500 m^2 的土地的使用权，性质为商业，并在其上建造了一座酒楼，建筑面积为 8000 m^2。此公司委托估价机构对其酒楼本身进行收益价格评估，估价日期为 2023 年 3 月 12 日。

据估价人员调查核实，此不动产在评估期日尚可使用 35 年，当地同类同档次物业每月的营业额为 50 万元，每月管理费和税费总计为 30 万元；经市场比较法求得同交易圈内使用年期 35 年，容积率为 3～4 的土地使用权价格为 6000 元/m^2，土地还原率和建筑物还原率分别为 7％和 9％。

估价思路：待估不动产属于有收益的不动产，宜采用收益法为基础进行估价，本例是对房屋单独求算价格，应该使用残余法。

测算过程：

(1)不动产纯收益＝年营业额－年支出额＝(50－30)×12＝240(万元)

(2)土地总价格＝6000×2500＝1500(万元)

(3)土地年纯收益＝$\dfrac{1500\times 7\%}{1-\dfrac{1}{(1+7\%)^{35}}}$＝115.85(万元)

(4)房屋年纯收益＝240－115.85＝124.15(万元)

(5)房屋价格＝$\dfrac{124.15}{9\%}\times\left[1-\dfrac{1}{(1+9\%)^{35}}\right]$＝1311.87(万元)

房屋单价＝1311.87÷8000×10000＝1639.84(元/m^2)

【本章小结】

收益还原法：是将待估不动产未来纯收益，以一定的不动产还原率还原，以此估算待估不动产收益价值的方法。

收益还原法的基础：预期收益原理。

收益还原法常用基本公式：$V=\dfrac{a}{r}\left[1-\dfrac{1}{(1+r)^n}\right]$

收益还原法适用对象：适用于有现实收益或潜在收益的不动产估价。

收益还原法估价的程序：收集相关资料→确定总收益→确定总费用→确定纯收益→确定

还原率或资本化率→确定收益期或持有期→求算不动产价格。

年总收益：指待估不动产按最有效利用方式出租或自行使用，在正常情况下，合理利用不动产应取得持续稳定的收益或租金。

实际收益：是待估不动产在现阶段实际取得的收益。

客观收益：是指排除了不动产实际收益中特殊的、偶然的因素后得到的一般正常收益，它可以直接用于评估。

有形收益：可以用货币形式表现的收益。

无形收益：难以用货币形式表现的收益。

年总费用：是指利用不动产进行出租或经营活动并取得相应收益时正常合理的必要年支出。

还原率：是不动产纯收益与不动产价格的比率，实质是资本投资的回报率、收益率。

残余法：依据市场比较法或成本估价法等，求得土地或建筑物的价格，并据此求得分属于土地或建筑物的纯收益；然后从不动产纯收益中，扣除分属土地（或建筑物）的纯收益，剩余部分即为建筑物（或土地）的纯收益；在此基础上，将纯收益进行还原，即可得到建筑物（或土地）的收益价格。残余法通常用于依据不动产纯收益单独求取土地或建筑物的价格。

【习题及思考题】

1. 计算题一：某公司 2016 年 5 月 1 日通过出让方式获得 5000 m^2 土地的使用权，出让年限为 50 年，并于 2 年后建成一座写字楼，容积率为 3。经过调查，目前同类建筑物的建安综合造价为每建筑平方米 3000 元，同类写字楼物业的市场租金水平每月为 300 元/ m^2，出租率为 90%；该地块房屋出租年经营费用中管理费为年租金的 10%，维修费为年租金的 8%，保险费为建安造价的 2‰，税金为年租金的 12%；建筑物经济耐用年限为 70 年，残值率为 2%；当地土地还原率为 8%，综合还原率为 10%，银行贷款利息率为 10%。试估算该公司 2023 年 5 月 1 日土地使用权转让价格。

2. 计算题二：某商场的土地使用权年限为 40 年，从 2020 年 5 月 31 日起计。该商场建筑面积为 2000 m^2，可出租面积占建筑面积的 60%。于 2020 年 5 月 31 日租出，租期为 5 年，可出租面积的月租金为 180 元/m^2，且每年不变。经调查，目前附近类似商场可出租面积的正常月租金为 200 元/m^2，出租的成本及税费为租金的 20%。该类房地产的资本化率为 8%。试估计该商场于 2023 年 5 月 31 日出售时的正常总价格。

3. 思考题：

（1）为什么可以根据不动产的预期收益来求取其价格？

（2）判断不动产客观总收益的标准有哪些？

（3）在对习惯出租的不动产估价时，对其总费用的核算是否有标准？如果有，是什么？

（4）不动产还原率的实质及其确定方法有哪些？

（5）为什么要慎重使用土地残余估价法？

【参考文献】

[1]林英彦．不动产估价．11 版．台北：文笙书局，2006.

[2]邹晓云．土地估价原理与方法．北京：中国大地出版社，2022.

第五章　市场比较法

市场比较法是不动产估价三大基本方法中最重要、最常用的方法，该方法将估价对象不动产与在估价时点附近发生交易的类似不动产进行比较分析，对可比实例不动产成交价格进行修正和调整，以此来评估估价对象不动产的价格。本章介绍市场比较法的概念与原理、程序和应用等内容。

第一节　市场比较法的概念与原理

一、市场比较法的概念

在人们的日常生活消费和生产经营活动中，都有一个重要的环节，就是讨价还价、敲定价格，这是决定交易能否顺利进行的关键，对此人们通常习惯采用“货比三家”的方式来完成。

市场比较法，又称比较法、市场法、交易实例比较法、买卖实例比较法、市场资料比较法、交易案例比较法、直接交易案例比较法、市价比较法、现行市价法等，是在求取估价对象不动产价格时，从不动产市场近期发生的类似不动产交易实例中，选取一定数量的实例作为可比实例，将估价对象不动产与这些可比实例进行多方面的调查比较，分析确定它们之间的差异以及导致的不动产价格差异，对这些可比实例的交易价格进行修正调整，得出估价对象不动产价格的一种不动产估价方法。也就是说，利用不动产市场已知的可比实例不动产成交价格，评估估价对象不动产价格，求取的不动产价格通常称作比准价格。

这里所说的类似不动产，是指在区位、用途、产权、结构、环境和交易目的等诸多方面与估价对象不动产相同或相似的不动产。交易实例的区位、实物和权益状况与估价对象相当，交易方式符合估价目的，成交日期接近估价时点，成交价格为正常价格或可修正为正常价格的不动产，可选为估价对象不动产价格评估的比较实例，称作可比实例。

市场比较法的思路与人们日常的价格确认行为习惯高度一致，估价结果因而容易得到利益各方的共同认可，可信度高，说服力强。因此，它是不动产估价中最常用、最重要的基础方法。

二、市场比较法的替代原理

市场比较法的理论依据是经济学中的替代原理。传统经济学建立在理性假设的基础上，消费者追求效用最大化，当商品或服务效用相同、价格不同，购买者会选择价格较低的；价格相同、效用不同，购买者将选择效用高的；厂商追求利润最大化，绝不会放过每个可能到手的铜板,不可能接受比正常市场价格低的成交价格。不同的商品和服务之间可能具有替代、互补或无关三种关系。对于具有替代关系的商品来说,它们的使用价值(效用)相等或相似,在满足消费者的欲望方面可以相互替代。因此,静态地看,它们的价格会趋于一致或形成一种相对稳定的比例关系。替代性越强,其价格越趋于一致。而动态地看,一种商品的价格和需求呈反方向变动,替代商品之间的价格与需求呈同方向变动。所以,如果某种商品的价格提高,其替代商品的价格不变,消费者为追求效用最大化,会减少对这种商品的需求,增加对替代商品的需求,因而这种商品会因需求减少而降价,替代商品会因需求增加而涨价;反之,如果某种商品的价格降低,消费者同样会增加对这种商品的需求,减少对替代商品的需求,因而这种商品会因需求增加而涨价,替代商品因需求减少而降价。总之,具有替代关系的商品价格,如此相互影响、相互竞争,最终会趋于一致或形成一种相对稳定的比例关系。

具体对不动产而言,交易双方会根据替代原理将拟交易的不动产价格与不动产市场中已交易的、具有替代关系的类似不动产价格相比较,以一致的价格来成交。一般来说,买方追求效用最大化,不会接受比这个一致价格更高的价格;同样,卖方追求利润最大化,也不会接受比这个一致价格更低的价格。因此,类似的不动产因其效用相似,在满足消费者需求方面可以相互替代,所以在不动产市场上将得到相似的价格。正是因为替代原理在不动产交易中有上述的作用,使得我们在评估不动产价格时,可以根据不动产市场上已经交易的类似不动产价格来求取。

如果能找到效用完全相同,具有完全替代关系的不动产是最理想的,但由于不动产具有位置固定性、区域性和个别性等特性,人们在不动产市场上根本找不到完全类似的不动产。所以,替代原理在不动产市场中的表现形式,更多的是价格随其效用的相似程度形成一定的比例关系。因此,我们在用市场比较法评估不动产的价格时,往往不能直接采用类似不动产的价格,简单地作为估价对象不动产的价格,而必须对其进行多方比较分析,一般主要是三个方面:交易情况、市场状况和不动产状况,找出差异,通过价格修正和调整,方能求出估价对象不动产的价格。

比较分析的方法很多,根据比较分析的范围不同,可分为相对数比较分析和绝对数比较分析。相对数比较分析是针对估价对象不动产和可比实例不动产整体价格差异进行的。绝对数比较分析是针对估价对象不动产和可比实例不动产局部价格差异进行的。根据比较分析所取的标准不同,可分为直接比较分析和间接比较分析。直接比较分析是以估价对象不动产为标准,可比实例不动产与它进行比较分析,直接找出它们的差异;间接比较分析是估价对象不动产和可比实例不动产都与一个设定的标准不动产进行比较分析,间接找出它们之间的差异。根据比较分析的时空不同,又可分为时间序列比较分析和区位差异比较分析。时间序列比较分析是随着时间的推移,通过纵向比较,分析自然、社会和经济条件的变化如何影响和作用于不动产市场价格水平的变化;区位差异比较分析是指在一定时期,自然、社会和经济条件不变的条件下,横向比较分析区位不同所导致的不动产价格的差异。

三、市场比较法的特点

(1)市场比较法依据市场交易价格,有较强的说服力,可信度高,应用广泛。市场比较法通过对近期不动产市场上发生的,与估价对象不动产具有替代性的交易实例的成交价格进行修正调整,推测出估价对象不动产的价格,能够较好地反映近期不动产市场的行情,使求得的价格具有较强的现实意义，说服力强，可信度高，容易被交易双方所接受，因此得到了广泛的应用，在其他估价方法中有关估价数据的求取，也普遍应用了市场比较法的原理和技术。

(2)市场比较法由“价格求价格”，价格修正调整难度较大。市场比较法是在不动产估价实践中产生的一种切实可行的估价方法，得到了人们的普遍认可和广泛使用，价格修正调整整体思路虽然清晰，但具体操作难度较大，对估价师估价经验的依赖性较强。

(3)市场比较法对估价人员要求比较高。应用市场比较法需要进行交易情况、市场状况和不动产状况等方面的修正调整，具有一定的难度，需要发挥估价人员的主观能动性，灵活确定，受估价人员主观影响很大。为了得到客观准确的比较结果，不动产估价人员必须理论知识扎实，实践经验丰富，对不动产市场有较高的认识和把握能力。

(4)市场比较法的关键是正确确定不动产的使用价值。市场比较法的基本原理是替代原理，正确挑选效用相同、功能相当、可以替代估价对象不动产的可比实例，是提高不动产估价精度的基础。可比实例越相似，价格修正调整难度越小，估价精度越高。所以，深刻认识影响不动产使用价值的因素，正确确定不动产的使用价值，是决定市场比较法估价质量的关键。

(5)市场比较法的前提条件是有足够数量的市场交易实例。只有拥有大量的各类不动产交易实例，才能对各类估价对象不动产用市场比较法进行估价。只有拥有各类足够的不动产交易实例，运用市场比较法进行不动产估价时，才能排除个别异常因素的干扰影响，挖掘其共性，体现出不动产价格变动的客观规律，求得客观真实合理的价格。

(6)不动产市场健康稳步发展和交易实例资料真实可靠是市场比较法应用的保证。计算机信息技术中有一条 GIGO(garbage in，garbage out)原则，说的是，如果将错误的、无意义的垃圾数据输入计算机系统，计算机自然也一定会输出错误、无意义的垃圾结果。同样的道理，如果市场比较法依据的交易实例资料不够真实，则据此求得的估价对象不动产价格自然也不会可靠，而保证交易实例资料真实可靠的前提条件是：不动产市场公开规范，健康稳步发展。

四、市场比较法适用的对象和条件

市场比较法适用于同类不动产数量较多、经常发生交易、替代关系较强的不动产，如成套住宅、写字楼、商铺、标准厂房、不动产开发用地等。下列不动产难以采用市场比较法估价：同类不动产数量很少的不动产，如特殊厂房、机场、码头、博物馆、教堂、寺庙、古建筑等；很少发生交易的不动产，如学校、医院、行政办公楼等；可比性很较差的不动产，如在建工程等。

市场比较法以替代原理为指导，其需要具备的条件是：不动产市场发育健全，有大量的交易实例资料。在不动产市场不发达的地区，或缺乏某类不动产交易实例的情况下，不宜使用市场比较法。具体要求如下：

(1)数量性。一般认为，用市场比较法进行不动产估价，要求拥有的交易实例，数量至少在 10 个以上。数量太少，选择余地就窄，容易被不动产市场的虚假现象所蒙蔽，不能反映不动产市场的真实情况，易产生主观上的错觉。

(2)替代性。对交易实例不仅应有数量上的要求，还要求有一定的替代性。10 个交易实例中必须至少有 3 个和估价对象不动产具有非常强的替代关系，十分相似才行。

(3)可靠性。交易实例的资料首先要求来源可靠，能真实地反映不动产交易整体情况。其次要求对交易实例进行交易情况、市场状况和不动产状况的修正和调整，以保证资料的可靠性和有效性。只有可靠的资料才能保证估价对象不动产价格的准确性。

(4)合法性。利用市场比较法评估不动产价格时,不仅要排除不合理的不动产交易实例资料,还要注意研究相关的法规政策,如城市规划对土地用途和容积率等方面的限制和规定,都会对不动产估价的结果带来极大的影响。所以,运用市场比较法时,一定要选择与估价对象相适应的法规政策,要用相似的交易实例资料作为比较分析的依据。

五、市场比较法的估价原则

市场比较法可比实例的选择、价格的修正调整等过程,依赖于估价师对客观不动产市场的主观认识和准确判断,受估价师理论水平和实践经验的影响很大,为保证估价结果的客观可靠、准确可信,尽量减少人为因素造成的偏差,要求不动产估价师在严格遵守不动产估价原则的基础上,深刻认识和学习以下估价原则。

(1)替代原则。市场比较法的理论依据是替代原理,所以估价师在运用市场比较法时,首要强调的原则就是替代原则,在选取可比实例时一定要选择替代性强的。只有具有替代性,才具有竞争性,才有可能形成一致的价格,因而具有可比性,才可以用可比实例的交易价格修正调整后得到可靠可信的估价对象不动产价格。

(2)供需原则。经济学认为,稀缺资源配置最有效的方式是市场,市场一般受到一只“看不见的手”的支配,那就是价格,价格背后的决定因素是供求关系,供大于需,价格会下跌,供不应求,价格会上涨。不动产估价师应用市场比较法时,一定要敬畏市场,充分认识和把握不动产的供给和需求状况;搜集可比实例价格资料时,一定要紧密结合交易时点不动产市场供需状况;进行价格修正调整时,也一定要紧密结合估价时点的不动产市场供需状况。

第二节　市场比较法的程序与应用

一、市场比较法的程序

运用市场比较法进行不动产估价的程序包括:搜集交易实例,选取可比实例,建立比较基础,交易情况修正,市场状况调整,不动产状况调整,计算比准价格。

(一)搜集交易实例

在运用市场比较法评估不动产价格时,需要搜集大量真实有效的不动产交易实例,这是基础和前提条件。只有这样,估价时估价人员才能掌握估价对象所在区域的不动产市场行情,保证评估出的估价对象价值或价格不会超出合理的范围;同时,从不动产交易实例中选择出符合一定数量和质量要求的可比实例,保证根据这些可比实例的成交价格测算出的估价对象价值或价格更加准确。如果资料太少,轻则估价过程难免会主观武断,导致估价结果不够客观,无法保证其准确性,重则根本无法使用市场比较法。所以,应用市场比较法进行不动产估价时,应尽可能多地搜集交易实例。

需要特别强调的是,对于不动产估价人员来说,交易实例的搜集是一项经常和长期的基础工作,需要随时随地用心搜集积累,而不能临阵磨刀,一切都等到需要运用市场比较法开展不动产估价工作时才进行。因为一般不动产估价任务往往都很紧迫,时间短,任务重,如果在交易实例的搜集上一切从零开始,花费太多的时间,势必会影响到整个估价任务的顺利完成,仓促之下行事,又可能会影响估价任务完成的质量。接受不动产估价委托后,如果交易实例数据库中能检索到大量可用的实例,只需再搜集补充少量的交易实例,这样是最理想的。另外,不动产交易大多都是随时随地分散发生的,不是一下子集中完成的,当时搜集比较容易,有事半功倍之效;如事过境迁,物事全非,事后再搜集,难度往往比较大,只能是事倍功半。

搜集交易实例的途径有多种,主要有:

(1)查阅政府有关部门的不动产交易资料。如不动产登记部门或不动产交易所登记备案的文件资料,各种不动产报表,以及定期公布的基准地价、标定地价和房屋重置价格等。

(2)不动产估价人员同行之间互相交流,资料共享。估价人员同行之间应经常相互交流,通过不动产估价学会或协会等社会群众性组织,定期相互交换经手的不动产估价资料和搜集的交易实例资料,这是一种丰富各自交易实例资料的快捷而省事的有效方法。

(3)通过传统媒体和新媒体获取相关资料。查阅各种报纸杂志、广播电视等大众传播媒介和网络新媒体上所刊登或播放的各种有关不动产销售出租广告以及专题调查报告。

(4)接洽相关从业人员了解相关资料。与销售、出租不动产的营销和经纪人员洽谈,以搜集交易实例的资料。

(5)参加大型不动产展销活动了解市场行情。参加各类不动产交易展示会、不动产博览会等,索取有关资料,了解各类不动产信息和行情。

(6)其他途径。如向不动产交易当事人、四邻、经纪人、不动产登记代理人、工商税务部门、金融保险机构、司法机关等调查了解。

交易实例的搜集,内容一定要全面完整,既要了解不动产自身的内部条件,也要了解与之相关的自然、社会、经济等外部条件。搜集的内容一般包括坐落位置、用途、权益状态、建筑物状况、交易价格、交易形式、交易日期、交易情况、区位条件、实物状况、规划限制等。

搜集交易实例资料,最好提前分门别类,归纳总结和设计好各类调查表格,调查时用表格来表示。这是因为表格简明直观,一目了然,便于查漏补遗、分类归档、检索使用。另外一个很重要的原因是,表格比文字的结构性要好,而计算机处理数据有一定的结构性要求,数据的结构性越好,计算机加工处理起来越方便,所以用表格表示调查的交易实例资料,也是计算机管理交易实例资料的要求。计算机的广泛应用,是当今世界的大势所趋,建立不动产交易实例计算机数据库,不仅能显著地提高估价工作的效率,还有助于提升不动产估价机构的核心竞争力。

(二)选取可比实例

估价人员搜集的大量交易实例资料,还不能直接用于估价对象不动产的市场比较法估价,因为并不是所有的交易实例都和具体某个估价对象不动产的功能一致、效用相似,不一定具有替代关系,不属于类似交易实例,没有可比性,还需要进一步根据估价对象不动产的功能和效用,从中筛选出一些和估价对象不动产功能和效用尽可能相似,替代关系尽可能强的交易实例,作为市场比较法比较参照的可比实例。可比实例选取得恰当与否,直接影响到市场比较法评估结果的正确性,因此应特别慎重稳妥。选取的可比实例应符合如下要求:

(1)区位条件相当。不动产的区位因素对不动产的价格影响很大,因为市场比较法是以替代原理为理论依据的,所以用来比较的可比实例应与估价对象不动产具有较强的替代关系,必须位于同一地区，或处于同一供需范围的类似地区，并且其自身实物条件也应相近。

(2)用途相同。应与估价对象不动产的大类用途相同，最好小类用途也相同。大类用途主要有：商业、工业、宾馆、办公楼、住宅、仓库等。小类用途是在每个大类用途的基础上的进一步细分。

(3)建筑结构类同。起码应该与估价对象不动产的大类建筑结构相同，最好小类建筑结构也相同。大类建筑结构主要有：钢结构、钢筋混凝土结构、砖混结构、砖木结构和简易结构等。

(4)价格类型一致。可比实例应与估价对象不动产价格类型的大类相同。大类价格类型主要有：买卖价格(包括拍卖价格、招标价格和协议价格)、租赁价格、入股价格、抵押价格、征用价格、课税价格、投保价格、典当价格等。

(5)交易时间接近。不动产市场的外部大环境随着时间的不断推移而逐步变化，对不动产价格的影响很大，所以可比实例的交易时间应与估价对象不动产的估价时点比较接近。如果不动产市场发展相对比较稳定，比较的有效期可以适当延长一些，可用一些几年前的交易实例；如果不动产市场变化比较快，则比较的有效期可相应缩短。一般认为，可比实例的成交日期应接近估价时点，与估价时点相差不宜超过一年，最多不得超过两年，如果时间相距过长，在进行不动产市场状况修正时则难度会加大，可能会出现较大的偏差。

(6)交易正常。可比实例必须为正常交易，或可修正为正常交易。正常交易指交易应是公开、平等、自愿的，即在市场公开、信息畅通、交易双方平等自愿、没有特殊利益情况下的交易。正常交易对交易双方来说，在经济上都是公平合理的交易。

(三)建立比较基础

选取了可比实例以后，应对这些可比实例成交价格进行各种标准化处理，使可比实例交易价格和估价对象价值或价格之间、各个可比实例交易价格之间，范围一致，口径统一，具备可比性，为后续比较修正和调整建立比较基础。

建立价格比较基础主要包括统一财产范围、统一付款方式、统一税费负担、统一价格表示单位、统一面积内涵和计量单位、统一币种和货币单位 6 个方面。

1. 统一财产范围

应对可比实例与估价对象的财产范围进行对比，并消除因财产范围不同造成的价格差异。可比实例与估价对象的财产范围不同主要有 3 种情况：一是含有非不动产成分。例如，可比实例附赠家具、家电、汽车，或附带入学指标、户口指标、特许经营权等。二是带有债权债务的不动产。例如，可比实例设立了抵押权、地役权，有拖欠建设工程价款，或由买方代付卖方欠缴的水电费、燃气费、电话费、上网费、有线电视收视费、供暖费、物业服务费、房产税等费用和税金。三是不动产的实物范围不同。例如，估价对象为土地，而选取的可比实例是含有类似土地的不动产交易实例；估价对象是一套阳台封闭的住宅，而选取的可比实例是阳台开放的住宅；估价对象是一套不带车位的住宅，而选取的可比实例是一套带车位的住宅。

2. 统一付款方式

由于不动产单价高、总价大，不动产交易成交日期一次性支付难度较大，为了达成交易，降低支付压力，往往在成交日期先完成首付，余款采取各种分期付款的方式，或普遍借助金融机构的按揭业务来完成。付款方式五花八门，考虑到货币的时间价值，这样的价格往往缺乏可比性。由于金融机构的按揭业务在设计还款计划时已充分考虑了货币的时间价值，未来所有的还款额折现之和就相当于现在的贷款额，不需要进行特别关注，但各种分期付款就需要应用资金折现技术，将可比实例不是成交日期支付或不是一次性付清的价格，调整为成交日期一次性付清的价格。

例如，某套住宅不动产交易价格是300万元，首付90万元，向银行按揭150万元，贷款年利率为6%，期限为10年，剩下的60万元开发商同意采用分期付款，一年后支付，若资金折现率为8%，则成交日期一次性付清的价格是多少？

人们一般都有银行储蓄的经验，都了解银行利息的计算，那么对资金折现就不难理解和掌握，基本等同于利息的倒算，所以：

$$\text{成交日期一次性付清的价格}=90+150+60/(1+8\%)=295.56(\text{万元})$$

3. 统一税费负担

统一税费负担，就是要将交易税费非正常负担下的可比实例价格，调整为交易税费正常负担下的价格。不动产交易中需要缴纳增值税、城市维护建设费、教育费附加、契税、印花税、交易手续费、公证费等一些税费，有的税费应由卖方缴纳，如增值税、城市维护建设费、教育费附加等；有的税费应由买方缴纳，如契税等；有的税费则买卖双方都应缴纳或各负担一部分，如印花税、交易手续费。交易税费正常负担是指买卖双方各自负担自己应缴纳的交易税费。但在不动产实际交易中，由于市场行情和交易情形不同，经常会出现卖方被迫承担买方应缴纳的税费或买方被迫承担卖方应缴纳的税费这种交易税费非正常负担的现象。

人们在日常消费和生产经营活动中都有这样的经验，那就是要想完成交易，买方最终的支付会比交易价格多，多的是买方除了要支付交易价格，还要支付买方应负担的那部分交易税费；卖方最终的收入要比交易价格少，少的是卖方要从获得的交易价格中拿出一部分支付卖方应负担的那部分交易税费。一般情况下，税费多是以交易金额为基础，按一定的税费比率来计征的，所以，我们可以列出以下公式：

$$\begin{aligned}\text{买方实付金额} &= \text{正常价格金额} + \text{买方缴纳税费} \\ &= \text{正常价格} \times (1 + \text{买方缴纳税费比率})\end{aligned} \tag{5-1}$$

$$\begin{aligned}\text{卖方实得金额} &= \text{正常价格金额} - \text{卖方缴纳税费} \\ &= \text{正常价格} \times (1 - \text{卖方缴纳税费比率})\end{aligned} \tag{5-2}$$

例如，某宗不动产交易，买卖双方约定成交价格为9300元/m^2，买卖中所有的税费均由买方缴纳。当地不动产交易中买方和卖方应缴纳的税费分别为交易价格的5%和7%。试计算该不动产交易的正常价格、买方实付金额和卖方实得金额。

有人对税费非正常负担问题困惑不解，不知应用上面两个公式中的哪一个，也不知应用买卖双方哪一方的税费比率，主要是因为没有抓住这类问题的本质，那就是判断成交价格到底对买卖双方哪一方是最终价格。本例中买卖双方约定成交价格9300元/m^2，所有税费均由买方缴纳，所以卖方不用再缴纳税费，就是卖方的实得金额。凭生活经验就可知，卖方实得金额要比正常价格少，少的是卖方应缴纳的税费，因此要用卖方税费比率7%。

由9300=正常价格×(1−7%)，可解出：

正常价格 $=9300/0.93=10000$(元/m^2)

买方实付金额 $=10000\times(1+5\%)=10500$(元/$m^2$)

卖方实得金额 $=10000\times(1-7\%)=9300$(元/m^2)

4.统一价格表示单位

不动产总价只能反映不动产的规模大小,不动产单价才能反映不动产的价格水平。统一价格表示单位一般采用单价。建筑物的单价通常按建筑面积计算,也有按套内建筑面积、单位使用面积计算的,土地的单价除了按土地面积计算外,还可以按建筑面积计算,即楼面地价。对有些不动产,还有些更能反映其特性和价格水平的比较单位,例如,仓库通常以单位体积为比较单位,停车场通常以单个车位为比较单位,旅馆通常以一间客房或一张床位为比较单位,影剧院通常以一个座位为比较单位,医院通常以一张病床位为比较单位,保龄球馆通常以一道球道为比较单位。

有些可比实例宜先对其总价进行某些修正调整后再转化为单价进行其他方面的修正调整。这样处理时对可比实例成交价格的修正调整更容易、更准确。例如,估价对象是一套门窗损坏的商品住宅,选取的可比实例是一套门窗完好的商品住宅,成交总价为 80 万元。经调查得知,将估价对象的门窗整修或更新的必要费用为 1.5 万元,则首先将该门窗是完好的可比实例的成交总价 80 万元,调整为门窗是损坏的总价 80 万元$-$1.5 万元$=$78.5 万元,然后再将此总价 78.5 万元转化为单价进行其他方面的修正调整。

5.统一面积内涵和计量单位

不动产交易中,开发商通常喜欢按建筑面积计价,少有按套内建筑面积或使用面积计价的。所以一般是统一到按建筑面积计价,特殊情形另当别论。

不动产的价格,不管是按建筑面积,还是套内建筑面积、使用面积计价,总价是不变的,所以不同面积内涵的可比实例价格转换就非常容易。

总价=建筑面积单价×建筑面积=套内建筑面积单价×套内建筑面积
　　=使用面积单价×使用面积

例如,某套住宅不动产按使用面积计算的单价为每平方米 10000 元,调查得到该住宅的使用面积系数(使用面积和建筑面积之比)为 75%,则该住宅按建筑面积计算的单价是多少?

总价 $=10000\times75\%\times$ 建筑面积 = 建筑面积单价 × 建筑面积

则很容易求得按建筑面积计算的单价为每平方米 $10000\times75\%=7500$ 元。

在面积计量上,我国内地对建筑物一般都采用平方米,对土地则用平方米、公顷、亩,在我国香港地区和美国、英国习惯采用平方英尺,我国台湾地区和日本、韩国一般采用坪,所以也需要统一计量单位。

不同国家和地区在计量单位的选用上有不同的习惯,不同计量单位的不动产交易实例,严格意义上讲,是不太具备可比性的。对不动产估价来说,也就无须统一计量单位了,所以这里没有列出其余的计量单位转换公式,如有特定需要,可另行查询。

6.统一币种和货币单位

我国不动产交易基本上几乎是以人民币计价的,价格单位也是人民币元,个别不以人民币计价的不动产和以人民币计价的不动产在档次、价格策略、市场定位和目标客户群体上会有明显的差异，往往缺乏可比性，不宜选作可比实例，也就不需要进行换算。除非档次相同，仅计价货币种类不同，这时才需要货币换算。

货币换算一般采用国家外汇管理部门公布的外汇牌价的卖出、买入中间价。外汇汇率每日都有波动，交易日期和估价时点的外汇汇率各不相同，许多人在货币换算时，拿不准该用哪个汇率，解决这个问题的关键是搞清楚进行市场状况修正依据的价格随时间演变规律是采用哪种货币种类，如以人民币为基准，则以外币表示的可比实例价格需采用交易时间的汇率换算成人民币后，再进行不动产市场状况价格修正；如用外币为基准，则以同一外币表示的可比实例价格就不需换算，直接进行不动产市场状况价格修正，在估价对象不动产需要用人民币计价的情况下，才需要采用估价时点的汇率将修正后的价格换算成人民币。

(四)交易情况修正

交易情况的修正，是指剔除掉不动产交易行为中的一些特殊因素所造成的价格偏差。由于不动产市场的特殊性质，如用途的规定性、不可移动性等，不动产交易价格是随个别交易而形成的，往往容易受当时的一些特殊因素的影响，所以必须将个别的特殊交易情况排除，使其正常化。换句话说，基于特殊情况的交易价格是一种偏差价格，它不适合直接作为市场比较法的比较对象，应对其进行修正，成为正常价格。

交易情况修正的情形主要有以下几种：

(1)有特殊利害关系人之间的交易。如亲友之间、上下级之间、有利害关系的公司之间、公司与其职工之间的不动产交易等，通常会以低于或高于正常的市场价格进行交易。

(2)有特殊动机的交易。如急欲脱售，成交价格可能偏低；如急欲购进，成交价格可能偏高。

(3)买方或卖方不了解市场行情的交易，交易价格往往偏高或偏低。如果买方不了解市场行情，交易价格可能偏高；如果卖方不了解市场行情，交易价格可能偏低。

(4)购买相邻不动产的交易。购买相邻不动产与原有不动产合并后，会增加原有不动产的功能和效用，所以交易价格往往比正常价格要高。

(5)特殊方式的交易。如拍卖、招标和挂牌往往会抬高价格。

(6)其他特殊交易情形。如土地增值税本应由卖方承担，却转嫁给了买方。

在选取可比实例时，对非正常交易实例应剔除，但由于与估价对象不动产类似的交易实例较少，或有特殊原因必须保留时，迫使我们不得不选用一些特殊情形下的交易实例。这就需要我们对交易过程、交易双方的心理状态作认真的分析和研究，并依据平时积累的资料、实例、经验，综合分析，了解造成价格差异的原因，找出价格变动的规律，正确地对偏差进行修正。在分析修正过程中，人们往往习惯于以正常交易为比较的标准，即在下式中习惯分子取100(详见后面的分析)。

$$\frac{\text{正常交易价格}}{\text{可比实例交易价格}}=\frac{\text{正常交易价格指数}}{\text{交易情况价格指数}}=\frac{100}{(\quad)} \tag{5-3}$$

(五)市场状况调整

可比实例的交易日期和估价对象不动产的估价时点之间有一定的时间差，在此期间，随着时间的推移，不动产市场状况会发生变化，不动产价格水平可能上涨，也可能下跌，还可能相对稳定不变。当不动产价格水平稳定不变时，无须进行交易日期的调整。当不动产价格水平上涨或下跌时，则必须进行不动产市场状况调整，以符合估价时点地产市场的实际情况。不动产市场状况调整的方法主要有两种：

1. 指数法

市场状况的修正，一般是用各类价格指数，如地价指数、不动产价格指数、建筑材料价格指数以及物价指数等，将可比实例交易日期的价格调整为估价时点的价格。价格指数有定基价格指数和环比价格指数，在价格指数编制时，需要选择某个时期作为基期。

价格指数如果以某个固定时期作为基期，称为定基价格指数。用定基价格指数进行不动产市场状况调整的计算公式如下：

$$\text{估价时点可比实例价格} = \text{可比实例价格} \times \frac{\text{估价时点定基价格指数}}{\text{交易日期定基价格指数}} \tag{5-4}$$

价格指数如果以上一个时期作为基期，称为环比价格指数。用环比价格指数进行不动产市场状况调整的计算公式如下：

$$\text{估价时点可比实例价格} = \text{可比实例价格} \times \prod_{\text{交易日期下一期}}^{\text{估价时点}} \text{环比价格指数} \tag{5-5}$$

物价指数与不动产价格指数的变化存在一定的差距，一般不宜采用，但如果不动产价格的变动单纯只受通货膨胀的影响时，也可采用一般的物价指数进行不动产市场状况的调整。

2. 平均增长速度法

价格指数是用来综合反映价格整体水平的统计指标，有时并不一定能反映出某个估价对象不动产的特殊性。因此，严格地说，不是任何类型不动产的价格指数都可采用，因为不同类型不动产价格变动的方向和程度并不相同，而必须采用与估价对象不动产相类似的不动产价格指数。这种具体的价格指数往往比较缺乏，因此也可采用平均增长速度法(一般书籍和教材通常称作价格变动率法，为了与统计学中的专业概念相一致，这里称平均增长速度法)来进行市场状况的调整，即调查过去不同时间，数宗类似不动产的价格，找出这类不动产价格随时间变化的规律，求出其价格的平均增长速度，然后再用平均增长速度对可比实例交易价格进行市场状况的调整。

因平均增长速度在统计上主要是用几何平均法求取的，即通过对环比发展速度的几何平均数减去一个基数100%(或1)间接求得的，个别情况也有用方程(累计)法求取的，但因要求解高次方程，计算比较复杂，使用较少，即

$$\text{价格平均增长速度}(r) = \sqrt[\text{时期数}]{\frac{\text{比较期价格水平}}{\text{基期价格水平}}} - 100\% \tag{5-6}$$

而不是对总增长速度的简单均分，

$$\text{价格平均增长速度}(r) = \frac{\dfrac{\text{比较期价格水平}}{\text{基期价格水平}} - 100\%}{\text{时期数}} \tag{5-7}$$

所以，用不动产价格平均增长速度进行市场状况调整的公式一般应为：

$$\frac{\text{估价时点}}{\text{可比实例价格}}=\frac{\text{交易日期}}{\text{可比实例价格}}\times(1+r)^{\text{交易日期到估价时点的时期数}} \tag{5-8}$$

而不应为现在许多教材所采取的：

$$\frac{\text{估价时点}}{\text{可比实例价格}}=\frac{\text{交易日期}}{\text{可比实例价格}}\times(1+r\times\text{交易日期到估价时点的时期数}) \tag{5-9}$$

如果估价师自己亲自调查价格数据，按式(5-7)计算平均增长速度，然后按式(5-9)进行调整倒也无妨，但要借用专业统计部门的数据，这样修正结果就会出现偏差，平均增长速度越快，调整时期越长，偏差就越明显。出于专业和规范考虑，为了避免产生歧义和偏差，最好不要采用这种调整方式。

(六)不动产状况调整

不动产是区位、实物和权益三者的综合体，不动产状况是影响不动产价格的重要因素。因为不动产具有位置固定性、不可移动性和独一无二性，可比实例不动产与估价对象不动产之间肯定或多或少会有差异，不动产状况调整就是要将可比实例在其自身不动产状况下的价格，调整为在估价对象不动产状况下的价格，所以经过不动产状况调整后的可比实例价格就可用来评估估价对象不动产的价格。

1. 不动产状况调整的内容

不动产状况调整包括区位状况调整、实物状况调整和权益状况调整。在这三种调整中，还应进一步分解为若干因素的调整。

区位状况是指不动产所处的自然地理位置和社会经济位置，区位是不动产独有的价值决定因素。区位状况调整，是将可比实例在自身区位状况下的价格调整为在估价对象区位状况下的价格。区位状况调整的内容主要有位置、方位、距离、临街状况、朝向、楼层、道路、公共交通、交通管制、基础设施、公共服务、自然环境、人文环境和景观等。

实物状况是指不动产中看得见、摸得着的物理实体部分，这是决定不动产使用价值的重要因素。实物状况调整，是将可比实例在自身实物状况下的价格调整为在估价对象实物状况下的价格。实物状况调整的内容很多，对土地来说，主要有土地面积、形状、地形、地势、地质条件、开发程度等影响价格的因素；对建筑物来说，主要有建筑规模、建筑结构、设施设备、装饰装修、空间布局、防水、保温、通风、采光、外观、新旧程度、工程质量等影响价格的因素。

权益状况是指不动产中看不见、摸不着的权利义务等不动产衍生物。不动产价格与动产价格的主要区别就是不动产价格更多是权益价格。权益状况调整是将可比实例在自身权益状况下的价格调整为在估价对象权益状况下的价格。由于在选取可比实例时要求可比实例的权利性质与估价对象的权利性质相同，所以权益状况调整的内容主要有规划条件、土地使用期限、共有情况、用益物权设立情况、担保物权设立情况、租赁或占用情况、拖欠税费情况、查封等形式限制权利情况、权属清晰情况等影响不动产价格的因素。

土地使用期限调整一般借用收益法的原理和技术，采用下面的公式：

$$\text{估价对象不动产价格}=\text{可比实例不动产价格}\times\frac{1-\dfrac{1}{(1+r)^{n}}}{1-\dfrac{1}{(1+r)^{m}}} \tag{5-10}$$

式中：r 为还原率，m、n 分别为可比实例和估价对象的土地使用年限。需要说明的是，上面的公式是在每年的纯收益和还原率都相等不变的严格假设条件下得出的，这种条件实际上是很难满足的，我们在实际应用中放宽了条件，对问题进行了简化。

2. 不动产状况调整的步骤

不动产状况调整的基本思路是以估价对象状况为基准，将可比实例状况与估价对象状况直接进行比较，或者设定一种“标准不动产”，以该标准不动产状况为基准，将可比实例状况与估价对象状况间接进行比较。无论是直接比较还是间接比较，如果是可比实例状况比估价对象状况好的，则对可比实例的成交价格进行减价调整；如果是可比实例状况比估价对象状况差的，则对可比实例的成交价格进行加价调整。

不动产状况调整的一般步骤如下：

(1)确定对估价对象有影响的各种不动产自身因素，包括区位因素、实物因素和权益因素。需要注意的是，不同使用性质的不动产影响其价格的不动产自身因素是不尽相同的。例如，商业不动产看重繁华程度、人流量和交通条件等；居住不动产讲求安全、宁静、舒适、周围环境、配套设施等；工业不动产强调对外交通运输和基础设施条件等；农业不动产重视土壤、排水和灌溉条件等。因此，应针对估价对象这类不动产的使用性质，确定对其价格有影响的各种不动产自身因素。

(2)将可比实例与估价对象在这些因素方面的状况逐一进行比较，找出它们之间的差异程度。以普通住宅为例，附近有几条公共交通线路，到公共交通站点多远，周围环境如何，有无电梯，一梯几户，房龄多长，楼层、朝向、户型、室内装饰装修状况，是否附赠车位，是否带入学指标，物业服务费是多少，是商品房、房改房还是经济适用住房等。

(3)将可比实例状况与估价对象状况之间的差异程度转换为价格差异程度。即找出不动产状况差异程度所造成的价格差异程度，如使用年限价差、容积率价差、房龄价差、楼层价差、朝向价差等。需要注意的是，可比实例状况与估价对象状况之间的差异程度不一定等于它们之间的价格差异程度。因此，需要根据不同的情况，将可比实例状况与估价对象状况之间的差异程度转换为价格差异程度。

(4)根据价格差异程度对可比实例的成交价格进行调整。同一使用性质的不动产，各种影响因素对价格的影响程度不同；不同使用性质的不动产，即使某些价格影响因素相同，这些因素对价格的影响方向和程度也不一定相同。因此，对于同一使用性质的不动产，各种影响因素的权重应有所不同；对于不同使用性质的不动产，同一影响因素的权重也应有所不同。

3. 不动产状况调整的方法

不动产状况调整的方法目前主要有两种：相对数法和绝对数法(通常称作百分率法和差额法。我们为了和统计学中的相对指标和绝对指标概念相一致，这里称相对数法和绝对数法)，通常一般采用相对数法；用相对数法对不动产状况调整主要有两种方式：连乘和累加，一般多使用连乘。

绝对数调整公式：

$$\begin{matrix}\text{可比实例在估价对象} \\ \text{不动产状况下的价格}\end{matrix} = \begin{matrix}\text{可比实例在其自身} \\ \text{不动产状况下的价格}\end{matrix} + \text{不动产状况调整金额} \tag{5-11}$$

相对数连乘调整公式：

$$\frac{\text{可比实例在估价对象}}{\text{不动产状况下的价格}} \text{（可比实例在估价对象不动产状况下的价格）} = \text{可比实例在其自身不动产状况下的价格} \times \text{不动产状况调整系数} \quad (5\text{-}12)$$

相对数连加调整公式：

$$\text{可比实例在估价对象不动产状况下的价格} = \text{可比实例在其自身不动产状况下的价格} \times (1 + \text{不动产状况调整比率}) \quad (5\text{-}13)$$

上面三个公式中，相对数连乘调整公式使用最普遍，其中的不动产状况调整系数，是用不动产状况指数的比值来表示。对不动产状况比较有两种选择：直接比较和间接比较，直接比较以估价对象不动产状况为标准，即分子取 100，间接比较以假设的标准不动产状况为标准。为了简便起见，我们这里没有采用其他教材的通行做法，即增加一个标准化修正项，而是直接让分子分母都不取 100，则修正调整计算公式具体可表示成如下的形式：

直接比较法：

$$\begin{aligned}\text{可比实例在估价对象不动产状况下的价格} &= \text{可比实例不动产的价格} \times \frac{\text{估价对象不动产状况指数}}{\text{可比实例不动产状况指数}} \\ &= \text{可比实例不动产的价格} \times \frac{100}{(\;)}\end{aligned} \quad (5\text{-}14)$$

间接比较法：

$$\begin{aligned}\text{可比实例在估价对象不动产状况下的价格} &= \text{可比实例不动产的价格} \times \frac{\text{估价对象不动产状况指数}}{\text{可比实例不动产状况指数}} \\ &= \text{可比实例不动产的价格} \times \frac{(\;)}{(\;)}\end{aligned} \quad (5\text{-}15)$$

需要说明的是，上面相对数连乘调整公式中的不动产状况调整系数和相对数连加调整公式中的不动产状况调整比率有所不同，举例说明如下，假定可比实例不动产的交易价格为每平方米 8000 元，根据调查分析，估价对象不动产的价格应为每平方米 10000 元，可比实例不动产交易价格比正常价格低 20%，则：

$$\begin{aligned}\text{不动产状况调整系数} &= \frac{\text{可比实例在估价对象不动产状况下的价格}}{\text{可比实例在其自身不动产状况下的价格}} \\ &= \frac{10000}{8000} = \frac{100}{100-20} = \frac{100}{80}\end{aligned}$$

$$\begin{aligned}\text{不动产状况调整比率} &= \frac{\text{可比实例在估价对象不动产状况下的价格}}{\text{可比实例在其自身不动产状况下的价格}} - 1 \\ &= \frac{10000}{8000} - 1 = 0.25(25\%)\end{aligned}$$

所以不管采用哪种公式调整，结果都相同：

$$8000 \times \frac{100}{80} = 8000 \times (1 + 0.25) = 10000$$

(七)计算比准价格

通过交易情况修正、市场状况调整、不动产状况调整，就可由可比实例不动产的价格经综合修正调整，求得估价对象不动产的价格。需要说明一点，以前综合修正调整项目是交易情况、交易日期、区域因素和个别因素四项，现在改为交易情况、市场状况和不动产状况三项，不动产状况包括了区位状况、实物状况和权益状况三项。

1. 综合修正调整

综合修正调整的方法目前主要有两种：相对数法和绝对数法（百分率法和差额法），通常多采用相对数法；对相对数法的综合修正调整形式目前主要也有两种：连乘和累加，一般也多使用连乘形式。

支持各种方法或形式的论据各执其理，但都不够充分，也不乏有一些论据是错误的，目前还没有统一的结论。我们认为，要搞清楚不动产市场活动中的主体在价格形成过程中的思维习惯和行为规律，实事求是，灵活处理，可参照当前市场主体所用的调整方法。房地产估价不应是估价师的主观随意定价，而应是估价师模拟大多数市场参与者的定价思维和行为，在充分认识房地产价格形成机制和过程、深入调查房地产市场行情的基础上，通过科学的分析、测算和判断活动，把客观存在的房地产价值揭示出来。估价师在具体模拟房地产市场给某个估价对象“定价”时，应考虑该估价对象的潜在客户群是如何思考和分析其价格的，即要模拟该估价对象潜在客户群的思维进行估价。

在综合修正调整的项目确定以及各个项目内部细分因素的综合上也存在同样的问题。现在综合修正调整多从交易情况、市场状况和不动产状况三个方面进行，过去多是交易情况、交易日期、区域因素和个别因素四个方面，貌似少了项目，但不动产状况明确分解为区位状况、实物状况和权益状况三个分项目，实际上多了项目。调整形式现在和过去大多都是采用连乘的形式，看似没有变化，但现在的区位状况分项目和过去的区域因素近似，区位状况分项目是被综合到不动产状况后，综合的方法多采用加权平均的方法，实质上是连加的形式，再采取连乘的形式，而过去的区域因素是直接连乘的，实物状况、权益状况和个别因素情况类似，调整形式其实也发生了变化。

绝对数综合修正调整公式：

$$\begin{aligned}\text{估价对象不动产的价格} &= \text{可比实例不动产的价格} \pm \text{交易情况修正金额}\\ &\quad \pm \text{市场状况调整金额} \pm \text{不动产状况调整金额}\end{aligned} \tag{5-16}$$

相对数连乘综合修正调整公式：

$$\begin{aligned}\text{估价对象不动产的价格} &= \text{可比实例不动产的价格} \times \text{交易情况修正系数}\\ &\quad \times \text{市场状况调整系数} \times \text{不动产状况调整系数}\end{aligned} \tag{5-17}$$

相对数连加综合修正调整公式：

$$\begin{aligned}\text{估价对象不动产的价格} &= \text{可比实例不动产的价格}\\ &\quad \times \begin{pmatrix}1 + \text{交易情况修正比率} + \text{市场状况调整比率}\\ + \text{不动产状况调整比率}\end{pmatrix}\end{aligned} \tag{5-18}$$

上面三个公式中，相对数连乘综合修正调整公式使用最普遍，下面仅对此展开一些讨论。

以上公式中的各种修正系数，是用各种指数的比值来表示的，如对交易情况用正常交易为标准，即分子取 100；对市场状况用估价时点为标准，即分母取 100；对不动产状况则有两种选择：直接比较和间接比较。直接比较以估价对象不动产为标准，即分子取 100；间接比较以假设的标准不动产为标准，为了简便起见，我们这里没有采用其他教材的通行做法，即增加一个标准化修正项，而是直接让分子分母都不取 100，则修正调整计算公式具体可表示成如下形式：

直接比较法：

$$\begin{aligned}\text{估价对象}\atop\text{不动产的价格} &= \text{可比实例}\atop\text{不动产的价格} \times \frac{\text{正常交易价格指数}}{\text{交易情况价格指数}} \times \frac{\text{估价时点价格指数}}{\text{交易日期价格指数}} \\ &\times \frac{\text{估价对象不动产状况指数}}{\text{可比实例不动产状况指数}} = \text{可比实例}\atop\text{不动产的价格} \times \frac{100}{(\quad)} \times \frac{(\quad)}{100} \times \frac{100}{(\quad)}\end{aligned} \tag{5-19}$$

间接比较法：

$$\begin{aligned}\text{估价对象}\atop\text{不动产的价格} &= \text{可比实例}\atop\text{不动产的价格} \times \frac{\text{正常交易价格指数}}{\text{交易情况价格指数}} \times \frac{\text{估价时点价格指数}}{\text{交易日期价格指数}} \\ &\times \frac{\text{估价对象不动产状况指数}}{\text{可比实例不动产状况指数}} = \text{可比实例}\atop\text{不动产的价格} \times \frac{100}{(\quad)} \times \frac{(\quad)}{100} \times \frac{(\quad)}{(\quad)}\end{aligned} \tag{5-20}$$

实际上，直接比较法中 3 类修正指数，每个都可分别采用两种不同的标准，既可分子取 100，也可分母取 100。根据数学上的排列组合知识可知，修正调整计算公式的具体表现形式总共有 8 种，以上只是其中之一。从实际应用来看，确有繁简优劣之分。上面我们所选的这种形式是最理想的，因为它最符合人们的日常思维习惯，现实中调查到的所有数据可以直接代用，无须转换，避免了计算错误，保证了市场比较法估价结果的正确性。

对于交易情况的修正，习惯以正常交易情况为基准，当作比较的标准，将特殊交易与之相比较。如果以可比实例为基准，即分母取 100 的话，为了保证结论的准确性，在调查比较时或在使用前先对数据进行转换。

假设分别选用正常交易情况和特殊交易情况为比较标准，价格的变动幅度分别为 x 和 y，可分析总结出它们之间具有如下的关系：

$$\frac{\text{正常交易价格}}{\text{特殊交易价格}} = \frac{1}{1+x} = \frac{1+y}{1} \tag{5-21}$$

$$(1+x)(1+y) = 1 \tag{5-22}$$

经变形可得数据转换的公式：

$$y = \frac{1}{1+x} - 1 \tag{5-23}$$

如 $x=-20\%$，则求得 $y=25\%$，上述高 25%的数据就是如此转换得到的。

对于市场状况调整而言，一般来说，交易日期往往在前，估价时点在后。所以我们用可比实例交易日期的价格为标准，即分母取 100。对于不动产状况的调整，因选取的多个可比实例都需分别与估价对象不动产两两比较，每次比较可比实例在变，而估价对象始终不变。所以，选择估价对象为基准，每次比较时就有一个统一的标准，比较起来非常方便，也不容易出错。如选用可比实例为基准，则每次比较都要更换新的标准。另外还有一点，以估价对象为标准，也好把多个可比实例综合表示在一张比较表中。标准唯一这个理由，对上面交易情况的修正同样适用。

最后要说明一点，房地产估价规范要求，进行交易情况修正、市场状况调整、区位状况调整、实物状况调整、权益状况调整时，单项修正调整幅度不宜超过20%，综合修正调整幅度不宜超过30%，各个可比实例综合修正调整后的最高价与最低价的比值不宜大于1.2，当不符合这些要求时，说明可比实例选择有问题，须重新更换。

2.确定比准价格

由于选取的可比实例有多个，根据每个可比实例都会得到一个估价对象不动产价格，而且可能不完全一致，需要综合确定一个估价结果，作为估价对象不动产的价格。综合确定的方法主要有：

(1)简单算术平均数法。简单算术平均数法是将修正调整出的各个价格直接相加，再除以可比实例个数，这是最常用的方法，其计算公式为：

$$V=\frac{V_1+V_2+\cdots+V_n}{n} \tag{5-24}$$

式中：V 为估价对象不动产的价格，$V_1,V_2,\cdots,V_n$ 分别为各个可比实例不动产交易价格修正调整后的价格，n 为可比实例不动产的个数。

(2)加权算术平均数法。加权算术平均数法是先按可比实例相对于估价对象的接近程度赋予每个价格不同的权重，如最类似的可比实例修正调整得到的价格赋予最大的权重，反之权重就递减，然后综合出一个价格，其计算公式为：

$$V=f_1V_1+f_2V_2+\cdots+f_nV_n \tag{5-25}$$

式中：$V,V_1,V_2,\cdots,V_n$ 同上，$f_1,f_2,\cdots,f_n$ 分别为各个可比实例不动产交易价格对估价对象不动产评估价格的权重值。

(3)直接采用可比实例价格法。以一种可比实例修正调整价格确定评估价格。

二、市场比较法的应用

[例题 5-1] 为评估某写字楼2021年12月1日的正常市场价格，在该写字楼附近调查选取了A、B、C三宗类似写字楼的交易实例作为可比实例，有关资料见表5-1。

表 5-1 可比实例资料

项目	可比实例 A	可比实例 B	可比实例 C
成交价格	9500 元/m²	1500 美元/m²	12250 元/m²(使用面积)
成交日期	2021 年 3 月 1 日	2021 年 7 月 1 日	2021 年 10 月 1 日
交易情况	−3%	+2%	+2%
不动产状况	+1%	+6%	−1%

表中交易情况中，正(负)值表示可比实例成交价格高(低)于正常市场价格的幅度；不动产状况因素中，正(负)值表示可比实例不动产状况优(劣)于估价对象不动产状况导致的价格差异幅度。另外，假设美元与人民币的市场汇率2021年7月1日为1∶6.47，2021年12月1日为1∶6.37。假定不动产使用面积系数(使用面积与建筑面积之比)为80%。该写字楼以人民币为基准的市场价格2021年1月1日至2021年4月1日基本不变，2021年4月1日至2021

年8月1日平均每月比上月下降1%，以后平均每月比上月上升0.5%。试评估该写字楼2021年12月1日的正常市场价格(如需计算平均值，请采用简单算术平均法)。

可比实例价格修正调整的公式采用式(5-19)。

这里的价格变化趋势以人民币为基准，可比实例B是以美元计价的，需先转换成人民币计价，所以选用其交易日期2021年7月1日的汇率1:6.47。

$$\text{可比实例}A\text{修正调整后的价格}V_A = 9500 \times \frac{100}{100-3} \times (1-1\%)^4 \times (1+0.5\%)^4 \times \frac{100}{100+1} = 9502.45(\text{元}/\text{m}^2)$$

$$\text{可比实例}B\text{修正调整后的价格}V_B = 1500 \times 6.47 \times \frac{100}{100+2} \times (1-1\%) \times (1+0.5\%)^4 \times \frac{100}{100+6} = 9065.44(\text{元}/\text{m}^2)$$

$$\text{可比实例}C\text{修正调整后的价格}V_C = 12250 \times 0.8 \times \frac{100}{100+2} \times (1+0.5\%)^2 \times \frac{100}{100-1} = 9802.18(\text{元}/\text{m}^2)$$

用简单算术平均法进行综合计算：

$$\text{估价对象不动产价格} = \frac{V_A+V_B+V_C}{3} = \frac{9502.45+9065.44+9802.18}{3} = 9456.69(\text{元}/\text{m}^2)$$

该写字楼2021年12月1日的正常市场价格为9456.69元/m²。

[例题5-2]　为评估某套住宅2021年12月31日的市场价值，在该住宅附近选取了三个与其类似的住宅交易实例为可比实例，有关资料如表5-2所示。

表5-2　可比实例交易日期和交易情况资料

项目	可比实例A	可比实例B	可比实例C
成交价格	9100元/m²	9250元/m²	9400元/m²
成交日期	2021年8月31日	2021年10月31日	2021年11月30日
交易情况	−2%	+2%	+1%

在交易情况中，正(负)值表示可比实例成交价格高(低)于正常市场价格的幅度。

该类住宅2021年8—12月的价格指数见表5-3，其中的价格指数为定基价格指数。

表5-3　2021年8—12月该类不动产的定基价格指数

月份	价格指数
8	101
9	99
10	102
11	103
12	98

假设一个标准不动产，以其为比较的标准，将估价对象和可比实例不动产分别与标准不动产从区位状况、实物状况和权益状况三方面进行比较分析，不动产状况的比较判断结果见表 5-4：

表 5-4 不动产状况比较

不动产状况	权重	估价对象	可比实例 A	可比实例 B	可比实例 C
区位状况	0.4	−2%	1%	−1%	3%
实物状况	0.3	1%	2%	−2%	0
权益状况	0.3	0	0	0	−2%

表中不动产状况各个因素中，正（负）值表示估价对象或可比实例不动产状况某项因素优（劣）于标准不动产状况此项因素导致的价格高（低）于标准不动产价格的幅度。

请利用以上资料测算该住宅 2021 年 12 月 31 日的市场价值。

可比实例价格修正调整采用式(5-20)。

$$\text{可比实例 A 修正调整后的价格}V_A = 9100 \times \frac{100}{100-2} \times \frac{98}{101}$$

$$\times \frac{(100-2)\times 0.4 + (100+1)\times 0.3 + 100\times 0.3}{(100+1)\times 0.4 + (100+2)\times 0.3 + 100\times 0.3} = 8876.09(\text{元}/\text{m}^2)$$

$$\text{可比实例 B 修正调整后的价格}V_B = 9250 \times \frac{100}{100+2} \times \frac{98}{102}$$

$$\times \frac{(100-2)\times 0.4 + (100+1)\times 0.3 + 100\times 0.3}{(100-1)\times 0.4 + (100-2)\times 0.3 + 100\times 0.3} = 8757.00(\text{元}/\text{m}^2)$$

$$\text{可比实例 C 修正调整后的价格}V_C = 9400 \times \frac{100}{100+1} \times \frac{98}{103}$$

$$\times \frac{(100-2)\times 0.4 + (100+1)\times 0.3 + 100\times 0.3}{(100+3)\times 0.4 + 100\times 0.3 + (100-2)\times 0.3} = 8758.31(\text{元}/\text{m}^2)$$

$$\text{估价对象不动产价格} = \frac{V_A + V_B + V_C}{3} = \frac{8876.09 + 8757.00 + 8758.31}{3}$$

$$= 8797.13(\text{元}/\text{m}^2)$$

该住宅 2021 年 12 月 31 日的市场价值为 8797.13 元/m^2。

【本章小结】

市场比较法是在求取估价对象不动产价格时，从不动产市场近期发生的类似不动产交易实例中，选取一定数量的实例作为可比实例，将估价对象不动产与这些可比实例进行多方面的调查比较，分析确定它们之间的差异以及引起的不动产价格差异，对这些可比实例的交易价格，进行修正调整得出估价对象不动产价格的一种估价方法。市场比较法的理论依据是替代原理。

市场比较法适用于同类不动产数量较多、经常发生交易、替代关系较强的不动产。市场比较法以替代原理为指导，其需要具备的条件是：不动产市场发育健全，有大量的交易实例资料。在不动产市场不发达的地区，或缺乏某类不动产交易实例的情况下，不宜使用市场比较法。

运用市场比较法进行不动产估价的程序包括：搜集交易实例、选取可比实例、建立比较基础、交易情况修正、市场状况调整、不动产状况调整、计算比准价格。

【习题及思考题】

1. 市场比较法的基本原理是什么？有什么特点？

2. 市场比较法应用的条件和适用的范围是什么？

3. 如何选择可比实例？

4. 为什么要统一比较基础？主要包括哪些方面？

5. 为什么要进行交易情况修正？如何修正？

6. 为什么要进行市场状况调整？如何调整？

7. 为什么要进行不动产状况调整？如何调整？

8. 市场比较法对多个可比实例修正调整后的价格进行综合处理的方法有哪些？

9. 为评估某写字楼2021年3月1日的正常市场价格，在该写字楼附近调查选取了A、B、C三宗类似写字楼的交易实例作为可比实例，有关资料见表5-5。

表5-5　可比实例资料

项目	可比实例A	可比实例B	可比实例C
成交价格	18000元/m^2	2750美元/m^2	17500元/m^2
成交日期	2020年10月1日	2020年12月1日	2021年1月1日
交易情况	−3%	+2%	+2%

表中交易情况中，正(负)值表示可比实例成交价格高(低)于正常市场价格的幅度。假设美元与人民币的市场汇率2020年12月1日为1∶6.59，2021年3月1日为1∶6.47。

调查到该地区写字楼的价格指数如表5-6所示，为环比价格指数。

表5-6　2020年10月至2021年3月写字楼环比价格指数

年月	价格指数
2020年10月	103
2020年11月	101
2020年12月	104
2021年1月	103
2021年2月	105
2021年3月	104

将可比实例不动产分别与估价对象不动产从区位状况、实物状况和权益状况三方面进行比较分析，比较判断结果见表5-7：

表 5-7 不动产状况比较

不动产状况	权重	可比实例 A	可比实例 B	可比实例 C
区位状况	0.5	1%	−1%	3%
实物状况	0.3	2%	−2%	0
权益状况	0.2	0	0	−2%

表中不动产状况各个因素中，正(负)值表示可比实例不动产状况某项因素优(劣)于估价对象不动产状况此项因素导致的可比实例成交价格高(低)于估价对象不动产价格的幅度。

试评估该写字楼2021年3月1日的正常市场价格(如需计算平均值，请采用简单算术平均法)。

【参考文献】

[1]中国房地产估价师与房地产经纪人学会. 房地产估价理论与方法(2022). 北京：中国建筑工业出版社，中国城市出版社，2022.

[2]美国估价学会. 不动产估价. 11版. 不动产估价翻译委员会，译. 北京：地质出版社，2001.

[3]理查德·M. 贝兹(Richard M. Betts)，塞拉斯·J. 埃利(Silas J. Ely). 不动产评估基础. 5版. 董俊英，译. 北京：经济科学出版社，2002.

[4]威廉·L. 小文托洛(William L. Ventolo，Jr.)，马莎·R. 威廉斯(Martha R. Williams). 房地产估价原理. 7版. 施建刚，主译. 上海：上海人民出版社，2005.

[5]游适铭. 不动产估价学：理论与实务. 台北：金大鼎文化出版有限公司，2012.

第六章　成本法

成本法通过测算待估不动产在估价时点的重置成本或重建成本，再减去折旧，得到待估不动产的客观合理价格或价值。本章主要阐述成本法的概念与原理、成本法的估价程序以及成本逼近法评估土地价格的一般步骤。

第一节　成本法的概念与原理

一、成本法的概念

成本法是不动产估价最基本的估价方法之一。成本法又称原价法、承包商法、合同法，是指测算待估不动产在估价时点的重置成本或重建成本，然后扣除折旧，以此估算待估不动产的客观合理价格或价值的方法。成本法的本质是以不动产开发建设成本为导向求取估价对象的价值。应用成本法进行估价的时候，成本指的是客观成本，而非实际成本。

成本法估价中的几个基本概念：

(1)重置成本：又称重新构建成本或重新构建价格，是指假设在估价时点为重新取得估价对象在全新状况下所必须支付，或重新开发建设全新状况的估价对象所必需的支出和应获得的利润。重置成本又可分为土地重置成本和建筑物重置成本(或建筑物重建成本)。

(2)建筑物重建成本：是指根据目前的人工与材料价格，采用原建筑物的技术、材料和设计，建造相同建筑物所需的成本。

(3)建筑物重置成本：是指根据目前的人工、材料价格及正常的管理水平，并利用目前的材料、标准与设计，建造与目标不动产相同功能(或同等效用)的不动产所需的成本。

(4)建筑物折旧：是指到估价期日建筑物所发生的所有折旧，包括由于物理、功能、经济的因素等方面所引起的折旧。

(5)建筑物残值：是指建筑物在不能使用时还能收回的价值。

上述概念中，建筑物重建成本和建筑物重置成本两个概念存在着明显的差别。在估价理论上来讲，采用重建成本比较合理，但重建成本的测算较复杂并且困难，有些困难甚至不易克服。例如，使用与当年完全相同的建筑材料现在已经不流行或者不再生产，原来的建筑方法也可能已经改变。在这种情况下，采用重建成本估价进行测算显得比较困难，而利用重置成本估价，则可斟酌实际情况，采用可代替的建材或建筑方法，以建造一幢可以完全代替原来使用功能的建筑物所需费用，估计其全部建筑成本。一般情况下，特殊有保护价值的建筑物采用重建成本较为适宜，普通建筑物适宜用重置成本。另外，因年代久远，已缺少与旧有建筑物相同的建筑材料，或者因建筑材料式样、建筑技术变迁，使得旧有建筑物重新出现有困难的情形采用重置成本较为适宜。在不动产评估实践中，除非遇到特殊建筑物，通常采用重置成本。

二、成本法的理论基础

成本法是基于过去所花费的代价，或者说是建造建筑物所产生的各种费用来测算不动产价格，因此其基本理论基础是生产费用价值论。成本法与收益还原法估价理论，是从两个完全不同的角度对不动产价格进行估价。收益还原法是基于不动产未来所带来的收益，或者说不动产的预期收益，其理论基础是效用价值论。

由于不动产价格具有积累性，即不动产在不断地改造、利用、交易过程中，其价格也在不断地积累，例如土地开发商以一定的地价款（不动产初始价格）购入一定面积的生地，然后进行开发建设，成为熟地（三通一平或七通一平等），再卖给建筑商，这时的地价就应该包括开发商购入土地的价格、进行基础设施建设的投资、适当的利润和应支付的税金、利息等；如果建筑商建成房屋以后，卖给不动产使用者，这时的不动产价格就应包括建筑商所支付的熟地价格，再加上建筑商的建设投资和适当利润、支付的税费等。由此可见，不动产在不断的开发建设中其价格也随之积累，某一环节上购入不动产的价格对下一环节来说，则以成本的形式体现出来，成本法正是基于这一指导思想而应用于不动产估价。

利用成本法评估目标不动产价格时，首先应求取目标不动产在估价期日重新建造所需的原价，即重建成本（或重置成本）。因此，成本法估价主要依据“变动原则”，应特别注意重新建造原价是在估价期日的价格。因为不动产价格是随时间变化而不断变化的，不确定估价期日就判断目标不动产的价格是毫无意义的。

三、成本法的公式

（一）成本法的基本公式

利用成本法进行不动产估价，首先必须明确目标不动产的构成，是所有的地上物和土地同时评估，还是只评估某项地上物或土地；其次目标不动产的构成不同，评估的内容、方法和步骤也就不同。但总体来说，成本法估价的基本公式如下：

$$\begin{aligned}\text{不动产价格} &= \text{土地价格} + \text{建筑物现值} \\ &= \text{土地价格} + \text{建筑物重置成本} - \text{建筑物折旧} \qquad (6\text{-}1)\end{aligned}$$

（二）应用于土地估价的基本公式

成本法适用于新开发土地估价。新开发土地包括征收集体土地并进行“三通一平”等基础设施建设和场地平整后的土地、征收国有土地上房屋并进行基础设施改造和场地平整后的土地、填海造地、开山造地等。估价基本公式为：

$$\text{土地价格} = \text{土地取得费} + \text{土地开发费} + \text{税费} + \text{利息} + \text{利润} + \text{土地增值} \qquad (6\text{-}2)$$

（三）应用于建筑物估价的基本公式

成本法适用于全新或基本全新的建筑物估价，也可用于一般旧有建筑物估价，但对于使用时间较长的建筑物，其折旧测算比较困难时，成本法的应用则受限。当估价对象为建筑物时，估价基本公式为：

建筑物价格＝建筑物重置成本－建筑物折旧

＝建筑物建造成本＋管理费＋利息＋销售税费＋利润－建筑物折旧　（6-3）

（四）应用于房地估价的基本公式

对于房地，即包含土地和建筑物的估价对象，应根据估价对象状况和土地市场状况，选择房地分估路径或房地合估路径。

1. 房地分估路径基本公式

房地分估路径，即把土地和建筑物当作各自独立的物，分别测算土地价格和建筑物现值，如图 6-1 所示。估价基本公式为：

不动产价格＝土地价格＋建筑物现值

＝土地价格＋建筑物重置成本－建筑物折旧　（6-4）

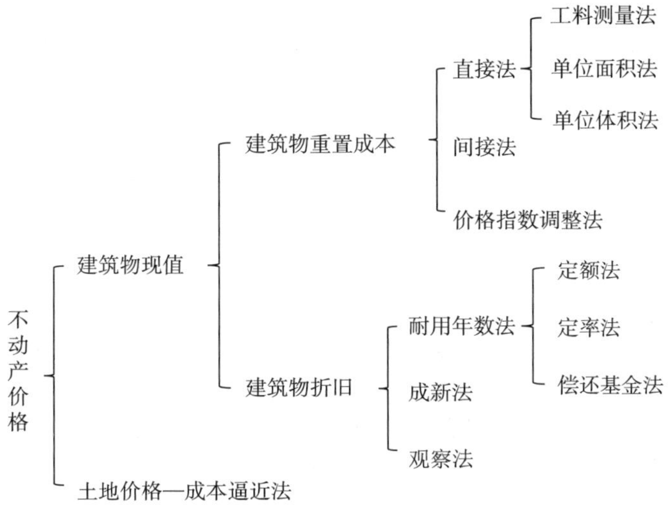

图 6-1　成本法估价的内容与方法

房地分估路径适用于土地市场上以能直接在其上进行房屋建设的小块熟地交易为主的情况，或者有关成本、费用、税金和利润特别是基础设施建设费、公共配套设施建设费较容易在土地和建筑物之间进行分配的情况。房地分估时应注意土地和建筑物的成本构成划分及相互衔接，防止漏项或重复计算。

2. 房地合估路径基本公式

房地合估路径，也是根据不动产成本构成测算价格，但并非将土地、建筑物分别进行评估，而是将土地当作原材料，模拟房地产开发建设过程，测算不动产重置成本或重建成本。当房地产开发建设中有关成本、费用、税金、利润等难以在土地和建筑物之间进行分配时，应选择房地合估路径进行估价。房地合估路径比较适用于新建不动产价格评估。房地合估路径下估价基本公式为：

不动产价格＝不动产重置成本－建筑物折旧

＝土地取得费＋建设成本＋管理费＋利息＋销售税费＋利润－建筑物折旧 (6-5)

上述公式中，土地取得费包含土地取得过程中所必须支付的有关税金和费用。土地是从熟地开始还是从生地、毛地开始，要根据估价对象所在地相似的房地产开发在价值时点时取得土地的情况来考虑。建设成本是指在取得的房地产开发用地上进行基础设施和房屋建设所必需的直接费用、税金等，理论上可以划分为土地开发成本和建筑物建造成本，实际中则主要包括勘察设计和前期工程费、基础设施建设费、房屋建筑安装工程费、公共配套设施建设费和开发建设过程中的税费。管理费、利息、销售税费、利润应以整个不动产为基础进行考量，即管理费应按土地取得费、建设成本的一定比例计算；投资利息也应根据土地取得费、建设成本不同的投入时期分别计算；销售税费可按不动产价格的一定比例计算；利润按土地取得费、建设成本和管理费乘以投资利润率计算。

从上述内容看，建筑物重置成本、建筑物折旧和土地价格的测算是关键，其中土地价格的测算主要采用成本逼近法。

四、成本法的适用范围

所有不动产的开发建设都需要有一定的成本构成，从理论上讲，各种不动产均可以从成本或费用角度进行评估。但与其他估价方法相比，成本法具有特殊性，它特别适用于以下几种情形：

(1)无法利用市场比较法进行估价，或房地产市场欠发达、市场交易案例较少。

(2)对于无收益或某些特殊用途的不动产，如学校、医院、政府办公楼、图书馆、博物馆、军队营房等的估价特别适合。

(3)对于一些很少交易的不动产，如厂房、仓库、码头等也较适用。

(4)由于成本法能够较好地将土地价格和建筑物价格分开，对于需要将不动产按照价格构成评估的情况也特别适用。如在保险价值评估时，就需要将投保物(如建筑物)同非投保物(如土地)区别开来；在资产清算时，也需要将建筑物同土地分开，因为建筑物有折旧，而土地在一般情况下没有折旧(特殊情况除外，如环境折旧等)。

(5)成本法还可以应用到房地产开发建设的可行性研究上，在测算拟建不动产成本时，只有当拟建不动产的市场价格高于总的建筑、开发费用和部分利润时，这种开发才是可行的、有效益的。成本法还可以应用到建筑物的再装修或改造的成本效益分析，用它可以估算装修改造的效益，以避免过分装修造成投资效益的降低。

(6)在运用其他估价方法时，成本法也可以作为检验估价结果的一种手段。

运用成本法评估不动产价格在某些条件下具有一定的困难，如对于老旧建筑物评估时建筑物的折旧测算比较困难，老旧建筑物常常不能代表土地的最有效利用方式，这就背离了估价中的最有效利用原则，其物理折旧、功能折旧、经济折旧和环境折旧都很难估计。再者，由于数据分散，很难用于建筑行业利润的评估。成本法应用在老建筑物上有一定的局限性，建筑物越老则局限就越大，越易产生误差。另外，在利用成本法进行建设开发可行性研究时，总是假设一定的工程完成期限，但在实际建设过程中，完工时间常常延误，工程越大，延误时间越长，而在成本法估价中对延误期间的资金时间价值没有考虑。

第二节　成本法的估价程序

一、收集整理资料

勘察目标不动产，明确目标不动产的状况和构成。对目标不动产进行实地勘察确认，包括目标不动产的建筑结构、楼层数、建筑材料、用途、土地使用年限、房屋使用年限等，同时调查核实目标不动产的所有权、使用权等权利状态，收集整理与待估不动产价格相关的资料，并考察目标不动产是否适用成本法估价。

二、建筑物重置成本的测算

建筑物的重置成本是假设在估价时点旧有建筑物存在的土地上是一块空地，而在同一场所除建筑物以外的状况均维持不变，重新建造与旧有建筑物完全相同或具有同等效用的全新状态的建筑物时，所需要的建筑费、其他费用和正常的利税，或是设想将建筑物发包给建筑承包商建造，而由建筑承包商将直接可使用状态的建筑物移交给发包人，此时重置成本等于发包人对建筑承包商支付的标准建设费，加上发包人直接负担的通常附加费用。发包人支付给承包人的标准建设费，以钢筋混凝土建筑为例，是建设过程中所直接需要的水泥、钢筋、砖木等材料费和主体工事费及卫生、给排水、电气、煤气等附属工事费，还要加上设计费、管理费及利润等。通常的附加费，是指建设期间支付的场地租金、利息、登记费用等。总之，标准建设费和附属费用都必须是标准的正常费用。假如建筑物是自己建造的，也应当设想是由他人承包，以求取重新建造原价。因为有同等效用的建筑物，如因自己建设或承包建设而价格有差异则有违成本法是求取正常价格方法的本旨。

(一)重置成本的构成

建筑物重置成本的基本构成包括建筑安装工程费用、设备及工器具购置费用、工程建设其他费用、预备费、投资利息和税费，具体构成如图 6-2 所示。

- 建筑物重置成本
  - 建筑安装工程费用
    - 直接费
    - 间接费
    - 利润
    - 税金
  - 设备及工器具购置费用
    - 设备购置费
      - 设备原价
      - 设备运杂费
    - 工器具及生产家具购置费
  - 工程建设其他费用
  - 预备费
  - 投资利息
  - 税费

图 6-2　建筑物重置成本的基本构成

建筑安装工程费用是指直接发生在建筑安装工程施工生产过程中的费用、施工企业在组织施工过程中间接地为工程支付的费用以及按照国家规定收取的利润和缴纳的税金的总称，由直接费、间接费、利润和税金四个部分组成（图 6-3）。

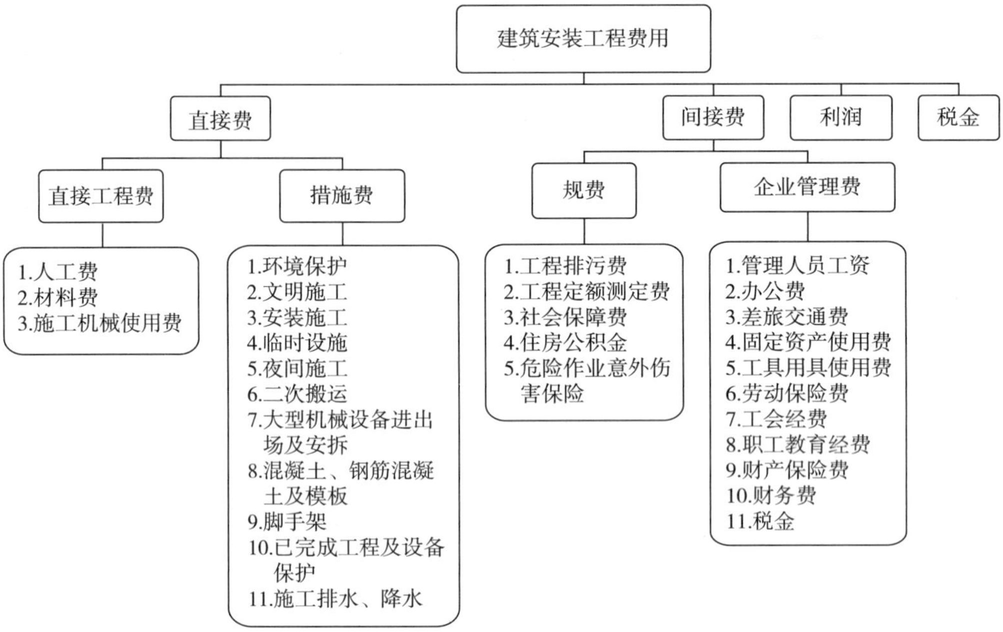

图 6-3 建筑安装工程费用的基本构成

（二）重置成本的计算方法

求取建筑物重置成本的方法主要有直接法、间接法及价格指数调整法，必要时可以多种方法并用。

1. *直接法*

所谓直接法，是指就目标不动产直接求取重新建造原价的方法。具体地说，它是根据目标不动产的构成部分或全体，调查使用材料的类别、品级、数量及所投入劳动的类别、时间等，并以目标不动产所在地区在估价期日的单价为基础，计算直接工事费，加上间接工事费及适当的承包人利润，求取标准建设费，再加上发包人应直接负担的通常附加费用，从而求得重新建造原价的方法。

直接法根据计算过程的不同又可分为工料测算法、单位面积法和单位体积法等。

（1）工料测算法。所谓工料测算法，是指以目标不动产在估价期日时的标准建设费，加上通常的附加费用，以求取重新建造原价的方法。标准建设费是由直接工事费与间接工事费（如设计费、管理费等），加上承包人的适当利润等组成。直接工事费是就针对目标不动产，调查使用材料的类别、数量、建筑工人的工资和机械台班数量，并分别求其单价，再以其单价为基础，求取直接工事费。由于建筑材料单价、建筑工人工资和机械台班费用在不同地区存在着较大差别，因此计算时应以目标不动产在估价期日所在地区的单价为准。

在某些情形下，如能判明目标不动产实际建设或制作所需要的直接工事费、间接工事费、承包人的利润和发包人直接负担的附加费用数额及其明细(种类、品级、数量、时间、单价等),则可分析各种材料,考察是否为正常的标准费用,并加以适当修正,必要时再进行期日修正,以求取更为准确合理的重新建造原价。

采用工料测算法求取重置成本非常翔实,但这种方法不但费时费力,而且牵涉建筑工程成本估价问题,必须对于建筑工程有充分的认识,且对各种建材的行情、工资等都十分清楚时才能进行准确的估价。

(2)单位面积法。又称平方呎法,是将标准建筑物的实际成本除以标准建筑物的面积,求得单位面积的成本,再将这一单位面积成本乘以目标不动产的面积,即可求得其重新建造原价。这是一种简便的方法,实践应用颇为广泛。

[例题 6-1]　某建筑物的建筑面积为 300 m^2,该类用途和结构的建筑物的单位建筑面积造价为 1200 元/m^2,试估算该建筑物的重新购建价格。

按照单位面积法:建筑物的重新购建价格=300×1200=36(万元)

(3)单位体积法。又称立方呎法,它是单位面积法的修正,即将单位面积改为单位体积,其他大致相同。采用单位体积法,可以弥补单位面积法没有考虑的建筑物不同层高的影响。但单位体积成本,随着体积数量的大小而有显著的差别,因为上下水管道、电线及其他各项成本,在大小建筑物中相差无几,如果成本相同,用较多体积分摊,自然得到较低的单位体积成本。建筑物的体积,采用外部尺寸计算,用其宽度乘以深度,再乘以平均高度。

[例题 6-2]　某建筑物的建筑体积为 500 m^3,该类用途和结构的建筑物的单位建筑体积造价为 600 元/m^3,试估算该建筑物的重新购建价格。

按照单位体积法:建筑物的重新购建价格=500×600=30(万元)

2. 间接法

所谓间接法,是如果能明确掌握近邻地区或同一供需圈内的类似地区中,有与目标不动产实际建设的直接工事费、间接工事费、承包人的利润及发包人直接负担的费用等的数额及其明细(类别、品级、数量、时间、单价)等,对这些明细材料加以分析,并将不标准的加以适当修正,以求取重新建造原价,再与目标不动产比较,就可求得目标不动产的重新建造原价。

在这种情形下,必要时应采取期日修正,而且要以类似不动产与目标不动产比较。如果类似不动产是在同一供需圈内类似地区中,则要进行区域因素比较和个别因素比较;如类似不动产是在近邻地区内,则只要进行个别因素比较即可。采用间接法求取不动产的重置成本,是要有类似不动产实际建设费用才能进行,因此平时应留意这类资料的搜集,并加分类整理,以备随时应用。

[例题 6-3]　某市一栋普通办公楼为框架结构 3000 m^2,建筑工程直接费为 432 元/m^2,其中毛石基础为 45 元/m^2;而今拟建一栋办公楼 3500 m^2,采用钢筋混凝土带形基础为 59 元/m^2,其他结构相同。求该拟建新办公楼建筑工程直接费造价。

调整后的建筑工程直接费=432+(59−45)=446(元/m^2)

拟建新办公楼的工程直接费造价=446×3500=1561000(元)

3. 价格指数调整法

价格指数调整法是运用建筑成本指数变动率将估价对象建筑物的原始成本调整至估价时点成本的方法。

[**例题 6-4**] 某建筑物于 2012 年 7 月底建成，当时建造该类建筑物的一般成本为 1000 元/m^2，此后建筑物建造成本的变动状况为：2012 年内平均每月比上月递增 1%；2013 年内平均每月比上月递增 0.5%；2014 年内平均每月比上月递增 2%。试利用上述资料求取 2014 年 8 月初该类建筑物的重新建造成本。

$1000\times(1+1\%)^5\times(1+0.5\%)^{12}\times(1+2\%)^7=1281.74$（元/$m^2$）

三、建筑物折旧的计算

所谓建筑物的折旧，是指建筑物由于物理、功能及经济等因素所引起的建筑物效用或价值的降低。在建筑物估价中，求取重置造价后还必须要考虑建筑物的折旧状况，从而求取建筑物在估价期日的现值。

（一）建筑物折旧的影响因素

建筑物从建成或取得时开始，随着人们的使用其效用或价值就会不断降低，这就是折旧。引起这种折旧的主要原因，可归纳为物理、功能与经济的因素，但这些因素并不是相互独立作用的，物理的折旧会引起功能的折旧，功能折旧又会反映到经济的折旧，可见三者互为因果关系。因此，在估价实务上，通常将三种因素作为一体，同时考虑。

1. 物理的因素

物理的因素主要有以下几项：①因建筑物的使用而产生的磨灭及破损，这种折旧一般随使用时间的经过而不断产生；②自然腐朽化，这是随时间的经过或风雨侵蚀等自然作用而产生的，建筑物不论使用与否，都会随时间的经过而产生折旧；③因水灾、风灾或地震等偶然事件而发生的损伤。这种折旧一般与使用期长短无关，属于偶然因素，通常难以做有规律的预测。

第①种情形通常是因不动产的使用而产生折旧，所以如果能事先了解不动产的耐用年数，则在估价期日上按照已使用年数求得建筑物折旧额。

第②种情形是不论使用与否，都会随时间的经过而产生折旧，因此与①的情形相同。

第③种情形是不与使用状态发生关系的折旧，因此不可能作有规律的测算。

分析由于物理的因素发生的折旧时，重要的是要分析该折旧部分是否有修复的可能。对于可修复的折旧，可采用修复需要的花费为计算折旧的依据；对于不可修复的折旧，通常只有依靠估价人员的观察与判断来确定折旧额。

2. 功能的因素

所谓功能的因素，是指建筑物因使用功能的落后或者不合适而引起折旧。建筑物功能因素引起的折旧通常不论建筑物的新旧程度如何，只要其使用功能不能满足要求，经济价值和使用价值降低，就会产生功能的折旧。功能的折旧，往往是技术革新、设计变化等使目标不动产变得落后，由此引起不动产相对的折旧。比如我国 20 世纪六七十年代设计的居室结构通常是卧室大而客厅小，进入 20 世纪 90 年代以后，人们的社会交往逐渐增多，生活水平不断提高，建筑设计上出现了小卧室、大客厅的设计，以满足现代生活的需要，那些老式的大卧室、小客厅的住房尽管建造年代并不长，物理折旧不明显，但是因结构的不合理导致其经济价值和使用价值明显降低，这就是功能的因素所引起的折旧。

分析功能的折旧时，如其折旧部分能够修正，依修正所需费用可测定折旧额，但修正有困难的，则从收益性（或舒适性）的降低，或与具备同样功能的类似不动产价格比较，进行判断。

3. 经济的因素

所谓经济的折旧因素，是该不动产与其所处的附近环境不协调而产生折旧，即因经济的不适应而发生折旧。这种因素有近邻地区的衰退、不动产与其附近环境的不协调、不动产与其附近的其他不动产比较，其市场地位下降等。

分析经济的因素时，与功能的因素同样，应从收益性或与近邻的市场条件等方面来进行判断。如在住宅小区内残留小工厂，使该建筑物建成后因周围变化而产生经济上的不适应；又如在贫居区中建筑高级住宅，或在住宅区中建筑商业用出租大楼，这种情形是在该建筑物建筑当时就已产生经济的不适应。

一般来说，建筑物折旧可依据支付多少修理费或改良费来进行测算，或与类似不动产比较，或依据近邻的市场条件测定收益状况或市场价格差。成本法本来是以重新建造所需要的费用为手段来求得正常价格，在考虑折旧时应如上所述，除费用方面外，对收益性及市场性也应进行适当的考虑。

（二）折旧计算的方法

应用成本法估价时，应从重新建造原价中扣除折旧因素所造成的减价额。求取减价额的方法，主要有耐用年数法、成新折扣法、观察法三种。

1. 耐用年数法

耐用年数法，又分为定额法、定率法、偿还基金法等，是将建筑物的重新建造价格按照一定的方法分摊到其耐用年限内，从而计算每一年的折旧额和累计折旧额。具体采用何种方法分摊重新建造价格，需视不动产的实际情况而定。

运用耐用年数法时，从估价立场而言，与其注重经过年数，不如将重点放在经济的残存耐用年数上。如目标不动产由两个以上部分构成时，各部分的耐用年数或残存耐用年数不同时，应当视目标不动产的实情决定。例如高层建筑物，其机械装置与其他部分的耐用年数显然不同，在这种情况下选择个别耐用年数或综合耐用年数时，也要视目标不动产的实际情况而定。又如在耐用年数满期时的残存价值也要依据目标不动产实情而定。

（1）定额法。定额法又称平均年限折旧法、直线法。该方法假定不动产在其耐用年限内每年的折旧额相等，由此计算年折旧额，即用待估不动产的折旧总额除以单一的耐用年数，以求得每年的折旧额的方法（图 6-4）。每年的折旧额可依据以下公式计算：

$$D = \frac{C - S}{N} = \frac{C - CR}{N} = \frac{C(1 - R)}{N} \tag{6-6}$$

式中：D 为每年的折旧额；C 为重新建造原价；N 为建筑物等的耐用年数；R 为残值率，即建筑物等的耐用年数满期时的残值与重新建造原价的比率；S 为耐用年数期满时的残值，$S=C\times R$。

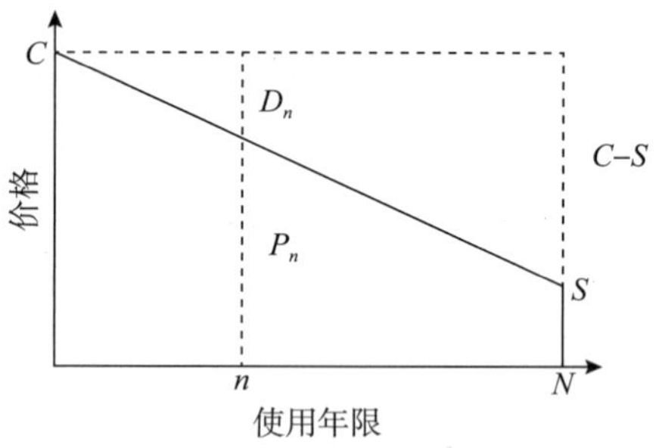

图 6-4 定额法示意图

则建筑物现价可依据以下公式求取：

$$P_n = C - \frac{C(1-R)}{N} \times n = C\left\{1-(1-R)\frac{n}{N}\right\} \tag{6-7}$$

$$P_n = C\left\{1-\frac{(1-R)(N-n')}{N}\right\} \tag{6-8}$$

$$P_n = C\left\{1-\frac{(1-R)n}{n+n'}\right\} \tag{6-9}$$

式中：n 为建筑物等的已使用年数；n' 为建筑物等的残余耐用年数；P_n 为建筑物现价。

如 $R=0$，则

$$P_n = C\left(1-\frac{n}{N}\right) \tag{6-10}$$

$$P_n = C\left(1-\frac{(N-n')}{N}\right) \tag{6-11}$$

$$P_n = C\left\{1-\frac{n}{n+n'}\right\} \tag{6-12}$$

式(6-7)和式(6-8)为式(6-6)的变形，是将减价一律按照已使用年数处理的式(6-6)加以修正，并将重点放在残余耐用年数而设计的计算方法。式(6-9)至式(6-11)的情形也相同，只是将残值率假设为零而已。

计算经过 n 年后减价累计额(D_n)，即可应用如下公式：

$$D_n = C\left\{\frac{(1-R)n}{N}\right\} \tag{6-13}$$

$$D_n = C\left\{\frac{(1-R)(N-n')}{N}\right\} \tag{6-14}$$

$$D_n = C\left\{\frac{(1-R)n}{n+n'}\right\} \tag{6-15}$$

建造部门按建筑物结构类型和等级，分别对建筑物的经济耐用年限和残值率进行详细规定，具体内容见表 6-1。在采用定额法评估建筑物现值时，可以参考表 6-1。

表 6-1　建筑物结构类型、等级及其相应的经济耐用年限和残值率

建筑物结构类型、等级	等级标准	经济耐用年限/年			残值率/%
		住房(非生产用房)	其他房屋(生产用房)	受腐蚀的其他房屋	
钢结构	全部或承重部分为钢结构的房屋	80	70	50	0
钢筋混凝土结构	全部或承重部分为钢筋混凝土结构，包括框架大板与框架轻板结构等房屋。这类房屋一般装修良好，设备比较齐全	60	50	35	0
砖混结构一等	部分钢筋混凝土，主要是砖墙承重的结构，外墙部分砖砌、水刷石、水泥抹面或涂料粉刷，并设有阳台，内部设备齐全的单元式住宅或其他房屋	50	40	30	2
砖混结构二等	部分钢筋混凝土，主要是砖墙承重的结构，外墙是清水墙，无阳台，内部设备不全的单元式住宅或其他房屋	50	40	30	2
砖木结构一等	材料上等、标准较高的砖木(石料)结构，这类房屋一般是外部有装修处理，内部设备完善的庭院式或花园洋房等高级房屋	40	30	20	6
砖木结构二等	结构正规，材料较好，一般外部没有装修处理，室内有专用上、下水等设备的普通砖木结构房屋	40	30	20	4
砖木结构三等	结构简单，材料较差，室内没有专用上、下水等设备，较低级的砖木结构房屋	40	30	20	3
简易结构	如简易楼、平房、木板房、砖坯、土草房、竹木捆绑房等	10	10	10	0

定额法最简单，在实务上也相当便利，因此一般采用这种方法。其缺点是将每年的折旧额定为相等，而建筑物等并非每年以一定的比率折旧，故与建筑物等的实际折旧额并不一致。

［**例题 6-5**］　某建筑物的建筑面积为 500 m^2，该建筑物的重新建造原价为 2000 元/m^2，经济耐用年限为 40 年，已使用 7 年，残值率为 4%。试用定额法计算该建筑物的年折旧额、折旧总额和现值。

解：①该建筑物的重新建造原价 $C=500\times2000=1000000$(元)

②年平均折旧额

$$D = \frac{C \times (1 - R)}{N}$$
$$= \frac{1000000 \times (1 - 4\%)}{40}$$
$$= 24000(\text{元})$$

③折旧总额 $D_7 = 24000 \times 7 = 168000$(元)

④建筑物现值：$P_7 = 1000000 - 168000 = 832000$(元)

(2)定率法。定率法又称为余额递减法。这种方法是对经过折旧的不动产残余价格，乘以一定比率，用以计算每年的折旧额。依据这种方法计算折旧额是以取得资产当年最大，以后渐减，所以这是一种提早折旧的方法。

假设折旧率为 d，则第一年的折旧额

$$D_1 = dC \tag{6-16}$$

因此，第一年度终止时目标不动产的残余价格(P_1)为：

$$P_1 = C - dC = C(1 - d) \tag{6-17}$$

又第二年度的折旧额为 D_2，将式(6-17)以 d 折旧，即第二年度的折旧额为：

$$D_2 = C(1 - d) \times d = dC(1 - d)$$

第二年度的残余价格(P_2)为：

$$P_2 = C(1 - d) - dC(1 - d) = C(1 - d)^2$$

同理，第三年度的 D_3、P_3 计算式如下，即

$$D_3 = dC(1 - d)^2 \qquad P_3 = C(1 - d)^3$$

如此，在目标不动产耐用年数满期时，即第 N 年的折旧额 $D_N = dC(1 - d)^{N-1}$，残余价格 $P_N = C(1 - d)^N$，此 P_N 为最终残余价格(残值)。

设残余价格为 S，则

$$S = P_N = C(1 - d)^N \tag{6-18}$$

由此求 d：

$$d = 1 - \sqrt[N]{S/C} \tag{6-19}$$

如上所述，只要耐用年数(N)，重新建造原价(C)，最终残存价格(S)已定，即可决定定率法的折旧率(d)。

一般情形是设耐用年数 N，重新建造原价 C，折旧率 d 一定，求第 n 年度建筑物现价 P_n 按下式计算：

$$P_n = C(1 - d)^n \tag{6-20}$$

又因 $1 - d$ 称为余值率，故设 $1 - d = r$，则 $P_n = C \cdot r^n$。再根据式(6-19)，及 $1 - d = r$ 的关系，可得 $r = \sqrt[N]{S/C}$，所以，

$$P_n = C \times (\sqrt[N]{S/C})^n \tag{6-21}$$

又 D_n(耐用年数 N 年的资产在第 n 年的折旧累计额)可以用下式表示。

$$D_n = C\{1-(1-d)^n\} \tag{6-22}$$

因为第 1 年的减价额为 dC,第 2 年的减价额为 $dC(1-d)$,第 N 年的减价额为 $dC(1-d)^{N-1}$,所以经过 n 年的减价累计额为

$$\begin{aligned} D_n &= dC + dC(1-d) + dC\,(1-d)^2 + \cdots + dC\,(1-d)^{n-1} \\ &= d + \{1 + (1-d) + (1-d)^2 + \cdots + (1-d)^{n-1}\} \end{aligned}$$

上式中,{}内是首项为 1,公比为 $(1-d)$ 的 n 项等比数列之和,依等比数列求和公式可得:

$$\begin{aligned} D_n &= dC \times \frac{1-(1-d)^n}{1-(1-d)} \\ &= dC \times \frac{1-(1-d)^n}{d} = C\{1-(1-d)^n\} \end{aligned}$$

但如式(6-18)与式(6-20)所示,$d = 1 - \sqrt[N]{S/C}$,$r = \sqrt[N]{S/C}$

则

$$D_n = C\{1-(\sqrt[N]{S/C})^n\} = C(1-r^n) \tag{6-23}$$

此外,D_n也可以下式表示。

$$D_n = C - P_n = C - C\,(\sqrt[N]{S/C})^n$$

逐年计算 r^n 并不容易,通常使用年金现价率表可简单求得建筑物现价。

定率法以图解表示,如图 6-5 所示。

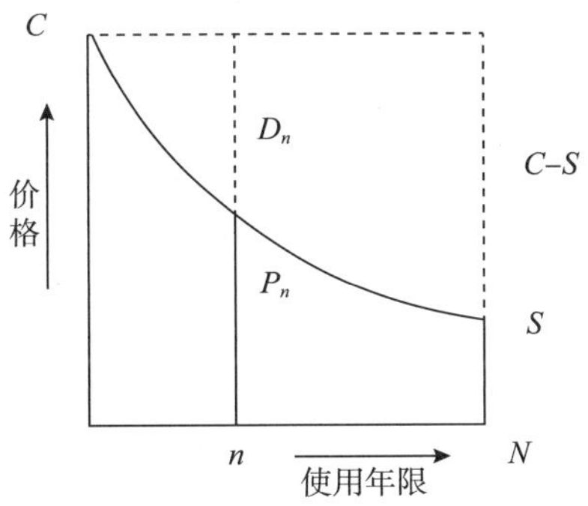

图 6-5 定率法示意图

[例题 6-6] 某建筑物总建筑面积为 200 m^2,于 5 年前建成,重置价格为 1000 元/m^2,耐用年限 40 年,残值率为 2%,试用余额递减法计算该建筑物的年折旧额和折旧总额。

解:已知 $C = 1000 \times 200 = 200000$ 元 ,$R = 2\%$,$N = 40$,$n = 5$

$d = 1 - \sqrt[N]{S/C} = 1 - \sqrt[40]{2\%} = 0.093$

$D_1 = 200000 \times (1-0.093)^{1-1} \times 0.093 = 18600$(元)

$D_5 = 200000 \times (1-0.093)^{5-1} \times 0.093 = 12587.6$(元)

$D_n = C \times \{1-(1-d)^n\} \times = 200000 \times \{1-(1-0.093)^5\} = 77237.3$(元)

(3)偿还基金法。每年储存一定金额,并按一定利率复利计算,使其生息后本利合计额与建筑物的耐用年数满期时的总折旧额相等,即等于建筑物重新建造原价中扣作残余价格的余额。

现在假定每年储存 A 元,则第 1 年的储存金 A 元在第 N 年变成 $A(1+r)^{N-1}$ 的本利合计(设储存时期是在年末,r 为利率)。

第 2 年的储存金 A 元,在第 N 年变成 $A(1+r)^{N-2}$ 的本利合计。同样第 $N-1$ 年的储存金 A 元,在第 N 年变成 $A(1+r)$,第 N 年的储存金仍然是 A 元。如此,将第 1 年至第 N 年各年的储存金 A 元的本利合计进行排列,为一等比数列,其首项为 A,公比为$(1+r)$,项数为 N,总和应与总折旧额(重新建造原价减残余价格)一致,故可成立如下计算公式:

$$C - C \times R = \frac{A\{1-(1+r)^N\}}{1-(1+r)} \tag{6-24}$$

$$C(1-R) = \frac{A\{(1+r)^N - 1\}}{r} \tag{6-25}$$

$$A = \frac{C(1-R) \times r}{(1+r)^N - 1} \tag{6-26}$$

因此,建筑物现价可按下式求得:

$$P = C - \frac{C(1-R) \times r}{(1+r)^N - 1} \times n \tag{6-27}$$

即

$$P = C\left\{1 - \frac{(1-R) \times r}{(1+r)^N - 1} \times n\right\} \tag{6-28}$$

$$P = C\left\{1 - \frac{(1-R) \times r}{(1+r)^N - 1} \times (N-n')\right\} \tag{6-29}$$

$$P = C\left\{1 - \frac{(1-R) \times r}{(1+r)^{n+n'} - 1} \times n\right\} \tag{6-30}$$

式中:A 为每年的储存金,P 为建筑物现价,C 为重新建造原价,R 为残值率,r 为利率(对每年储存金的储蓄利率),N 为建筑物等的耐用年数,n 为已使用年数,n' 残余耐用年数,D_n 为累积折旧额。

式(6-29)和式(6-30)是式(6-28)的变形,这与定额法的情形相同。

应用此种方法计算时,其图解如图 6-6 所示。

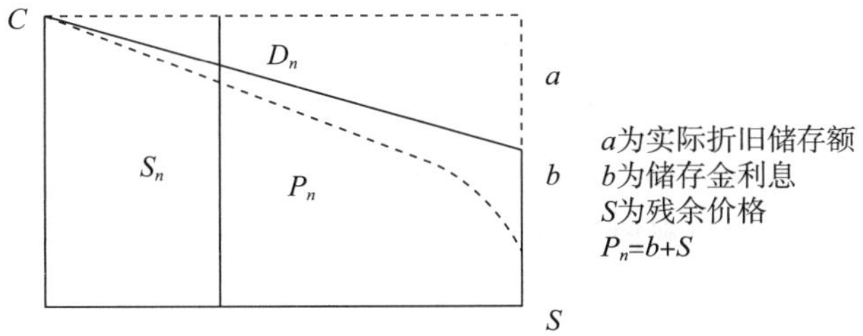

图 6-6　偿还基金法示意图

在应用这种方法时 D 的计算公式如下：

$$D_n = \frac{C(1-R)\times r}{(1+r)^N - 1}\times n \tag{6-31}$$

$$D_n = (N-n')\frac{C(1-R)\times r}{(1+r)^N - 1} \tag{6-32}$$

$$D_n = n - n\frac{C(1-R)\times r}{(1+r)^{n+n'} - 1} \tag{6-33}$$

由于这种方法需对建筑物等的逐年折旧额（储存额）加算储存利息，所以每年的折旧额比定额法少，其差额部分可以实际折旧储存的利息来予以补充，但如此计算，可能将目标不动产的现值作过大的评价，以致超过合理的建筑物现价，故应当特别注意。

2. 成新折扣法

成新折扣法是根据建筑物的建成年代、新旧程度等确定建筑物的成新率，将建筑物的重新建造原价乘以成新率即为建筑物的现值。

建筑物成新率的评分标准可借鉴原城乡建设环境保护部于 1984 年 11 月颁布的《房屋完损等级评分标准》。它根据房屋的结构、装修、设备三个组成部分的损坏程度划分为五个等级。

(1)完好房：结构构件完好，装修和设备完好、齐全完整，管道畅通，现状良好，使用正常，或虽然个别分项有轻微损坏，但经过一般性的小修就能修复。

(2)基本完好房：结构基本完好，少量构件有轻微损坏，装修基本完好，油漆缺乏保养，设备、管道现状基本完好。这类房屋经过一般性的维修能正常使用。

(3)一般损坏房：结构一般性的损坏，部分构件有损坏或变形，屋面漏雨，装修局部有破损，油漆老化，设备、管道不够畅通，水卫、电线、管线、器具和零件有部分老化、损坏或残缺。这类房屋需要进行中修或局部大修，更换部件。

(4)严重损坏房：房屋年久失修，结构有明显变形或损坏，屋面严重漏雨，装修严重变形、破坏，油漆老化见底，设备陈旧不齐全，管道严重堵塞，水卫、电线、管道、器具和零部件残缺及严重损坏。这类房屋需要进行大修或翻新、改造。

(5)危险房：承重构件已属危险构件，结构丧失稳定及承载能力，随时有倒塌可能，不能确保使用安全。

建筑物成新率与房屋完损等级的关系如下。

完好房的成新率：十成、九成、八成；

基本完好房的成新率：七成、六成；

一般损坏房的成新率：五成、四成；

严重损坏房及危险房的成新率：三成及三成以下。

在进行具体的估价时，以上房屋的新旧程度评定标准仅供参考，估价人员需要根据各地区的实际情况确定房屋完损等级的具体指标。成新折扣法适用于同时需要对大量建筑物进行估价的场合，尤其是进行建筑物的现值调查，但测算结果比较粗略。

3. 观察法

一宗建筑物的损耗程度不仅与其使用年限有关，还与人们对建筑物的维护保养情况有很大关系，所以估价人员必须对目标不动产作实地勘察。观察法估价就是不将折旧基准直接置于已使用年数，而是就目标不动产的构成和使用状况，由估价人员直接观察目标不动产由物理的、功能的及经济的折旧因素所造成的折旧额。

以上各种确定折旧的方法各有优缺点。成新法、观察法与耐用年数法相比较，耐用年数法过度依赖已使用年数，所以即使重视残余耐用年数，也因折旧额的计算统一，不易充分把握个别的折旧额，这是其缺点；成新法、观察法则有改正这种缺点的长处。但要使成新法、观察法的特色能充分发挥，还需要估价人员能正确把握影响折旧的因素，这就需要有一定的技术和经验。在估价实务上，最好是先采用耐用年数法计算的折旧额，然后应用观察法或成新法进行修正，这样做往往可以得到较合理的结果。

求取建筑物折旧的方法还可以分为综合折旧法、分类折旧法和个别折旧加总法。采用分类折旧方法计算折旧时，估价人员首先将建筑物的折旧分为可修复的折旧和不可修复的折旧，对于可修复的折旧，可直接测算其修复所需要的费用作为折旧额；对于不可修复的折旧，采用耐用年数法或成新法计算折旧额，最后将各折旧额相加得到折旧总额。

[例题 6-7] 某建筑物的重置价格为 500 万元，经济耐用年限为 50 年，已使用 10 年。其中，门窗损坏需要更换，更换价格为 5 万元；装修的重置价格为 50 万元，耐用年限为 10 年，已使用 3 年；设备的重置价格为 100 万元，耐用年限为 20 年，已使用 10 年。假设残值率均为零。试计算该建筑物的折旧总额。

解：由于本例中建筑物的各组成部分耐用年限不同，因此适合采用分类折旧加总的方法确定折旧总额。

该建筑物的折旧总额计算如下：

$$\text{门窗更换价格} = 5(\text{万元})$$

$$\text{装修的折旧额} = 50 \times \frac{1}{10} \times 3 = 15(\text{万元})$$

$$\text{设备的折旧额} = 100 \times \frac{1}{20} \times 10 = 50(\text{万元})$$

$$\text{其他项目的折旧额} = (500 - 5 - 50 - 100) \times \frac{1}{50} \times 10 = 69(\text{万元})$$

$$\text{建筑物的折旧总额} = 5 + 15 + 50 + 69 = 139(\text{万元})$$

四、不动产价格的确定

通过以上分析，就可以用目标不动产的重置成本减去折旧费用的差额求取建筑物现价。采用成本逼近法等方法测算出目标不动产的土地价格。上述步骤完成后，即可运用成本法公式求取不动产价格。

[例题 6-8]　某建筑物为钢筋混凝土结构，经济寿命为 60 年，已使用 10 年。经调查测算，现在重新建造全新状态的该建筑物的建造成本为 1000 万元（建设期为 2 年，假定第一年投入建造成本的 60%，第二年投入 40%，均为均匀投入），管理费用为建造成本的 3%，年利息率为 6%，销售税费为 50 万元，开发利润为 150 万元。又知其中该建筑的墙、地面等损坏的修复费用为 20 万元；装修的重置价格为 250 万元，平均寿命为 6 年，已使用 3 年；设备的重置价格为 100 万元，平均寿命为 10 年，已使用 4 年。假定残值率均为零，试计算该建筑物的价格。

解：本题为单独求取建筑物现值，根据基本公式，首先求取建筑物重置成本，再求取建筑物折旧总额。

(1)求取建筑物重置成本

①建造成本 $= 1000$（万元）

②管理费用 $= 1000 \times 3\% = 30$（万元）

③投资利息 $= (1000 + 30) \times 60\% \times [(1 + 6\%)^{1.5} - 1] + (1000 + 30) \times 40\% \times [(1 + 6\%)^{0.5} - 1] = 68.63$（万元）

④销售税费=50(万元)

⑤开发利润=150(万元)

⑥建筑物重置成本 $= 1000 + 30 + 68.63 + 50 + 150 = 1298.63$（万元）

(2)计算建筑物折旧额

①墙壁、地面等损坏的折旧费=20(万元)

②装修部分的折旧费 $= 250 \times 3/6 = 125$（万元）

③设备折旧费 $= 100 \times 4/10 = 40$（万元）

④长寿命项目折旧费 $= (1298.63 - 20 - 250 - 100) \times 10/60 = 154.77$（万元）

⑤建筑物折旧总额 $= 20 + 125 + 40 + 154.77 = 339.77$（万元）

(3)求取建筑物现值

建筑物现值 $= 1298.63 - 339.77 = 958.86$（万元）

第三节　成本逼近法

一、成本逼近法的概念

成本逼近法是以估价期日重新开发土地所耗费的各项客观费用之和为基础，加上正常的利润、利息、应缴纳的税金和土地增值来推算土地价格的方法。这是在我国土地市场不发育时期，为求取土地基本成本价格而创造的一种方法，其基本思路是在前期土地取得与基础设施开发的基本成本再加上适当的利润、有关税费及土地开发增值等就构成基本的成本价格。

二、成本逼近法的基本原理与计算公式

成本逼近法的基本原理是生产费用价值论及等量资本应获取等量收益的投资。生产费用

价值论的理论基础是市场上"经济人"的替代原理，经济人在购买一宗地产时，他所愿意支付的价格不会超过自己购买一块土地，并对其进行开发所需要花费的成本。也就是说，对于买方而言，如果市场上的地产价格高于在当时市场条件下开发同类土地的成本，那么他将放弃从市场上购买并自己开发；对于卖方而言，如果开发后的地产价格低于他为开发该地产已花费的成本，他就要亏本，也不能接受。等量投资应获取等量收益是经济学的一个基本投资原理，对于一个理性的投资者而言，他投入一定的资本，必然要求获得相应的回报（平均利润），否则，他无利可图，绝不会进行投资。因此，作为买卖双方所能接受的社会成本还应包括正常的利润和税费。正是基于这种考虑，估价人员可以根据重新开发土地所必需的支出和应获得的利润来求取开发后的土地成本价格。

同时，土地还因用途变更或周围环境的改善而产生增值，这种增值也应体现在土地价格中。因此，在土地价格构成中还应包含土地增值项，即土地成本价格加上土地增值，即为成本逼近法所求取的土地价格。

因此，成本逼近法的基本公式为：

土地价格＝土地成本价格＋土地增值

＝土地取得费＋土地开发费＋税费＋利息＋利润＋土地增值　　（6-34）

三、成本逼近法的适用范围

成本逼近法一般适用于新开发土地的估价，特别适于土地市场不发育、土地成交实例少的地区的土地价格评估。对于既无收益又很少有交易情况的学校、公园及公共建筑、公益设施等特殊性的土地估价也比较适用。但由于现实生活中土地的价格主要取决于其效用，而非花费的成本，也就是说，土地成本的增加并不一定会增加它的价值，尤其是土地实际开发成本的增加，不一定带来高的土地价格，但对于社会客观平均开发成本而言，成本已为社会接受，应在价格中得到相应的体现。所以，尽管成本逼近法在土地估价中的应用受一定限制，且有一定的争议，但仍不失为推算土地价格的方法之一。

四、成本逼近法的估价步骤

运用成本逼近法评估土地价格可分为以下步骤：

1.计算土地取得费

土地取得费应是估价期日的重置费用，即用地单位为取得土地使用权而支付的各项客观费用。根据土地取得方式不同，土地取得费可分为下列3种：

（1）通过征用农村集体土地取得时，土地取得费就是征地费用。征地费用主要包括土地补偿费、安置补助费、地上附着物补偿费、青苗补偿费等，各项费用以待估宗地所在区域政府规定的标准或应当支付的客观费用来确定。其中，土地补偿费、安置补助费可采用当地公布实施的征地片区综合地价估算。

（2）通过城市房屋拆迁取得的，土地取得费可按拆迁安置补偿费计算。拆迁安置补偿费包括被拆除房屋及构筑物的补偿费及拆迁安置补助费。被拆除房屋的补偿费按被拆除房屋的正常市场价格确定；拆迁安置费可根据当地政府规定的标准或应当支付的客观费用来确定。

需要注意的是，由于成本的增加并不一定提高效用和价值，尤其是对单宗地而言，征地、拆迁等土地取得费用是对原土地使用者失去原土地收益的补偿，而不是依据新土地用途和未来土地收益的高低确定的。征地、拆迁等土地取得费用高并不表明该宗地的效用和价格高。因此，征地、拆迁等取得土地的费用资料应从测算待估宗地所在区域平均土地取得费用入手进行计算。

(3)通过市场购买取得的，土地取得费就是土地购买价格。

2.计算土地开发费

土地开发费应是估价期日的重置费用，按待估宗地所在区域土地达到某种开发程度下需投入的各项客观费用计算。土地开发费通常有基础设施配套费、公用设施配套费和小区开发费。

(1)基础设施配套费。基础设施状况一般可概括为“几通一平”，如“三通一平”“五通一平”“七通一平”。在计算开发费之前，首先要确定待估宗地的开发程度，待估宗地的开发程度应根据待估宗地的条件、评估目的和实际已开发程度确定。宗地设定开发程度可能与宗地实际开发程度一致，也可能不一致，主要取决于对估价对象的界定。

(2)公用设施配套费。该项费用与土地开发项目大小、用地规模等有关，各地情况不同，应根据具体情况确定。

(3)小区开发费。同公用设施配套费类似，根据用地情况确定合理的项目费用标准。

需要注意的是，土地开发费用的分摊，如道路不是只允许某个项目使用，其他行业可能也会受益，绿地、公园也是周围的单位和个人共同受益，因此应根据实际受益程度作必要的费用分摊。分摊的基本原理为：

$$应分摊费用 = 受益程度 \times 设施总费用$$

3.计算各项税费

成本逼近法评估中的税费主要指在土地取得过程中所必须支付的有关税金和费用，其构成项目因土地取得方式不同而存在差异。

(1)征地过程中发生的税费。一般有占用耕地的耕地占用税、耕地开垦费、占用菜地的新菜地开发建设基金、征地管理费、政府规定的教育基金等。征地过程中发生的各项税费应根据税法及中央和地方政府的有关规定来确定。

(2)房屋拆迁过程中发生的税费。一般有房屋拆迁管理费、房屋拆迁服务费、房屋拆迁估价服务费及政府规定的其他有关税费。以上各项税费应根据《城市房屋拆迁管理条例》及当地政府的具体规定或应当支付的客观费用来确定。

4.计算投资利息

投资利息包括土地取得费、土地开发费、税费和管理费的利息，无论它们的来源是借贷资金还是自有资金都应计算利息。具体应把握以下 5 个方面：

(1)计息项目。成本逼近法中应计算利息的项目包括土地取得费、土地开发费、土地取得环节的各项税费和管理费。

(2)计息期。计息期是某项费用应计算利息的时间段。土地取得费及各项税费是假定在土地开发动工前(取得土地时)一次付清，计息起点为土地开发的起点，计息期为整个开发期；而土地开发费及管理费不是发生在一个时点，而是在开发期内连续投入，计息时通常假定为在开发期内均匀投入或分段均匀投入，具体视为在该时段的期中投入，投入时点即为计息期的起点，终点为开发期结束的时间点。

(3)计息方式。土地开发周期不超过一年，可按单利计息；土地开发周期超过一年，按复利计息。

单利计息是指每期均按原始本金计算利息，即只有本金计算利息，本金所产生的利息不计算利息，如果用 P 表示本金，i 表示利率，n 表示计息周期数，I 表示总利息，则有：

$$I = P \times i \times n \tag{6-35}$$

复利计息是指以上一期的利息加上本金为基数计算当期利息。在复利计息的情况下，不仅本金要计算利息，利息也要计算利息，复利的总利息计算公式为：

$$I = P[(1+i)^n - 1] \tag{6-36}$$

(4)利率的选取。利率的选取应参照同期银行公布的贷款利率。

(5)计息周期。计息周期是计算利息的时间单位，通常为年，也可以是季或月等。

[例题 6-9] 总投资为 400 万元，开发期 2 年，第一年均匀投入总投资的 65%，第二年均匀投入 35%，同期银行贷款年利率 8%，求利息。

解：

$$\begin{aligned}\text{利息} &= 400 \times 65\% \times [(1+8\%)^{1.5} - 1] + 400 \times 35\% \times [(1+8\%)^{0.5} - 1] \\ &= 37.31(\text{万元})\end{aligned}$$

5. 计算开发利润

投资的目的是获取相应的回报，土地开发投资应计算合理的利润。开发利润一般以土地开发总投资乘以投资利润率计算。土地开发总投资包括土地取得费及各项税费、土地开发费和管理费。

利润率的确定通常考虑三方面因素：一是开发土地的利用类型；二是开发周期的长短，一般开发周期越长，占用资金时间也就越久，利润率也相应要求高些；三是开发土地所处地区的经济环境，一般经济发达地区的利润率较高。

开发利润＝(土地取得费及其税费＋土地开发费＋管理费)×投资利润率

6. 计算土地增值

成本逼近法估价中包含土地增值一项，这项计算源于“增值地租”，一是由土地用途的变化所引起的土地增值；二是由土地周围设施的改善或其他一些项目的建设所引起的土地增值，形成外部效应。成本逼近法价格构成中的前几项是有案可查的，而土地增值却是难以估算的，这也是成本逼近法评估中的难点。土地增值的求取可根据待估宗地的具体情况，选择以下方法：

(1)用土地成本价格乘以土地增值率来确定。土地增值率理论上应等于“增值地租”占总地价的比例，或开发完成后的土地市场价格与成本价格差值占成本价格的比例。土地增值率可根据待估宗地的用途、开发程度等综合确定。

土地增值＝(土地取得费＋土地开发费＋管理费＋税费＋利息＋利润)×土地增值率

(2)参照类似土地开发项目的土地市场价格与其土地成本价格之间的差额确定。

7. 计算、修正和确定土地价格

根据上述各步的计算结果,采用下列公式计算土地价格:

土地价格=土地取得费+土地开发费+税费+管理费+利息+利润+土地增值

除了上述步骤计算的土地价格,还应根据评估对象的具体情况和评估目的,考虑是否进行以下几方面的修正,最终确定估价结果。

(1)根据待估宗地在区域内的位置和宗地条件,进行个别因素修正。

(2)成本逼近法求取有限年期的土地使用权价格时,应进行土地使用年期修正。年期修正公式为:

$$K = 1 - \frac{1}{(1+r)^n} \tag{6-37}$$

式中:K 为年期修正系数;r 为土地还原率;n 为土地使用年期。

是否进行年期修正要具体分析:①当土地增值是以有限年期的土地市场价格与成本价格的差额确定时,年期修正已在增值收益中体现,不再另行修正;②当土地增值是以无限年期的土地市场价格与成本价格的差额确定时,土地增值与成本价格一起进行年期修正;③当待估宗地为已出让土地时,应进行剩余使用年期修正。

(3)确定土地价格。根据上述各步的修正调整后,最终确定成本逼近法的计算结果。

如果采用成本逼近法测算的是某一小区(或开发区)的平均土地价格,还应考虑小区的土地利用率或可出让土地的比率,进行公共设施的占地面积和公用面积的分摊,因为这些公共设施的占地面积(如道路、公共绿地等)是不能卖出去的,其土地价格和有关土地开发的投资成本应分摊到可出让的土地中。计算公式如下:

$$可出让土地的平均单价 = 土地总平均单价 \times \frac{总土地面积}{可出让的土地面积} \tag{6-38}$$

[例题 6-10]　某开发区拟出让一宗工业用地,出让年限 50 年,土地面积 8000 m^2,该开发区现已完成“七通一平”,土地总面积为 5 km^2,其中可出让土地面积为 3.5 km^2。根据调查测算,征地过程中发生的土地补偿费、地上附着物补偿费、青苗补偿费及安置补助费平均为 6 万元/亩,土地开发费(含管理费)平均为 2 亿元/km^2,征地过程中发生的其他有关税费约 2 万元/亩。一般征地完成后,“七通一平”的土地开发周期为 2 年,第一年土地开发费占全部土地开发费的 40%,每年投资资金为均匀投入,全部土地投资利润率为 20%,银行的年贷款利率为 6.6%,土地增值率为 20%,土地还原率为 7%,试测算该宗地的出让地价。

解:估价对象为新开发土地,可采用成本逼近法评估。

(1)计算土地取得费及税费

土地取得费及税费 = $(6+2) \times 10000 \div 666.67 = 120$ (元/m^2)

(2)计算土地开发费及管理费

土地开发费及管理费=2 亿元/km^2=200.0(元/m^2)

(3)计算投资利息

投资利息 $=120\times[(1+6.6\%)^{2}-1]+200\times40\%\times[(1+6.6\%)^{1.5}-1]+200\times60\%\times[(1+6.6\%)^{0.5}-1]=28.31$(元/$m^2$)

(4)投资利润

投资利润 $=(120+200)\times20\%=64$(元/m^2)

(5)计算成本价格

成本价格 $=120+200+28.31+64=412.31$(元/m^2)

(6)计算土地增值

根据题意,这里土地增值率取20%,则

土地增值 $=412.31\times20\%=82.46$(元/m^2)

(7)计算全开发区土地单位面积地价

全开发区土地单位面积地价 $=412.31+82.46=494.77$(元/m^2)

(8)计算可出让土地单位面积地价

可出让土地单位面积地价 $=494.77\div(3.5/5)=706.81$(元/$m^2$)

(9)进行土地使用年期修正

50年期土地使用权价格 $=706.81\times[1-1/(1+7\%)^{50}]=682.82$(元/$m^2$)

(10)计算出让地价

拟出让宗地土地总价 $=682.82\times8000=546.26$(万元)

[例题6-11] 某公司5年前以出让方式取得一宗面积2000 m^2的40年使用权的土地,于3年前建成物业投入使用,总建筑面积为5000 m^2。现时重新取得40年土地使用权的出让价格为2000元/m^2,重新建造建筑物的建安成本为600万元(建筑期为2年,第一年投入40%,第二年投入60%,可视为均匀投入),管理费用为建安成本的3%,年利率为6%,销售税费为90万元,开发利润为120万元。门窗、墙面等损坏的修复费用为8万元;装修的重置价格为140万元,平均寿命为5年;设备的重置价格为100万元,平均寿命为10年;假设残值率为零。试计算该不动产现时的价格(土地资本化率为8%)。

解:估价对象中土地和建筑物之间有关成本和费用分配明晰,故采用房地分估路径。

(1)求土地重置成本

因该土地使用权为40年,已使用了5年,故要求土地使用权为35年的价格:

土地重置成本 $=2000\times0.2\times[1-1/(1+0.08)^{35}]/[1-1/(1+0.08)^{40}]=390.94$(万元)

(2)计算建筑物重置成本

①建安成本=600(万元)

②管理费用 $=600\times3\%=18$(万元)

③投资利息 $=(600+18)\times40\%\times[(1+6\%)^{1.5}-1]+(600+18)\times60\%\times[(1+6\%)^{0.5}-1]=33.54$(万元)

④销售税费=90(万元)

⑤开发利润=120(万元)

建筑物重置成本 $=600+18+33.54+90+120=861.54$(万元)

(3)计算建筑物折旧额

①门窗、墙面等损坏的折旧额=8(万元)

②装修部分的折旧额＝140×1/5×3＝84(万元)

③设备部分的折旧额＝100×1/10×3＝30(万元)

④长寿命项目的折旧额＝(861.54－8－140－100)×1/38×3＝48.44(万元)

建筑物折旧额＝8＋84＋30＋48.44＝170.44(万元)

(4)求不动产的现时价格

该不动产的现时价格 ＝ 390.94＋861.54－170.44 ＝ 1082.04(万元)

[例题 6-12]　某房产公司 2 年前以 1000 元/m^2获得一块地，用途为工业用地，面积 7500 m^2。该公司在地块上通过基础设施开发、场地平整、房屋建筑安装、公共配套设施等工程建设，建成钢混结构全新标准厂房，建筑面积 10000 m^2。经调查，类似土地现实取得费为 1200 元/m^2，土地取得税费为 4.5%，基础设施开发、场地平整、房屋建筑安装等工程建设成本共投入 2300 万元(建设期为 2 年，第一年投入 60%，第二年投入 40%，年度投入可视为均匀投入)，管理费为建设成本的 3%，投资利润率为 20%，银行的年贷款利率为 6.5%，销售税费为120 万元。试计算该不动产现实的价格。

解：估价对象系新建不动产，土地及建筑物上的投入纳入整个开发建设过程，故采用房地合估路径。

(1)房地产重置成本

①土地取得费＝7500×0.12×(1＋4.5%)＝940.5(万元)

②建设成本＝2300(万元)

③管理费用＝2300×3%＝69(万元)

④投资利息 ＝ $940.5\times[(1+6.5\%)^2-1]+(2300+69)\times60\%\times[(1+6.5\%)^{1.5}-1]+(2300+69)\times40\%\times[(1+6.5\%)^{0.5}-1]=297.3$ (万元)

⑤销售税费＝120(万元)

⑥开发利润＝(940.5＋2300＋69)×20%＝661.9(万元)

房地产重置成本＝940.5＋2300＋69＋297.3＋120＋661.9＝4388.7(万元)

(2)建筑物折旧

估价对象系新建不动产，建筑物折旧为零。

(3)现时价格

该不动产的现时价格＝4388.7(万元)

【本章小结】

成本法：又称原价法、承包商法、合同法，是测算待估不动产在估价时点的重置成本或重建成本和折旧，将重置成本或重建成本减去折旧得到待估不动产的客观合理价格或价值的方法，其基本理论基础是生产费用价值论。

建筑物重建成本与建筑物重置成本：前者是指根据目前的人工与材料价格，采用原建筑物的技术、材料和设计，建造相同建筑物所需的成本；后者是指根据目前的人工、材料价格及正常的管理水平，并利用目前的材料、标准与设计，建造与目标不动产相同功能(或同等效用)的不动产所需的成本。

建筑物重置成本的计算方法：主要有直接法、间接法及价格指数调整法，直接法根据计算过程的不同又可分为工料测算法、单位面积法和单位体积法等。

建筑物折旧及计算方法：是指建筑物由于物理的因素、功能的因素及经济的因素等方面所引起的建筑物效用或价值的降低，其测算方法主要有耐用年数法、成新法、观察法三种。

成本逼近法：是以估价期日重新开发土地所耗费的各项客观费用之和为基础，加上正常的利润、利息、应缴纳的税金和土地增值来推算土地价格的方法。

基本公式为：土地价格＝土地取得费＋土地开发费＋税费＋利息＋利润＋土地增值。

成本法适用于全新或基本全新的建筑物估价，也可用于一般旧有建筑物估价，基本公式为：建筑物价格＝建筑物重置成本－建筑物折旧，建筑物重置成本＝建筑物建造成本＋管理费＋利息＋销售税费＋利润。

成本法应用于房地估价，即包含土地和建筑物的估价对象，应根据估价对象状况和土地市场状况，选择房地分估路径或房地合估路径。

【习题及思考题】

1. 什么是成本法？简述成本法的理论依据和适用范围。

2. 区分建筑物重建成本与建筑物重置成本。

3. 影响房屋折旧的因素有哪些？说明各因素对房屋折旧的影响。

4. 什么是成本逼近法？简述成本逼近法估价的操作步骤。

5. 如何计算投资利息？单利与复利的计算方法有何不同？

6. 何谓土地增值？估价中如何确定？

7. 某工业区土地开发完成后，拟通过挂牌方式出让。该工业区土地开发程度达到“五通一平”（通路、通水、通信、通电、排水，场地平整），可供出让的土地面积占开发区总土地面积的80%。出让土地使用年限为50年。经调查，该工业区周边地区近3年农作物的年平均亩产值为2200元/亩，根据当地规定，征地时土地补偿费和安置补助费取法律规定的最高值。青苗及地上物补偿费按当地农作物一年产值补偿。征地过程中的征地管理费按照征地费总额的4%征收；耕地占用税按8元/m^2，耕地开垦费按12元/m^2计收。开发区土地开发程度达到“五通一平”的开发费及管理费平均为7万元/亩，开发周期为18个月，开发费在开发期内均匀投入；土地开发的投资回报率为15%，年贷款利率为6.6%，按月计算利息，土地还原率为6%，50年期工业用地土地市场价格与成本价格的比率为18%。请根据上述资料评估出该工业区挂牌出让土地的底价。

8. 某不动产占地2000 m^2，容积率为3.0。土地是在2009年4月通过出让方式取得的，出让年限是40年。建筑物是于2010年10月建成使用的。经调查，现在取得类似土地40年使用权的市场价格是1000元/m^2，同类建筑物重置价格是2000元/m^2。通过估价师对该建筑物现场鉴定，对门窗等可修复部分进行修复需花费10万元，装修重置价格60万元，经济寿命5年；设备的重置价格为100万元，经济寿命15年，残值率假设为零，报酬率为8%，求该不动产在2013年4月的市场价格。

【参考文献】

[1]林英彦. 不动产估价. 11版. 台北：文笙书局，2006.

[2]中国房地产估价师与房地产经纪人学会. 房地产估价原理与方法(2022). 北京：中国建

筑工业出版社,中国城市出版社,2022.
[3]理查德·M.贝兹.不动产评估基础.董俊英,译.北京:经济科学出版社,2002.
[4]俞国风,吕茫茫.建筑工程概预算与工程量清单.上海:同济大学出版社,2012.

第七章　假设开发法

本章主要介绍假设开发法的概念、原理、估价程序及方法应用，并扩展介绍剩余法和现金流分析法的估价思路及应用。

第一节　假设开发法的概念与原理

一、假设开发法的概念

假设开发法(the hypothetical development method)，又称剩余法、倒算法，是指在预计开发完成后不动产正常交易价格的基础上，扣除预计的必要开发成本和利润，以价格余额来求取待估不动产价格的方法。

一般来说，当一个开发商要对一块土地进行投标或从其他业主那里买入时，都会先行计算该地块的最高价格，以方便竞投或与土地所有者讨价还价。根据国内外的经验，假设开发法是比较适用这种情况的一种简单而直接的估价方法。它的基本概念是：土地是一种剩余价值，因此可以先把土地的总开发价值计算出来，再扣除建造成本、银行贷款利息、专业人员费用、管理费用、广告及推销费用、销售税金和开发商利润等，最后得到的剩余值就是土地价格。

二、假设开发法的原理

假设开发法的理论依据与收益还原法相同。基本思路同房地产开发商为取得土地使用权而确定投标金额时的思路一样，可通过下面的例子来说明。

假如一个房地产开发商面对一块可供其开发利用的土地，那么他愿意出多少钱来购买这块土地？很明显，他购买这一地块并不是供自己使用的，而是通过开发为其赚取利润。他很清楚希望得到这一地块的人不只他一个，他们也具有同样的动机，面对竞争他不能期望从这一地块开发中得到超乎寻常的利润，但同时也不能低于别人希望得到的平均利润，否则他宁愿将这笔资金投到其他方面。也就是说，该开发商只求得到社会上同类不动产开发项目的正常利润。而为了获取这块土地，开发商首先要仔细研究这块土地的内外条件，如坐落位置、面积大小、形状、周围环境、规划限制条件等，以便分析该地块在规划许可范围内最适宜的用途和最大开发程度；然后根据目前的房地产市场状况，预测开发完成后价值，以及为完成这一开发所需花费的房屋建造成本、管理费用、相关税费、各类预付资本的利息和开发商应得的正常开发利润。有了上述的分析和测算，开发商也就知道了他可能为取得这块土地所支付的最高价格是多少。很明显，这个最高价等于开发完成后的不动产价值扣除开发成本和利润之后的余额。

假设开发法更深层的理论依据类似于地租原理，只不过地租是每年的租金剩余，假设开发法是一次性的价格剩余。

根据马克思的土地价格理论“一切地租都是剩余价值，是剩余劳动的产物”①，具体地看，地租由土地产品的价格所决定，是扣除了其他生产费用的余额。从纯理论上说，地租不仅是扣除成本、利润后的余额，还是扣除利息、税收后的余额。用公式表示即为：

地租 = 市场价格 − 正常成本 − 正常利润 − 正常利息 − 正常税收

假设开发法的计算与此类似，其基本思想早在杜能（1783—1850 年）的《孤立国同农业和国民经济的关系》一书中就有，书上写道：“有一田庄，庄上全部房屋、树木、垣篱都遇焚毁，凡想购置这一田庄的人，在估值时首先考虑田庄建设完备之后，这块土地的纯收益是多少，然后扣除建造房屋等投资和利息，根据剩余之数确定买价②。”从这一思路出发，假设开发法还可以作如下进一步的表述：如果有一不动产购买者想购买一块土地进行开发，期望得到不小于将资金投入其他方面所能取得的正常利润，这时他愿意为这块土地支付的最高价格等于楼价（预测的未来房地总价）减去建筑费、专业费、利息、利润和税收之后所剩的余额。

因此，假设开发法与地租的计算原理是一致的，只不过在假设开发法的计算中，以不动产出售价格以及建筑总成本代替地租计算中的市场价格和正常成本而已。

三、假设开发法的计算公式

（一）假设开发法最基本的公式

根据假设开发法原理，利用假设开发法评估不动产价格的基本公式是：

$$P = A - B - C \tag{7-1}$$

式中：P 为待开发不动产价格；A 为开发完成后的不动产总价值（土地总价值或房地产总价值）；B 为开发项目整体的开发成本；C 为客观开发利润。

（二）适用于不同开发项目的公式

实际估价工作中，上述假设开发法最基本的公式，可根据开发项目的不同具体化。

（1）土地开发项目

待估土地价格 = 开发完成后的熟地总价 − 开发费用 − 管理费用 − 投资利息 − 销售税费 − 开发利润 − 购地税费　（7-2）

（2）房地产开发项目

待估土地价格 = 开发完成后的房地产总价 − 房屋建造成本 − 管理费用 − 投资利息 − 开发利润 − 购地税费　（7-3）

① 马克思. 资本论：第 3 卷. 北京：人民出版社，1975：715.

② 约翰冯·杜能. 孤立国同农业和国民经济的关系. 北京：商务印书馆，1986：29.

(3)在建工程续建项目

$$在建工程价格 = 开发完成后的房地产总价 - 续建成本 - 管理费用 - 投资利息 - 销售税费 - 续建投资利润 - 购买工程税费 \quad (7\text{-}4)$$

上述公式在具体运用中,要把握好待开发项目在开发前后的状况及开发后的经营方式。开发前后的状况,即估价对象状况有土地(包括生地、毛地、熟地)、在建工程等。开发后的不动产经营方式,有出售(含预售)、出租和经营等。

需要说明的是,由生地开发成熟地(或建成房屋)的开发成本中,应包含征地费用;由毛地开发成熟地(或建成房屋)的开发成本中,应包含房屋拆迁安置补偿费用。

四、假设开发法的特点与适用范围

(一)假设开发法的特点

根据假设开发法的原理和计算公式,假设开发法估价是从开发商的角度,分析测算其所能支付的最高场地购置费用。其可靠性如何,取决于以下几点:①是否根据不动产估价的最有效利用原则和合法原则,正确确定了待估不动产的最有效利用方式(包括用途,使用强度,建筑物的式样、外观、内部设计与布局等);②是否正确掌握了不动产市场行情及供求关系;③是否正确确定了项目的开发成本和正常利润等。

假设开发法估价有以下几个假设和限制条件:

(1)尽管不动产总价或租金的取得以及各项成本的支付都发生在将来,但假设开发法估价中采用的所有不动产总价、租金和成本数据都是根据当前数据水平确定未来的数据。这是因为作为估价师很难准确预测未来的成本和租金、价格水平的细微变化,同时在开发期间不仅租金和售价会上涨(下降),各类开发成本也会上涨(下降)。因此,假设开发法估价隐含着这样一个假设:假设开发法估价中涉及的这些关键变量在开发期间不会发生大的变化。当然,若采用假设开发法进行项目可行性研究或投资决策分析,也可通过周密的市场调查和分析,对预期租金、售价及成本数据做出预测,或采用能更准确地考虑支出和收益变化的现金流量法(cash-flow method)或贴现现金流量法(discounted cashflow method)进行评估。假设租金和不动产交易价格在开发期间不会上涨(下降),并且不考虑物价上涨(下降)的影响。

(2)假设在开发期间各项成本的投入是均匀投入或分段均匀投入。以上这些假设条件在国外的假设开发法估价中表现得更为明显。国内一些估价人员则往往混淆了估价与项目可行性分析的区别,因而往往忽视了这些假设与限制条件。

(二)假设开发法的适用范围

假设开发法主要适用于具有投资开发或再开发潜力的不动产估价,适用对象为:①仅将土地开发整理成可供直接利用的土地估价;②待开发不动产中的土地估价;③待改造后再开发不动产中的土地估价;④房地产在建工程项目评估。

(三)假设开发法的其他应用

假设开发法除适用于不动产估价外,还大量应用于不动产开发项目评价和投资决策,具体可应用于以下三个方面：

(1)确定投资者获取待开发场地所能支付的最高价格。对于每一个开发项目，投资者必须分析和预测开发完成后的不动产价值、开发成本和其应获得的正常利润，进而确定其能承担的场地最高价格，投资者的实际购买价格应低于或等于此价格，以保证其正常收益。

(2)确定具体开发项目的预期利润。当场地取得后，此时的场地取得费为已知费用，从总的开发价值中扣除场地购置费、开发成本等后的剩余值，即为该开发项目可取得的利润。若该利润高于或等于投资者的期望利润，则该项目可行，否则该项目就应当推迟或暂时取消。

(3)确定开发项目中的最高控制成本费用。当场地购置费和期望利润确定后，即可用假设开发法测算出开发过程中各成本费用的最高控制数，以保证开发过程中的各项成本费用得到有效的控制。

在假设开发法估价中包含了较多的不确定性因素，因此，不同的估价人员对于同一宗地的估价结果有时相差很大，这便体现了经验与资料的重要性。就目前的地产市场来看，当土地具有开发或潜在开发价值时，假设开发法不失为一种可靠、实用和重要的估价方法。

第二节　假设开发法的估价程序与方法应用

一、估价程序

在运用假设开发法估价前，首先应根据估价目的、待估不动产所处开发建设状态等情况，分析选择估价前提，如业主自行开发前提、自愿转让开发前提、被迫转让开发前提等。然后调查待开发不动产状况和当地房地产市场状况，在合法前提下根据最有效利用原则确定待开发不动产的最佳开发经营方式，估计开发经营期及投资进度安排，测算开发完成后的不动产总价值、开发的必要成本及合理利润，进而通过计算得到待估不动产价格。具体过程如下：

(一)调查待估不动产的基本情况

在运用假设开发法估价时，调查待估不动产的主要目的是确定该不动产的最佳开发经营方式。因此，应重点调查对其开发经营方式有影响的因素。下面以评估待开发建设熟地的价格为例，说明如何调查待开发不动产的基本情况。

如果估价对象是待开发建设的熟地，应重点调查以下几方面内容：

(1)土地的位置区位状况。包括土地所在城市的性质和职能；土地所在城市内的区域的性质；土地的具体坐落以及周围的土地条件和利用现状，为选择最佳开发经营方式提供依据。

(2)土地实物状况。弄清土地面积大小、形状、平整情况、地质和水文状况、基础设施状况，为估算开发成本提供依据。

(3)调查土地利用要求。包括政府对该地块的规定用途、容积率、覆盖率、建筑高度限制等，为确定建筑物的规模、造型等服务。

(4)调查土地权属状况。包括取得土地使用权的方式、使用年限、能否续期，以及对转让、出租、抵押等的有关规定。查清这些权属状况，主要是为确定开发完成后的不动产价值或租金水平等服务。

如果估价对象是在建工程，调查的内容还包括建筑工程的情况，如建筑结构、户型设计、所使用的材料和设备、施工质量等，为进一步分析目前开发经营方式的合理性及续建开发的可行性服务。

(二)确定最佳的开发经营方式

根据调查的估价对象自身条件及市场供求状况等，在城市规划及政府管制允许的范围内，确定待估不动产在合法前提下的最佳开发利用方式，包括确定最佳用途、建筑容积率、土地覆盖率、建筑高度、建筑装修档次、租售方式等。选择最佳的开发利用方式中，最重要的是选择最佳的用途。最佳用途的选择，要考虑到土地位置的可接受性及这种用途的现实社会需要程度和未来发展趋势，即要分析当地市场的接受能力，市场在项目建成这段时间里究竟最需要什么类型的房地产。例如，某一块土地，城市规划规定的用途为兴建宾馆、公寓或写字楼，但实际估价时应该选择哪种用途？这首先需要调查比较该块土地所在的城市和地区对宾馆、公寓、写字楼的供求关系及其走向。若社会对宾馆、写字楼的需求开始趋于饱和，表现为客房入住率、写字楼出租率呈下降趋势，但希望能租到或买到公寓住房的人数逐渐增加，而近期能提供的公寓数量又较少时，则可以选择建公寓为该地块的最佳用途。

(三)估计开发经营期及投资进度安排

开发经营期是指从取得估价对象(待开发不动产)的日期，即估价期日，一直到不动产全部销售或出租完毕的这一段时期。不同的开发项目，其开发期也不一样。通常一个完整的不动产开发项目可分为三个阶段：前期(自取得土地使用权至开工建设)、工程建设期(自开工建设至工程竣工)、空置或租售期(自工程竣工至销售完毕)。开发经营期应根据项目的特点、工程技术要求及不动产市场状况等，参照类似不动产项目的开发过程进行估计。

(四)测算开发完成后的不动产价值

开发完成后的不动产价值应根据待估不动产的最佳开发经营方式、当地不动产市场现状及未来变化趋势，区别不同情况，采用市场比较法或趋势分析法确定在评估期日的价值。

(1)对开发完成后拟出售的不动产，如居住用商品房、工业厂房等，应按当时市场上同类用途、性质和结构的不动产的市场交易价格，采用市场比较法，并结合长期趋势法测算其价值。

(2)对开发完成后拟采用出租或自营方式经营的不动产，如写字楼和商业不动产等，可根据当时市场上类似不动产的租赁或经营收益水平，采用市场比较法，结合长期趋势法确定开发完成后不动产的客观收益，再采用收益还原法将该收益还原为不动产价值。具体测算时需要估计以下几个要素：年总收益、年总费用、还原率、收益年期。例如，根据当前房地产市场的租金水平，预测未来建成的某公寓楼的月租金为每平方米使用面积 200 元，其中维修费、管理费等出租费用占租金的 30%，该类不动产的还原率为 8%，可出租的使用面积为 40000 m^2，正常空置率为 10%，运营期为 48 年，则开发完成后不动产的价值可确定为：

$$P=\frac{200\times 12\times 40000\times (1-10\%)\times (1-30\%)}{8\%}\left[1-\frac{1}{(1+8\%)^{48}}\right]$$

$$=73719.90(\text{万元})$$

(五)估算开发的必要成本

开发的必要成本是项目开发建设期间所发生的客观费用的总和。不同开发项目其成本构成存在差异,在土地开发项目中,整个开发项目的开发成本包括购地税费、将土地(生地或毛地)开发成熟地的开发费用、管理费用、投资利息和销售税费;在房地产开发项目中,整个项目的开发成本包括购地税费、房屋建造成本、管理费用、投资利息和销售税费;在建工程续建项目中,续建项目的开发成本包括购买在建工程税费、续建成本、管理费用、投资利息和销售税费。

(1)购地税费。是投资者购买待开发土地应负担的税费,是假定一旦购买了待开发土地,在交易时作为买方应负担的有关税费,如契税、交易手续费等。该项税费通常是根据税法及中央和地方政府的有关规定或正常费用标准,按待开发土地价值的一定比率测算。

购买在建工程税费与购地税费类似,是投资者购买在建工程应负担的税费,即交易时作为买方应负担的税费。

(2)开发费用。一般包括土地开发费和房屋建造成本两部分,测算中可根据估价对象的不同情况,确定具体的费用项目。

土地开发费要考虑待估宗地的开发难度,按需要投入的各项客观费用计算。可采用类似于市场比较的方法,根据同类土地开发项目当前的开发费用进行预测。

房屋建造成本包括房屋建筑安装工程费和专业费用。房屋建筑安装工程费包括建造房屋及附属工程所发生的土建工程费用和安装工程费用。附属工程如房屋周围的围墙、水池、建筑小品、绿化等。建安工程费可采用比较法来估算,即根据当地同类建筑当前的一般或平均费用来推算,也可采用建筑工程概预算的方法来估算。

专业费用包括建筑师的建筑设计费、预算师的工程概预算费用等,一般采用建筑安装工程费的一定比率估算。

对于在建工程续建项目中的续建成本,可根据具体项目进展情况,按续建过程中需投入的各项客观费用计算。

(3)管理费。可按照当地同类不动产开发项目当前的正常管理费用来推算,通常取建筑安装工程费的一定比率。

(4)投资利息。考虑资金的时间价值,利息即项目开发全部预付资本的融资成本。估价对象价值或价格、建设成本(土地开发费用、房屋建造成本等)、管理费用、估价对象销售税费等全部预付资本应计算利息,开发完成后不动产的销售费用不计利息。

$$利息=全部预付资本\times利息率 \tag{7-5}$$

利息的计算应充分考虑资本投入的进度安排,按复利计算。未知的、待估不动产价值是假设在估价期日一次付清,计息期应按整个开发周期计算。有些费用(如土地开发费或房屋建造成本、管理费等)不是发生在一个时间点,而是在一段时间(如开发期或建设期)内连续发生,计算利息时通常假设为在开发期或建设期内均匀投入或分段均匀投入,具体视为在该时间段的期中投入,其投入时间即为计息的起点,终点通常是建设期结束时止(不考虑预售和延迟销售的情况)。利息率应参照同期银行公布的贷款利率进行选取,当开发周期超过一年时,按复利计算利息。

(5)销售税费。销售税主要指销售开发完成后的不动产应缴纳的税金及附加,包括增值税、城市维护建设税和教育费附加,其他销售税费包括印花税等;销售费用主要指销售开发完成后的不动产所必需的广告宣传费、销售代理费及交易手续费等费用。销售税费一般以开发完成后的不动产总价值的一定比率来计算。

(六)确定开发商合理利润

开发项目客观利润是在正常条件下开发商所能获得的平均利润,一般以开发完成后的土地或不动产价值或全部预付资本的一定比率计算,对应比率分别为销售利润率和投资利润率,测算时要注意计算基数与利润率的对应。利润率因项目类型和所处地区而不同,估价时宜采用同一市场上类似土地或不动产开发项目的平均利润率。

应得利润=不动产价值或全部预付资本×类似不动产开发项目平均利润率 (7-6)

(七)计算和确定估价额

将上述测算结果代入假设开发法公式计算不动产价格,即:

待开发不动产价格 = 开发完成后的不动产总价值 − 土地开发费或房屋建造成本 − 管理费用 − 投资利息 − 销售税费 − 开发利润 − 购地税费

此时虽然公式右边的利息计算中涉及待开发不动产价格这一未知数,利润若按投资利润率计算则也会含有这一未知数,但等式中只有待开发不动产价格这一未知数,并不影响不动产价格的计算。在假设开发法估价中,也可采用另一种方式计算,以避免出现等式两边都含有未知数的情形,即在计算利息时只考虑土地开发费或房屋建造成本、管理费的利息,待开发不动产价值和购地税费的利息暂不计,然后将各项数据代入式(7-6)即可得到某一数额,只需将这一数额除以相应的系数即可得到待开发不动产价格。两种计算方法的实质相同,计算结果也完全一致。

实际计算中,可先求取含购地税费地价,最后再将其扣除,这样计算过程会相对简单。

二、方法应用

假设开发法主要用于具有投资开发或再开发潜力的不动产估价,统称为待开发不动产,包括待开发土地、在建工程等。假设开发法在形式上是成本法的倒算法,是假设不动产开发完成以后的价值为已知,扣减各项开发成本及其合理利润,以得到待开发不动产价值的一种方法。

假设开发法除用于不动产估价外,还可用于不动产开发项目评价和投资决策分析。

[**例题 7-1**] 某市现有一宗“七通一平”的待建筑空地,土地总面积为 5000 m^2,已得到规划许可修建商品住宅,规划容积率为 3.0,土地使用权年限为 70 年,现在招标出让。某开发公司欲参与此地块投标。

据市场调查和规划要求,该宗地适宜建造一栋塔式住宅楼,预计开发建设期 2 年,建成后即可全部售出。根据当地同类住宅市场行情,平均售价可达每平方米建筑面积 5800 元;开发建设过程中,建安工程费为每平方米建筑面积 1300 元,勘察设计等专业费用及管理费为建安工程费的 15%,第一年需要投入 40%的建安工程费、专业费用及管理费,第二年要投入 60%的建安工程费、专业费用及管理费,在各年内均匀投入;贷款年利息率为 4.75%,销售税费为不动产总价的8%，销售利润率为不动产总价的20%。当地土地转让中卖方需要缴纳的税费为转让价格的6%，买方需要缴纳的税费为转让价格的4%。试利用所给资料估算该企业目前所能投标的最高地价。

解：

估价思路：估价对象为待开发建设用地，且有明确的规划条件和市场调研资料，可采用假设开发法评估。

测算过程：

(1)确定最佳开发经营方式，根据规划条件和市场研究，最佳开发用途为居住，容积率为3。

(2)计算开发后的不动产总价

总建筑面积＝5000×3＝15000(m^2)

不动产总价＝15000×5800/10000＝8700(万元)

(3)计算建造成本

建安工程费＝1300×15000/10000＝1950(万元)

专业费用及管理费＝1950×15%＝292.5(万元)

建造成本合计＝1950＋292.5＝2242.5(万元)

(4)计算开发利润

开发利润＝8700×20%＝1740(万元)

(5)计算投资利息

投资利息＝地价×(1＋4%)×$[(1+4.75\%)^2-1]$＋2242.5×40%×$[(1+4.75\%)^{1.5}-1]$＋2242.5×60%×$[(1+4.75\%)^{0.5}-1]$

＝0.101147×地价＋64.664＋31.585

＝0.101147×地价＋96.25

(6)计算销售税费

销售税费＝8700×8%＝696(万元)

(7)计算购地税费

购地税费＝地价×4%＝0.04×地价

(8)计算地价

地价＝8700－2242.5－1740－0.101147×地价－96.25－696－0.04×地价

＝3439.74(万元)

单位面积地价＝3439.74×10000/5000＝6879.48(元/m^2)

楼面地价＝6879.48/3＝2293.16(元/m^2)

[例题7-2] 某建设项目总用地面积3500 m^2，规划建筑面积15000 m^2，规划用途为商业。某房地产开发公司于2014年12月1日以1800万元取得该项目用地40年土地使用权，并于2015年6月1日开工建设，预计正常开发期为2.5年，需投入的前期工程费、建安工程费和管理费等建设费用为2500元/m^2。该公司完成了主体结构后，由于资金紧张，拟于2016年6月1日将该在建工程项目转让，现委托某评估机构对该在建工程的正常市场价格进行评估。

通过调查获知，该项目已投入60%的建设费用，估计再用1年时间即可建成。预计商厦建成后半年可全部售出，出售时的平均价格为8000元/m^2，销售税费为售价的8%，贷款年利率为 4.75%，折现率为 13%，当地购买在建工程买方需要缴纳的税费率为 3%，续建投资利润率为 12%。请根据上述资料评估该在建工程于 2016 年 6 月 1 日的正常购买价格。

解：

估价思路：估价对象为在建工程项目，且有明确的规划条件、投资进度和市场调研资料，宜采用假设开发法评估。

测算过程：

设该在建工程的正常购买总价为 V。

(1)测算续建完成后的总价值

续建完成后的总价值＝8000×15000＝12000(万元)

(2)测算续建总费用

续建总费用＝2500×15000×40%＝1500(万元)

(3)计算投资利息

$$投资利息=V\times(1+3\%)\times[(1+4.75\%)^{1.5}-1]+1500\times[(1+4.75\%)^{1.0}-1]$$
$$=0.074252V+71.25$$

(4)计算续建利润

$$续建利润=V\times(1+3\%)\times12\%+1500\times12\%=0.1236V+180$$

(5)计算销售税费

销售税费＝12000×8%＝960(万元)

(6)计算购置在建工程税费

$$购置在建工程税费=V\times3\%=0.03V$$

(7)计算在建工程价格

$$V=12000-1500-0.074252V-71.25-0.1236V-180-960-0.03V$$

$$V\times(1+0.074252+0.1236+0.03)=9288.75$$

V ＝ 7565.04(万元)

在建工程总价＝7565.04(万元)

在建工程单价＝7565.04×10000÷15000＝5043.36(元/m^2)

[例题 7-3] 某房地产开发企业以挂牌方式取得一宗居住用地土地的使用权。规划条件如下：用途为公寓，土地面积 4000 m^2，规划容积率 2.8，土地使用权出让年限为 70 年，现已具备基本建设条件。根据市场调查分析，预计公寓楼建成后可全部售出，出售时的平均价格为 7000 元/m^2；预计开发建设期 2 年，开发建设过程中，建设费用(建安工程费、专业费和管理费等)可控制在 2500 元/m^2，第一年投入 40%，第二年投入 60%，并在各年内均匀投入。贷款年利率为 4.75%，销售税费为不动产总价的 7%，取得土地使用权过程中所支付的税费为地价的 3%。若该开发企业以不高于 2200 万元的代价取得该宗地 70 年期的土地使用权，则在该项目开发建设中可实现的最高利润率为多少？

解：

解题思路：该题目假定土地取得价格为已知，在有明确的规划条件和市场调查资料情况下，推算开发项目可实现的最高利润率，属假设开发法的应用拓展。

测算过程：

(1)确定最佳开发经营方式，根据规划条件和市场研究，最有效利用方式为建造公寓楼，容积率为 2.8。

(2)计算开发后的不动产总价

总建筑面积＝4000×2.8＝11200(m^2)

不动产总价＝11200×7000/10000＝7840(万元)

(3)计算建造成本

建造成本＝2500×11200/10000＝2800(万元)

(4)计算投资利息

投资利息＝2200×(1＋3%)×[(1＋4.75%)^2－1]＋2800×40%×[(1＋4.75%)$^{1.5}$－1]＋2800×60%×[(1＋4.75%)$^{0.5}$－1]

＝220.38＋80.74＋39.44

＝340.56(万元)

(5)计算销售税费

销售税费＝7840×7%＝548.80(万元)

(6)计算购地税费

购地税费＝2200×3%＝66(万元)

(7)计算利润率

开发商利润＝7840－2200－2800－340.56－548.80－66

＝1884.64(万元)

销售利润率＝1884.64÷7840×100%＝24.04%

投资利润率＝1884.64÷(2200＋2800＋66)×100%＝37.20%

第三节 剩余法

剩余法主要用于现有不动产中地价的单独评估，评估思路是从不动产总价中扣除房屋现值及不动产交易税费等，以得到附有建筑物的土地价值。

一、基本公式

以剩余法评估现有不动产中所含土地价格，公式如下：

待估土地价格＝不动产交易价格－房屋现值－交易税费

$$P = P_t - P_{hc} - T \tag{7-7}$$

式中：P 为待估土地价格；P_t 为不动产交易价格；P_{hc} 为建筑物现值；T 为交易税费。

二、适用范围

适用于现有不动产中地价或建筑物的单独评估。

现有不动产中地价或建筑物单独评估情况下，即在土地或建筑物的价格依其他方法不能明确把握时，剩余法是有效的方法。例如，要对附有建筑物的土地进行估价时，虽然依市场比较法可求得空地价格，但对于因附有建筑物而使得土地价值变化(升高或降低)的情况，究竟应该增值(或减值)多少，仅依靠市场比较法确实难以获得正确答案，而运用剩余法，则可求得附有建筑物的土地价格。

三、估价程序

运用剩余法估价一般从调查估价对象的基本情况入手，然后根据待估宗地状况和当地房地产市场状况选择适宜的方法测算现有不动产的市场价格，并测算房屋现值和交易税费，进而求取附有建筑物的土地价格。具体过程如下：

(1)测算不动产交易价格。不动产交易价格是指现有不动产在估价期日的客观市场价格，通常根据同一供需圈内类似不动产的市场交易价格，采用市场比较法求取，或结合不动产的经营状况和市场条件运用收益还原法求取。

(2)测算房屋现值。房屋现值应根据估价期日的同类建筑物的建造成本费用，结合建筑物的物理、经济和功能的退化状况选用适当折旧方法确定，其公式如下：

$$P_{hc} = P_{hk} \times D_n = P_{hk} - E \tag{7-8}$$

式中：P_{hc}为房屋现值；P_{hk}为房屋重置价；D_n 为房屋成新度；E 为房屋折旧总额。

当建筑物经济寿命早于设定土地使用权年期时，按照建筑物经济寿命确定折旧年限。当建筑物经济寿命晚于设定土地使用权年期时，非住宅类若土地出让合同约定无偿收回地上建筑物的，按照土地使用权期限确定折旧年限，建筑物残值按 0 计；住宅类或土地出让合同约定对地上建筑物给予适当补偿的，按建筑物经济寿命确定折旧年限。

(3)测算交易税费。主要指不动产交易过程中的税费，包括增值税(一般企业按 11%计，个人按 3%计)、城建税、教育费附加、市场推广及销售代理费等，评估中可根据不动产交易价格的确定方式不同而选择取值。

(4)测算土地价格。运用剩余法评估式(7-7)测算土地价格，应注意待估宗地的设定使用年期与不动产交易价格对应的年期之间的差别，并进行使用年期修正。

四、应用举例

[例题 7-4] 某公司于 2009 年 5 月以出让方式取得某宗地 50 年土地使用权，并于 2011 年 5 月在该宗地上建成一幢写字楼，宗地面积为 7500 m^2，建筑面积为 30000 m^2。当时取得土地的花费为 3200 元/m^2，建筑造价为 1200 元/m^2，现时建造类似建筑物的建筑造价为 1800 元/m^2。目前该写字楼全部出租，按使用面积计算，每月实收租金为 55 元/m^2，当地同档次写字楼一般月租金收入为 50 元/m^2，空置率年平均为 10%，运营费用占出租收入的 25%，综合还原率为 9%。该写字楼可供出租的使用面积占总建筑面积的 60%，其经济耐用年限为 55 年，残值为零。请根据上述资料测算该写字楼项目于 2016 年 5 月的土地价格(假设土地出让合同约定，建设用地使用权年期届满无偿收回建设用地使用权及其地上建筑物)。

解：

估价思路：估价对象为现有房地产项目，需单独评估土地价格，根据题目所提供资料，宜采用剩余法评估。

测算过程：

(1)测算写字楼的房地总价

房地总价 $=50\times12\times30000\times60\%\times(1-10\%)\times(1-25\%)/9\%\times[1-1/(1+9\%)^{43}]$

=79008700(元)=7900.87(万元)

(2)测算房屋现值

房屋年折旧额=(房屋重置价-残值)/48

=(1800×30000-0)/48

=1125000(元)=112.5(万元)

房屋现值=1800×30000-112.5×5=48375000(元)=4837.5(万元)

(3)计算土地价值

土地总价=房地总价-房屋现值=7900.87-4837.5=3063.37(万元)

单位面积地价=3063.37×10000÷7500=4084.49(元/m^2)

楼面地价=3063.37×10000÷30000=1021.12(元/m^2)

第四节　现金流分析法

现金流分析法(cashflow analysis)主要是通过分析现金流入与现金流出的差额，获得净现金流量。不动产开发投资项目的现金流入通常包括销售收入、租金收入、自营收入和净转售收入等，现金流出主要包括土地费用、建造费用、管理费用、经营费用、销售费用、税金等。不动产估价中的现金流分析法也称现金流量法或贴现现金流量法(discounted cashflow method)，是模拟不动产开发过程，预测他们在未来发生时所发生的数额，采用折现的方式考虑资金的时间价值，即把不动产开发完成后的价值及开发成本用折现的方法贴现至估价期日，投资利息和开发利润均隐含在折现过程中，从而在假设开发法公式中没有利息和利润项。

一、基本公式

以现金流分析法评估待开发土地价格公式如下：

待估土地的价格=开发完成后不动产总价现值-开发费用现值-管理费用现值-销售税费现值-购地税费

式中：不动产总价、开发费用、管理费用、销售税费、购地税费等均为估价时点的相应现值，可采用折现率将其未来值进行折现。

二、估价程序

运用现金流分析法估价，从调查待估不动产的基本情况入手，根据待估不动产状况及房地产市场情况，确定最佳的开发经营方式，估计开发经营期及投资进度安排，测算开发完成后的不动产总价值(土地价值或房地产价值)及开发的必要成本，确定折现率，进而求取待估不动产价格。

现金流分析法与假设开发法的估价程序基本一致，只是必要成本中不包含利息，也不再扣除开发商合理利润。具体过程如下：

(1)确定待估不动产最佳的开发经营方式。选择最佳开发经营方式时，应先调查待估不动产状况及其所在地的不动产市场状况等，再据此确定未来开发完成后的不动产状况及其经营方式。

(2)测算开发完成后的不动产价值。开发完成后的不动产价值,应根据待估不动产的最佳开发经营方式、当地不动产市场现状及未来变化趋势,区别不同情况,根据类似不动产市场价格变动趋势,采用市场比较法或趋势分析法确定在评估期日的价值,不应采用成本法测算。

采用市场比较法测算时,应先测算开发完成后的不动产单价,再将该单价乘以未来开发完成后的不动产面积或体积等得出开发完成后的不动产总价;当未来开发完成后的不动产中有不同用途或档次等较大差别时,应分别测算不同部分的单价,再将它们乘以相应的面积或体积等后相加得出开发完成后的不动产总价值。

开发完成后的不动产价值,应为不动产在其开发完成后的价值,但当能预计未来开发完成后的不动产预售或延迟销售时,应为在预售或延迟销售时的价值。

(3)估计开发经营期。开发经营期应根据待估不动产状况、未来开发完成后的不动产状况、未来开发完成后的不动产经营方式、类似不动产开发项目相应的一般期限、估价前提、待估不动产所处开发建设状态、未来不动产市场状况等进行测算。

(4)估算开发的必要成本。开发的必要成本应为将待估不动产开发成未来开发完成后的不动产必须支付的各项成本、费用和税金,包括建设成本、管理费用、销售费用、销售税费等未来发生的金额。当估价前提为自愿转让开发和被迫转让开发时,还应包括待估不动产取得税费。开发的必要成本应根据待估不动产状况、未来开发完成后的不动产状况、未来开发完成后的不动产经营方式、估价前提、待估不动产所处开发建设状态等进行确定。

(5)确定折现率。折现率与收益还原法中的还原率的性质和求取方法相同,要求折现率既包含安全收益部分(通常的利率),又包含风险收益部分(利润率),应采用同一市场上类似不动产开发项目所要求的平均报酬率或收益率,它体现了资金的利率和开发利润率两部分,不再单独测算利润。

三、应用举例

[例题 7-5] 某建设项目总用地面积 3500 m^2,规划建筑面积 15000 m^2,规划用途为商业。某房地产开发公司于 2014 年 12 月 1 日以 1800 万元取得该项目用地 40 年土地使用权,并于 2015 年 6 月 1 日开工建设,预计正常开发期为 2.5 年,需投入的前期工程费、建安工程费和管理费等建设费用为 2500 元/m^2。该公司完成了主体结构后,由于资金紧张,拟于 2016 年 6 月 1 日将该在建工程项目转让,现委托某评估机构对该在建工程的正常市场价格进行评估。

通过调查获知,该项目已投入 60%的建设费用,估计再用 1 年时间即可建成。预计商厦建成后半年可全部售出,出售时的平均价格为 8000 元/m^2,销售税费为售价的 8%,贷款年利息率为 4.75%,折现率为 13%,当地购买在建工程买方需要缴纳的税费率为 3%,续建投资利润率为 12%。请根据上述资料采用现金流分析法评估该在建工程于 2016 年 6 月 1 日的正常购买价格。

解:设该在建工程的正常购买总价为 V

(1)测算续建完成后的总价值

续建完成后的总价值$=8000\times15000/(1+13\%)^{1.5}=9989.96$(万元)

(2)测算续建总费用

续建总费用$=2500\times15000\times40\%/(1+13\%)^{0.5}=1411.08$(万元)

(3)计算销售税费

销售税费＝9989.96×8%＝799.20(万元)

(4)计算购置在建工程税费

购置在建工程税费＝V×3%＝0.03V

(5)计算在建工程价格

$V = 9989.96 - 1411.08 - 799.20 - 0.03V$

$V = 7779.68/1.03 = 7553.09$(万元)

在建工程总价＝7553.09(万元)

在建工程单价＝7553.09×10000÷15000＝5035.39(元/m²)

【本章小结】

假设开发法：是指在预测开发完成后不动产正常交易价格的基础上，扣除预计的必要开发成本和利润，以价格余额来求取待估不动产价格的方法。

开发成本：是指项目开发建设期间所发生的各项客观费用的总和，包括待开发不动产取得税费、建造成本、管理费用、投资利息和销售税费等。

利润率：是指项目开发利润占不动产总价值或全部预付资本的比率(销售利润率或投资利润率)，一般应采用类似不动产项目的平均利润率。

剩余法：主要用于现有不动产中地价的单独评估，它是从不动产总价中，扣除房屋现值及不动产交易税费，进而求取附有建筑物的土地价格的一种方法。

现金流分析法：是假设开发法的一种，它是模拟不动产开发过程，用折现的方法考虑资金时间价值，其投资利息和开发利润均隐含在折现过程中。

折现率：是现金流分析法的一个重要参数，通常取同一市场上类似不动产开发项目所要求的平均报酬率。

【习题及思考题】

1.假设开发法适用于哪些不动产估价？

2.假设开发法估价的操作步骤是什么？

3.开发成本的含义是什么？举例说明不同开发项目开发成本的构成差异。

4.不动产开发项目建设前与建成后的土地价格相同吗？为什么？

5.剩余法与假设开发法的适用对象和估价思路有何不同？实际估价中应注意什么？

6.如何计算项目投资利息和利润？假设开发法与现金流分析法的主要区别是什么？

7.折现率如何选取？与利息率有何不同？

8.有一成片荒地需要估价，总面积为 2 km²，适宜“五通一平”开发后分块转让；附近与其位置和规划条件相当、达到“五通一平”的宗地地价为 800 元/m²；调查得知“五通一平”的开发成本为 2.5 亿元/km²，开发期 3 年，开发成本在 3 年内均匀投入，贷款年利率 4.75%，投资利润率 25%，土地转让中卖方需要缴纳的税费为转让地价的 6%；购买荒地需要缴纳的税费为荒地价格的 4%，可转让土地面积的比率为 60%。试用假设开发法估算该成片荒地的总价和单价。

9.某企业于 2015 年 9 月通过出让方式获得一宗土地面积为 12000 m² 的 70 年期国有土地使用权，规划用途为居住，容积率≤6，建筑覆盖率≤50%。该宗地现已完成前期开发，达到

“七通一平”,企业拟于2016年9月将该宗地转让。

根据规划和建设条件,适宜建设二栋20层住宅楼,建筑容积率为6,建筑覆盖率为30%,预计建设期为2年,即2018年9月建成,建成后可全部售出。预计平均售价为每平方米建筑面积8500元。建安工程费预计为2500元/m^2,勘察设计及管理费等预计为900元/m^2。建设费用第一年投入40%,第二年投入80%,银行贷款年利率为4.75%,折现率为15%,销售利润率为25%,销售税费率为8%。当地土地转让中,卖方需要缴纳的税费为转让价格的6%,买方需要缴纳的税费为转让价格的4%。请根据所给资料采用现金流量分析法评估该宗地于2016年9月的正常购买价格。

【参考文献】

[1]中国房地产估价师与房地产经济人学会. 房地产估价理论与方法(2022). 北京:中国建筑工业出版社,中国城市出版社,2022.

[2]林英彦. 不动产估价. 11版. 台北:文笙书局,2006.

[3]美国估价学会. 不动产估价. 11版. 不动产估价翻译委员会,译. 北京:地质出版社,2001.

第八章　路线价估价法

本章主要介绍路线价、路线价估价法、标准宗地、标准深度、里地、里地线、路线价区段等概念，在此基础上，介绍路线价估价法的基本原理、公式和适用范围，分析路线价估价法的估价步骤及应用。

第一节　路线价估价法的概念与原理

一、路线价估价法的相关概念

路线价：是通过对面临特定街道、使用价值相近的市街地，设定标准深度，求取在该深度上数宗土地的平均单价并附设于特定街道上，即得到该街道的路线价。

路线价估价法：是在特定的街道上设定标准临街深度，从中选取若干标准临街宗地求其平均价格，将此平均价格称为路线价，然后利用临街深度价格修正率或其他价格修正率来测算该街道其他临街土地价值的一种估价方法（图 8-1）。

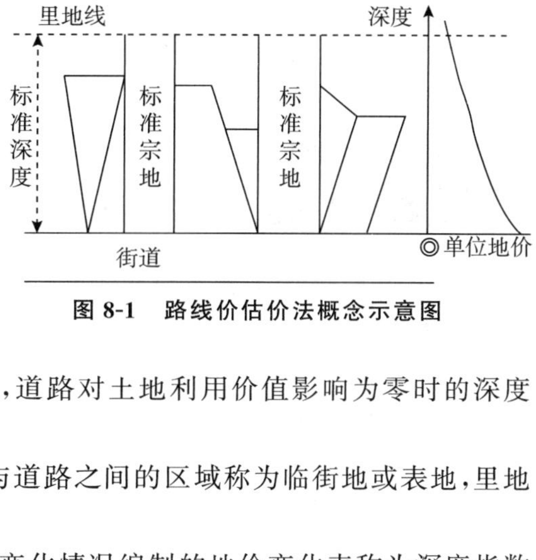

图 8-1　路线价估价法概念示意图

标准宗地：城市的一定区域中，根据街道状况、公共设施的接近状况、房屋的疏密度等条件划分区域，从区域中沿主要街道的宗地中选定的深度、宽度、形状等在区域中属标准的土地。

标准深度：城市中，随着土地离道路距离的增加，道路对土地利用价值影响为零时的深度称为市街地的标准深度。

里地线：标准深度的连线称为里地线。里地线与道路之间的区域称为临街地或表地，里地线以外的区域被称为里地。

深度指数修正表：以道路为基准，按距离道路的变化情况编制的地价变化表称为深度指数修正表。

路线价区段：以街道为单位，将宗地接近性大致相等、土地使用价值基本一致的地段作为路线价评估区域，此区域称为路线价区段，即可及性大致相等的地段。

二、路线价估价法的理论依据

路线价估价法是在各样点宗地价格的基础上，分析宗地地价与影响地价的临街深度等因素的相关关系，进而据此估算其他宗地地价的。路线价估价法认为城市内各宗土地（以商业用地为主）价格的高低，随其距离道路的远近程度（即临街深度）的增加而递减；宗地越接近道路者利用价值越大，地价也越高；距离道路越远，利用价值越小，地价也越低。

路线价估价法实质上是一种市场比较法，是市场比较法的派生方法。与市场比较法类似，只不过以路线价取代了市场比较法中的可比实例价格，以深度等差异修正取代了区域因素和个别因素等的修正，其基本原理是替代原理和区位论的具体运用。

路线价估价法与市场比较法的关系：路线价估价法中的标准临街宗地，可视为市场比较法中的可比实例；路线价是若干标准临街宗地的平均价格，可视为市场比较法中经过交易情况修正、市场状况调整后的可比实例价格；以路线价为基准，考虑该土地的临街深度、形状、临街状况、临街宽度等的调整，可视为不动产状况调整。

路线价估价法与市场比较法的不同：路线价估价法不做交易情况修正和市场状况调整；路线价先对多个可比实例价格进行综合，然后再进行不动产状况调整，而不是先分别对每个可比实例价格进行有关修正、调整，然后再进行综合；路线价可以进行批量评估，可同时评估出许多需估价对象，市场比较法只评估出一个估价对象的价值。

在路线价估价法中不进行交易情况修正和市场状况调整的原因：求得的路线价是若干标准临街土地的平均价格，已是正常价格，所以不必进行交易情况修正。求得的路线价所对应的日期，与欲求取的其他临街土地价值的日期一致，都是估价时点，所以不必进行市场状况调整。

可及性可以视为区位条件的一种表示，因此对于商业用地来讲，可及性是决定其使用价值的主要因素。同一街道，各宗土地价格的高低，随其离开街道的远近程度，即临街深度而递减；同一宗临街宗地，其接近街道部分地价高于离开街道的部分，越接近道路者利用价值越大，距离街道越远利用价值越小，价格越低；在一个城市中，按土地的可及性可划分不同的地价区段，每个区段表示不同的区域条件即使用价值的差异。

三、路线价估价法的特点与适用范围

（1）在我国，路线价是基准地价的一种，实质是一种均质地域的基准地价，只是其均质地域为商业路线区段。路线价法是基准地价系数修正法的特殊形式，当区域内同时存在基准地价和路线价时，里地线以内的宗地，应采用路线价法评估，即面临同一街道的宗地地价评估时，以单位路线价为基础，再结合考虑地块的面积、深度、形状、位置、宽度等具体情况，进行各种适当修正，评估结果的正确性取决于路线价、深度指数及各种修正率的正确运用。

（2）一般的土地估价方法仅适用于单宗土地的估价，而路线价估价法则被认为是一种快捷、省时，适用于对大宗土地进行地价估算的好方法，特别适用于土地课税、土地重划、征地拆迁或其他需要在较大范围内对大宗土地进行评估的情况。

（3）运用路线价估价法的前提条件是：有可供使用的科学合理的深度指数表和其他各种修正率；有完善的城市规划和系统完整的街道；土地排列比较整齐。

（4）路线价估价法适用于市街地，主要适用于商业繁华区域土地价格的估算，对道路系统完整、道路两旁的宗地排列整齐的区域和城市，效果更佳。

（5）路线价估价法需要较多的交易案例，并且房地产市场比较规范。否则，计算结果将会存在较大误差，影响土地价格评估的精度。

(6)路线价估价法能够快速估算多宗土地的价格。由于路线价主要取决于宗地的临街深度，影响地价的因素较少，因此计算过程耗费的时间较少，速度较快。

(7)路线价估价法的精度与路线价及其修正体系密切相关。路线价的估算是先设定标准深度，求得宗地平均单价，然后用深度指数表等途径进行修正，因此，它的估价精度取决于路线价和修正体系。

四、路线价估价法的基本公式

路线价估价法基本公式的表示形式是：

$$\text{宗地总价} = \text{路线价} \times \text{深度百分率} \times \text{宗地面积} \tag{8-1}$$

运用路线价估价法时，如果街道两边的土地另有特殊条件存在(例如属街角地、两面临街地、三角形地、梯形地、不规则形地、袋地等)，则除了依上列的普通计算公式计算地价外，还要进一步做加价或减价修正，这种情况下的计算公式如下：

$$\text{宗地总价} = \text{路线价} \times \text{深度百分率} \times \text{宗地面积} \pm \text{其他条件修正额} \tag{8-2}$$

或

$$\text{宗地总价} = \text{路线价} \times \text{深度百分率} \times \text{其他条件修正率} \times \text{宗地面积}$$

依路线价估价法评估地价，英、美早已实行，尤其在美国，这种估价技术已相当完善。日本最初采用这种估价方法是在 1923 年。中国台湾在实施“平均地权”从事“规定地价”作业时，也应用路线价估价法。不过，在英、美、日本及中国台湾之间，这种方法的具体表现不完全相同，各有特色。

第二节　路线价法则

欧美国家很早就将路线价法应用于课税估价，并形成了几种著名的路线价法则，包括“四三二一”法则、苏慕斯法则、霍夫曼法则、哈柏法则等，主要用于深度指数修正。

一、“四三二一”法则

“四三二一”法则(4—3—2—1 Rule)，又称慎格尔法则，由美国人慎格尔在其所著的《不动产估价原则》一书中提出，是指将标准深度的普通临街地，区分成与街道平行的四等份，则各等份的土地，由于距离街道的深度不同，其价值也有差别。以国外资料为例，假设标准尺度为 100 ft(30.48 m)，即由临街面算起，第一个 25 ft 土地的价值为路线价的 40%，第二个 25 ft 土地的价值为路线价的 30%，第三个 25 ft 土地的价值为路线价的 20%，第四个 25 ft 土地的价值为 10%。如果超过 100 ft，则需以“九八七六”法则来补充，即超过 100 ft 的第一个 25 ft 的价值为路线价的 9%，第二个 25 ft 的价值为路线价的 8%，第三个 25 ft 的价值为路线价的 7%，第四个 25 ft 的价值为路线价的 6%。若深度部位为 25 ft 的整数倍时，则应按相应 25 ft 整数倍时的高档百分比选取或做插值处理。

用“四三二一”法则则以标准深度为 100 ft，分别制作单独深度指数、累计深度指数和平均深度指数如下。

单独深度百分率：40%＞30%＞20%＞10%＞9%＞8%＞7%＞6%

累计深度百分率:40%<70%<90%<100%<109%<117%<124%<130%

平均深度百分率:40%>35%>30%>25%>21.8%>19.5%>17.7%>16.25%

平均深度百分率制作过程中,为使标准深度即100 ft处为100,对数据作乘以4的处理。制作深度指数的结果如表8-1所示。

表8-1 制作深度指数的结果 %

项目	临街深度/ft							
	25	50	75	100	125	150	175	200
“四三二一”法则	40	30	20	10	9	8	7	6
单独深度百分率	40	30	20	10	9	8	7	6
累计深度百分率	40	70	90	100	109	117	124	130
平均深度百分率	160	140	120	100	87.2	78.0	70.8	65.0

从表8-1可以看出,以累计深度指数原理制作指数,深度指数呈递增现象,即离街道越远,指数越大;以平均深度指数原理制作的指数,深度指数呈递减现象,即离街道越远,指数越小。平均深度指数与累计深度指数的关系为:

$$\text{平均深度指数} = \text{累计深度指数} \times \text{标准深度} / \text{所给深度} \tag{8-3}$$

[例题8-1] 某临街各宗土地的路线价为3000元/ft,该路线价的标准临街深度为100 ft。宗地b1、b2、b3、b4、b5、b6的临街深度与宽度见图8-2,试利用“四三二一”法则和“九八七六”法则计算各宗地的总地价。

b1=3000×40%×15=1.8(万元)

b2=3000×(40%+30%)×15=3.15(万元)

b3=3000×(40%+30%+20%)×20=5.4(万元)

b4=3000×(40%+30%+20%+10%)×20=6(万元)

b5=3000×(40%+30%+20%+10%+9%)×25=8.175(万元)

b6=3000×(40%+30%+20%+10%+9%+8%)×25=8.775(万元)

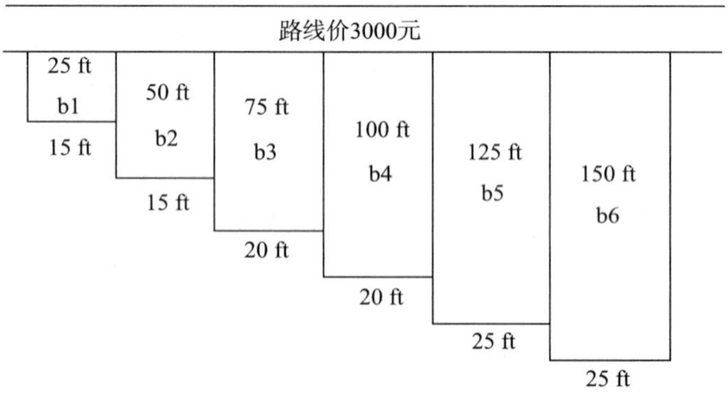

图8-2 各宗地临街深度与宽度

二、苏慕斯法则

苏慕斯法则(Somers Rule),由美国苏慕斯(Willam A. Somers)根据其多年实践经验,并经过众多的买卖实例价格调查比较后创立的。苏慕斯经过调查证明,100 ft(30.48 m)深的土地价值,前半临街 50 ft 部分占全宗地总价的 72.5%,后半临街 50 ft 部分占 27.5%,若再深 50 ft,则该宗地所增的价值仅为 15%。其深度百分率即在这种价值分配原则下拟定,其深度百分率见表 8-2。由于苏慕斯法则在美国俄亥俄州克利夫兰市应用而著名,因此也将其称为克利夫兰法则。

表 8-2 各法则累计深度价格修正率比较

深度/ft	苏慕斯法则	霍夫曼-尼尔法则	哈柏法则 (标准深度 150 ft)
5	14.35	17	18.3
10	25.00	26	25.8
15	33.22	33	31.6
20	41.00	39	36.5
25	47.90	44	40.8
30	54.00	49	44.7
40	64.00	58	51.6
50	72.50	67	57.5
60	79.50	74	63.2
70	85.60	81	68.3
80	90.90	88	73.0
90	95.90	94	77.4
100	100.0	100	81.6
110	104.0	—	85.6
120	107.50	—	89.4
130	109.05	112	93.1
140	113.00	—	96.6
150	115.00	118	100.0
160	116.80	—	—
175	119.14	122	—
180	119.80	—	—
200	122.00	125	—

三、霍夫曼法则

霍夫曼法则(Hoffman Rule),是1866年由纽约市法官霍夫曼(Hoffman)所创造的,是最先被承认对于各种深度的宗地评估的法则。霍夫曼法则认为:深度为100 ft的宗地,在最初50 ft的价值应占全宗地价值的2/3。在此基础上,则深度100 ft的宗地,最初的25 ft占37.5%;最初的一半,即50 ft占67%;75 ft占87.7%;全体的100 ft等于100%。在霍夫曼之后,尼尔(Neil)对该法则进行了修正,提出了著名的霍夫曼-尼尔法则(Hoffman-Neil Rule),其深度百分率如表8-2所示。

四、哈柏法则

哈柏法则(Harper Rule)创设于英国,该法则认为一宗土地的价值与其深度的平方根成正比。若标准深度为100 ft,那么深度指数(深度百分率)为其深度的平方根的10倍,即:

$$\text{深度指数} = 10\sqrt{H}\ \% \tag{8-4}$$

式中:H为深度。

例如,一宗50 ft深的土地价值,相当于100 ft深土地价值的70.7%,即:

$$\text{深度指数} = 10\sqrt{50}\,\% = 70.7\% \tag{8-5}$$

但是,哈柏法则有一定明显缺陷,即它把标准深度固定在100 ft,这与实际情况往往有出入,于是有人对"哈柏法则"进行了修订:

$$\text{深度指数} = \frac{\sqrt{\text{所给深度}}}{\sqrt{\text{标准深度}}} \times 100\% \tag{8-6}$$

应用设定标准深度的哈柏法则计算的深度百分率具体见表8-2。如果某一路段标准深度为150 ft,则深度为81 ft之临街地的价格将为路线价的73.47,即:

$$\text{深度指数} = \frac{\sqrt{81}}{\sqrt{150}} \times 100\% = 73.47\% \tag{8-7}$$

第三节 路线价估价的程序

按照路线价估价法的基本原理和估价要求,路线价法评估不动产价格的基本程序一般为:①划分路线价区段;②设定标准临街深度和标准临街宗地;③确定评估区段路线价;④编制深度指数修正表;⑤编制其他因素修正系数表;⑥计算宗地地价。

一、划分路线价区段

在划分路线价区段时,可及性相当的地段应划分为同一路线价区段。原则上,可以地价有显著差异的地点作为路线价区段的分界点,如街道十字路口或丁字路口的中心,或其他明显地物点,两分界点之间的地段则为同一路线价区段。一般情况下,一条街道只设一个路线价,但对一些特别繁华、土地条件变化较大的街道,往往将同一个街区两路口之间的地段划分为几个路线价区段，分设路线价，以里地线为界线划段；地价区段划分标准：①交通条件、人流量、位置相似的地块划归同一区段；②商服繁华程度基本相同的地块划归同一个地价区段。而在住宅区、工业区或不太繁华的地区，同一路线价区段可延伸至数个路口，将多个街区合并为一个路线价区段；或不划分路线价区段，而划分居民住宅小区、工业区等地价区段(或称区片)，以道路中线、沟渠或其他明显地物为界划片。

二、设定标准临街深度和标准临街宗地

标准临街深度也称标准深度，是地价变化的转折点，由此接近街道的方向，其地价受街道的影响而逐渐增加；由此远离街道的方向，其地价保持不变或逐渐下降。标准深度的设定，直接关系到路线价的确定和深度指数表的编制。在实际估价中，为简化未来各宗土地价值的计算，设定的标准深度，通常是路线价区段内临街各宗土地的深度的众数。例如，某路线价区段的临街宗地大部分的深度为 12 m，则其标准深度应为 12 m。如果临街宗地普遍的深度为 20 m，则其标准深度也应为 20 m。因为如果不以众数的深度为标准深度，由此制作的深度指数表将使以后多数宗地的地价计算都要用深度指数加以修正，这不仅增加计算工作量，还会使设定的路线价失去其代表性，降低评估精度。

标准临街宗地是路线价区段内具有代表性的宗地，也是确定其他地块价格的参照物。标准宗地除了满足标准临街要求，还需要在宽度、形状、街道状况、容积率等方面达到一定标准或具有代表性。如：临界宽度为标准临街宽度，一面临街，用途为所在路线价区段内具有代表性的用途，容积率为所在路线价区段内具有代表性的容积率，土地使用年限、土地生熟程度等有代表性。

路线价的设定必须先确定标准宗地面积。标准宗地的面积大小，随各国而不同。标准宗地的选取，以美国为代表的西方国家，是以宽 1 ft、深 100 ft 的矩形地块作为标准宗地。在日本，过去是以宽 1 间(1.8 m)、深 5 间(9 m)的矩形地块为标准，现在以深 16.36 m、宽 3.63 m 的长方形土地为标准宗地。我国台湾地区的标准宗地则取宽 1 m、深 18 m。

三、确定评估区段路线价

运用路线价法进行估价的一个关键就是路线价的确定。路线价是设定在路线价区段上的标准地价的具有代表性的平均单位地价。路线价的确定方法是先在同一路线价区段内选择若干标准宗地，用市场比较法、收益法等估价方法，分别求出它们的单位地价。然后再求取这些标准宗地单位地价的众数或中位数、简单算术平均数、加权算术平均数，即得该路线价区段的路线价。

在计量单位表示方式上，美国和我国台湾地区均以绝对值货币额表示，即美元、新台币，这种表示方式较合常规和直观，易于理解和接受，但不能反映货币价值变动对价格的影响。日本以点数表示，这种表示方式易于求取地价上涨率，便于估算估价额前后的差额，也可以避免币值波动对价格的影响，但需要换算才能表示待估土地的金额。如 1 点＝1.2 元，则 500 点＝600 元。

确定路线价的方法主要有以下两种：

1. 方法一

先在同一路线价区段内选择若干标准宗地(城市的一定区域中，根据街道状况、公共设施

的接近状况、房屋的疏密度等条件划分区域，从区域中沿主要街道的宗地中选定的深度、宽度、形状等在区域中属标准的土地称为标准宗地），用市场比较法、收益法等估价方法，分别求出它们的单位地价，然后再求取这些标准宗地单位地价的众数或中位数、简单算术平均数、加权算术平均数，即得该路线价区段的路线价。

2.方法二

(1)市场交易地价资料调查与修正、检验。一般以同一路线价区段内房屋出租、房屋买卖等交易样点采用收益还原法、剩余法等方法计算得到样点地价，根据基准地价内涵，经交易情况、期日、年期、容积率、楼层、开放程度修正、检验剔除得到同一内涵的样点地价。检验方法参见本书基准地价评估一章中有关样本检验的内容。需要说明的是，路线价是临街标准深度宗地的平均价格，而调查收集到的样点宗地临街进深等各不相同，缺乏可比性，因此在计算区段地价前，需将临街进深等条件不同的样点宗地地价统一修正到标准深度。具体做法可采用将进深不及或超过里地线的宗地地价除以相应的深度修正系数，以得到统一进深的样点宗地单位面积地价。

(2)计算区段地价。以地价调查实例为基础，求取各区段的平均价为区段地价。其计算方法主要有三种：①取中位数，即当地价实例项数为单数时，取中项为中位数；地价实例项数为偶数时，以中间两项的平均数为中位数。②取众数，即指在地价实例中，取单价相同之项较多者为众数。③取算术平均数，即指地价实例单价累加，除以实例项数为算术平均数。

(3)划分路线价等级。把区段地价描绘在数轴散点图或频率直方图上，密集区域即为一个路线价等级；把同一路线价等级内的各个区段地价进行众数或算术平均，计算出各等级的路线价；绘制路线价区段、等级分布图。

(4)路线价表示法。①地面基准地价形式：即前述以分摊的土地面积求取的平均单位地价，多适用于平房；②底层楼面基准地价形式：即以商服用地底层建筑面积求取的平均单位楼面地价，多适用于楼房底店，借助楼层修正系数便于求取各层楼面地价；③路线价加价：即以路线价减去所在级别的基准地价绘制图表，便于与基准地价系数修正法联合应用。

四、编制深度指数修正表

深度指数，是土地随临街深度的差异而表现出来的地价变化的相对程度。临街深度不是标准深度的地块，在运用路线价法进行评估时都需要进行深度指数修正。深度指数表制作，是路线价法的难点和关键所在。制作深度指数表的原则是：地块的各部分价值随远离街道的程度而有递减的趋势，即深度越深，价值也就越低。深度指数表的编制程序为：①确定标准深度；②确定级距；③根据实际需要采用单独深度指数、累计深度指数或平均深度指数。

五、编制其他因素修正系数表

在一个路线价区段内，虽然临接同一街道，但因各宗地的宽度、形状、面积、位置等不同，需要在深度修正的基础上，进行其他因素修正。具体包括宽度修正，宽深比率修正，容积率修正，出让、转让年期修正，朝向修正，地价分配率修正等。

六、计算宗地价格

根据确定的路线价、深度指数（表）和其他修正系数（表），即可由路线价估价公式计算各待估宗地的地价水平。路线价估价公式根据路线价的含义不同，主要有以下几个：

(1)当路线价是标准临街宗地的总价时，计算公式为：

待估地价 = 路线价 × 累计深度修正率 × 其他修正系数　(8-8)

(2)当路线价是单位宽度的标准临街宗地的总价时，计算公式为：

待估地价 = 路线价 × 累计深度修正率 × 其他修正系数 × 临街宽度　(8-9)

(3)当路线价是标准临街宗地的单价时，计算公式为：

待估地价 = 路线价 × 平均深度修正率 × 其他修正系数 × 土地面积　(8-10)

第四节　路线价修正的方法及应用

同一街道上的各宗土地，因宽度、深度、形状、面积、位置等不同，各宗地单位面积的价格也一定会有所差别。其中，对地价影响最大的是各宗地的临街深度。因此，依路线价对各临街进深不同的宗地进行修正，才能求得各宗地的合理价格。

一、深度修正

(一)深度指数修正的原理

如图 8-3 所示，现在假设有一临街宽度为 m，深度为 n 的矩形宗地，平均每平方米的价格为 A 元，则此宗地的价格应为 $m \times n \times A$ 元。

如图 8-3 所示，沿平行道路的方向，将深度以 1 m 为单位加以区分成许多细条的土地，并从临街方向起，按顺序赋予 $a_1, a_2, a_3, \cdots, a_n$ 等符号，则越接近道路者，利用价值越大。

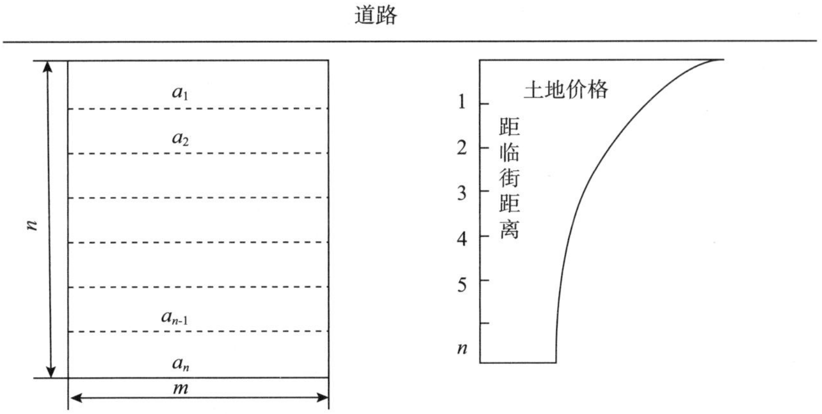

图 8-3　地价随临街深度变化曲线示意图

就图 8-3 而言，a_{n-1} 大于 a_n，a_2 大于 a_3，a_1 大于 a_2，随着土地离道路越来越远，单位地价之差逐渐接近于零，深度指数修正表正是要揭示宗地的价值随临街深度递减的规律。

(二)深度修正的方法

路线价估价法很早就在英美流行，已有许多求深度指数的方法值得参考。如第二节所述的欧美的“四三二一”法则、苏慕斯法则、霍夫曼法则、哈柏法则等。美国采用的一般是累计深度百分率原理，所以百分率呈递增现象（表8-2）。而日本及中国台湾的深度百分率表均采用平均深度百分率原理制成，所以百分率呈递减现象（表8-3至表8-5）。

(三)深度修正表编制

1. 深度百分率表的制作原理

深度百分率表依下列三种百分率原理制作而成：

(1)单独深度百分率

$$a_1 > a_2 > a_3 > \cdots > a_n \tag{8-11}$$

(2)平均深度百分率

$$a_1 > \frac{a_1 + a_2}{2} > \frac{a_1 + a_2 + a_3}{3} > \cdots > \frac{a_1 + a_2 + a_3 + \cdots + a_n}{n} \tag{8-12}$$

(3)累计深度百分率

$$a_1 < a_1 + a_2 < a_1 + a_2 + a_3 < \cdots < a_1 + a_2 + a_3 + \cdots + a_n \tag{8-13}$$

表8-3a 台北市临街深度指数表

深度/m	未达3.6	5.4	7.2	9	10.8	12.6	14.4	16.2	18
指数/%	150	145	140	135	130	122.5	115	107.5	100

表8-3b 高雄市临街深度指数表

深度/m	6以下	6～8	8～10	10～12	12～15	15～18	15～18	18以上
指数/%	125	120	115	110	105	100	100	40

表8-3c 我国深度百分率 %

项目	深度/ft							
	25	50	75	100	125	150	175	200
单独深度百分率	40	30	20	10	9	8	7	6
平均深度百分率	160	140	120	100	87.2	78.0	70.8	65
累计深度百分率	40	70	90	100	109	117	124	130

2. 制作深度百分率表的步骤

(1)制定标准深度：标准深度（里地线）的确定，或以临街宗地的平均进深为准，或以临街宗地进深众数者为准；

(2)确定级距：深度百分率表中级距的选定，应分析比较实例调查中地价变化的规律性，从而确定级距数、级距；

(3)确定单独深度百分率；

(4)选用累计或平均深度百分率制作深度百分率表。

下面我们通过"四三二一"法则说明深度指数表的制作过程。"四三二一"法则规定的标准深度为 100 ft，级距 25 ft，单独深度百分率为 40％、30％、20％、10％、9％、8％、7％、6％。

单独深度百分率：40％＞30％＞20％＞…＞7％＞6％。

平均深度百分率：40％＞35％＞30％＞25％＞…＞17.7％＞16.25％。

累计深度百分率：40％＜70％＜90％＜100％＜…＜124％＜130％。

再将平均深度百分率中标准深度 100 ft 的深度百分率 25％转换成 100％，同时使各相对关系保持不变，因此在上述不等式各边同乘以 4，即可得

平均深度百分率：160％＞140％＞120％＞100％＞…＞70.8％＞65％，由此得出深度百分率，如表 8-3c 所示。

此时平均深度百分率与累计深度百分率的关系为：

$$平均深度百分率 = 累计深度百分率 \times 标准深度 / 所给深度 \tag{8-14}$$

表 8-4 为日本深度价格递减率，表 8-5 为慎格尔旁街深度百分率，供参考。

表 8-4　日本深度价格递减率　％

<table>
<tr><th>深度/m</th><th>繁华街道
高度商业地区</th><th>普通商业地区
并用住宅地区</th><th>普通住宅地区
家庭工业地区</th><th>中小工厂地区</th><th>大工厂地区</th></tr>
<tr><td>16.36 未满</td><td>100</td><td rowspan="2">100</td><td rowspan="5">100</td><td rowspan="17">100</td><td rowspan="17">100</td></tr>
<tr><td>16.36～18.18</td><td>99</td></tr>
<tr><td>18.18～20.00</td><td>98</td><td rowspan="2">99</td></tr>
<tr><td>20.00～21.81</td><td>97</td></tr>
<tr><td>21.81～23.63</td><td>96</td><td>98</td></tr>
<tr><td>23.63～25.45</td><td>95</td><td>97</td><td rowspan="2">99</td></tr>
<tr><td>25.45～21.17</td><td>93</td><td>96</td></tr>
<tr><td>21.17～29.09</td><td>92</td><td>95</td><td>98</td></tr>
<tr><td>29.09～30.909</td><td>90</td><td>93</td><td rowspan="2">97</td></tr>
<tr><td>30.909～32.72</td><td>89</td><td>92</td></tr>
<tr><td>32.72～34.54</td><td>87</td><td>91</td><td>96</td></tr>
<tr><td>34.54～36.36</td><td>86</td><td>90</td><td>95</td></tr>
<tr><td>36.36～38.18</td><td>84</td><td>89</td><td>94</td></tr>
<tr><td>38.18～40.00</td><td>83</td><td>88</td><td rowspan="2">93</td></tr>
<tr><td>40.00～41.81</td><td>81</td><td>86</td></tr>
<tr><td>41.81～43.63</td><td>80</td><td>86</td><td>92</td></tr>
<tr><td>43.63～45.45</td><td>79</td><td>85</td><td>91</td></tr>
</table>

续表 8-4

<table>
<tr><th>深度/m</th><th>繁华街道
高度商业地区</th><th>普通商业地区
并用住宅地区</th><th>普通住宅地区
家庭工业地区</th><th>中小工厂地区</th><th>大工厂地区</th></tr>
<tr><td>45.45～47.27</td><td>78</td><td>84</td><td>91</td><td>98</td><td rowspan="20"></td></tr>
<tr><td>47.27～49.09</td><td>77</td><td>83</td><td rowspan="2">90</td><td rowspan="8">96</td></tr>
<tr><td>49.09～50.90</td><td>76</td><td>82</td></tr>
<tr><td>50.90～52.72</td><td>75</td><td>82</td><td rowspan="2">89</td></tr>
<tr><td>52.72～54.54</td><td>74</td><td>80</td></tr>
<tr><td>54.54～56.36</td><td>73</td><td>79</td><td rowspan="2">88</td></tr>
<tr><td>56.36～58.18</td><td>72</td><td>78</td></tr>
<tr><td>58.18～60.00</td><td>71</td><td>77</td><td>88</td></tr>
<tr><td>60.00～61.81</td><td>70</td><td>76</td><td rowspan="2">87</td></tr>
<tr><td>61.81～63.63</td><td>69</td><td>75</td><td rowspan="6">94</td></tr>
<tr><td>63.63～65.45</td><td>68</td><td>74</td><td>87</td></tr>
<tr><td>65.45～67.27</td><td>67</td><td>73</td><td rowspan="3">86</td></tr>
<tr><td>67.27～69.09</td><td rowspan="2">66</td><td>72</td></tr>
<tr><td>69.09～70.90</td><td>71</td></tr>
<tr><td>70.90～72.72</td><td>65</td><td>70</td><td>85</td></tr>
<tr><td>72.72～81.81</td><td>64</td><td>69</td><td>84</td><td>92</td></tr>
<tr><td>81.81～90.90</td><td>62</td><td>68</td><td>83</td><td>90</td></tr>
<tr><td>90.90～100.00</td><td rowspan="2">61</td><td>67</td><td>82</td><td>88</td></tr>
<tr><td>100.00～109.09</td><td>66</td><td>81</td><td>86</td></tr>
<tr><td>109.09 以上</td><td>60</td><td>65</td><td>80</td><td>85</td></tr>
</table>

资料来源：取自日本自治省固定资产税课编：《国家固定资产评估基准解说（土地篇）》。

表 8-5 慎格尔旁街深度百分率

深度/ft	百分率/%	深度/ft	百分率/%	深度/ft	百分率/%	深度/ft	百分率/%
1	3.3	11	26.7	21	41.3	31	51.9
2	6.4	12	28.4	22	42.6	32	52.8
3	9.5	13	30.0	23	43.8	33	53.6
4	12.5	14	31.6	24	44.9	34	54.3
5	15.0	15	33.0	25	46.0	35	55.0
6	17.3	16	34.4	26	47.0	36	55.6
7	19.5	17	35.8	27	48.0	37	56.2
8	21.5	18	37.6	28	49.0	38	56.8
9	23.3	19	38.6	29	50.0	39	57.4
10	25.0	20	40.0	30	51.0	40	58.0

续表 8-5

深度/ft	百分率/%	深度/ft	百分率/%	深度/ft	百分率/%	深度/ft	百分率/%
41	58.6	56	64.8	71	68.2	86	70.6
42	59.2	57	65.1	72	68.4	87	70.7
43	59.7	58	65.4	73	68.6	88	70.8
44	60.2	59	65.7	74	68.8	89	70.9
45	60.7	60	66.0	75	69.0	90	70.0
46	61.2	61	66.2	76	69.2	91	71.1
47	61.7	62	66.4	77	69.4	92	71.2
48	62.2	63	66.6	78	69.6	93	71.3
49	62.6	64	66.8	79	69.8	94	71.4
50	63.0	65	67.0	80	70.0	95	71.5
51	63.3	66	67.2	81	70.1	96	71.6
52	63.6	67	67.4	82	70.2	97	71.7
53	63.9	68	67.6	83	70.3	98	71.8
54	64.2	69	67.8	84	70.4	99	71.9
55	64.5	70	68.0	85	70.5	100	72.0

二、其他因素修正

(一)宽度修正

对临街土地特别是临街商业用地来说，地块临街宽度不同，其地价是不相等的。由于临街商店铺面的宽窄不一，商店对顾客的吸引力会有所差异，进而影响到商店营业额。所以在路线价估价中，必须考虑宽度修正。常用的修正方法是同一路线价区中，取进深相等的样本若干个，考虑在不同宽度情况下反映在土地价格上的变动情况，最后确定各种宽度条件下的修正系数(表 8-6)。公式为：

$$宽度修正系数=(m_1X_1-m_2X_2)/(m_1-m_2) \tag{8-15}$$

式中：m_2 为标准样本(平均宽度的样本)的宽度；X_2 为标准样本的土地单价；m_1 为比较样本的宽度；X_1 为比较样本的土地单价。

平均宽度是指大多数样本的铺面宽度。

表 8-6　某市城区商业用地宽度修正系数

宽度/m	修正系数	宽度/m	修正系数
<1	0.73	5～6	1.22
1～2	0.85	6～7	1.37
2～3	0.96	7～8	1.50
3～4	1.00	>8	1.52
4～5	1.10		

(二)宽深比率修正

在一般情况下,大型的商业建筑物,进深较大,地价会随着地块深度的增加,土地价值逐步降低。另外,由于商店大,铺面宽度宽,外观醒目,同样会增加对顾客的吸引,所以对大型商店单独采用铺面宽度和深度修正,不太实际,也难以操作,因此,应采用商店的宽度比深度即宽深比率系数来反映这种地价的修正情况(表 8-7)。

表 8-7 某市城区商业用地宽深比利修正系数

宽深比率(宽度/深度)	修正系数	宽深比率(宽度/深度)	修正系数
≤0.5	0.88	0.81~0.9	1.15
0.5~0.7	1.00	0.91~1	1.19
0.71~0.8	1.09	>1	1.23

(三)容积率的修正

容积率是建筑物的建筑总面积和土地总面积之比。在地块面积相同的情况下,容积率高意味着可以建筑更多的建筑物,因此地块的效用大,地价就高。因此,在同一区段中,抽查不同容积率水平下的平均地价,可得到容积率修正系数。容积率修正系数的计算方法是比较同一地块或同一路线价区段内的地块在容积率不等的情况下的地块差异。公式为:

$$容积率修正系数 = X_i/X \tag{8-16}$$

式中:X_i 为容积率为 i 条件下的地价;X 为地块所处路线价区段标准容积率下的地价水平。

表 8-8 为某市商业用地容积率修正系数。

表 8-8 某市商业用地容积率修正系数

容积率	修正系数	容积率	修正系数
<0.5	0.60	1.6~2.0	1.70
0.5~0.7	0.78	2.0~2.5	1.95
0.7~0.9	0.86	2.5~3.5	2.35
0.9~1.1	1.00	3.5~4.5	2.78
1.1~1.3	1.22	4.5~6.0	3.25
1.3~1.6	1.44	≥6.0	4.0

(四)出让、转让年期修正

土地出让是国家将一定年期内的土地使用权让与土地使用者,土地转让是土地使用者将土地使用权再转移的行为。根据地价计算公式,按年期变化关系进行修正。

$$V = \frac{a}{r}\left[1 - \frac{1}{(1+r)^n}\right] \tag{8-17}$$

式中:V 为地价;a 为年地租;r 为还原率;n 为出让或转让年期。

(五)朝向修正

对住宅用地而言,建筑物的朝向决定了房屋的坐落,房屋的坐落、朝向又会对房屋的销售价格产生影响,那么从房屋售价中扣除成本后所余的地价,也因朝向不同而有所差异,需进行地块环境条件影响修正(表 8-9)。具体方法是计算出同一幢建筑物或同一片区内,因朝向不同而反映在地价的变化幅度,其计算公式为:

$$朝向修正系数 = (X_i - \frac{1}{n}\sum_{i=1}^{n} X_i) / \frac{1}{n}\sum_{i=1}^{n} X_i \tag{8-18}$$

式中:X_i 为建筑物某朝向的地价;n 为建筑物的各种朝向数目。

表 8-9　某市城区住宅用地朝向修正系数

朝向	修正系数	朝向	修正系数
南	101	北	98
东	99	西	95

(六)地价分配率修正

地价分配率是将土地单价(或地面地价)调整、分摊到各楼层的比率。一般来看,随着楼层数的增高,地价分配呈递减趋势,当趋于某一临界值后,地价分配又会呈现增加的势头。为了评估需要,必须制订一个统一的地价分配率,以反映不同楼层楼面地价在地块总价格中所占的比例(表 8-10)。首先是计算出各楼层的楼面地价,再用某楼层楼面地价除以各层楼面地价总和,这样就得到地价分配率。其计算公式为:

$$地价分配率修正系数 = X_i / \sum_{i=1}^{n} X_i \tag{8-19}$$

式中:X_i 为楼层楼面地价;n 为建筑物楼层总数。

表 8-10　某市城区商业、住宅用地地价分配率修正系数

楼层数	商业用地地价分配率	楼层数	住宅用地地价分配率
一层	76.18	一层	13.56
二层	11.85	二层	15.79
三层	5.4	三层	18.46
四层	3.56	四层	21.5
五层	1.81	五层	14.48
五层以上	1.2	六层	9.83
		七层及以上	6.32

三、路线价估价法的应用

下面结合我国台湾地区路线价估价法的操作,对运用路线价估价法评估各类宗地地价的方法进行介绍。深度系数采用表 8-11 数据。

表 8-11 临街地深度系数

临界深度/m	深度系数/%	临界深度/m	深度系数/%
<4	130	12～16	110
4～8	125	16～18	100
8～12	120	>18	40

(一)一面临街地

1. 矩形地

这是一类最简单的宗地,只要进行深度修正即可。临街地深度未达里地线者,其每平方米价格(以下简称单价)依其深度,按>100%系数计算。如图 8-4 中宗地 1 为临街地,临街深度为 17.5 m,由深度系数表 8-11 查深度系数为 100%,可知宗地 1 的单价为:

$$1000\times100\%=1000(元/m^2)$$

宗地 2 临街深度为 13.5 m,查深度系数表得其深度系数为 110%。该宗地单价为:

$$1000\times110\%=1100(元/m^2)$$

宗地 3 临街深度为 3 m,查深度系数表得其深度系数为 130%。该宗地单价为:

$$1000\times130\%=1300(元/m^2)$$

宗地 4 临街深度为 7 m,查表 8-11 深度系数为 125%。该宗地单价计算如下:

$$1000\times125\%=1250(元/m^2)$$

宗地 5 临街深度为 11 m,查表 8-11 深度系数为 120%,可知宗地 5 的单价为:

$$1000\times120\%=1200(元/m^2)$$

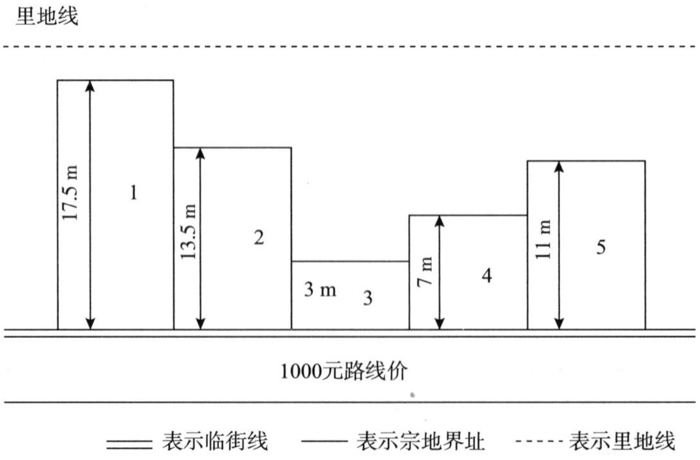

图 8-4 一面临街矩形地计算示意图

对于超过标准深度(里地线)的宗地,如图 8-5 中宗地 11,则里地线以内,按标准宗地计算,里地部分的单价按路线价的 40%计算。故宗地 11 的单价为:

$$1000\times100\%\times18/22+1000\times40\%\times4/22=891(\text{元}/\text{m}^2)$$

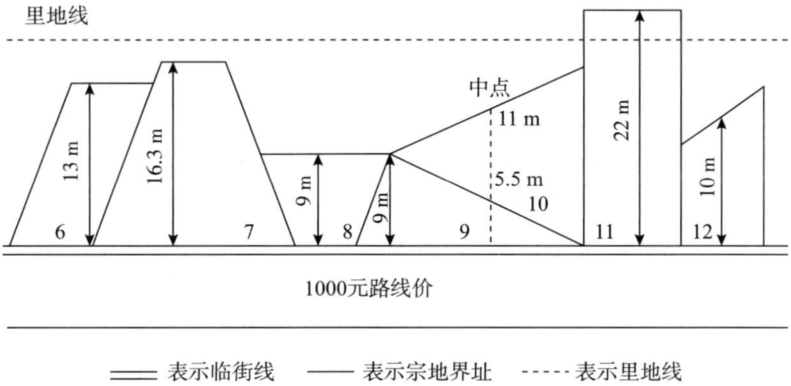

图 8-5　一面临街地计算示意图

2. 平行四边形的宗地

如图 8-5 中宗地 6,将其近似看作矩形地,按其深度测算,则宗地 6 的深度为 13 m,其单价为:

$$1000\times110\%=1100(\text{元}/\text{m}^2)$$

3. 梯形地

平行边与临街线一致的梯形宗地,以其高度为临街深度,按临街深度系数求得其单价后,再视其上下两边长短的比例及利用价值进行加价或减价修正,其修正的数额以不超过原计算的单价 20%为限。故图 8-5 中宗地 7 的单价为:

$$1000\times100\%\times(1+10\%)=1100(\text{元}/\text{m}^2)$$

宗地 8 的单价为:

$$1000\times120\%\times(1-10\%)=1080(\text{元}/\text{m}^2)$$

平行边与临街线垂直的梯形宗地,以其两边中点的连线为其临街深度,按临街深度系数计算其单价,不再进行加价或减价修正(见图 8-5 中的宗地 12)。

$$1000\times120\%=1200(\text{元}/\text{m}^2)$$

4. 三角形地

正三角形(三角形的一边为临街线者)的宗地,以其高度的 1/2 为临街深度,按临街深度系数计算其单价。如图 8-5 中宗地 9,高度为 9 m,取其高度的 1/2(4.5 m)为临街深度,其单价为:

$$1000\times125\%=1250(\text{元}/\text{m}^2)$$

逆三角形(三角形的一顶点在临街线上者)的宗地,如图 8-5 中宗地 10 为逆三角形土地,以其在临街线上的顶点与底边中点垂直距离的 1/2,及底边中点的深度为起讫深度,即 5.5～

11 m,比照袋地办法计算深度系数,查袋地深度系数表得其深度系数为 74%。该宗地单价为:

$$1000\times 74\%=740(\text{元}/\text{m}^2)$$

5. 不规则形宗地

对于不规则形宗地,有以下三种处理方式:

(1)如果宗地可借助一些辅助线划分为规则形宗地,将其分割为规则形宗地,然后分别求其规则形宗地的地价后按权重相加。

(2)对于宽度和深度大致均匀的不规则形宗地,承认其现实的临街宽度,并以其"面积/宽度"作为其临街深度,按规则矩形地计算。

(3)对宽度和深度不够均匀的不规则形宗地,按其近似的规则形地求其地价。但是,对于不规则形宗地的估价,应根据其不规则程度,审慎确定是否要对其不规则的情况进行加价或减价修正。

(二)两面临街地

对于这类宗地,应考虑不同路线价的街道对宗地地价的影响程度,即根据各街道的路线价在两条街道路线价总和的比重,确定两条街道影响深度的分界线,然后分别求其地价并加权平均。故图 8-6 中宗地 13 的单价计算如下。

$$\text{高价街影响深度}=\frac{\text{高价街路线价}}{\text{高价街路线价}+\text{低价街路线价}}\times\text{总深度}$$

$$=\frac{1000}{1000+600}\times 27=16.875(\text{m})$$

低价街影响深度=总深度-高价街影响深度=27-16.875=10.125(m)

故单价为:

$$1000\times 100\%\times\frac{16.875}{27}+600\times 120\%\times\frac{10.125}{27}=895(\text{元}/\text{m}^2)$$

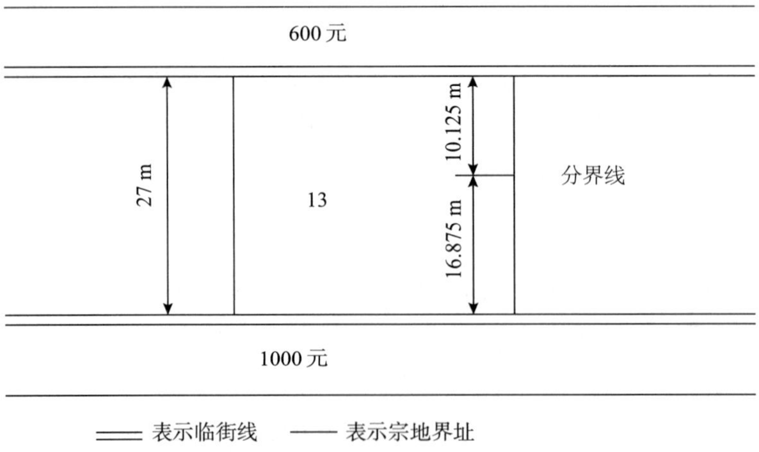

图 8-6 两面临街地计算示意图

(三)路角地

路角地的地价除依正街的临街深度按临街深度系数计算单价外，应斟酌加计旁街地价，加计的方法以纵横临街线的交叉点起每 4.5 m 为一级距离，依序按下列成数予以加成。

1. 在省辖市地区

(1)正旁街路线价每平方米有未达 2 万元者，得视实际情形酌加旁街路线价，但以不超一成为原则。

(2)正旁街路线价每平方米为 2 万元及以上、而有一或两者未达 4 万元者，应依序加计旁街路线价的二成、一成(图 8-7)。宗地 14 临街深度为 9 m，查临街地深度系数表得其深度系数为 120%。另加计旁街路线价的二成。该宗地单价为：

$$30000\times120\%+20000\times20\%=40000(\text{元}/m^2)$$

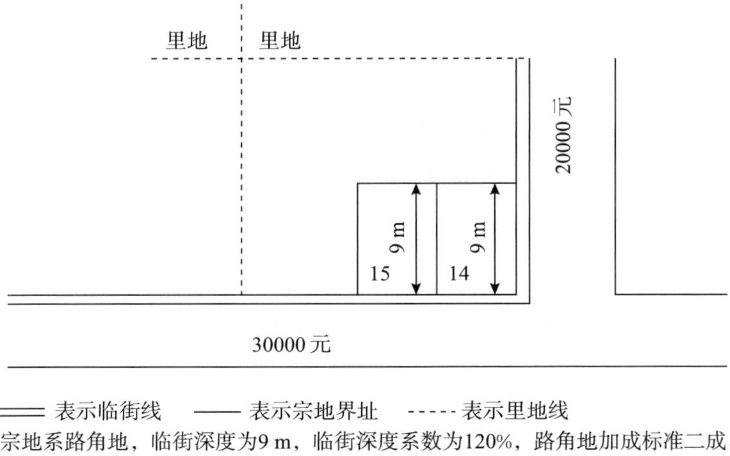

图 8-7　路角地计算示意图(一)

宗地 15 临街深度为 9 m，查临街地深度系数表得其深度系数为 120%。另加计旁街路线价的一成。该宗地单价为：

$$30000\times120\%+20000\times10\%=38000(\text{元}/m^2)$$

(3)正旁街路线价每平方米均为 4 万元及以上者，应依序加计旁街路线价的三成、二成、一成(图 8-8)。宗地 16 总深度为 13.5 m，查临街地深度系数表得其深度系数为 110%。另加计旁街路线价的三成。该宗地单价为：

$$50000\times110\%+40000\times30\%=67000(\text{元}/m^2)$$

宗地 17 为临街深度为 9 m，查临街地深度系数表得其深度系数为 120%。另加计旁街路线价的二成。该宗地单价为：

$$50000\times120\%+40000\times20\%=68000(\text{元}/m^2)$$

宗地 18 临街深度为 9 m，查临街地深度系数表得其深度系数为 120%。另加计旁街路线价的一成。该宗地单价计算如下：

$$50000\times120\%+40000\times10\%=64000(元/m^2)$$

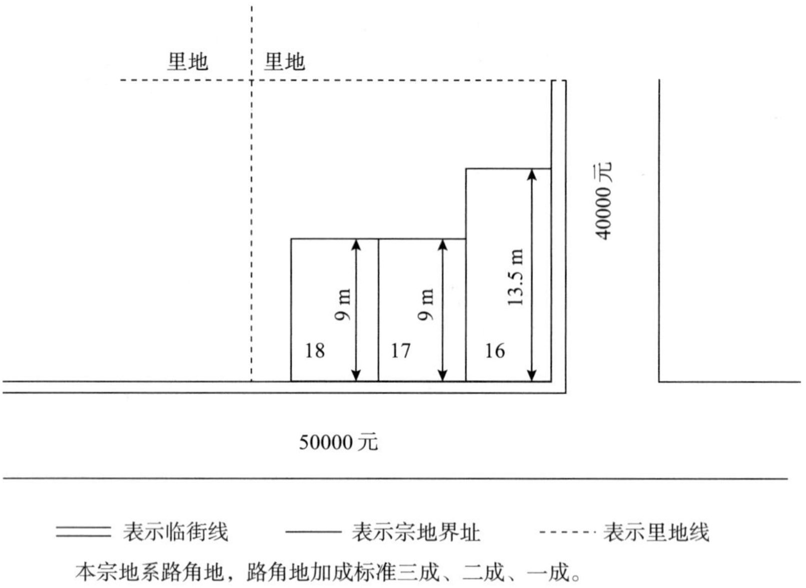

图 8-8 路角地计算示意图(二)

2. 在县辖市地区

①正旁街路线价每平方米有未达 1.5 万元者，得视实际情形酌加旁街路线价，但以不超过一成为原则。②正旁街路线价每平方米均为 1.5 万元及以上，而有一个或两个未达 3 万元者，应依序加计旁街路线价的二成、一成。③正旁街路线价每平方米均为 3 万元及以上者，应依序加计旁街路线价的三成、二成、一成。

3. 在乡镇地区

①正旁街路线价每平方米有未达 1 万元者，得视实际情形酌加旁街路线价，但以不超过一成为原则。②正旁街路线价每平方米均为 1 万元及以上，而有一或两者未达 2 万元者，应依序加计旁街路线价的二成、一成。③正旁街路线价每平方米均为 2 万元及以上者，应依序加计旁街路线价的三成、二成、一成。

4. 其他情况

路角地如因陆桥或地下道出入口等因素而影响其利用价值时，应依前述标准计算该路角地单价后再酌以减成补正，其减成数以二成为限。

(四)袋地

(1)袋地的单价依其深度的起讫，按表 8-12 深度系数计算。宗地 19 为袋地，起深度 1.5 m，讫深度 3.5 m，查图 8-9 袋地深度系数表得其深度系数为 78%，该宗地单价为：

$$1000\times78\%=780(元/m^2)$$

表 8-12　袋地深度系数

深度起/m ＼ 深度讫/m（深度系数/%）	未满 4	满 4 未满 8	满 8 未满 12	满 12 未满 16	满 16 未满 18
满 16 未满 18					60
满 12 未满 16				66	63
满 8 未满 12			72	69	66
满 4 未满 8		75	74	71	68
未满 4	78	77	75	73	70

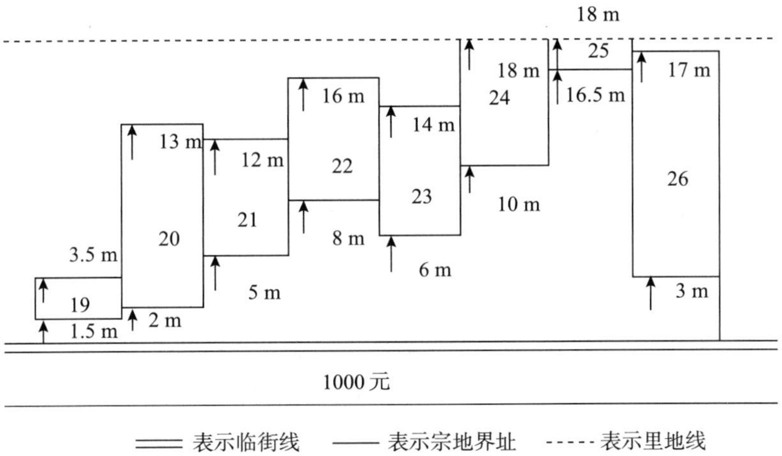

图 8-9　袋地计算示意图

宗地 20 起深度 2 m，讫深度 13 m，查袋地深度系数为 73％。该宗地单价为：

$$1000 \times 73\% = 730(元/m^2)$$

宗地 21 起深度 5 m，讫深度 12 m，查袋地深度系数为 71％。该宗地单价为：

$$1000 \times 71\% = 710(元/m^2)$$

宗地 22 为袋地，起深度 8 m，讫深度 16 m，查袋地深度系数为 66％。该宗地单价为：

$$1000 \times 66\% = 660(元/m^2)$$

宗地 23 起深度 6 m，讫深度 14 m，查袋地深度系数为 71％。该宗地单价为：

$$1000 \times 71\% = 710(元/m^2)$$

宗地 24 起深度 10 m，讫深度 18 m，查袋地深度系数为 66％。该宗地单价为：

$$1000\times 66\% = 660(\text{元}/m^2)$$

宗地 25 起深度 16.5 m，讫深度 18 m，查袋地深度系数为 60%。该宗地单价为：

$$1000\times 60\% = 600(\text{元}/m^2)$$

宗地 26 起深度 3 m，讫深度 17 m，查袋地深度系数为 70%。该宗地单价为：

$$1000\times 70\% = 700(\text{元}/m^2)$$

(2)袋地的形状为平行四边形、梯形、三角形，其起讫的深度比照临街地方法计算(图 8-10)。宗地 27 为一边平行于临街线的梯形袋地，以其两边中点的深度为其起讫深度，即 6～13 m，查袋地深度系数为 71%。该宗地单价为：

$$1000\times 71\% = 710(\text{元}/m^2)$$

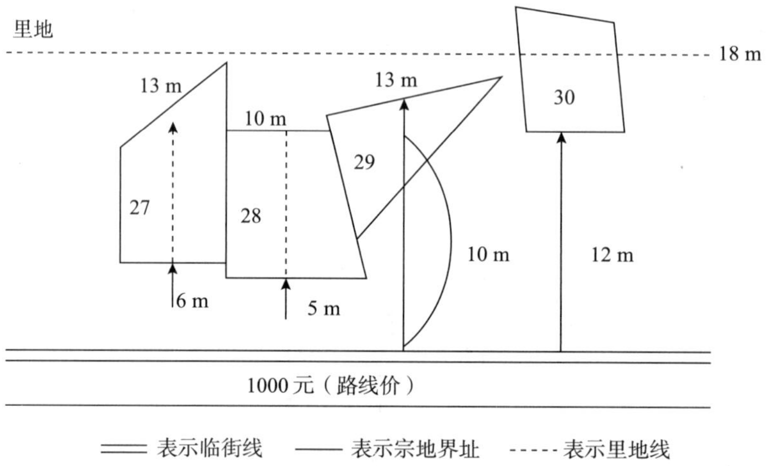

图 8-10 袋地计算示意图

宗地 28 为底边平行于临街线的梯形袋地，以其两底的深度为其起讫深度，即 5～10 m，查袋地深度系数为 74%。该宗地单价为：

$$1000\times 74\% = 740(\text{元}/m^2)$$

宗地 29 为逆三角形袋地，以其顶点与底边中点垂直距离的 1/2 为起深度，即 10 m，以底边中点的深度为讫深度，即 13 m，查袋地深度系数为 69%。该宗地为：

$$1000\times 69\% = 690(\text{元}/m^2)$$

宗地 30 为位于临街地与里地上的袋地，其属袋地部分的面积占 3/4，起讫深度为 12～18 m，查袋地深度系数表得其深度系数为 63%。其属里地部分的面积占 1/4，该部分的单价按路线价的四成计算。该宗地单价计算如下：

$$1000\times 63\%\times\frac{3}{4}+1000\times 4\%\times\frac{1}{4}=572.5(\text{元}/m^2)$$

以上计算的均是宗地的单价，若要求其总地价，则用单价乘以宗地总面积即可。

(五)其他土地

(1)里地的单价按路线价四成计算(里地地价与路线价四成相差悬殊者,里地应单独划分区段)。

(2)骑楼地已分割者,应并同后面一宗土地计算其临街深度,且后面一宗土地应视为临街地。

(3)道路预定地已分割者,应以路线价为其单位地价,但后面一宗土地应视为临街地,以现行道路临街线计算其临街深度。

【本章小结】

路线价:是通过对面临特定街道、使用价值相近的市街地,设定标准深度,求取在该深度上数宗土地的平均单价并附设于特定街道上,即得到该街道的路线价。

路线价估价法:是依据路线价,再配合深度系数表和其他因素修正系数表,用数学方法算出临接同一街道的其他宗地地价的一种估价方法。

深度系数修正表:以道路为基准,按距离道路的变化情况编制的地价变化表称为深度系数修正表。

路线价估价法适用于市街地,主要用于商业繁华区域土地价格的评估,对道路系统完整、道路两旁的宗地排列整齐的区域和城市,效果更佳。

路线价估价法的估价程序:①划分路线价区段;②设定标准临街深度和标准临街宗地;③确定评估区段路线价;④编制深度指数修正表;⑤编制其他因素修正系数表;⑥计算宗地地价。

【习题及思考题】

1. 什么是路线价、路线价估价法、标准宗地、标准深度、里地线、路线价区段?

2. 路线价估价法的基本原理、基本公式和适用范围是什么?

3. 简述路线价估价法的评估步骤。

4. 如何编制深度修正系数表?其他修正因素有哪些?

5. 某城市3号地块地处繁华地段南京路,路线价为9230元/m^2,查得深度修正系数为50%,容积率修正系数为130%,宽度修正系数为95%,土地出让年期修正系数为1,求宗地单位地价。

【参考文献】

[1]林英彦. 不动产估价. 11版. 台北:文笙书局,2006.

[2]胡存智. 土地估价理论与方法. 2版. 北京:地质出版社,2006.

第九章　其他估价方法

本章主要介绍不动产估价中的长期趋势法、特征价格法和影子价格法的概念、特征和使用的基本条件和步骤。随着大数据在不动产估价领域的使用，这些方法将会在实践中越来越多地被采用。

第一节　长期趋势法

长期趋势法是指通过搜集不动产的历史价格数据和资料，应用数理预测方法对当前不动产价格进行估计的估价方法。长期趋势法在不同的场合也可称为趋势法、外推法、延伸法、时间序列法等。

一、长期趋势法的基本概念和理论基础

长期趋势法是根据过去已经发生的不动产的价格，通过应用时间序列和回归分析等数理方法，对不动产当前的价格和未来的价格趋势进行估价和判断。

从长期上看，不动产的价格体现了一定的变动规律和趋势。不动产价格的上下波动规律在短期上看，具有偶然性，但从长期上看，这种上下波动的价格具有一定的必然趋势，并显示出一定的规律性。通过搜集历史上的价格数据，并综合分析经济背景，运用时间序列分析和回归分析的工具对当前和未来不动产价格进行估计。结果显示，在经济中不动产的当期价格会受到前期价格的影响，当期价格也会对未来的价格形成预期，进而影响下一期的价格。这种不动产价格在时间序列上体现出来的特征正是长期趋势法估价不动产价格的理论出发点。

不动产价格随着社会经济环境的变化时刻都处于变化当中。这种在时间上的变化在短期内表现出不可预知的波动，在长期上却表现出某种规律，这种规律正是长期趋势法用于不动产估价的基础。

二、长期趋势法估价的主要特点和基本作用

（一）长期趋势法的主要特点

长期趋势法是根据不动产价格的历史数据，通过一定的数理方法进行测算而得出当前不动产的价格以及未来的价格趋势。因此，用长期趋势法对不动产价格进行估算具有规律性、因果性和预测性三个特点。

1. 规律性

规律性也可以称为趋势性特征。长期趋势法依赖于不动产价格在时间上的变化规律。不动产价格在时间上显示出来的上下波动，从长期看显示出一定的规律性。长期趋势法估计不动产价格，这种规律性的特点会直接影响到估价的结果，估价的结果显示也会显示长期规律性这一特征。根据不同的不动产类型，价格在时间上长期的变动规律性具有长期趋势向上、长期趋势向下、长期循环变动和长期上不规则变动等不同类型的规律性。图 9-1 显示了我国 2000—2014 年的商品房平均销售价格具有长期趋势向上的规律。

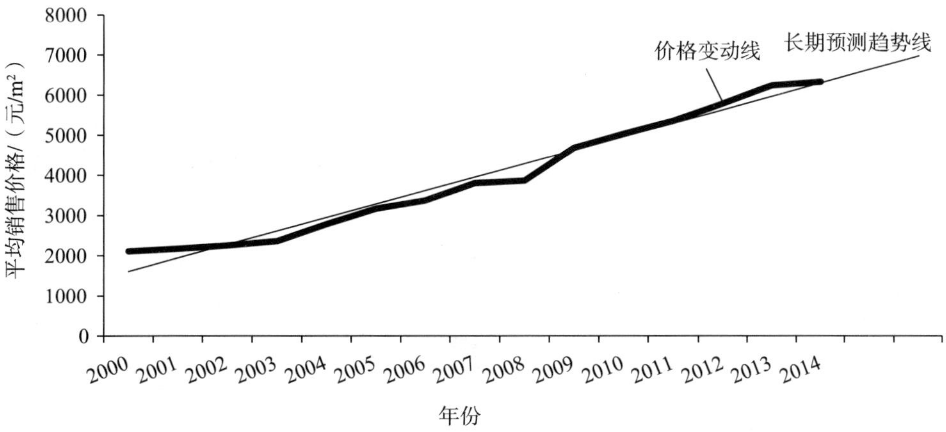

图 9-1　我国 2000—2014 年商品房平均销售价格的长期趋势

数据来源：国家统计局

2. 因果性

从长期看，不动产的价格尽管显示出一定的规律特征，但不动产的价格受到经济社会中诸多因素的影响。然而，长期趋势法并不能直接体现出这些众多的社会经济因素的作用和影响。长期趋势法只是对历史数据的统计和测算，考虑的是价格和时间的关系。根据不动产价格和时间的关系，运用时间序列和回归分析的方法对不动产价格进行预测，预测结果中隐含的是不动产价格与时间之间的线性因果关系。因此，用长期趋势法对不动产价格进行估价，具有线性特征。

3. 预测性

长期趋势法依赖在长时间上的历史价格数据，通过对历史数据在时间上的变化趋势，假设这种变化会以一定的趋势特征进行延伸。这种不动产价格在长期趋势上的延伸也就决定了长期趋势法对不动产进行估价，可以预测未来不动产价格的走向。但是，这种预测的基础是过去的价格走向，往往缺乏准确性。

(二)长期趋势法的主要作用

基于长期趋势法的主要特征，采用长期趋势法对不动产进行估价具有其独特的作用。

首先，长期趋势法可以对不动产价格进行推测。长期趋势法对价格的预测可以与其他估价方法进行结合，能够更好地对不动产价格进行估算。长期趋势法基于历史数据，具有一定的规律特征和预测特征，因此能够对市场比较估价法中的价格在时间上的变化进行评估和预测，更好地通过推测的方式，进行交易日期的调整。长期趋势法还可以对假设开发中预测的未来不动产价格进行预测性估价，对假设开发法提供参考。

其次，长期趋势法可以对不动产价格变化进行比较和判断。长期趋势法具有规律性特征，可以通过长期趋势法比较多类不动产价格在时间上的变化趋势和未来的发展方向。如可以通过长期趋势法，对不同地方的同一不动产、同一地方的不同不动产、不同时间段的不动产等情况进行价格趋势的比较，分析两个地方不动产价格的变化趋势、变化强度，进而比较差异，分析发展趋势和潜力。图 9-2 显示的是我国 2000—2014 年商品办公楼房屋价格与商品住宅楼价格的变动和长期趋势。从图 9-2 中可以看出，15 年来我国商品办公楼价格上升的幅度大于商品住宅楼，从长期趋势上看，商品办公楼价格抬升的速度也快于商品住宅楼。

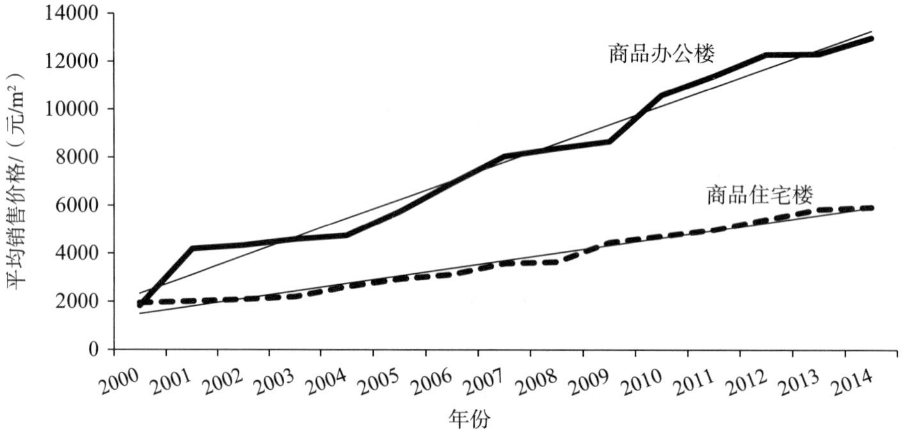

图 9-2 我国 2000—2014 年商品办公楼和商品住宅楼平均销售价格的长期趋势

（数据来源：国家统计局）

三、长期趋势法估价的主要步骤和使用范围

使用长期趋势法对不动产进行估价，主要分为以下五个步骤：

（1）确定待估不动产的性质，对待估不动产的类别、背景资料进行初步判断，分析待估不动产是否适用于长期趋势法来进行估价。同时分析与待估不动产类似的不动产的背景资料，确定类似不动产的价格趋势，与待估不动产进行参照分析。

（2）搜集待估不动产和与待估不动产类似的不动产的历史价格数据和资料。按照时间序列的顺序将数据进行整理分类，并对所有数据进行统一标准化。

（3）对整理出来的时间序列进行判断和分析。根据整理的价格时间数据画出价格的时间序列图（如图 9-1、图 9-2 所示）。

（4）观察和分析这个时间序列数据和图像，对价格在时间上的变化规律进行初步判断。通过对待估不动产和类似不动产的价格在时间上的变化趋势总结出一定的模式，选择运用相应的长期趋势分析方法和数理模型对待估不动产或类似不动产的价格进行估计和预测。

（5）对根据一定的趋势分析方法估计出来的价格进行分析和判断，或根据类似不动产估计和预测的价格对待估不动产的价格进行判断（图 9-3）。

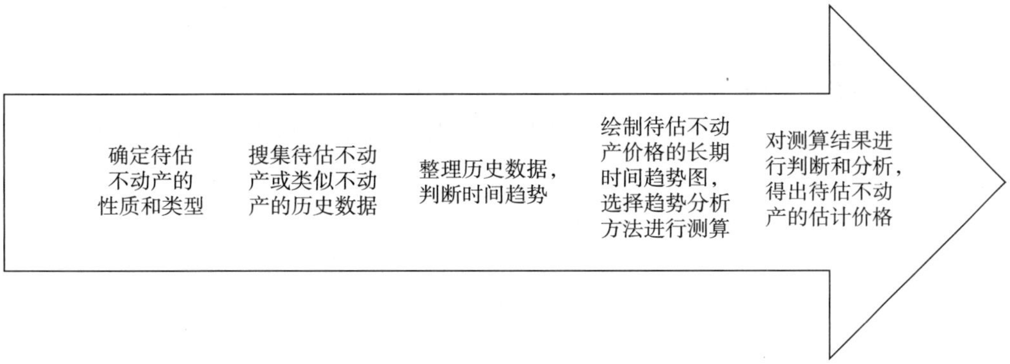

图 9-3　不动产估价的长期趋势法主要步骤图

用长期趋势法对待估不动产进行价格估计，依赖于待估不动产或类似不动产价格在历史上长期形成的时间趋势和规律，并借助历史的数据资料进行分析和预测。因此，长期趋势法估计不动产价格，适用于拥有较长时期的历史价格资料的不动产或类似不动产。在不动产市场完善和资料较多的情况下，可以采用长期趋势法。相反，如果市场机制不完善，历史价格数据无法真实反映真正的规律，那么就无法使用长期趋势法。

待估不动产的历史资料囊括的时间越长，历史价格数据越真实、可靠，长期趋势法对待估不动产的估计就越可靠。因为长期趋势法可以消除待估不动产价格短期内的波动，因此，在拥有较丰富的历史数据资料的前提下，采用长期趋势法是一个比较好的选择。

四、几种长期趋势分析的方法

运用长期趋势法对待估不动产进行估价，要根据不动产价格的历史资料进行初步判断和分析，确定一定的长期趋势分析方法。当前，长期趋势分析方法主要有平均趋势法、平均发展趋势法、简单移动平均法、加权移动平均法、指数平滑趋势法、季节指数法、线性直线回归趋势法、曲线回归趋势法等。

1. 平均趋势法

平均趋势法主要针对的是待估不动产历史价格数据在长期上显示出逐年增减且增减量相差不大的情况。

因为长期来看待估不动产或类似不动产的价格在时间上显示出的是每期大致相同的增减量，因此对不动产的历史价格进行坐标绘图的时候，显示出来的图形类似于一条一定方向的直线。在这种情况下，我们就可以采用平均趋势法来对待估不动产或类似不动产的价格进行估计。

平均趋势法的主要公式为：

$$P_V = P_1 + nd \tag{9-1}$$

式中：P_V 为待估不动产或类似不动产在时间序列上第 n 期的待估价格；P_1 为该待估不动产或类似不动产历史价格数据上时间序列第一期的价格；n 为待估不动产在时间序列上的趋势数；d 为待估不动产或类似不动产价格在时间序列上变动的单位时间平均值。

$$d = \frac{(P_2 - P_1) + (P_3 - P_2) + \cdots + (P_{n-1} - P_{n-2})}{n-1} \tag{9-2}$$

平均趋势法运用的案例分析：

假设要评估一处商用楼房在 2015 年的价格，已知该商业房地产 2000—2014 年的价格如表 9-1 所示。

表 9-1　某商用楼房 2005—2014 年的价格　　元/m^2

年度	价格	年度	价格
2005	2130	2010	2680
2006	2230	2011	2790
2007	2350	2012	2900
2008	2460	2013	3020
2009	2580	2014	3130

首先我们先根据表中所给数据对该商用楼房 2005—2014 年的价格作出时间趋势图（图 9-4）。

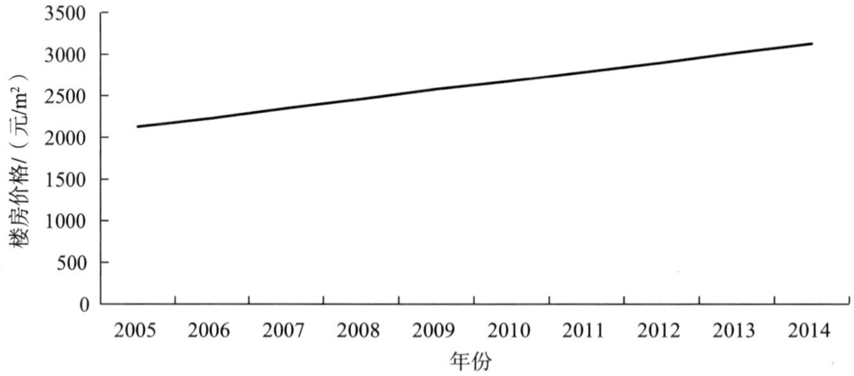

图 9-4　某商用楼房 2005—2014 年的价格变化趋势图

从图 9-4 中我们可以看出，该商用楼房的价格在时间趋势上显示出逐年上涨的趋势，且每年上涨幅度相差不大，长期趋势变化显示出一定的直线关系。于是我们可以选择使用平均趋势法来对该商品楼房 2015 年的价格进行预测。

根据表 9-1，我们可以测算出该商用楼房在 2006—2014 年期间的逐年上涨额，见表 9-2。

根据逐年上涨额我们可以算出该商用楼房的单位时间（年份）变动平均值：

$$d = \frac{100 + 120 + 110 + 120 + 100 + 110 + 110 + 120 + 110}{9} = 111.11\ (\text{元}/\text{m}^2)$$

那么，该不动产 2015 年的价格为：

$$P_{2015} = P_{2005} + 10 \times d = 2130 + 1111.1 = 3241.1\ (\text{元}/\text{m}^2)$$

表 9-2　某商用楼房 2005—2014 年的价格及其逐年上涨额　元/m²

年度	价格	逐年上涨额
2005	2130	—
2006	2230	100
2007	2350	120
2008	2460	110
2009	2580	120
2010	2680	100
2011	2790	110
2012	2900	110
2013	3020	120
2014	3130	110

平均趋势法的应用依赖于对长期趋势上的变动额的计算，如果长期趋势上单位时间的变动额度的范围较大，显示出较大比例的起伏变化，那么运用平均趋势法的准确度就会大大降低。在运用平均趋势法之前，一定要先对单位时间上变化趋势的幅度进行判断。

2. 平均发展趋势法

平均发展趋势法类似于平均趋势法，其主要应用于待估不动产价格在时间序列上价格变化的发展速度大致相同的情况。通过运用时间序列上逐期的发展速度，计算出其平均数，由此来预估当期的不动产价格。

平均发展趋势法可以运用于不动产价格在时间序列上平均变化速度相似的情况。其数学计算公式为：

$$P_V = P_1 \times P^n \tag{9-3}$$

式中：P_V 为时间序列为 n 时的待估不动产价格；P_1 为该待估不动产或类似不动产历史价格数据上时间序列第一期的价格；P 为该不动产价格的平均发展变动速度；n 为时间序列的序数。

$$P = \left(\frac{P_2}{P_1} \times \frac{P_3}{P_2} \times \cdots \times \frac{P_n}{P_{n-1}}\right)^{\frac{1}{n}} = \left(\frac{P_n}{P_1}\right)^{\frac{1}{n}} \tag{9-4}$$

平均发展趋势法运用的案例分析：

假设要评估一处住宅 2015 年的价格，已知该商业房地产 2010—2014 年的价格如表 9-3。

表 9-3　某住宅 2005—2014 年的价格　元/m²

年度	价格	年度	价格
2010	3000	2013	4760
2011	3510	2014	5557
2012	4085		

从表 9-3 中可以计算得出，该住宅价格每年的价格增长幅度为 16%。

那么 2015 年该住宅的价格预估为：

$$P_{2015} = P_{2010} \times 1.16^6 = 3000 \times 1.16^5 = 6301\ (元/m^2)$$

3. 简单移动平均法

移动平均法是将待估不动产的价格，根据时间序列进行排列，按照一定的时间跨度将待估不动产的价格进行平均，测算平均值，随着选取的时间段在时间序列上的推移，待估不动产的价格也相应地向前推移，逐一测算移动平均值。最后将接近待估不动产估价时间的移动平均值作为待估不动产价格的估值。移动平均法主要有简单的移动平均法和加权移动平均法。本节主要介绍简单移动平均法。

简单移动平均法也可以称为简单算数平均法。简单移动平均法中使用的数据平均测算方法是简单的算数平均。

简单移动平均法运用的案例：

请用简单移动平均法评估一处商用楼房在 2015 年的价格，已知该商业房地产 2000—2014 年的价格如表 9-1 所示。

这里选用每 3 年的价格算数平均值来进行推移，见表 9-4。把 2005 年、2006 年、2007 年 3 年的价格进行算数平均，得到 2237(元/m²)，再把 2006 年、2007 年、2008 年三年的价格进行算数平均，得到价格 2347(元/m²)，依此类推，得到每三年的移动平均值。再根据每 3 年的移动平均值算出移动平均值的逐年变化。

表 9-4 某商业楼房 2005—2014 年的价格及每三年的移动平均 元/m²

年度	价格	每三年的移动平均	每三年的移动平均逐年上涨额
2005	2130	—	—
2006	2230	2237	—
2007	2350	2347	110
2008	2460	2463	117
2009	2580	2573	110
2010	2680	2683	110
2011	2790	2790	107
2012	2900	2903	113
2013	3020	3017	113
2014	3130	—	—

计算该商业不动产 2015 年的价格，计算方法如下：

最后的移动平均数为 3017(元/m²)，与 2015 年相差三年，因此估计该商业楼房 2015 年的价格为：

$$P_{2015} = 3017 + 113 \times 3 = 3356\ (元/m^2)$$

4.加权移动平均法

加权移动平均法是另外一种主要的移动平均法。其主要是将待估不动产待估价日之前的时间序列上的价格进行加权之后，再通过简单移动平均法进行估计，继而测算待估不动产的价格。

加权移动平均法是针对待估不动产的价格在实际中表现出来的特征变化，而估价师判断该变化会对价格形成实质性影响，进而通过价格进行加权而调整待估不动产历史上的时间序列价格。加权移动平均法中的权数主要依靠估价师的经验进行判断。

加权移动平均法不像简单算术平均法一样，在计算平均值时对移动期内的数据同等看待，而是根据越是近期数据对预测值影响越大的特点，不同对待移动期内的各个数据。一般情况下，待估不动产历史时间序列上的价格，距离待估价日较近的价格对待估价格的影响较大，因此在时间的分布上，会赋予不同的权数。于是我们经常会看到使用加权移动平均法时，估价师会给距离接近股价日的历史价格数据赋予较大的权数，给距离股价日较远的价格赋予较小的权数。另外，我们还有可能面临待估不动产价格在时间上变化较大的情况。在这种情况下，估价师赋予的权数变化也将会较大。而面临待估不动产价格在时间上变化较小的情况下，估价师赋予的权数变化也会较小。一般情况下，运用加权移动平均法，都会将权数的代数和设定为1。

加权移动平均法运用的案例：

某一宗工业厂房的价格如表9-5所示，请估计该工业厂房2015年的价格。

表9-5　某工业厂房的2010—2014年的价格　元/m^2

年度	价格	年度	价格
2010	2004	2013	2400
2011	2220	2014	2530
2012	2320		

这里采用加权移动平均法，在时间移动趋势上，采用3年来进行加权平均，见表9-6。

表9-6　每三年进行加权移动平均的工业厂房价格　元/m^2

年度	价格	权数			每三年的移动平均	每三年的移动加权平均逐年上涨额
2010	2004	0.3	—	—	—	—
2011	2220	0.3	0.3	—	2195	—
2012	2320	0.4	0.3	0.2	2322	127
2013	2400	—	0.4	0.3	2449	127
2014	2530	—	—	0.5	—	—

首先，我们测算2010年、2011年、2012年三年的加权平均，距离2015年越近的2012年，我们赋予的权数是0.4，其他两年赋予的权数都是0.3，测算出来的加权平均价格为2195(元/m^2)。接着我们测算2011年、2012年、2013年三年的加权平均，权数跟2010—2012三年的设置一致，得到加权平均价格为2322(元/m^2)。最后我们测算2012年、2013年、2014年三年的加权平均，在权数设置上，因为2014年距离2015年最近，对2015年的价格影响加大，因此加

大了权数设置,2012 年、2013 年、2014 年三年的权数设置成 0.2、0.3、0.5,得到的加权平均价格是 2449(元/m^2)。

其次,测算每三年的移动加权平均价格的上涨额,都是 127 元/m^2。

那么,我们预测 2015 年该工业厂房的价格应该是:

$$P_{2015} = 2449 + 127 \times 3 = 2830\ (元/m^2)$$

5.指数平滑趋势法

指数平滑趋势法是以本期的待估不动产价格的实际值和估计值作为根据,经过平滑后对下一期的价格进行预测的方法,也可称为指数修匀趋势法。

指数平滑趋势法的计算公式为:

$$\overline{P}_V = aP_n + (1-a)\overline{P}_n \tag{9-5}$$

式中:$\overline{P}_V$ 为待估不动产估价日估计的价格,也可认为 $V = n+1$,P_n 为该待估不动产当期的实际价格,$\overline{P}_n$ 为该待估不动产当期的估计价格;a 为平滑指数。

使用指数平滑趋势法,关键在于确定平滑指数,平滑指数为 0～1。确认平滑指数的第一原则跟加权平均趋势法的类似,也是考虑距离估价日较近的近期价格对估价日价格的影响较大;第二原则是可通过试算来决定。

平滑指数对不动产估价格的影响较大,在实践中,估价师往往根据不同的要求进行平滑指数的设置。如在不动产价格的长期趋势变动较为稳定时,平滑指数往往选取中间值,即 0.5 左右。当不动产价格呈现出较大的时间波动,平滑指数往往就选择较大的值,如 0.7～0.9。当不动产价格在时间上的长期趋势变化比较缓慢,平滑指数往往选择较小的值,如 0.1～0.3。

6.季节指数法

季节指数法主要是对不动产价格在季节上呈现波动的情况。该方法主要以价格的循环周期为移动期计算移动平均值,并在该移动平均值上计算季节指数,以最后一个移动平均值、增长趋势及季节指数为依据,对不动产价格进行估计。

季节指数法的基本计算公式为:

$$P_V = (a + bT)S_i \tag{9-6}$$

式中:a 为期末中心化移动平均值;b 为最后两期末的中心化移动平均值之差,即 a 与它前一期之差;T 为间隔期;S_i 为季节指数,i 为期数。

使用季节指数法对不动产价格进行估计,一般价格的季节变动为一年,因此,需要以一年 12 个月为循环周期进行简单移动平均,计算移动算数平均值。对于中心化的平均值计算,是相邻的两个移动平均值进行再一次简单算术平均,得出中心化的移动平均值,也就是式 9-6 中的 a。

季节指数法中,对季节指数的确定主要以各月的历史上的实际价格与中心化的移动平均值进行对比得出。从各月的季节指数的对比中,也可以观察到待估不动产价格在时间序列上的变动趋势。计算季节指数后,通过计算季节指数的算数平均值,并对季节指数的平均值进行调整。

季节指数法对待估不动产进行估价,可以摆脱不动产价格季节性波动的影响,通过调整季节指数,可以得到较为平稳的平均值。

值得注意的是,如果待估不动产存在季节性波动,那么就不能使用前面长期趋势法来对待估不动产的价格进行估计,需要计算季节指数来反映待估不动产价格的波动。

7. 线性直线回归趋势法

线性直线回归趋势法也可称之为直线趋势法。根据待估不动产价格的时间序列数据资料,将价格看作时间的函数,运用最小二乘法(OLS)求得待估不动产价格的趋势线,并通过延伸来预测待估不动产的价格。

线性直线回归趋势法的基本公式为:

$$P = a + bT \tag{9-7}$$

式中:P 为待估不动产的价格;a、b 为常数;T 为时间自变量。

我们可以看出,a 为式(9-7)的自变量,b 为斜率,P 为 T 的因变量,表现出回归关系。

运用线性直线回归趋势法,关键是估计 a、b 两个常数项,最基本的方法是使用最小二乘法(OLS)。

8. 曲线回归趋势法

曲线回归趋势法是相对于直线回归趋势法而言。在现实中,待估不动产的价格表现出来的往往不是严格意义上的直线关系,而是具有一定曲线性,在这种情况下,我们就可以使用曲线回归趋势法。

最基本的曲线回归趋势法为二次曲线法,主要公式为:

$$P = a + bT + cT^2 \tag{9-8}$$

式中:c 为常数项;其他各项字母表示内容与式(9-7)中一致。二次曲线法的常用计算方法也是最小二乘法。

曲线回归趋势法更能反映实际情况中不动产价格的变动趋势。相对来说,不动产价格的时间趋势呈现直线的情况往往都是理论状态,因此,在实际使用中,我们更多地采用曲线回归趋势法。

第二节　特征价格法

一、特征价格法的基本概念和理论基础

特征价格法,也可称为效用估价法。不动产作为特殊的财产,具有不同的特征组成,同一不动产存在着许多特征。这些特征决定了不动产的使用效应,因此也会直接影响到价格。不动产价格是由所有的特征带给人们的使用效应来决定的。因此,我们可以通过分解不动产蕴含的各个特征,估算出各个特征分别隐含的价格,组成不动产的价格。

不动产具有多方面的特征或品质,如住宅房地产商品的面积、楼层、朝向和是否有保安服务等特征,一宗农用地的交通、面积、形状、土壤质量等特征。不动产的价格则是所有这些特征的综合反映。当不动产的某一特征产生变化时,不动产的价格也会发生变化,如农用地的土壤

质量降低时，势必造成农用地价格的降低。

特征价格法估算不动产价格主要基于不动产的复杂属性。不动产具有多种特征，这些特征对应着不同的使用效应，因此根据效应的不同，这些特征隐含着不同的价格。特征价格法正是基于不动产不同特征的分解而进行价格估算。通常是在保持不动产的特征不变的前提下，将不动产价格变动中的特征因素分解，从价格的总变动中逐项剔除特征变动的影响因素，剩下的便是纯粹由供求关系引起的价格变动。

二、特征价格法的基本原理和特征

当不动产的某一方面的特征改变时，其价格也会随之发生改变。特征价格法使用回归方程和偏导数的数学工具来挖掘不动产不同的特征对不动产价格的影响，进而根据特征的变化对不动产价格进行判断和预测。

特征价格法的基本公式如下：

$$\ln P_{\mathrm{v}} = a + \sum b_i \ln X_i + t + e \tag{9-9}$$

式中：P_{v} 为不动产的价格；a 为截距项，是个常数；b_i 为不动产的各个特征对价格的影响弹性；X_i 为不动产的各个特征值；i 为特征的个数；t 为时间因数；e 为误差项，表示的是一些无法观测到的对不动产价格有影响的特征。

对式(9-9)的各个特征变量分别求偏导数，就取得各特征的变动对不动产价格的影响幅度，并假定这种影响的关系在一定时间内固定不变。在缺乏同质商品的情况下，可以对非同质的不动产在基期与报告期之间进行比较，从价格的总变动中逐项剔除特征变动的影响，最后剩下的便是纯粹由供求关系引起的价格变动。

基于特征价格法的不动产价格，在控制特征固定不变时，就能将价格变动的各个特征因素分离，以反映纯粹价格的变化。

第三节　影子价格法

一、影子价格法的基本概念

影子价格法也叫影子定价法。影子价格是指依据一定原则确定的，能够反映投入物和产出物真实经济价值、反映市场供求情况、反映资源稀缺程度、使资源得到合理配置的价格。不动产的价格反映的是使用该不动产付出的成本，相应于付出的这个成本，还存在一个经济机会成本，即付出该不动产的价格而放弃的其他的可能的价格。

不动产估价中的影子价格法主要是对这个可能的价格的反映，是经济上的机会成本。

$$\text{影子价格} = \text{机会成本} + \text{新增资源消耗} \tag{9-10}$$

二、影子价格法的应用

影子估价法更多地是反映资源的使用和边际成本，适用于资源型不动产的估价。尤其是土地的估价。本部分主要分析影子价格法在我国土地估价的应用。

农用地的影子价格就是它的机会成本，是建立在被放弃的收益这一机会成本的概念上的，以最佳替代用途的贡献来估价。

集体建设用地是一种特殊投入物，在我国是一种稀缺资源。项目使用了土地，就造成了社会费用，无论是否需要实际支付费用，都应根据机会成本或消费者支付意愿计算土地影子价格。土地的地理位置对土地的机会成本或消费者支付意愿影响很大，因此土地的地理位置是影响土地影子价格的关键因素。

非生产性用地，如项目占用住宅区、休闲区等，市场完善的，应根据市场交易价格作为土地影子价格；市场不完善或无市场交易价格的，应按消费者支付意愿确定土地影子价格。

生产性用地的影子价格按用地的机会成本及因改变土地用途而发生的新增资源消耗进行计算。

土地机会成本按照项目占用土地而使社会成员由此损失的该土地“最佳可行替代用途”的净效益计算。通常该净效益按影子价格重新计算，并用项目计算期各年净效益的现值表示。

土地机会成本的计算过程中应适当考虑净效益的递增速度以及净效益计算基年距项目开工年的年数。

土地机会成本计算公式：

$$OC = NB_0(1+g)t+1\times[1-(1+g)n(1+i_s)-n]/(i_s-g) \tag{9-11}$$

式中：OC 为土地机会成本；n 为项目计算期；NB_0 为基年土地的最佳可行替代用途的净效益(用影子价格计算)；t 为净效益计算基年距项目开工年的年数；g 为土地的最佳可行替代用途的年平均净效益增长率；i_s 为社会折现率。

【本章小结】

长期趋势法：是根据过去已经发生的不动产的价格，通过运用时间序列和回归分析等数理方法，对不动产当前的价格和未来的价格趋势进行估价和判断。

长期趋势法的特征：用长期趋势法对不动产价格进行估算具有规律性、因果性和预测性三个特点。

长期趋势分析方法：主要有平均趋势法、平均发展趋势法、简单移动平均法、加权移动平均法、指数平滑趋势法、季节系数法、线性直线回归趋势法、曲线回归趋势法等。

特征价格法：不动产存在着许多特征，这些特征决定了不动产的使用效应，因此也会直接影响到价格。可以通过分解不动产蕴含的各种特征，估算出这些特征分别隐含的价格。

特征价格法的基本原理：当不动产的某一方面的特征改变时，其价格也会随之发生改变。特征价格法使用回归方程和偏导数的数学工具来挖掘不动产不同的特征对其价格的影响，进而根据特征的变化对不动产价格进行判断和预测。

影子价格法：影子价格反映资源稀缺程度，使资源得到合理配制的价格。不动产的价格反映的是使用该不动产付出的成本，相应于付出的这个成本，还存在一个经济机会成本，即付出该不动产的价格而放弃的其他的可能的价格。

【习题及思考题】

1. 如何在收益还原法、市场比较法和成本法中应用长期趋势的方法？

2.运用长期趋势法的关键是什么？为什么？

3.特征价格法的主要步骤是什么？

4.什么情况下可以使用影子价格法？

【参考文献】

[1]毕继业，周小平，张丽．不动产估价．北京：北京师范大学出版社，2015．

[2]美国估价学会．不动产估价．11版．不动产估价翻译委员会，译．北京：地质出版社，2001．

下篇

估价实务

第十章　不动产估价的程序

不动产估价是一项十分复杂的工作。估价人员要做好这项工作，不仅要熟悉不动产估价的基本理论，还要依照一定的估价作业程序进行，这样可以使估价工作更加规范化、程序化，有助于减少估价差错和遗漏，保证工作效率和质量。本章对不动产估价的程序进行介绍，具体包括估价程序概述、业务受理、确定估价基本事项、资料调查与收集、资料整理与影响因素分析、不动产价格评估以及撰写估价报告等内容。

第一节　不动产估价程序概述

一、不动产估价程序概念

(一)不动产估价程序的含义

不动产估价程序是指进行不动产估价的基本步骤和环节，反映的是估价工作的客观过程。要做好不动产估价工作，除要求估价人员具备扎实的业务基础，熟练掌握不动产估价理论、方法和相关法规政策，在职业道德规范下，还需切实遵守“公正、公开、公平”的估价原则，按照规范程序进行估价工作。为保证估价工作的效率和估价结果的客观性，制定了一整套科学、严谨的估价工作规程。

(二)不动产估价程序的特点

1. 目的性

不动产估价程序必须目的明确，在受理估价业务后首要的就是确定估价的目的，使估价人员对委托估价人进行估价的目的能够明确，对估价对象能更好地了解，对估价方法能有准确的选择，最终合理确定估价对象的估价金额。

2. 有序性

遵循不动产估价程序，按照顺序执行相应的指令，有步骤地进行，最后完成对估价对象的价格评估。

3. 有限性

不动产估价程序解决的问题是明确的、有限的，相应执行完每一步骤后就可以得出所评估的不动产的评估结果，整个步骤是有限的，不是无穷无尽的。

(三)遵循不动产估价程序的必要性

对于估价人员来说,在对不动产进行估价时遵循一定的估价程序是他们应该遵循的工作要求。遵循不动产的估价程序可以使估价工作规范化、程序化,估价人员处理问题也更加具有针对性,不仅有助于减少估价过程中的差错和遗漏,保证工作质量,对于解决问题经验不足的估价者还能起到引领作用,帮助估价人员尽快找到解决问题的措施或对策,积累解决问题的经验和技能。此外,遵循估价程序有利于避免因工作程序混乱而带来的重复劳动,从而提高估价人员的工作效率。

对于估价结果而言,遵循不动产估价程序所得出的估价结果更能保证其准确性和客观性。首先,严格地遵循不动产估价程序保证了估价工作各个过程的质量,也就保证了估价结果的准确性。其次,估价人员遵循不动产估价程序进行估价,可以尽量避免主观性对估价结果的影响,保证估价结果的客观性。

二、不动产估价的基本程序

(一)不动产估价一般程序

不动产估价的一般程序包括以下步骤:

1.受理估价业务

在接到评估委托方的项目评估要求后,不动产价格评估机构应首先在掌握基本情况的前提下,初步了解委托人和评估标的物的基本情况,对是否受理此估价业务作出决策并告知委托人。若接受委托,需填写正式估价委托书,与委托方签订委托合同以及相关手续的履行。

2.明确估价的基本事项

估价方在与委托估价业务接洽过程中,估价人员必须向委托估价人了解或协商估价的一些基本事项,包括:确定估价目的、估价对象、价格定义、估价期日、价格类型、估价日期等。

3.拟订估价作业计划

在全面确认了解估价对象后,开始开展估价工作,这时需要事先拟定估价作业计划,具体步骤包括:确定估价作业的具体因素、初选估价方法和人员、安排估价作业的工作进度。

4.资料调查与收集

通过访问法、文献调查法、网络搜集法等方法对估价对象本身的资料、影响不动产价格的各种因素资料以及案例资料等相关资料进行收集,并通过实地勘察对收集的资料进行实地验证和补充。

5.资料整理与影响因素分析

对于收集到的资料,应及时进行整理和分析,以保证资料的完整性、真实性和有用性。

6.确定不动产估价结果

在资料调查、搜集与整理的基础上,根据不动产估价的目的、评估对象的类型及适用条件等,选择最合适的一种或几种评估方法,对待估不动产进行价格试算。客观分析各试算价格,运用相应的方法,结合估价经验,判断和调整各试算价格,最终确定不动产估价结果。

7. 撰写估价报告

估价人员在确定了最终估价结果后，应撰写估价报告。估价报告应全面、公正、客观、准确地记述估价过程和结论。

8. 交付估价报告，收取估价服务费

不动产估价的具体工作流程见图 10-1。其中，步骤 1～2 属于估价业务受理阶段，步骤 3～7 属于估价作业阶段，步骤 8 属于提交估价成果阶段。

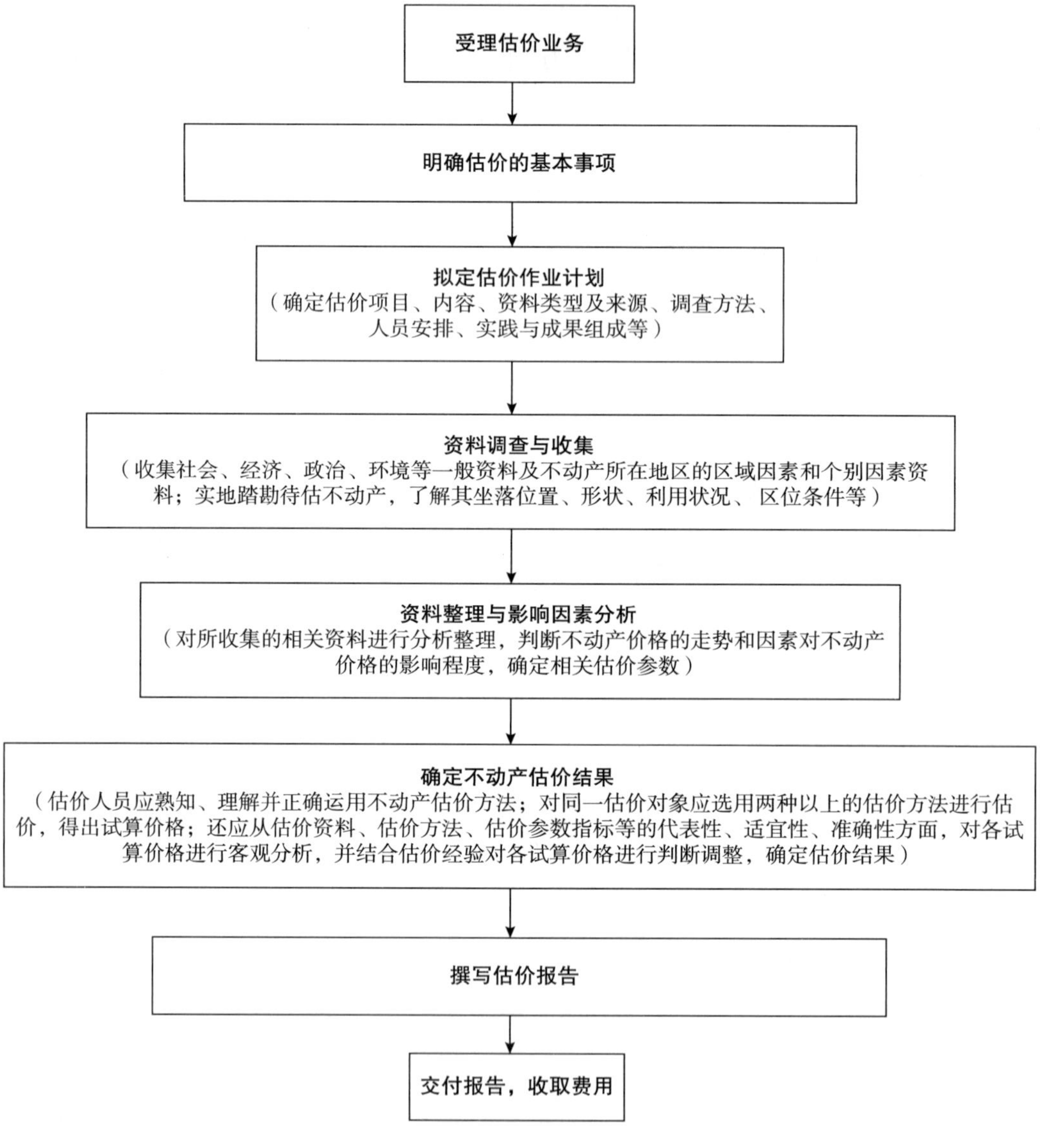

图 10-1 不动产价格评估工作流程

(二)受理估价业务

1. 估价业务获取途径

不动产估价是建立在获取估价业务的基础之上的。不动产估价业务如果不能正常获取,即使有良好的估价专业人员和估价机构,也没有办法谈及不动产估价的问题。估价业务的主要获取途径有接受委托和主动争取两种方式。接受委托即委托估价方上门委托估价机构对指定的不动产进行估价。委托估价者既可以是政府有关部门,也可以是企事业单位和个人。委托估价方可以是估价对象的所有者或使用者,也可以是非委托估价方。主动争取,是指估价机构或机构的工作人员到外部承接估价业务的行为。

2. 受理估价业务基本要求

不动产价格评估机构应当在一个有限的时间内,作出是否受理该项业务的决策,并在接到评估委托方的项目评估要求后,告知委托方。估价者应初步了解委托方和评估标的物的基本情况,以界定有关估价的一些重要问题,然后再作出接受委托的决定。这些问题主要包括:签订估价业务合同,制定估价作业计划的估价目的、估价对象、估价作业日期等。

3. 签订估价委托合同

估价人与委托估价人在明确上述估价基本事项的基础上,以合法形式确定估价双方的业务关系、规定双方的权利义务,签订委托估价合同或委托估价协议。

估价合同的内容主要包括:合同签订双方、估价对象、估价目的、估价时点、估价报告交付时间、估价费用及付款方式、委托估价方需要提供的资料及给予的配合、估价方的保密职责、双方的违约责任及处罚等。

(三)确定估价基本事项

1. 确定估价目的

估价目的是指委托估价方为该不动产进行估价的目的或意图,如为抵押贷款而估价等。估价目的决定了不动产价格类型,是实施不动产估价的前提条件。

按照估价业务需求主体来分,估价目的主要有:

(1)市场行为。有买卖、租赁、转让、抵押、典当、保险、拍卖等。

(2)企业行为。有合资、合作、股份制改组、上市、兼并、破产清算、承包等。

(3)政府行为。有农用地征收、土地使用权出让、课税、拆迁补偿、作价收购、土地使用权收回等。

(4)其他。如继承、纠纷、析产、赠予及可行性研究、他项权利造成的不动产贬值等。

对于土地估价,常见的估价目的有:

(1)国有土地出让、租赁、作价入股等一级市场土地价格评估,按照出让方式不同,可细分为招标、拍卖、挂牌出让底价评估;

(2)国有土地转让、转租等二级市场土地价格评估;

(3)土地收购、收回价格评估,按照收购方式不同,收购价格存在差异;

(4)企业产权交易涉及的土地价格评估;

(5)以确定和更新城镇基准地价、标定地价为目的的土地估价;

(6)城市地价动态监测过程中进行的监测点地价评估；

(7)集体土地征地价格评估，目前的主要形式为征地区片综合地价评估；

(8)集体土地使用权转让、合资、入股等交易价格评估；

(9)以土地使用权抵押为目的的估价；

(10)以征税为目的土地及不动产价格评估；

(11)以司法鉴定为目的的土地估价。

对于不同的估价目的，其估价方法、所用资料、参数选择等将有所差异，其估价结果也不相同。

2. 确定估价对象

进行不动产估价时，如果仅仅指明某块土地或某幢房屋是无法开展估价工作的。不动产的各种情况、权属关系等都会影响到不动产的评估结果。因此，评估时必须到估价现场对估价对象的位置、周围环境、景观的优劣等予以实体察看和核实权属资料，确认估价对象的各种状况。

(1)估价对象实体确认。实体确认是了解估价对象的实体特征即对土地的坐落、地号、面积、用途、范围等加以确认，对建筑物的门牌号码、建筑物构造用途等加以确认。实地调查确认工作有以下事项：①对土地的查勘。包括地块的坐落位置、土地使用类型以及地上和地下建筑物的情况，地块与周边地块的搭界情况等。②对房屋的查勘。主要包括了三部分：鉴定委估房屋的地址、位置和房屋评估范围，确认房屋的结构、装修、设备和面积，确定房屋的建造年份，评定房屋成新。③勘丈绘图。④拍照、录像。⑤对环境条件的确认。包括商业服务、市政设施、文化教育、交通通信、生态环境等。

(2)估价对象权利状态确认。估价应明确估价对象的所有权利关系，若已被确定为估价对象的权利，则应以确认资料对照其权利内容是否存在及其内容是否一致。确认不动产产权状况的主要依据包括：①产权证明。如土地使用权证、房屋所有权证(房地产证)、房屋共有权证、房屋他项权证，或其他能有效说明产权归属的合同、契约、字据等。②其他证明。如建设用地规划许可证、施工许可证、商品房预售许可证、租赁合同等。③行政与规划限制。如规划的开发类型、允许容积率、绿地覆盖率等。

(3)最佳开发利用方式的确认。通常确定最佳利用方式，主要考虑以下四个指标：法律(规划)许可，自然条件可能，经济上可行和创造最高的价值。这四个因素相互作用，共同存在，最终决定不动产的最佳利用方式。在进行分析时，首先考虑法律(规划)的许可性和自然条件可能性，然后进行经济可行和最高价值分析。经济价值再高，若自然和法律不许可，也是不能实施的。

3. 确定价格定义

在确定价格定义时，主要应说明估价对象的实际用途和宗地内外实际开发程度、本次估价所设定的开发程度和用途及其理由、现状利用或规划利用条件、土地使用权年期以及估价基准日等。

(四)拟订估价作业计划

制订估价作业计划是为了使估价工作有条不紊、按时、高效完成，计划一经确定，一般要按计划逐段进行估价工作。对于规模较大的估价项目，制订计划对估价作业的成败与质量有着极为重要的作用。制订估价作业计划可大体包括以下几个内容：

1. 确定估价作业的具体因素

对于估价作业来说，仅仅指明某块土地或某幢房屋是无法开展估价工作的。为了更好地完成委托的业务，必须对估价过程中的各种影响价格的具体因素进一步确认，包括确认估价对象范围、构成、产权状况及估价期日等。

2. 初选估价方法和人员

对拟采用的该估价对象的估价方法，在评估操作的具体因素明确后，进行初步甄别。预选估价法的目的是使后面的资料收集、整理和实地查勘有的放矢，避免无谓的重复劳动。根据估价对象的目的、时点、日期和初步选定的估价方法，从而来判断估价方法的委托任务的轻重、易难程度和缓急程度，确定投入多少人力到该估价任务中去。在明确了参评人员的选任和工作安排，明确了各参评人员分工负责的工作范围后，有利于参评人员相互配合，协同作战，提高办事效率。

3. 估价作业的工作进度安排

按程序规定估价作业的流程和相应的时间进度、时限，使每一步的操作既科学有序，又节约时间和精力。还需要对有关费用安排、编制估价计划等基本事项进行备忘录编写。

（五）资料调查与收集

1. 资料的调查与收集的主要类型

全面、真实的资料调查，是进行客观、公正、合理估价的基础。但对于估价资料，估价人员应当具有随特定案件而加以充分搜集整理的能力，这是决定估价能否客观合理的关键。但是应该注意到，资料的搜集与整理应以能使估价作业充分够用为基础，丰富而有秩序地搜集整理，不可有下意识的、偏向的企图，避免造成欠缺公正妥当。

不动产估价所必要的资料，大致可分为以下 4 类：

（1）估价对象本身的资料。主要包括反映不动产物体状态的资料、权属状态的资料和不动产所在地区的规划资料等。其各部分具体内容：①不动产物体状态的资料。不动产所在的位置资料，不动产的用途及利用状况资料，不动产的面积资料。②不动产权属状态的资料。土地使用权证、房屋所有权证等以及政府机关的有关不动产权属登记等相关资料。③不动产所在地区的规划资料。地区经济发展规划、年度区域土地利用规划及城镇规划、《城市房地产开发管理条例》等。

（2）影响因素资料。是指影响不动产价格一般因素、区域因素、个别因素 3 类因素资料，这些资料的取得是准确分析不动产价格的基础。在此，主要对这三方面的资料进一步说明：①一般因素的相关资料。主要包括反映人口、经济、政策状况的资料。②区域因素的相关资料。主要包括不动产所在区域的自然资料、繁华程度资料，以及不动产所在区域类似不动产交易资料、当地政府不动产登记资料、当地房地产经营使用者的收入支出情况调查表等。③个别因素的相关资料。主要包括反映土地自身因素和建筑物自身因素两个方面的资料。

（3）案例资料。是指有关估价方法所必需的现实交易价格或租金实例资料，收益实例或建筑造价实例资料等。由于不同的估价方法不同，因此所需要的案例资料也不相同。其中现实交易价格或租金实例资料，通常是适应市场比较法的需要；租金实例资料和收益实例资料是为应用收益还原法时进行收益比较的需要；建筑造价实例资料主要是在应用成本法或剩余法时分析比较估价对象的建筑造价状况需要。

(4)其他资料。包括不动产交易市场行情、不动产价格变化趋势、不动产所在地区的不动产价格的历史变化及当地的基准地价等相关资料。①不动产交易市场行情主要是指不动产市场上该类不动产商品流通和商业往来中有关不动产供给、需求、流通渠道购销和价格的实际状况、特征以及变动的情况、趋势和相关条件的信息。如：经济趋势相关资料、地方市场相关资料、人口统计变量相关资料、政府管制及社会态度相关资料等。②不动产价格变化趋势可以通过不同地区、不同类型、不同时期等多方面的影响因素来进行分析从而得出来。③不动产所在地区的不动产价格的历史变化及当地的基准地价会由于不同时期政府的政策、消费者的心理、不动产市场等都会变化，因此不动产的价格也就会相应地发生变化。

在搜集到上述资料后，还需对资料进行核实、整理、分类，以确保资料的完整性、真实性，在此基础上才能对资料进行分析。

2. 资料的调查与收集的主要来源

开展不动产估价工作主要通过以下途径调查和收集信息：委托估价人提供；实地踏勘、勘察；翻阅各媒体关于不动产的信息资料；向中介机构咨询的获取情况；咨询相关政府部门信息；同行互相提供等。

3. 资料的调查与收集的方法

不动产估价资料的调查与收集的方法主要分为一手资料收集方法和二手资料收集方法，其中一手资料收集方法包括访问法、现场勘查法；二手资料收集方法包括文献调查法、网络搜集法。

(六)资料整理与影响因素分析

对于各种途径收集到的信息要及时整理，做到心中有数。首先，资料整理表现在测算相关材料的正确性和综合性上。因为各种各样的原因，收集到的材料可能会有一些遗留、虚假或者是错误，如影响交易行为的交易动机，造成了成交价格的不佳。应及时安排补充调查收集，或对不实、错误或不全的材料进行更正，或予以剔除。其次，整理材料表现为材料的整齐划一。随着估价材料的不断增加，整理归档要根据材料的种类和性质而定，如建立估价资料数据库，便于今后对资料的查阅、取用和分析。

1. 资料审查

不动产估价的资料，是进行合理性与理论性估价的前提，是做客观判断的重要基础。所以对所搜集的资料，应充分分析是否为估价作业所必要的充分资料，以及该资料是否存在偏差或不真实。因此，资料整理与分析应首先针对以下几方面进行审查：

(1)资料是否完善。比如有的资料由于历史较久或统计的不负责，使得资料有头无尾，存在残缺，对这类资料要么不要，要么采取一定的技术措施进行完善。

(2)资料是否真实。为了进行准确的估价，必须剔除那些存在偏差和不真实的资料。

(3)资料是否有用。所收集的资料应与估价对象的种类有关，是所采用的估价方法和估价目的所必需的，否则再真实完善的资料而与估价过程无关也是毫无价值的。

(4)资料是否齐全。应分析所收集的资料是否满足估价过程的需要,如果还存在一些重要的资料没收集到,应采取相应的方法进行弥补。

不同的估价方法,其所需的资料并不完全相同,有些是共性的,有些是个性的,在资料整理时一定要注意选择和归类。因此关于不动产估价所需的相关资料主要从估价方法共性和个性两方面整理,下面分别进行详细介绍。

2.整理不同估价方法的共性资料

不同估价方法所需的共性资料主要包括:

(1)权证资料。如土地使用权证(包括宗地图)、土地使用权出让合同与宗地使用条件、房屋所有权证(包括房屋平面图)、他项权利登记、建设工程许可证、商品房买卖许可证等;

(2)其他资料。如城镇土地级别与基准地价、房屋重置价格、区域因素资料、微观因素资料等。

3.整理不同估价方法的侧重资料

(1)市场比较法。①比较案例一般情况,包括成交价格、成交时间、成交状况和当时的市场行情等;②案例地域因素的比较;③案例微观因素的比较;④其他资料,如融资条件、企业资质与信誉等。

(2)收益还原法。①与估价对象同一供需圈内同类型前三年的不动产市场租金、空置率水平;②同一供需圈内房地产经营收益的前三年平均水平;③同类型不动产经营成本与费用;④估价对象所在地区一年期存贷款利率、同行业平均收益率与风险水平、同类物业租售比率;⑤竞争性物业与互补性物业情况。

(3)成本法。①与估价对象位于同一供需圈内的地价资料;②建筑物资料;③建筑安装工程费;④前期工程费用;⑤市政公共设施建设费用;⑥建筑物及设备折旧或成新度评定标准资料;⑦与不动产投资相关的贷款利率、利润、税费。

(4)剩余法。①有关不动产建设项目的批准文件;②建设用地规划资料;③建筑设计资料;④建筑造价资料;⑤同一地价区段同类型物业的市场交易价格、租金水平、空置率;⑥贷款利率、销售费用。

4.影响因素分析

影响因素分析是不动产估价的中心环节。一般说来,影响不动产价值的因素复杂多样,对影响不动产价值的因素认识不同,评估的结论就会有很大的差异。不动产估价的基本数据可以通过对影响因素的分析而确定。如果分析不能如实反映房屋建筑的各种技术资料,甚至出现失误,就会影响评估价格的正确性,使当事人遭受不应有的损失,还会使评估人员的信誉受到影响。

(1)影响因素分析的原则。进行影响因素分析时,应遵循以下原则:①产权清楚的原则。产权不清者,应暂缓进行分析、评估。②实事求是的原则。认真核对现场数据,切忌弄虚作假。③公正有据的原则。现场查勘或原始的产权资料准确。④复核的原则。一般应由一人经办,一人复核,以免出错。

(2)影响因素分析的重点。进行影响因素分析,要围绕着不动产价格进行,其重点是:①检查资料是否为估价所必需的资料,即注意该资料是否与对象不动产的种类、委托估价的目的与条件相符;②不动产权的归属,产权归属决定评估的建筑面积大小,一定要准确。③四至。

(3)影响因素分析的方法。进行影响因素综合分析时，根据评估要求的不同而采取不同的方法：①归纳法。可按所有人、按幢、按评估项目进行不动产资料的归类。其特点是资料分类清楚、互不干扰。②填入法。可按估价要求制订不动估价表，并将现场资料整理后，按表式要求逐项填入。其特点是内容规范、不易遗漏。③平衡法。如同时评估两幢以上相近房屋时，可对幢与幢之间的产权资料进行适当平衡。多用于数量较大，情况复杂的房屋拆迁基地评估；④参照法。如在房屋已经拆除，原房不复存在的情况下，参照有关资料进行综合分析。

不动产价格，是由众多的影响因素相互作用的结果形成的，因此进行不动产估价时，非分析追究不动产价格形成过程不可。其分析方法可分为区域分析及个别分析两方面，下面分别介绍。

(4)区域分析。所谓区域分析，是要分析判定估价对象属于何种地区，该地区具有何种特性，该特性对于该地区内的不动产价格形成有何影响等。因为不动产价格，随其所处地区的特性不同而有很大差别。如不把握地区特性，分析其影响力，而仅从个别因素分析解释，则无法获得不动产的适当价格。但从事区域分析时，要特别注意同一区域对不同用途的不动产作用效果的不同，如繁华地区是商业的最有利位置，而对居住则不一定有利。且不动产价格除受其所属区域特性的影响外，基于替代原则而可推知类似地区及更广泛的同一供需圈也会有重大影响，故分析范围不可局限于狭小地区，因此区域分析又可分为近邻地区和类似地区两方面。

①近邻地区。所谓近邻地区，是指估价对象所隶属的地区，是在城市或农村内部，以供居住、商业活动、工业活动、农业活动等人类生活相关的特定用途为中心，由此形成的特定地区，如住宅区、商业区、工业区、农业区等。这种地区特性对不动产价格形成有着直接的影响。而该地区所具有的规模和内容，远较近邻地区大。近邻地区是与居住、商业活动、工业活动相关而有某种集中现象的地区。如此，近邻地区是不动产的集合，显示同质性的集中，但该集中是以供某种特定用途为中心的地区性集中。

一般性因素对不动产价格的影响只是间接的，但近邻地区的特性对于不动产价格的形成，却有直接的影响。近邻地区是由一般性因素与自然条件的相关结合而形成的，但由于这些地区因素经常在变动，或在发展，或在衰退，或维持原状，所以近邻地区的特性也经常在变化过程中。

上述介绍了近邻地区的意义，但在实务上如何把握近邻地区还有种种困难。欲准确区分近邻地区必须从其功能和面积两方面来观察。从功能方面说，应观察该地区是否显示以某种特定用途为中心而为地区性集中，如此则应先判定该地区的特定用途是什么。近邻地区的特性通常是由属于该地区的不动产作一般性标准使用，然后观察以这种标准性使用为中心的范围如何，由此便可作面积的把握。这种以标准性使用为中心而集中的范围，即所谓近邻地区。需要注意的是，观察以特定用途为中心的地区性集中时，不可仅仅考虑当前的用途，还应考虑未来的用途变化动向。如前所述近邻地区的大小不一，但如果近邻地区取之过广，则价格水准的判定困难，故近邻地区的范围以狭小者为宜。最难把握的是，商业、住宅、工业混合地区在这种地区如何划分近邻地区，实在相当困难。但对这种混合地区是否可以综合考虑，作为一种类型，考察其对不动产价格的综合影响，这是值得研究的问题。近邻地区的划分实际上与所谓“地价区段”的划分十分相似。

②类似地区。所谓类似地区，是指与估价对象所隶属的近邻地区相类似的其他地区而言。所以类似地区并不必考虑是否与近邻地区邻接，甚至可以距离很远，而且近邻地区与类似地区

是相对的概念。例如，A不动产属于甲近邻地区，但有乙地区的特性与甲地区相类似，则乙地区是甲近邻地区的类似地区；但就属于乙地区的B不动产来看，则乙地区是B不动产的近邻地区，而甲地区是B不动产的类似地区。

掌握类似地区时，必须有“同一供需圈”的概念，否则无实质意义可言。所谓同一供需圈，一般是指与估价对象能成立替代关系，因而对其价格的形成有重大影响的其他不动产所在的领域而言。例如北京的住宅区与石家庄的住宅区虽然是一种类似地区，但北京的住宅不可能替代石家庄的住宅，反之也一样，所以这两个地方的住宅价格一般是不会互相冲击的。而在某一市区内的两个住宅区，相互之间可能存在替代关系，使得住房价格相互影响，因此可以认为属于同一供需圈。由此分析，可以将同一供需圈的特征归纳如下：

同一供需圈是以某特定不动产为对象而言，对象不动产如不确定，同一供需圈的范围也不能确定；需与估价对象能成立替代关系，对其价格的形成有互相竞争、牵制关系的其他不动产所存在的地区；可以包含近邻地区，而在近邻地区有相关关系的同一供需圈范围，至于是否相邻接可不必过问。这里所谓有相关关系，是指基于地区因素的类似性，使存在于两地区内的不动产互相之间存在替代、竞争等关系，结果两地区互相影响这种关系而言。

因此，不动产估价需要充分应用以及灵活使用邻近地区或同一供需圈内的类似不动产相关测算资料。

总之，区域分析是进行不动产估价的重要内容之一，在估价实务中，应先分析近邻地区的各种因素，了解该地区的特性。但仅就近邻地区加以观察分析是不够的，应当就包含近邻地区的更广泛地区，以及在近邻地区周围的其他地区的因素一并加以分析，并应进一步就近邻地区的特性与在同一供需圈内的类似地区加以比较，以把握近邻地区的相对位置，同时调查各因素的变化趋势。

(5)个别分析。所谓个别分析，是分析影响估价对象价格的个别因素，以判定其最有效的使用。由于不动产的价格，是以该不动产的最有效使用为前提的，因此进行不动产估价时，必须判定估价对象的最有效使用方式。但由于各个不动产的最有效使用方式通常要受到其所处地区的特性的限制，因此，在进行个别因素分析时，特别需要了解作为标准使用的估价对象与邻近地区其他不动产之间的相互关系。

个别分析的具体内容，主要包括以下方面：①宗地条件。包括面积、宽度、深度、形状、高低、位置等。②街道条件。包括临接街道的系统、结构、宽度、铺装等。③接近条件。包括交通设施、离车站距离、公交车站个数，以及接近商店、公共设施的条件等。④环境条件。包括日照、地势、配置及供给处理设施等。⑤行政条件。即使用分区及其他行政、规划上的限制等。⑥其他条件。

(七)不动产价格评估

1.选择估价方法

在资料调查、搜集与整理的基础上，根据估价目的、资料的详细程度，选择合适的估价方法。选择不动产估价方法，要根据待估对象的类别和适用情况以及不动产估价的目的。由于不动产价格受多种影响因素的共同作用，其价格的形成比较复杂，同时，估价活动和估价过程有赖于估价人员的经验、推测和判断，具有一定的主观性；此外，各估价方法的特点和适用范围亦各不相同。因此，估价时，一般需要同时采用两种或两种以上的方法，使估价结果既能得到补充，又能得到反复确认，从而提高评估的准确性。

要评估不动产价格或租金，可以从以下三个方面的任何一面去考虑，即：①现在再生产（重新建造）同类不动产需要多少费用；②附近地区同类不动产在市场上是以何种价格买卖；③如果使用该不动产可以得到多大的收益。这三种思路就是不动产估价的三种基本方法，即成本法、市场比较法、收益还原法的基本观念。因此，在估价过程中也必须根据估价对象的具体情况和所拥有的资料状况，选择适当的方法进行测算。

成本法是着眼于重新建造同类不动产所需的投入成本，以求取不动产的价格或租金。在此所谓重新建造，是指建筑物的建造，或土地的开发等的重新取得而言。

市场比较法是着眼于不动产的买卖或租赁等实例，以求取不动产价格或租金的方式。在此所谓租赁等，是指依据不动产的租赁契约等而对不动产加以使用和收益而言。

收益还原法是着眼于不动产在使用过程中所能产生的收益，以求取不动产价格或租金的方式。

这只是不动产估价的三种基本方法，在估价实务中，由这三种基本方法还衍生出许多很实用的方法，如剩余法、成本逼近法、现金流动分析法、买卖实例比较法、租赁实例比较法、收益分析法等，分别适用于不同情况的估价。

进行不动产估价时，原则上应多种方法并用，尤其应不同类型的方法并用。因为不同方法的机能互不相同，各有利弊长短，如仅依靠一种方法，不易得到正常价格或租金。例如采用市场比较法求得的比较价格，是比较相应的买卖实例求得的价格，而买卖实例是需求与供给一致时成立的价格，故买卖实例价格表面上好像是正常价格，但不动产的买卖实例价格，并非在自由的一般市场上形成，而是依个别交易形成。这种情形极易受到个别情况的影响，因此买卖实例价格能当成正常价格的情形，可以说为数不多。而且与买卖实例的比较过程，也并非想象得那么简单，尤其目前尚未建立科学的比较修正方法，修正过程中主观判断很多，这样更难评估出正常价格。因此应借助其他方法予以补正。同样，其他方法也一样存在着自己的缺点，只有运用不同方法，多方面考虑，才能获得比较满意的结果。

当然，由于不动产的种类、所在地区的情况、资料的可信赖程度等，不同种方法并用有时存在很多难处。例如对于生地而言，原则上不可能适用成本法，又如公共用不动产，一般无法采用市场比较法或收益还原法；而在不动产交易甚少的地区，因缺少适当的买卖实例，所以采用市场比较法较为困难，即使有买卖实例，其资料的可信程度也难以保证。

实际上各种估价方法在应用上通常是密切相关的。例如采用收益还原法时，如不采用成本法或市场比较法求取建筑物的价格，则为求取纯收益而应从总费用当中扣除修缮费或折旧费等项目便难以求取。又如采用成本法估价过程中求取折旧时，关于功能的折旧或经济的折旧，应注意收益性或市场性等，这时往往也要借助市场比较法或收益还原法。

总之，各种估价方法在应用上并无主从轻重的差别，具体选择何种估价方法主要应考虑估价对象和评估目的的要求，一般情况下应多种方法并用，而且各种方法之间在应用上并不是孤立的。

2. 试算价格及价格调整

在估价方法确定后，可根据各估价方法的特点、适用范围、具体要求和程序，确定有关参数，计算试算价格。

在进行不动产估价时，运用不同的估价方法得到的评估结果往往不一致。一般认为，如果关于估价对象的必要的资料充分，而且在估价过程中能适当运用资料，则不同方法的评估结果应当一致，至少在理论上应当一致。但这只是理论上的说法，经济理论是思考的指标，但估价理论是实践理论。进行估价时，应当特别注意这二者的关联，在实际上并非经常能收集丰富而实用的资料，而且相关的资料尽管非常丰富、适当，也难期待其应用完美无缺。事实上，无论如何对所有估价程序尽量完善的努力，通常均会受资料的限制与不动产价格的特征(或复杂性)等的影响，致使不同估价方法的评估结果不能一致。因此，强调不同估价方法同时并用，相互补充印证，同时评估价格也就需要根据不同方法得到的结果进行调整。

评估结果(价格或租金)的调整是从不同的估价方法所得的评估结果中引导出统一的、适当的价格，是为决定估价额的工作，故这不仅是在估价最后阶段上的重要问题，而且可说是全部估价过程中的重要问题。因为在估价实践中，有的可能在运用估价方法的阶段就进行调整，也有的在求得价格或租金后，再相互对照比较，进行调整修正。可见在整个估价过程中，应不断修正，才能求得合理统一的适当价格。

价格调整的方法应根据所采用的估价方法与资料的情况，对估价程序的各个阶段进行客观的、批判性的检讨，尤其应当注意：资料的选择、应用是否恰当，有关估价原则的运用是否恰当，各种影响因素分析是否充分等方面。

在此应特别注意的是，进行价格调整时，一般不应将不同估价方法所求得的价格单纯的、机械式的加以平均。因为不同估价方法的机能不同，其估价结果也就具有不同的性质。如前述，虽然三种基本估价方法均为接近正常价格或租金的方法，但其机能各有差异，例如市场比较法，是与买卖实例价格比较，求取比较价格，是带有供需相关特性的价格；收益还原法，从不动产的收益着手求得价格，故在一定程度上带有需求价格的特性；成本法，是从费用方面入手求得价格，因而应带有供给价格的特性。因此，不同的估价方法不能以同质而相等的分量加以平均。

其次，不同的估价方法不一定都采用具有同等信赖度的资料求取价格。通常在应用不同的估价方法时，需按各种方法的要求分别收集、整理、分析资料，因而不仅资料的类别不同，其收集、整理、分析的方法也各异。故不能认为不同估价方法所适用的资料经常具有同等的信赖度。由此可知以信赖度不同的资料求得的价格或租金，加以机械的平均，求得的估价额将很难合理。

既然如此，则价格调整应当如何进行？所谓不许作机械式平均，而这里的机械式平均，实际就是算术平均，既不许作算术平均，则应解释为表示对某种价格应加重份量。因此价格的调整，应从资料的信赖度与估价对象的种类两方面加以观察后调整。

(1)从资料信赖度观察。要使不动产估价结果能得到社会的信任，则用于不动产估价根据的各项资料必须足以信赖。估价结果，很大程度上受所采用资料的影响，因此资料不仅要丰富，而且要尽量适合不同方法的应用，又要有高度的可信性。故在调整价格或租金时，首先应检查分析所求取的价格是否依据可信的资料得到的。

(2)从估价对象的种类观察。如果判明所收集的资料可信、准确，且求取的价格或租金也是可信赖的，则应检讨该资料是否与估价对象的类型及委托估价的目的相符合。只有依据与估价对象的类型及委托估价目的相符的资料所求取的价格或租金才是最可信赖的，故应以这种价格或租金为准进行价格调整。因此，第二阶段的价格调整，必须从估价对象的类型观察。在此所谓不动产的类型，应主要区分自用不动产和收益不动产。

①自用不动产。所谓自用不动产，是指可以直接供需要者作任何用途的状态下，不附带任何限制使用收益的权利，如素地、自用建筑物及其基地等。对自用不动产，一般采用市场比较法或成本法进行估价，所以调整时应以两种估价方式评估的价格为基准进行估价。换言之，自用不动产的价格调整，应以市场比较法或成本法所求的价格为中心，再将其他方法所求的价格，如收益价格，尽量与中心价格接近，缩小其间的差距，再决定最终的价格。

②收益不动产。所谓收益不动产，主要是指用于出租的不动产，具体来说，就是把土地、房屋及其基地等租出去，一般会采用收益还原法，价格调整也会以收益价格为主，以此为标准，进一步确定最终的估价金额。

3. 估价结果分析

对于同一宗不动产，可同时采用两种或两种以上估价方法进行估价，估价结果一般存在差异。不同估价方法测算的结果应当进行比较分析。当这些结果产生较大差异时，就应该找出和排除产生差异的原因。

对不同估价方法所评估的结果，应作如下检查：①方法选用是否正确；②公式运用是否恰当；③计算过程是否有误；④基础数据是否准确；⑤参数选取是否合理；⑥是否符合估价原则等。

如发现有以上问题，就需进行校正与修改。在确认估价过程无误后，要对计算的结果进行客观分析。

4. 确定估价结果

根据对估价过程与各方法估价结果的分析，采用一定的方法确定估价结果。主要有以下几种：

(1)算术平均法。综合估价额取各试算价格的算术平均值。采用这种方法一般要求各方法的可靠性相当，在没有大的差异的情况下，试算价格也相对接近。

(2)加权平均法。如果所选方法与估价对象的可靠性存在一定差异，得出的试算价格也存在明显差异，需要对每个试算价格分别赋予不同的权重，然后对估价额进行加权平均和计算。

(3)中位数法。将不同评估方法计算出的结果按其大小顺序进行排列，当全部项数为全奇的时候取其中的一项为中位数，全偶的时候取中间两项的算术平均数为中位数。用中位数作为综合价格。

(4)众数法。在各种评估方法所计算出的结果中以数字相同最多的那个数，即众数作为综合价格。

(5)综合法。以某一试算价格为主，适当参考其他试算价格，综合确定估价对象的估价额。此法适用于某一方法在类型、资料要求等方面对待估对象有一定限制的条件下，特别适用于评估对象与评估目的之间的情况。

(八)撰写估价报告

估价报告是全面、公正、客观、准确地记述估价过程和估价成果的文件，是对委托方的书面答复。其评估报告主要分为两类，一类是土地评估；另一类是房地产评估。具体构成内容见第二节。

在交付委托方前，要审查核实其内容、形式等，并将审查意见、结论、日期、审查人员及其签字等情况形成审查记录。且评估报告经审查合格后，需要由不少于两名参加估价的不动产估价师签名，并加盖估价机构公章，按有关规定和评估委托合同的约定向评估委托人送达。

为便于估价机构管理，避免日后发生估价纠纷，在估价报告送达委托人后，对保存的估价资料应及时按不同类型估价项目将必备资料进行整理归档，并妥善保存，不得擅自改动、更换、删除或销毁。

第二节　估价报告撰写

一、估价报告的概念

估价报告是估价人员在确定最终估价结果后，由专业的估价师编写，估价机构提供给委托人，是关于估价对象的客观合理价格或价值的研究报告。撰写估价报告，不仅需要估价师扎实的专业知识基础，还需要丰富的专业经验，也是估价师必须熟练掌握的专业技能。估价报告一般采取书面报告形式。书面报告按照格式，可分为叙述式报告和表格式报告。叙述式和表格式报告主要是表现形式上的不同，并不意味着表格式报告可以省略必要的内容。单套住宅抵押估价报告、住宅房屋征收分户估价报告，可以采用表格式报告。

估价报告是全面、公正、客观、准确地记述估价过程、反映估价成果的文件。估价报告质量的高低，除了取决于估价结果的准确性、估价方法选择的正确性、参数选取的合理性，还取决于估价报告的文字表述水平、文本格式以及印刷、装帧质量。前者可以说是估价报告的内在质量，后者可以说是估价报告的外在质量，两者不可偏废。同时，撰写估价报告是房地产估价师必备的一项写作能力和专业技能，也是检验房地产估价师是否合格的标准尺度。

二、估价报告撰写基本要求

(一)全面性

估价报告应格式规范，并将内容全面、完整、系统地反映出来，报告组成要完整，既要有估价过程这一主要部分，也要有封面、扉页、附录等其他部分。

(二)公正性和客观性

撰写估价报告必须要实事求是，估价人员要公正客观的进行分析和评价，不得带有强烈的个人色彩，要真实地反映估价的工作情况，不能虚构、夸大和缩小。估价人员撰写的估价报告要具有法律性和专业性，不得有半点虚假，也不能用艺术的手法，而是要以客观事实为基础，对影响估价对象的因素进行理性客观的分析，提出自己的观点。

(三)准确性

估价报告要词语准确，语义通顺，避免使用模糊不清的词汇和词语，用词要准确、客观、科学，语义明确。对于未进行查证的事情不得写入估价报告中，对难以确定的事情进行特殊情况说明，并概述其对估价结果有哪些影响。

(四)概括性

简洁的文字更适用于撰写估价报告,以便于对估价内容进行总结和概括,对大量的文字进行筛选,选择具有典型代表的文字和资料来概括情况和反映估价对象的特征,表明观点,阐述结论。估价报告应主次分明,观点鲜明,结论突出。

三、估价报告的格式

(一)土地估价报告的形式

根据《城镇土地估价规程》(GB/T 18508—2014)的要求,土地估价报告的形式包括《土地估价报告》和《土地估价技术报告》,其具体形式主要有两种。

1. 文字式

规范格式要求,将估价对象的整体情况通过文字描述,根据不同类别的估价对象,深入分析不同的特殊情况及特点。

2. 表格式

根据规范的格式、内容,要求估价人员不得随意填写,错填信息,也不得随意增加或减少信息。其优点是完整地反映一般事项,填写时不浪费时间。缺点是不能根据不同类别的估价对象,深入分析不同的特殊情况及特点。其中,《土地估价报告》可以采用文字式或表格式,《土地估价技术报告》只能采用文字式。

(二)房地产估价报告的构成

根据《房地产估价规范》(GB/T 50291—2015)规定,一份完整的房地产估价报告通常由以下8大部分组成:①封面;②目录;③致估价委托人函;④估价师声明;⑤估价假设和限制条件;⑥估价结果报告;⑦估价技术报告;⑧附件。

1. 封面

封面的内容一般包括:

(1)标题(即估价报告的名称):如“×××房地产估价报告”。

(2)估价项目名称。说明该估价项目的全称,重点突出估价对象所在的区位、名称和用途。

(3)委托人。准确无误的写明该估价项目的委托人的名称或者姓名。其中,委托人归单位所属,标明单位全称,如:“×××贸易有限公司”;委托人归个人所属,标明其姓名。

(4)估价机构。在封面写明受理该估价项目的估价机构的全称,如:“×××房地产估价有限公司”。

(5)估价作业期。正式接受估价委托的×××年×××月×××日至出具估价报告的×××年×××月×××日。

(6)估价报告编号。说明该估价报告在本估价机构内的编号,以便于归档和今后的查阅和管理。

2. 目录

估价报告的目录内容应当与后面正文内容一致,特别是估价内容的页码要准确无误,与正文对应。编写目录的目的，是便于委托人和使用者对估价报告内容框架有大概了解，利于查找。

3. 致估价委托人函

致委托人函是估价机构正式将估价报告呈送给委托人的信件。具体要求标明委托人全称，正文要写明估价目的，对象，时点，价值类型和估价结果。致函方要标明估价机构的全称。致委托人函一般包括以下内容：

(1)致函对象。这是指委托人的名称或者姓名。

(2)致函正文。说明估价目的、估价对象、估价时点、估价结果、价值类型、估价报告应用有效期(是指正式接受委托的日期到出具报告的日期，其有效期最长不超过一年，最佳时期为三个月或半年。估价报告应用有效期与估价责任期有所不同，如果估价报告在其有效期内得到使用，则估价责任期应是无限期的；如果估价报告超过了其有效期还未得到使用，则估价责任期就是估价报告的有效期)。此外，通常标明随此函附交估价报告的数量。

(3)致函落款。为估价机构的全称加盖估价机构公章，并由法定代表人或负责该估价项目的估价师签名、盖章。

(4)致函日期。这是指致函时的年、月、日，也即正式出具估价报告的日期。估价报告使用期限表达形式为：自××年××月××日起至××年××月××日止；或者：自××年××月××日起算××年(××月××日)。

4. 估价师声明

注册房地产估价师声明是所有参加注册房地产估价师的签名，也表明注册房地产估价师对估价报告的客观性、合法性、真实性的说明和保证。估价师声明通常包括下列内容：

我们郑重声明，在我们的知识和能力的最佳范围内：

(1)我们在估价报告中对事实的陈述，是真实的、准确的、完整的、系统的，没有重大遗漏。

(2)我们在估价报告中的分析、意见和结论，是本人公正的专业分析、意见和结论，但受到估价报告中已说明的假设和限制条件的限制和影响。

(3)我们与估价报告中的估价对象没有任何(或有已载明的)利益关系；对与该估价对象相关的各方当事人没有任何(或有已载明的)偏见，也没有任何(或有已载明的)个人利害关系。

(4)我们是依照中华人民共和国国家标准《房地产估价规范》的规定进行分析，形成最终的意见和结论，撰写本估价报告。

(5)我们已对(或没有对)估价报告中的估价对象进行了实地查勘(如果不止一人签署该估价报告，应清晰地列出对估价对象进行了实地查勘的估价人员的姓名，和没有对估价对象进行实地查勘的估价人员的姓名)。

(6)在估价项目过程中，我们未受到他人的重要专业帮助(如果有例外，应说明提供了重要专业帮助者的姓名、专业背景及其所提供的重要专业帮助的内容)。

(7)其他需要声明的事项。

5. 估价假设和限制条件

估价的假设和限制条件是说明估价的假设前提，或者是未经验证的和无法查明的资料数据，以及未考虑的估价因素和一些特殊因素对估价最后的影响，还有使用的限制条件。估价假设和限制条件应说明下列内容：

(1)一般假设,应说明对估价所依据的估价委托人提供的估价对象的权属、面积、用途等资料进行了检查,在无理由怀疑其合法性、真实性、准确性和完整性且未予以核实的情况下,对其合法、真实、准确和完整的合理假定;对房屋安全、环境污染等影响估价对象价值或价格的重大因素给予了关注,在无理由怀疑估价对象存在安全隐患且无相应的专业机构进行鉴定、检测的情况下,对其安全的合理假定等。

(2)未定事项假设,应说明对估价所必需的尚未明确或不够明确的土地用途、容积率等事项所做的合理的、最可能的假定。当估价对象无未定事项时,应无未定事项假设。

(3)背离事实假设,应说明因估价目的的特殊需要、交易条件设定或约定,对估价对象状况所做的与估价对象的实际状况不一致的合理假定。当估价设定的估价对象状况与估价对象的实际状况无不一致时, 应无背离事实假设。

(4)不相一致假设,应说明在估价对象的实际用途、登记用途、规划用途等用途之间不一致,或不同权属证明上的权利人之间不一致,估价对象的名称或地址不一致等情况下,对估价所依据的用途或权利人、名称、地址等的合理假定。当估价对象状况之间无不一致时,应无不相一致假设。

(5)依据不足假设,应说明在估价委托人无法提供估价所必需的反映估价对象状况的资料及注册房地产估价师进行了进场调查仍然难以取得该资料的情况下,缺少该资料及对相应的估价对象状况的合理假定。当无依据不足时,应无依据不足假设。

(6)估价报告使用限制,应说明估价报告和估价结果的用途、使用者、使用期限等使用范围及在使用估价报告和估价结果时需要注意的其他事项。其中,估价报告使用期限应自估价报告出具之日起计算,根据估价目的和预计估价对象的市场价格变化程度确定,不宜超过一年。估价假设和限制条件的写作需要注意:①必须披露对估价结果有重大影响的事项或者因素,并就其对估价结果的影响进行说明;②估价假设必须具有针对性;③估价假设应按照"合法、必要、合理、有依据"进行说明;④不能为了高估或低估、规避应尽的勤勉尽责义务等而滥用估价假设。

6.估价结果报告

估价结果报告通常简明扼要地说明以下事项:

(1)委托人。委托人的名称、地址、法定代表人以及联系电话。

(2)估价机构。估价机构名称、地址、决定代表人、资质等级、资质证书编号、资质证书有效期、工商营业执照注册号。

(3)估价人员。列出所有参加该估价项目的估价人员的姓名及其职业资格、从业职业或专业技术职务等,以及在该估价项目中的角色,并由本人签名、盖章。有些估价机构出具的估价报告,不具备估价员或估价师资格的人员也在估价报告上签名,这样出具的估价报告即便有两名以上注册房地产估价师签名也是不规范的。

(4)估价目的。提供委托方司法处置估价对象价格参考,且要做到描述准确,清晰。

(5)估价时点。说明所评估的客观合理价格或价值对应的年月日,要力求做到清晰准确。

(6)估价对象。概要说明估价对象的状况,比如:名称、坐落、四至、面积、用途、权属、生熟程度、建筑结构、年限、周围环境、景观、基础设施完备程度工程质量等。包括两个方面即实物状况分析及权益状况分析。

(7)评估价值定义。简要说明本次估价的标准制度以及价值内涵,明确本次估价的价值类型等。

(8)估价依据。包括估价所依据的估价规范;国家和地方的法律、法规;委托方提供的有关资料;估价机构和估价人员掌握和搜集的有关资料。此外,网上价格信息只代表了买方或卖方的单方面意愿,而非实际成交的价格,以此作为依据,理由不充分。

(9)估价原则。说明本次估价遵循的房地产估价原则,包括独立客观公正原则、合法原则、最高最佳利用原则、替代原则、估价时点原则,抵押估价还应增加遵循谨慎性原则。同时除列明本次估价原则外,还应对每个估价原则进行解释,且要做到准确无误。

(10)估价方法。不仅要说明本次估价的思路和采用的方法以及这些估价方法的定义,还应说明选择该估价方法的理由及陈述不选择其他估价方法的原因。一般情况下,估价方法的范围涉及常规的四种估价方法,即市场比较法、成本法、收益还原法和假设开发法;土地评估还包括基准地价系数修正法、路线价法等。

(11)估价结果。分别说明本次估价的最终结果,列明总价和单价,附大写金额。若用外币表示,应说明估价时点中国人民银行公布的人民币市场汇率中间价,并注明所折合的人民币价格。此外,还要说明本次估价结果的内涵,是否与假设限制条件一致,出让金、税费等是否扣除等。当估价报告有调整时,应在估价报告中明确阐述理由。

(12)估价作业期。本次估价的起止年月日,起算日期一般以估价委托书签订之日,终止日期一般以估价报告出具日期为准。

(13)估价报告应用有效期。本估价报告应用的有效期,可表达为到某个年月日止,也可表达为多长年限,如一年,一般情况下起算日期以报告出具日期为准,有效期一般不超过一年。如果房地产市场近期波动起伏较大的,建议估价报告有效期相应缩短,如不超过半年。

(14)其他说明。

7. 估价技术报告

估价技术报告一般包括以下内容:

(1)个别因素分析(详细介绍估价对象的区位、实物和权益状况。)

(2)区域因素分析(详细分析影响估价对象价值的各种因素。)

(3)市场背景分析(详细说明分析类似房地产的市场状况,包括过去、现在或可预见的未来)

(4)最高最佳使用分析(详细分析说明估价对象的最高最佳使用状况)

(5)估价方法选用(详细说明估价的思路和采用的方法及其理由。)

(6)估价测算过程(详细说明估价的测算过程、参数选取等。)

(7)估价结果确定(详细说明估价结果及其确定的理由。)

8. 附件

附件是把可能会打断叙述部分的一些重要资料放入其中,通常包括:①估价委托书;②估价对象位置示意图;③估价对象内外部状况以及周围环境和景观的图片;④估价对象权属证明;⑤估价中引用的其他专用文件资料;⑥估价机构资质证书复印件、估价机构营业执照复印件;⑦注册房地产估价师的注册证书复印件。

四、内部审核估价报告

在估价报告交付前,应由估价机构对其进行审核,审核人员由资深估价师或者专业性强、专业经验丰富、业务能力高的估价师组成。按照正确的估价报告要求，对估价报告进行整体性、全面性的检查，规范估价报告，达到合格标准。对估价报告所进行的审核，是为了规避估价风险。审核内容大致分为八个方面：①资料取证的完整性；②标的物产权的明确程度；③工作底稿组织、分类、内容的全面性；④评估信息，评估参数确定的完整性；⑤评估方法选择的正确性；⑥评估过程分类计算及汇总的准确性；⑦评估报告初稿数据的精准性，说明事项的清晰性，附件的完整性；⑧评估报告书、表格校对的正确性。

审核的结论性意见主要有：①可以出具；②适当修改后出具；③应重新撰写；④应重新估价。对于经审核认为需要修改的估价报告，应当进行修改；对于不合格的估价报告，应当重新撰写或重新估价。

五、估价报告的交付

估价报告经过审核合格后，经过负责人的签署意见加盖公章后交于委托人签收。该负责人由本次估价项目的专职注册房地产估价师、参与该估价项目的其他人员、估价机构法定代表人组成，对估价报告对应位置进行签署，最后以估价机构的名义出具，并由该项目负责人交付于委托人。在交付估价报告时，应当标明签收人和签收日期，并对估价报告中的某些特殊事项进行口头说明或解释备注。委托人收到估价报告如无异议后，表明此次估价服务完成，估价机构将此次交付的估价报告副本及有关原始资料存档，以便以后查找阅读。

【本章小结】

不动产估价的基本程序：接受估价委托；明确估价的基本事项；确认估价对象，拟订估价作业计划；收集资料实地踏勘；分析整理相关资料；确定估价方法，计算试算价格；确定宗地估价结果；撰写估价报告；交付估价报告；收取估价服务费。

不动产估价所必要的资料：估价对象本身的资料、影响因素资料、案例资料、其他资料。

资料的调查与收集的方法：访问法、现场勘查法、文献调查法、网络搜集法。

估价报告的构成：封面、目录、致估价委托人函、注册房地产估价师声明、估价假设和限制条件、估价结果报告、估价技术报告。

【习题及思考题】

1. 简述不动产估价的程序。
2. 确定估价基本事项主要包括哪些方面？
3. 简述撰写不动产估价报告的主要作用，估价报告应该包括哪些主要内容？
4. 不同类型不动产调查分析的区别与联系有哪些？

【参考文献】

[1]林英彦. 不动产估价. 11 版. 台北：文笙书局，2006.

[2]中国房地产估价师与房地产经纪人学会. 房地产估价原理与方法(2022). 北京：中国建筑工业出版社，中国城市出版社，2022.

第十一章　城镇土地分等定级与基准地价评估

本章简要介绍我国城镇土地等级及城镇基准地体系构成和我国城镇土地分等与定级的基本原则、程序和方法。依据《城镇土地估价规程》，结合各地基准地价评估实践，重点阐述城镇基准地价评估程序、方法及地方基准地价评估实践的发展，并介绍基准地价成果在土地市场管理、宗地评估等方面的应用。

第一节　城镇土地等级价体系

一、城镇土地质量等级体系

城镇土地质量等级是城镇之间及城镇内部土地质量地域差异的基本表达方式，其中土地等别反映城镇之间土地质量的地域差异，土地级别反映城镇内部土地质量的地域差异，“等”与“级”共同构成我国城镇土地质量地域差异体系。

城镇土地分等对象是城市市区、建制镇镇区的土地，以县（市、区）行政区范围的城镇土地为基本地域空间单元，根据应用需要可按全国、省域、市域所辖范围的城镇土地开展分等工作。国土资源部依据社会经济发展水平、土地资源状况及基准地价水平将全国城镇土地划分为15个等别，省（自治区）一般划分5～10等别，直辖市一般划分2～5个等别，省级以下区域一般划分2～5个等别。城镇土地等别可为国家制定土地政策，促进土地节约集约利用及土地使用制度改革，加强土地宏观调控提供科学依据。

城镇土地定级对象是空间规划确定的可作为城镇建设用地的土地，以单个城镇开展定级工作。土地级别分综合级别、商服用地级别、住宅用地级别、工业用地级别；土地级别的数量与城镇规模正相关，以综合级别为例，大城市一般划分5～10个级别，中等城市4～7个级别，小城市以下3～5个级别（表11-1）。土地级别是基准地价评估的直接依据，同时也可为土地税费征收、建设用地经济评价、空间规划编制、土地供应计划制订提供科学依据。

表11-1　土地定级级别数目

定级类型	城市规模		
	大城市	中等城市	小城市以下
综合定级	5～10级	4～7级	3～5级
商服用地定级	6～12级	5～9级	4～7级
住宅用地定级	5～10级	4～7级	3～5级
工业用地定级	4～8级	3～5级	2～4级

二、城镇土地价格体系

城镇土地质量等级反映土地质量及使用价值的地域差异，土地价格是土地质量及使用价值在市场上的反映。一般来说，城镇土地质量及使用价值优、等级高，土地价格等级相应的也高，反之，土地质量及使用价值等级低，土地价格等级相应的也低。但土地质量及使用价值等级与土地价格等级在特定时点及市场环境下不一定是完全的对应关系，土地质量等级相对比较稳定，是土地价格等级稳定的本质表现，土地价格等级除了反映土地质量优劣、土地质量等级高低外，还与土地市场供需状况及区域开发战略、政策密切相关。理论上城镇土地价格等级体系是在土地质量等级划分基础上，根据土地用途、效用特征、市场状况，通过评估建立包括商业、住宅、工业、公共设施等分用途的土地价格等级体系；实践中我国城镇的土地价格级别体系比较完整，但土地价格等别体系只建立了针对工业用途分等别的工业用地出让最低价标准。我国目前的城镇土地等级价体系主要包括两个部分，一是基于城镇土地等别的工业用地出让最低价标准等别体系；二是基于城镇土地级别的分用途级别基准地价体系。

(一)等别地价体系

现阶段我国等别地价体系的核心是国家为加强对工业用地的调控和管理，促进土地节约集约利用，基于土地等别，根据市、县工业用地市场状况、土地取得及开发成本、区域土地利用政策等因素制定的工业用地出让最低价标准。全国工业用地出让最低价标准由国家土地价格行政管理部门统一制订，最高一等为 840 元/m^2，按等别依次降低，最低十五等只有 60 元/m^2（表 11-2）。浙江等省根据当地实际情况，在不违背全国工业用地出让最低价标准的前提条件下，建立了省域范围内基于土地等别的工业用地出让最低价标准。市、县人民政府出让工业用地，确定土地使用权出让价格时必须执行国家和省的最低控制标准；各地开展基准地价更新工作，工业用地基准地价不得低于当地最低价标准。从发展角度建立基于城镇土地等别，分用途的商业、居住、工业、公共设施、基础设施等用途的等别基准地价体系，从宏观层面反映不同城镇地价水平，对于规范全国土地市场具有积极作用。

表 11-2　全国工业用地出让最低价标准　　元/m^2

土地等别	最低价标准	土地等别	最低价标准
一等	840	九等	204
二等	720	十等	168
三等	600	十一等	144
四等	480	十二等	120
五等	384	十三等	96
六等	336	十四等	84
七等	288	十五等	60
八等	252		

(二)级别地价体系

城镇级别地价体系包括基准地价、土地出让最低限价标准、划拨土地补交出让金标准等类型,其中城镇基准地价体系是我国等级价体系的核心内容,是基于城镇土地级别或均质地域按照商业、居住、工业、公共设施、基础设施等用途分别评估,并依政府指导价方式确定的某一估价期日上法定最高使用年期土地使用权的区域平均价,对于规范当地土地市场具有多方面的作用。

(1)级别基准地价反映城镇土地市场中的地价水平、变动趋势和地域分异规律,对城镇地价体系中的其他地价系列具有一定的导向和控制作用,为政府宏观控制地价和制订相关地价管理措施等提供科学依据,提高政府管理和调控土地市场能力。级别基准地价是规范土地市场交易、加强国家对地价进行管理的重要手段,同时也是有关地价管理政策得以实施的依据。

(2)级别基准地价是进一步评估宗地地价的基准。基准地价系数修正法是我国宗地地价评估的主要方法之一,基准地价是应用基准地价系数修正法评估宗地价格的基值。

(3)级别基准地价作为城镇土地市场的指导性价格和公示性价格,通过定期公布,向社会提供土地市场的有关地价及其变动趋势及地域差异,有利于市场交易双方准确了解市场行情,保证土地交易双方、自然资源管理部门的信息对称。便于土地投资者和土地使用者及时了解不同区域不同用途的地价水平及变动趋势,根据自身需要和地价支付能力调整土地利用方式,按国家有关地价管理和土地利用的政策规定,取得或处置土地使用权,从而促进交易行为的规范化,保证土地市场地价变化的正常有序,使土地使用者和土地所有者的利益都能得到合理实现。

(4)国家征收土地使用税等的依据。土地使用税等地产税按国外经验一般是从价征税,级别基准地价可以为从价征税提供标准。目前我国征收的土地使用税标准低,级差小,达不到调节土地利用及级差收益目的,按基准地价征收是土地税制改革的方向。同时也是合理分配土地收益,中央参与土地有偿使用收益分配的依据。

第二节　城镇土地分等定级

城镇土地分等定级是为全面掌握城镇土地质量及利用状况,科学管理及合理利用城镇土地,促进城镇土地节约集约利用,为国家和各级政府制定各项土地政策和管控措施,为土地估价、土地税费征收及空间规划、计划制订提供科学依据。土地"等"反映城镇之间土地质量的地域差异,土地"级"反映城镇内部土地质量地域差异。城镇土地分等定级采用"等"和"级"两个层次的工作体系,土地分等由国家及省级自然资源管理部门组织开展,土地定级由市县级自然资源管理部门组织开展。

一、城镇土地分等定级基本原则

(1)综合分析原则。土地质量等级受自然、经济、社会及政治等诸多因素的影响,土地分等定级应对各种经济、社会、自然因素等进行综合分析,只有按综合地域差异划分土地等级,才能科学客观地评定城镇土地等级，使土地等级能客观反映土地经济、社会、生态等综合效益的差异。

(2)主导因素原则。影响城镇土地质量等级的因素众多复杂，但各因素的影响程度又各不相同，土地分等定级时应根据影响城镇土地优劣的因素种类及其作用的差异，重点分析对土地等级起控制和主导作用的因素，突出主导因素的影响。

(3)地域分异原则。城镇土地的地域分异规律是城镇土地自然和社会经济各因素不同组合、共同作用的结果，它所反映的城镇土地生产力、土地利用布局和土地利用效益上的差异，这些差异城镇土地分等定级的客观基础。城镇土地分等定级应掌握土地区位条件和特性的分布与组合规律，分析各个由于区位条件不同形成的地域差异状况，将类似地域划归同一土地等级。

(4)土地收益差异原则。城镇土地等和级的划分应符合区域和城镇内部土地收益差异规律，土地等级高低应与土地收益或土地价格高低相对应，应采用市场资料分析数据对初步划分等级进行验证、调整。

(5)定量与定性相结合原则。城镇土地分等定级应尽量把定性的、经验性的分析进行量化，以定量计算为主，必要时才对某些现阶段难以定量的社会、经济因素采用定性分析，以减少人为任意性，提高土地分等定级的精度。

二、城镇土地分等程序与方法

(一)分等因素因子选择

城镇土地分等因素是指对城镇土地分等有重大影响，并能体现城镇间土地差异的经济、社会、自然条件。主要因素包括城镇区位、城镇集聚规模、城镇基础设施、城镇用地投入产出水平、区域经济发展水平、区域综合服务能力、区域土地供应潜力等。《城镇土地分等定级规程》按因素、因子两个层次提供了开展城镇土地分等因素因子参考表，参考表包括 7 个因素，25 个因子，其中必选因素 5 个，备选因素 2 个，必选因子 8 个，备选因子 17 个(表 11-3)。具体区域开展土地分等，确定分等因素时应遵循以下原则：

(1)因素因子的指标值变化对城镇土地质量有显著影响，指标值有较大的变化范围，且能直接客观地反映所评价区域的城镇土地等别的高低。

(2)城镇土地分等因素因子的指标能反映当前的土地利用发展趋势，并对城镇未来土地分等产生影响。

(3)城镇土地分等因素因子的指标易通过统计资料获取或易量化处理。

开展城镇土地分等首先应按《城镇土地分等定级规程》提供的城镇土地分等因素因子参考表，选择必选因素因子，在此基础上按上述分等因素因子选择原则，根据实际情况和资料获取的难易程度，采用特尔菲测定法、主成分分析方法等作为辅助手段对备选因素因子进行筛选，确定分等因素因子。

表 11-3　城镇土地分等因素因子参考

因素	选择要求	因子	评价指标	选择要求
城镇区位	必选	交通区位	城镇交通条件指数	必选
		城镇对外辐射能力	城镇对外辐射能力指数	备选
城镇集聚规模	必选	城镇人口规模	城镇人口规模	必选
		城镇人口密度	城镇人口密度	备选
		城镇非农产业规模	城镇二、三产业增加值	备选
		城镇工业经济规模	城镇工业销售收入	备选
城镇基础设施	必选	道路状况	城镇人均铺装道路面积	必选
		供水状况	城镇人均生活用水量	备选
		供气状况	城镇气化率	备选
		排水状况	城镇排水管道密度	备选
城镇用地投入产出水平	备选	城镇非农产业产出效果	城镇单位用地二、三产业增加值	备选
		城镇商业活动强度	城镇单位用地批发零售贸易业商品销售总额	备选
		城镇固定资产投资强度	城镇单位用地建设固定资产投资	备选
		城镇劳动力投入强度	城镇单位用地从业人员数	备选
区域经济发展水平	必选	国内生产总值	国内生产总值综合指数	必选
		财政状况	地方财政收入综合指数	必选
		固定资产投资状况	全社会固定资产投资综合指数	必选
		商业活动	社会消费品零售总额综合指数	必选
		外贸活动	外贸出口额综合指数	备选
区域综合服务能力	必选	金融状况	人均年末银行储蓄存款余额	必选
		邮电服务能力	人均邮电业务量	备选
		科技水平	专业技术人员比	备选
区域土地供应潜力	备选	区域农业人口人均耕地	区域农业人口人均耕地	备选
		区域人口密度	区域人口密度	备选
		建设用地占行政区域的面积比例	建设用地占行政区域的面积比例	备选

资料来源:《城镇土地分等定级规程》

(二)分等因素因子权重确定

权重反映分等因素因子对城镇土地质量的影响程度。权重值的大小与因素对土地质量的影响成正比,权重值越大,因素对土地质量的影响越大。权重值确定主要采用特尔斐测定法、因素成对比较法、层次分析法等方法,具体区域进行城镇分等时可单独采用上述方法的一种,也可采用多种方法确定。

(三)分等对象因素因子分值计算

1. 因子分值计算

因子分值计算主要采用位序标准化及极值标准化方法，计算分等对象因子分值，因子分值应在 0～100，因子分值越大，表示分等对象受相应因子的影响效果越佳。具体计算因子分值时要注意区分评价指标与土地质量之间是正相关还是负相关。

(1)位序标准化的公式

$$Y_{ij}=100\times X_{ij}/n \tag{11-1}$$

式中：Y_{ij} 为第 i 个分等对象的第 j 项因子分值；X_{ij} 为各分等对象按第 j 项因子指标值大小进行排序，X_{ij} 为排序后第 i 个分等对象的位序；当指标值与土地利用效益呈正相关时，排序从小到大进行，反之亦反；n 为参加分等的城镇个数。

(2)极差标准化的公式

$$Y_{ij}=100\times\alpha(j)\times(X_{ij}-X_j)/(X_{\max}-X_{\min}) \tag{11-2}$$

式中：Y_{ij} 为第 i 个分等对象的第 j 项因子分值；$\alpha(j)$，X_j 为当第 j 项因子指标与土地利用效益正相关时，$\alpha(j)=1$ 且 $X_j=X_{\min}$；当第 j 项因子指标与土地利用效益负相关时，$\alpha(j)=-1$ 且 $X_j=X_{\max}$；X_{ij} 为第 i 个分等对象第 j 项指标值；$X_{\max}$ 为各分等对象 X_{ij} 指标的最大值；$X_{\min}$ 为各分等对象 X_{ij} 指标的最小值。

2. 因素分值计算

分等对象因素分值计算以因素分值为基础，采用因素赋权加和进行计算，具体计算公式为：

$$F_{ik}=\sum_{j=1}^{n}(W_{kj}\times Y_{ij}) \tag{11-3}$$

式中：F_{ik} 为第 i 个分等对象第 k 个因素分值；W_{kj} 为第 j 项因子对应上层第 k 个因素的权重值；Y_{ij} 为第 i 个分等对象第 j 项因子的分值；n 为第 k 个因素包含的因子个数。

(四)分等对象综合分值计算

分等对象综合分值计算以因素分值为基础，采用因素赋权加和进行计算，具体计算公式为：

$$S_i=\sum^{n}(W_k\times F_{ik}) \tag{11-4}$$

式中：S_i 为第 i 个分等对象的综合分值；W_k 为第 k 个因素的权重值；F_{ik} 为第 i 个分等对象第 k 个因素分值；n 为因素个数。

(五)土地等别初步划分

土地等别初步划分以分等对象综合分值为依据，采用数轴法和总分频率曲线法进行土地等别初步划分。采用数轴法进行土地等别初步划分时，将分等对象综合分值点标绘在数轴上，按综合分值的分布状况，选择点数稀少处作为等间分界。采用总分频率曲线法进行土地等别初步划分时，对分等对象综合分值进行频率统计，绘制频率直方图，选择频率曲线波谷处作为等间分界。具体操作可采用上述两种方法的一种或多种方法进行城镇土地等别的初步划分。

(六)土地等别划分方案验证与确定

土地等别初步划分成果验证主要采用市场地价资料及数理统计分析方法。采用市场资料验证城镇土地分等，主要选择城镇间基准地价分等、土地市场交易资料分等、商品住宅交易资料分等、标定地价资料分等中的一种或多种方法。利用城镇基准地价验证时，考虑城镇间的可比性，不同城镇基准地价的级别不一致，以最高级别商业或住宅用地的基准地价为主要分等依据。利用城镇主城区土地市场交易资料验证时，要分析涉及城镇不同用途土地市场发育程度及交易规模，选择市场化程度高，价格形成机制比较完善且交易规模比较大的住宅、商业类土地的总平均价格为主要分等依据；工业用地虽然交易规模大，但由于地方政府招商引资的作用，具体城镇价格的水平受非市场因素的影响，规律性不强，其价格水平不宜作为土地等别验证的依据。利用城镇商品住宅交易资料验证时，同样应选择市场化程度高，价格形成机制比较完善且交易规模比较大的住宅、商业类商品房的总平均价格为分等依据。利用标定地价资料验证时，可直接以标定地价的总平均价格或最高土地级别标定地价的平均值为分等依据。采用数理统计分析方法验证城镇土地分等，主要选择聚类分析法、均值-方差调整法、等别分值排序平衡法等。

城镇土地分等方案最终确定以多因素综合评价结果为主要依据，首先确定多种验证方法一致的城镇土地等别，对于多种方法验证不一致的城镇土地等别，则进一步进行专家咨询并征求管理部门意见综合确定。

三、城镇土地定级程序与方法

(一)定级因素选择及权重确定

城镇土地定级因素是指对城镇土地级别有重大影响，并能体现城镇内部土地区位差异的经济、社会、自然条件。主要因素包括繁华程度、交通条件、基本设施状况、环境条件、人口状况、产业集聚效益等。一个城镇开展土地定级时，因素选择首先要考虑定级类型的差异，综合定级与商业、住宅、工业用地分类定级选择的因素有共性的方面，但也存在一定差异；其次选择的因素应具有较大的空间变异性，对区域土地质量地域分异有重大影响；另外还需考虑资料可获性。具体选择方法一是采用特尔斐法测定要选择的因素，二是以《城镇土地分等定级规程》提供的定级因素选择表(表 11-4 至表 11-7)为参考，考虑具体城镇可采集的数据进行选择。权重值确定也主要采用特尔斐测定法、因素成对比较法、层次分析法等方法确定。

表 11-4 城镇土地综合定级因素

名称	繁华程度	交通条件			基本设施状况		环境条件			
定级因素	商服繁华影响度	道路通达度	公交便捷度	对外交通便利度	基础设施完善度	公用设施完备度	环境质量优劣度	绿地覆盖率	自然条件优劣度	景观条件优劣度
选择性	必选	至少一种必选		备选	至少一种必选		备选			
重要性顺序	1	2 或 3			3 或 2		4			
权重范围	0.2～0.4	0.1～0.3			0.1～0.3		0.03～0.2			

资料来源:《城镇土地分等定级规程》

表 11-5 城镇商服用地定级因素

名称	繁华程度	交通条件			基本设施状况	人口状况
定级因素	商服繁华影响度	道路通达度	公交便捷度	对外交通便利度(客运)	基础设施完善度	人口密度
选择性	必选	至少一种必选			必选	备选
重要性顺序	1	2 或 3			3 或 2	4
权重范围	0.25～0.45	0.05～0.25			0.05～0.25	0.1～0.2

资料来源:《城镇土地分等定级规程》

表 11-6 城镇住宅用地定级因素

名称	基本设施状况		交通条件			环境条件			繁华程度	人口状况
定级因素	基础设施完善度	公用设施完备度	道路通达度	公交便捷度	对外交通便利度(客运)	环境质量优劣度	绿地覆盖率	景观条件优劣度	商服繁华影响度	人口密度
选择性	必选		至少必选一种		备选	至少必选一种			备选	备选
重要性顺序	1		2 或 3			3 或 2			4 或 5	5 或 4
权重范围	0.2～0.4		0.2～0.3			0.15～0.25			0.1～0.2	0.05～0.1

资料来源:《城镇土地分等定级规程》

表 11-7　城镇工业用地定级因素

名称	交通条件		基本设施状况	环境条件	产业集聚效益
定级因素	道路通达度	对外交通便利度(货运)	基础设施完善度	自然条件优劣度	产业集聚影响度
选择性	必选			备选	
重要性顺序	1		2	3	4
权重范围	0.2～0.4		0.2～0.3	0.1～0.2	0.05～0.15

资料来源:《城镇土地分等定级规程》

(二)定级因素量化方法

定级因素量化方法主要包括两个类型,一类是面状因素,这类因素对土地质量的影响仅与因素指标值有关,二是点、线状因素,这类因素对土地质量的影响与因素涉及的设施规模有关,同时又与距设施的相对距离有关。具体因素量化根据具体因素类型采用对应的量化模型,并编制因素作用分值图或因素作用等值线图,如人口密度作用分值图、商服繁华影响度作用分等值线图。

面状因素主要包括基础设施完善度、环境质量优劣度、绿地覆盖率、自然条件优劣度、景观条件优劣度、人口密度和产业集群影响度 7 个因素(表 11-8),这些因素量化基本公式为:

$$e_i = 100 \times (X_i - X_{min}) / (X_{max} - X_{min}) \tag{11-5}$$

式中:e_i 为 i 指标值的作用分;X_i 为 i 指标值;X_{min} 为 i 指标值的最小值;X_{max} 为 i 指标值的最大值。

表 11-8　城镇土地定级因素量化类型

项目	定级因素	因素类型	衰减方式			
			综合定级	商业定级	住宅定级	工业定级
繁华程度	商服繁华影响度	点状	指数	指数	线性	/
交通条件	道路通达度	线状	指数	指数	线性	线性
	公交便捷度	点状	线性	线性	线性	/
	对外交通便利度	点状	线性	指数	线性	指数
基本设施状况	基础设施完善度	面状	/	/	/	/
	公用设施完备度	点状	线性	/	线性	/
环境条件	环境质量优劣度	面状	/	/	/	/
	绿地覆盖率	面状	/	/	/	/
	自然条件优劣度	面状	/	/	/	/
	景观条件优劣度	面状	/	/	/	/
人口状况	人口密度	面状	/	/	/	/
产业集聚效益	产业集聚影响度	面状	/	/	/	/

点状、线状因素主要包括商服繁华影响度、道路通达度、公交便捷度、对外交通便利度和公用设施完备度 5 个因素。这些因素分值的高低由三方面因素决定：一是因素涉及的设施规模，如商服繁华影响度因素与涉及的商服中心规模和等级有关；二是地块到设施的距离，如商服繁华影响度则是地块到商服中心的距离；三是设施对周边区域影响随距离增加衰减方式。这些因素量化采用指数衰减模型或直线衰减模型计算因素分值。

指数衰减模型：

$$e_{ij}^{M}=(f_{i}^{M})^{1-r} \tag{11-6}$$

直线衰减模型：

$$e_{ij}^{M}=f_{i}^{M}\times(1-r) \tag{11-7}$$

式中：e_{ij}^{M} 为 j 点受 i 设施功能的作用分；f_{i}^{M} 为 i 级设施功能的功能分；r 为 j 点到 i 设施的相对距离。

某因素设施功能分主要由设施规模决定，如商服繁华影响度因素，功能分依据商服中心的销售总额、总利润或单位面积销售额、利润值等指标确定。相对距离某一点到某一因素设施实际距离与设施服务半径的比值，其中某因素设施服务半径为该因素设施的最大影响距离。

(三)定级单元划分及因素作用分取值

定级单元是评定土地级别的基本空间单位，单元内部土地特性和区位条件基本一致。定级单元划分主要采用主导因素判定法、叠置法、动态网格法、网格法等方法。按《城镇土地分等定级规程》要求，划分的单元同一单元内的同一主要因素分值差异不得≥$100/N+1$（N 为拟划分的土地级数），单元面积确定在 5～25 hm^2，在城镇中心区单元面积尽量取低值，城镇郊区单元可适当放大；采用计算机系统为辅助手段进行城镇土地定级时，划分的网格单元面积应不大于 0.25 hm^2。划分的单元应能方便地进行因素取样，并能保证分值计算的准确性和科学性；商服中心、公用设施、交通枢纽等整体起作用的区域，不能分割为不同单元。单元边界应尽量采用自然线状地物、铁路、交通道路、权属界线、土地类型界线、行政行政区划界线等。

定级单元因素作用分取值，根据单元内因素作用分值图或作用分等值线图分布特征，选择单元所包含的因素等分线平均值，单元几何中心点的分值，单元各转折点、明显变化点的平均分值代表单元分值。采用计算机系统为辅助手段进行土地定级时，按相应衰减公式直接计算呈点、线状分布的定级因素对单元中心点的影响作用分值或直接读取单元中心点落在面状因素不同指标区域的作用分作为单元分值。

(四)定级单元总分值计算

定级单元总分值计算以单元因素分值为基础，采用因素赋权加和进行计算，具体计算公式为：

$$S_j=\sum_{i=1}^{n}F_{ij}\times W_i \tag{11-8}$$

式中：S_j 为 j 单元的土地总分值；F_{ij} 为 j 单元的 i 因素分值，$i=1,2,\cdots,n$；W_i 为 i 因素的权

重;n 为定级因素的个数。

(五)土地级别初步划分

土地级别初步划分以定级单元总分值为依据,采用总分数轴确定法、总分频率曲线法及总分剖面图法初步划分土地级别。采用总分数轴确定法划分土地级别,将定级单元总分值点绘于数轴上,按土地优劣的实际情况,选择数点稀少处为级间分界。采用总分频率曲线法划分土地级别,对定级单元总分值作频率统计,绘制频率直方图,按土地优劣的实际情况,选择频率曲线分布突变处为级间分界。采用总分剖面图法划分土地级别,选择城镇若干方向作总分典型变化剖面,按土地优劣的实际情况,以剖面线突变段作为级间分界。具体操作可采用上述三种方法的一种或多种方法进行城镇土地级别别的初步划分,级别的数量与城镇规模及地域差异程度密切相关,一般大城市划分 5～10 级,中等城市划分 4～7 级,小城市以下划分 3～5 级。根据需要初步方案可有多个,通过其他途径验证后确定最佳方案。

(六)土地级别划分方案验证与确定

土地级别初步划分方案验证,主要采用市场交易价格和土地级差收益测算等方法进行验证,主要通过利用市场交易价格和土地级差收益分别划分的土地级别,与初步划分方案比较,分析它们之间吻合程度及差异特征。商服用地级别还需进行高级商务集聚区修正。土地级别最终方案确定,需根据市场交易价格和土地级差收益测算验证结果,结合实地校核,对各土地级别范围、边界进行修订调整形成最终土地级别划分成果。

第三节 基准地价评估

一、基准地价定义

基准地价是土地利用总体规划确定的建设用地扩展边界范围内,对现状利用条件下不同级别或不同均质地域的土地,按照商业、居住、工业、公共管理与公共服务等用途分别评估,并依政府指导价方式确定的某一估价期日上法定最高使用年期土地使用权的区域平均价。基准地价与其他地价类型比较具有以下几个显著特点。

(1)基准地价由政府委托评估,评估结果须向社会听证、广泛听取公众意见及政府认可,由市县人民政府定期公布。

(2)基准地价是一种分用途的评估地价,同一区域中,不同用地类型的土地,有不同的基准地价标准。我国目前的基准地价按用途分类,主要包括商业基准地价、住宅基准地价和工业基准地价等类型。近年来随着土地使用制度改革的深化,土地有偿使用范围扩大,一些属于划拨用地的类型如民政福利设施,学校、医院、文化等公共设施用地在有些地区正逐步纳入有偿使用范围,对基准地价用途分类体系提出了新的要求。实践中已有个别市县评估了对应于这些用地类型的基准地价体系。此外,在商业、住宅、工业三种用地类型分类基础上,进一步根据细化类型的地价水平及分布规律,细化基准地价用途分类,专门针对旅游用地、写字楼用地、宾馆用地等细化类型评估与其对应用途的基准地价。自然资源部 2021 年发布的《自然资源价格评估通则》要求城镇基准地价的用地类型至少包括商服用地、住宅用地、工矿仓储用地和公共管理与公共服务用地四个类型，并根据市场发育情况及管理需求细化至二级地类，可根据需要制定地下空间使用权价格。

(3)基准地价是区域的平均价格，区域最基本表达方式是土地级别和均质地域。在各地评估实践中，由于商业、住宅土地级别内部价格的差异比较大，根据商业、住宅等用地类型地价的区位变化规律及特点，进一步评估对应商业、住宅、工业均质地域的区片价，提高基准地价区域的均质性和区域范围宗地价格水平的相对一致性。商业用地和商品住宅用地，宜同时以地面地价和楼面地价为基准地价表现形式。

(4)基准地价具有全域覆盖的特征，城区内的任何一个区域，应有至少一种用地类型的基准地价。

(5)基准地价是有限年期的土地使用权地价。按国家有关法规规定，商业、住宅、工业用地使用权出让的最高期限分别为40年、70年、50年，基准地价评估设定的最高年期不得超过法定的最高出让年限。公共管理与公共服务用地对最高使用年期目前法规没有具体规定，各地实践一般参照商业、住宅、工业用地使用权出让的最高期限确定。

(6)基准地价具有时效性。基准地价最基本的要求是客观反映土地市场的正常价格水平，当区位条件、城市规划及土地市场发生变化、以及由此导致地价水平发生变化时，须及时对基准地价进行更新。

二、基准地价评估的基本要求

(一)根据土地市场发育程度因地制宜确定技术路线

基准地价评估的技术路线与土地市场发育程度密切相关。一般土地市场比较发育的城镇，土地交易活跃，各种交易类型的样本丰富。在这种条件下，基准地价评估主要以市场交易样本地价为依据，通过均质地域划分及样本分区整理，采用适当的数理统计方法划分土地级别、评估基准地价，具体技术路线如图11-1所示。对于土地市场不发育的城镇，各种交易类型的样本少，不具备直接采用市场交易样本评估基准地价的客观条件。此种情况下，基准地价评估则采用以土地定级为基础、土地收益为依据、土地交易价格为参考的技术路线，土地定级则主要采用多因素赋权加和法进行定级，其基本思路通过选择一组影响土地级别的因素如商服繁华影响度、道路通达度等，在单因素评价的基础上，计算评价单元总分，按总分高低划分土地级别。此技术路线在我国土地有偿使用制度改革初期应用比较广泛，随着我国社会主义市场经济制度的建立完善，在各地基准地价评估实践中的应用逐步减少，其技术路线如图11-2所示。

资料收集——→资料整理归类——→样本地价计算——→基准地价内涵及基准条件界定——→样点地价标准化——→均质地域划分——→均质地域基准地价评估——→土地级别划分——→级别基准地价评估——→基准地价修正系数表编制——→成果整理

图11-1 土地市场发育条件下基准地价评估技术路线

资料收集⟶资料整理归类⟶土地使用价值评价⟶基准地价内涵及基准条件界定⟶样本地价计算及标准化⟶土地收益资料标准参数确定⟶土地收益资料标准化修正⟶土地级别或单元分值与土地收益统计模型建立⟶级别基准地价评估⟶基准地价修正系数表编制⟶成果整理

图 11-2　土地市场不发育条件下基准地价评估技术路线

(二)明确基准地价内涵及基准条件

地价高低与土地权利类型、使用年期、用途、期日、开发利用程度及建设条件密切相关，同一区域或同一宗地由于开发利用条件及权利状况的差异，价格水平可能相差数倍，开展基准地价评估必须明确基准地价的内涵及基准条件。在基准地价评估实践中有的依据土地效益资料；有的依据市场样本地价，同样是市场样本地价有的依据一级土地市场的出让样本，有的依据二、三级土地市场的商品房样本及转让样本的楼面地价，或者将这些样本混在一起作统计分析。在对基准地价基准条件缺乏明确界定的条件下，依据这些交易样本或效益资料样本评估的基准地价无法客观明确的反映市场地价水平，其结果无法解释基准地价与一、二、三级土地市场交易地价的巨大差异。同时也会导致不同城镇之间基准地价水平与社会经济发展水平之间的不平衡或无规律性，影响基准地价作为政府公布地价的权威及可信性，不利于政府对地价的宏观调控和管理及土地市场建设，所以科学界定基准地价内涵和基准地价条件是保证基准地价科学性的必要条件，明确基准地价内涵及基准条件是评估基准地价的基本要求。

(三)正确处理评估地价与市场交易地价的关系

市场交易地价是指地产交易中通过协议、招标、拍卖或其他市场流通形式而直接实现的宗地价格，反映特定宗地在市场供求、政策因素、经济形势、地价政策、交易双方心理等各要素综合作用下的某一时点价格。从形成上看，评估地价是根据过去市场成交地价及土地收益情况按照一定的估价方法估计得到的价格，其反映房地产交易的适中价值和市场价格。市场交易地价是评估地价形成的主要依据和参考指标，而评估价格又是交易价格的基础，因为交易地价的形成一般是交易双方根据各自的评估价格在市场中经讨价还价达成。在公开竞争的市场里，由于市场交易双方均了解市场行情，即都知道交易地块的评估价格，卖方为获取更多的销售收益一般在成交价格高于评估价时才愿意出售，而买方则只有在认为该地块的开发价值高于评估价格时才愿意购买该地块，故双方交易达成的正常市场成交价一般要高于评估地价，特殊情况下如买方急于脱手则可能出现成交价低于评估价的非正常交易价。

根据评估价与市场交易价之间的关系，基准地价作为评估地价和公示地价，故其一般应略低于现实市场交易地价水平。在现实土地市场交易中，由于协议、招标、拍卖和挂牌等不同交易形式因交易竞争激烈程度和交易心理不同，导致交易地价水平各不相同。在利用历史市场交易地价资料评估确定基准地价时，应正确处理各种交易形式市场地价与市场价值之间的关系。一般而言，招标、挂牌交易市场公开化程度较高，交易中受不正常因素影响较少，较大程度地体现了公平竞争和公平交易的原则，因而达成的交易地价能较客观地反映了正常土地市场价值和土地利用产生的收益能力；而拍卖交易由于市场竞争最为激烈，在交易过程中容易受非理性心理影响而导致交易价格往往偏高。协议交易一方面由于交易本身缺乏足够的公开性和竞争性，另一方面因土地市场化程度不高造成土地市场价格信号严重失真等的影响，导致交易价格往往明显偏低。因此，根据评估地价和成交地价的相互关系，评估实践中应首先认真分析不同交易形式的市场价格关系，要以市场交易较正常的招标、挂牌交易地价资料为主要依据，并适当兼顾拍卖地价和协议地价进行科学定价。另外，鉴于我国当前的土地市场特征，现行条件下最终确定的基准地价水平处于协议地价和招标、挂牌地价水平之间原则上应是比较合适的。

(四)协调好基准地价与一、二、三级土地市场价格之间的关系

市场经济条件下，房地产市场是一个多层次分级运行的市场，房地产商品的交易和流通实际上是在不同层次上进行的，即一级土地市场价格和二、三级市场房地产价格的形成分别受各自市场的价值规律和供求关系所制约，因而，一级市场地价水平与二、三级市场地价水平之间存在不协调性的可能，如日本20世纪70—80年代出现的房地产泡沫使得市场地价涨幅远远高于市场租金（理论地价）涨幅这样严重的市场脱节现象，我国20世纪90年代以来总体趋势也是市场交易地价涨幅快于市场租金的涨幅，导致租售价偏离合理的比值区间。而另一方面各级土地市场之间又相互联系、相互制约，其中一级土地市场是基础和源头，其供给量大小及供求关系很大程度上决定二、三级土地市场的供求关系和运行特征；二、三级市场则是一级市场房地产商品化借以实现的必然延伸和结果，其供求状况和价格高低也会反馈到一级市场，从而调节一级土地市场的供求和价格。两者之间存在如下的市场调节机制："房地产需求量增大→房地产价格上升→地价上升→土地供应增加→地价缓落及房地产供给增加→房地产价格下降→土地供应减少或暂停→地价再度上升及房地产供给减少→房地产价格上扬。"另外，从房地产需求角度来看，对地产的需求首先是对房产的需求，房产是最终产品，土地则是一种生产要素投入，其需求是由房产的需求引起的，即土地需求是一种引致需求，故在正常市场条件下，一级市场与二、三级市场之间的地价水平能保持相当的协调关系。

据此，基准地价评估实践中，要判断反映一级土地市场价格水平的城镇基准地价成果确定是否科学、合理，是否准确反映土地市场的正常土地市场价值和土地收益能力，是否有利于促进土地市场的健康运行，可以从二、三级土地市场入手，通过比较分析两个不同层次市场房地产价格水平的相关关系与协调性，达到验证和完善最终基准地价的作用。从理论上分析，二、三级土地市场租金收益和企业利润资料测算的收益地价（地租的资本化）是正常土地市场价值的重要体现，反映了地价的长期均衡值（理论地价值）；但由于我国当前土地市场发育的不平衡性和不规范性，除商业、写字楼租赁市场化程度较高、价格可靠性较强外，住宅租金和企业利润受长期计划经济体制影响往往严重偏离市场价值。故现行条件下应主要采用二、三级市场中交易规范、公开化程度高、数量丰富、覆盖面广的商业店铺租赁、买卖样本，写字楼租赁、买卖样本及住宅商品房买卖样本为主加以判断、检验。最终的基准地价应该充分反映一、二、三级土地市场价格之间的正常关系。

(五)根据地价管理政策需要,科学制定基准地价成果应用方案

根据前述分析,城镇基准地价是不可能做到一步到位地满足不同地价管理政策的需要和诸如土地销售和购买、融资合并、征税、保险、会计、入股、投资决策等不同目的地价评估的需要。因此,具体应用反映土地市场客观价值的基准地价成果时,应根据不同应用目的分别制订相应的成果应用方案。如基准地价成果服务于旧城改造拆迁补偿价标准的制订时,应分别根据有关法律法规规定,以基准地价为基础制订相应的不同应用方案。这样,就能较好地避免基准地价成果在应用于不同方面时发生的种种矛盾,从而有利于提高基准地价成果应用的可操作性和实际价值,并为进一步拓宽成果应用的范围奠定基础。

三、基准地价评估工作底图编制

基准地价评估工作底图编制应根据的基础资料条件采取相应方法进行编制,底图信息来源主要包括城镇土地利用现状图、空间规划图、地籍图、地形图等。编制工作底图首先依据空间规划城镇开发边界确定基准地价评估工作范围,然后按照基准地价工作底图信息要求,整合各类图件信息形成基准地价工作底图。在整合各类图件信息过程中,应进行统一的坐标转换,同时由于各类图件用途类型分类体系不一致,需制定各类图件土地用途信息转换规则。形成的工作底图应包括以下基本信息:

(1)基础地理信息:主要包括行政界线政府驻地、地名注记、城市道路交通、河流水系及其他重要地物等。

(2)土地利用信息:至少包括符合《土地利用现状分类》(GB/T 21010—2017)要求的商业用地、居住用地、工业用地、公共设施(如教育、文化、科研、行政办公用地等)、城市道路与交通设施用地、广场用地、公园绿地等用途,其他用途分类依据资料来源作适当整理确定。尚未建设的规划建设用地区域,应明确规划用途及功能信息。

(3)建筑物信息:主要包括建筑基底、建筑层数(或建筑面积)等信息,这部分内容根据需要选择,不作为必备信息。工作底图比例尺按《城镇土地估价规程》规定计算:

大城市 (1∶10000)~(1∶50000)
中等城市 (1∶5000)~(1∶10000)
小城市以下 (1∶1000)~(1∶5000)

在具体城镇基准地价评估时,采用与所在城镇国土空间规划图一致的比例尺更具可行性。

四、资料收集

(一)资料收集的内容

基准地价评估涉及面广,资料多,归纳起来主要包括城镇或区域背景资料、区域因素资料、地价地租资料和图件资料等四大部分(表 11-9)。

1. 背景资料

背景资料主要是指与基准地价评估有关的自然、交通、社会、经济资料及与当地社会经济发展密切相关的政策法规等。

表 11-9 土地市场价格调查主要内容

<table>
<tr><th colspan="2">项目</th><th>主要调查内容</th></tr>
<tr><td colspan="2">背景资料</td><td>自然、交通、社会、经济资料及与当地社会经济发展密切相关的政策法规等</td></tr>
<tr><td rowspan="6">区域因素资料</td><td>商服繁华度</td><td>商业服务业中心的位置、数量、范围；商店总数、名称、经营范围、规模、职能、建筑层数、占地面积、租金水平等</td></tr>
<tr><td>交通区位</td><td>道路网分布、道路名称、级别、类型、道路宽度、长度等数据和图件；对外交通设施分布、级别、年客运量、货运量、服务设施水平等</td></tr>
<tr><td>基础设施条件</td><td>基础设施数量、类型、分布及投资状况，基础设施的技术水平、保证率以及相关现状分布图和规划图件等</td></tr>
<tr><td>公用设施条件</td><td>学校、医院、体育场馆等设施的分布状况、级别、规模等</td></tr>
<tr><td>环境条件</td><td>影响环境质量的污染类型、各污染源的分布、污染物种类、数目、范围程度及环境总体质量评价、规划等数据与图件</td></tr>
<tr><td>自然条件</td><td>地质地貌特征，影响用地性质和土地收益的工程地质和水文状况等差异性数据及图件资料</td></tr>
<tr><td rowspan="2">市场地价地租资料</td><td>房地产市场交易样本</td><td>包括房地租赁、房屋买卖、商品房销售、柜台(摊位)出租等资料</td></tr>
<tr><td>土地市场交易样本</td><td>包括土地使用权出让、转让、出租、抵押价格资料，土地征收、拆迁过程中涉及的各项费用资料，土地收购价格资料，土地联建、联营入股资料等</td></tr>
<tr><td colspan="2">图件资料</td><td>行政区划、土地利用现状图件、各类城市规划图件、地籍图、宗地图等</td></tr>
</table>

(1)特定时间段社会经济统计资料，包括行政区划、人口、财政、城市建设投资、社会经济发展状况与发展计划、政府工作报告、统计年鉴、历史地价资料等。

(2)空间规划系列资料，包括总体规划、分区规划、控制性详细规划等。

(3)有关土地及房地产开发经营的政策、法规资料，包括房地产投资管理、市政规划、城市配套、土地及房屋征收补偿标准等。

(4)有关房地产交易、开发的税率、造价、房屋重置价、资金利润率、银行利率、物价指数、保险费率等资料。

(5)其他的如旅游、交通等专项规划。

2. 区域因素资料

区域因素资料主要包括商服繁华度资料、交通道路网分布、对外交通设施分布、基础设施条件、公用设施条件、区域环境质量状况、自然条件等文字、数据及图件资料等。

3. 房地产市场地价地租资料

土地市场地价地租资料类型多样，具体内容主要包括：

(1)房地产交易、租赁中包含地价的资料，包括房地租赁、房屋买卖、商品房销售、柜台出租等资料。

(2)直接反映地价水平的资料。包括土地使用权出让、转让、出租、抵押价格资料，土地征用、拆迁过程中涉及的各项费用资料，土地收购价格资料，土地联建、联营入股资料等。

4. 图件资料

主要包括行政区划图、土地利用现状图、空间规划图、地籍图及旅游等各类因条件限制。

(二)资料调查方法和步骤

城镇土地价格调查主要按照“综合性、典型性、地域差异性、市场准则性、时间性、图表一致”等原则，采用向有关单位或部门直接索取、向房地产媒介收集、通过询访或发放调查表格方式获取和实地调查等四种方法进行。具体调查按以下四步进行：

(1)确定内容，设计表格。为使资料收集做到有的放矢、提高效率，首先根据《城镇土地估价规程》及基准评估更新的技术方案，明确资料调查收集的内容，设计包括房地产交易、租赁、联建、入股资料，商品房建造成本、售价资料，征地、拆迁、开发成本资料，土地出让、转让、出租等市场地价资料调查系列表格，以及区位因素调查表格。

(2)制定计划、组织培训。由于资料收集涉及面广，具有较强的专业性，且任务艰巨。为保证资料收集内容的准确性、规范性，应制定资料调查计划，并对参与调查的人员进行集中培训，明确所收集资料的内容及具体要求、具体表格填写的要点等，以保证资料的准确性与完整性，

(3)划分样本地价调查区。为提高样本调查工作效率，确保所收集样本地价具有代表性、典型性，根据原基准地价均质地域划分状况，结合近几年城市建设状况等，事先划分样本地价调查区。

(4)实施调查。其中，统计年鉴、政府工作报告、土地利用规划、城市总体规划、分区规划、建设用地供地报表、各类图件、有关房地产税、费率规定及相关政策、法规、文件等背景资料，主要采用向有关单位或部门直接索取的方法取得。房地产、土地市场资料主要采用向各种房地产媒介收集、通过询访或发放调查表格方式获取和实地调查法等三种方法综合取得。

(三)资料整理与归类

调查资料整理与归类是资料收集工作的继续，也是进行统计分析的前提。资料的整理分析主要包括对资料的分类归档及规范化处理、不合格样本剔除、样本图转绘、数据库建立等。具体步骤如下：

(1)依据资料清单，核实资料是否完整，对各类调查表格、背景材料进行分类、汇总；对地价表格有关项目进行初步审查，将填写不完整的表格返还给有关调查人员进行补充调查。

(2)初步分析和计算数据资料，核实数据资料的可靠性，纠正或剔除异常数据，必要时还进行补充调查。

(3)对调查到的所有资料，按图件、表格及文字报告三大项，商服、住宅、工业三大类以及不同样本类型进行分类编号、整理、归类、登记造册，并将反映土地收益、价格的样本资料标在工作底图上。

(4)建立样本地价数据库和图形属性数据库，按照《城镇土地分等定级规程》及计算机系统的格式要求，借助计算机完成区域因素资料汇总分析与规范化处理，样本地价计算及样本统计分析、检验等。表 11-10 为某城市基准地价评估实际收集的主要资料。

表 11-10　××市基准地价评估收集资料

类型	名称	数量
基础资料（87 份）	市、各区的“十三五”规划纲要、“十四五”经济社会发展基本思路研究	4 份
	市、各区政府工作报告	9 份
	统计年鉴等统计资料	3 份
	土地利用总体规划、土地利用现状等数据库	4 份
	城市总体规划、控规、乡镇总规、旅游规划等资料	62 份
	市区城镇基准地价更新研究成果系列资料	1 份
	市区征地补偿安置政策、集体建设用地流转改革等相关政策文件	3 份
	市区地价动态监测成果资料	1 份
交易样本资料（6694 份）	土地出让、转让样本资料	891 份
	商品房样本资料	585 份
	二手房买卖样本资料	3129 份
	房屋租赁样本资料	1986 份
	划拨土地补交出让金样本资料	103 份
图件资料（349 幅）	城市总体规划、土规、控规、乡镇总规、旅游规划等系列图件	341 幅
	原城镇基准地价成果系列图件	4 幅
	行政区划图、旅游图、遥感影像图、地籍图等其他图件	4 幅

五、基准地价内涵及基准条件界定

基准地价内涵及基准条件界定的内容一般包括评估时日、土地开发状况、价格内涵构成、容积率、建筑密度、宗地深度、使用年限等因素。基准地价内涵及基准条件界定按照基准地价作用分析应遵循下面三个基本原则：

（1）能满足土地市场管理的需要，在宏观控制地价、征收土地使用税、对土地利用、流动进行导向等方面能发挥作用；

（2）与土地市场交易宗地一般条件相对应；

（3）符合空间规划地块土地利用控制指标一般要求。

无论是对土地市场的管理还是宗地交易条件，一、二、三级土地市场都存在本质的差别，它们之间很难找到一个直接的结合点，但从市场管理来看，一级土地市场有其特殊地位，一级市场国家直接调控垄断经营权，而对二、三级土地市场的管理，政府主要以引导为主。从空间规划的地块控制指标分析，一级市场宗地条件与规划地块控制指标有较好的一致性；而二、三级土地市场则往往没有将土地利用必要的公共用地计算在内，人为的进行分离，从一个城市总体来看，必然是不可行。因此，基准地价“基准条件”界定总体应当与一级土地市场交易宗地条件为基本出发点，同时根据需要可以补充对应二、三级土地市场宗地利用条件界定楼面地价“基准条件”等。某城市 2020 年度基准地价更新评估界定的基准地价内涵及基准条件如下：

（1）基准地价更新基准日：2020 年 1 月 1 日；

(2)土地开发程度:按熟地界定,即达到大市政基础设施配套的“五通一平”要求(宗地红线外通路、通电、通上水、通下水、通通信,宗地红线内土地平整);

(3)土地权利类型及地价内涵构成:出让土地使用权,地价内涵构成包含国家土地所有权收益、土地取得费用和土地前期开发费用;

(4)土地使用年期:为法定最高土地出让年期(即商服用地 40 年,住宅用地 70 年,工业用地 50 年,其他用地为 50 年);

(5)容积率商业 1～4 级 2.5、5～8 级 2.0,住宅 1～4 级 1.6、5～8 级 1.5、工业 1.2;

(6)建筑密度商业 45%、住宅 30%,工业 40%;

(7)宗地深度商业 50 m,工业、住宅不作界定。

六、样本地价计算及标准化

(一)不同类型样本计算方法

基准地价评估所收集的样本资料中,除以纯土地方式交易的样本,如土地使用权出让、转让、处置及评估样本资料外,地价大多数隐含在房价之中,故需要采用适当的计算方法将地价从房地产价格中分离出来。根据所收集样本的不同特征,样点地价计算主要采用收益还原法、剩余法、成本逼近法等方法。

1. 租赁样本地价测算

租赁样本包括商业店铺租赁样本、住宅套房租赁样本、写字楼出租样本、各类专业市场或商场的柜台(摊位)出租样本等,这类样本主要采用收益还原法测算,基本程序如下:

(1)确定房地出租年总收益。用房屋租赁市场中的实际成交租金或出租柜台年租金总收入,作为房地出租的总收益。同时,为使得收益还原法测算的房地产租赁价格反映正常的市场条件及设定的基准条件,需要对交易情况、交易时间及房屋楼层、建筑朝向等进行系数修正。

(2)计算房地出租经营总费用。包括管理费、维修费、保险费、折旧费和与租房有关的各项税金等。其中,房地出租总费用中,管理费通常按年租金的 2%～2.5%计算,保险费以重置价乘以 0.15%～0.2%计算;税金一般月租金 120 元以下者,只缴纳 12%的房地税,月租金超过 120 元,还需缴纳增值税 5%,附加城建税 0.35%,教育费附加 0.05%计算,合计 17.4%;维修费以重置价的 1.5%～2%计算,年折旧费=(房屋重置价－残值)/耐用年限。

(3)计算土地纯收益。

土地纯收益=房地纯收益－房屋纯收益

房地纯收益=房地出租年总收益－房地出租年总费用

房屋纯收益=房屋现值×建筑物还原率

房屋现值=房屋重置价－房屋总折旧=房屋重置价－房屋年折旧费×已使用年限

(4)计算土地价格。

单位面积土地价格=土地纯收益/(土地还原率×出租房屋占地面积)

2. 房屋买卖、商品房出售样本地价测算

房屋买卖、商品房出售等样本资料的地价采用剩余法测算。其基本思路是利用土地开发后获得的总收益扣除其开发成本、正常利润、税金、利息后的剩余值就是土地价格。

(1)二手房买卖样本地价测算。运用剩余法测算现有房地产项目的地价,测算公式如下:

$$P=P_r-P_h-T \tag{11-9}$$

式中:P 为单位面积土地价格;P_r 为单位面积不动产交易价格;P_h 为单位面积房屋现值;T 为单位面积交易税费。

具体测算时,房屋买卖价格以实际签订的买卖合同中交易价格为标准,同时结合交易情况、交易时间、住宅建筑类型、房屋楼层、建筑朝向等进行修正。房屋交易中卖方应支付的有关费用主要指管理费,以交易价的0.5%计算。房屋交易过程中卖方应支付的税额主要包括交易契税、增值税、个人所得税等。契税根据估价基准日时的国家政策,目前取值为1%、1.5%或3%;增值税率及附加针对非住宅及2年内交易的住宅取5.6%;个人所得税率根据估价基准日时的国家政策取1%或1.5%。

(2)商品房样本地价测算。按下式计算商品房买卖中的地价:

$$P=A-B-C \tag{11-10}$$

式中:P 为单位建筑面积土地价格;A 为单位建筑面积售价;B 为单位建筑面积整体开发成本;C 为单位建筑面积合理开发利润。

具体测算时,单位建筑面积售价以实际签订的商品房买卖合同价为标准,同时结合交易情况、交易时间、住宅建筑类型、房屋楼层、建筑朝向等进行修正。开发成本主要包括建安工程费、基础设施配套费、专业费、管理费、不可预见费、相关税费、利息等。其中专业费率按3%~5%计取,销售费用按楼价的3%计算,增值税、城市维护建设税、教育费附加、印花税等各项税金按楼价的5.6%计算,正常利息率根据估价基准日的一至三年期贷款基准利率确定,开发利润率按楼价的10%~20%计取。

3. 征地、拆迁样本地价测算

征地、拆迁样本资料的地价测算,以开发土地所耗费的各项费用为主要依据,再加上一定的利润,基本公式如下:

$$P=(E_a+E_d+T)\times(1+R_1+R_2)\times(1+R_3) \tag{11-11}$$

式中:P 为单位面积土地价格;E_a 为单位面积农地取得费用;E_d 为单位面积土地开发费用;T 为单位面积土地缴纳的税费;R_1 为利息率;R_2 为利润率;R_3 为土地增值收益率。

式中,土地取得费用以区征地区片价综合标准及相关典型案例为依据确定;相关税费主要包耕地开垦费、耕地占用税等;土地开发费根据当地实际开发成本等确定;利息主要以估价基准日时的一年期贷款基准利率,按开发年限采用复利计算;资金利润率主要以不同行业的平均收益率及相关城市经验确定;土地增值收益率根据国家有关规定及各类用地级差关系分别在5%~30%取值。

4. 土地出让、转让等样本资料地价测算

(1)土地使用权出让、转让资料地价计算。根据土地使用权出让、转让资料,按下式计算地价:

$$P=P_T/S \tag{11-12}$$

式中：P 为出让(或转让)宗地单位面积地价；P_T 为出让(转让)宗地总地价(含实物地租折价)；S 为出让(转让)宗地总面积。

(2)土地使用权出租资料地价计算。土地使用权出租以实际签订出租合同中的租金为标准，按下式计算地价：

$$P=(R/S)\times(1/r) \tag{11-13}$$

式中：P 为出租宗地单位面积地价；R 为出租方每年得到的资金或实物现值；S 为出租宗地的面积；r 为土地还原率。

(二)相关技术参数确定

1. 土地及建筑物还原率确定

土地还原率的确定主要有土地纯收益与价格比率法、安全利率加风险调整值法和投资风险与投资收益率综合排序法等三种方法，各种不同方法各有优缺点和不同的适用性。土地纯收益与价格比率法，所依据的所有资料都来自市场交易资料，能直接反映市场状况，结果比较客观，能最大限度避免主观性的影响，有很强的说服力。但由于市场租价比只是还原率的外在表象，其反映的是不动产的初始资本收益率，且隐含着对具体宗地的投资风险及纯收益增长等因素，其取值因宗地的不同情形、时点等而各异，本身具有很大的不确定性、不稳定性，特别是我国以土地使用权价格评估为主，严格意义上与待估宗地类似的案例很难找到，因而具体操作对专业知识和经验都有较高的要求，时效性较差，在实践中也容易被误用。安全利率加风险调整值法，是目前应用较为广泛的一种测算还原率的方法。该方法是基于投资理论和风险管理理论的角度考虑的，以此方法测算的还原率更符合还原率的内涵本质。投资风险与投资收益率综合排序法，与安全利率加风险调整法理论基础类似，该方法操作比较简单，但测算结果主观性强，精确度不高，特别是由于我国当前资本市场不够完善，各类资本投资收益率形成机制不够健全等情形，测算结果的准确性难以把握。综合考虑到还原率的复杂性，以及不同方法有各自的优缺点，特别是我国当前资本市场不够完善，各类资本投资收益率形成机制不够健全等情形，我们认为对还原率的确定应以安全利率加风险调整值法为主要方法，以土地纯收益与价格比率法确定的租价比以及投资风险与投资收益率综合排序法作为辅助进行综合分析确定。

2. 建筑造价等技术参数确定

建筑造价及重置价主要参考建设管理部门测算的建设工程技术经济指标及典型案例调查分析确定，表 11-11 为某城市 2020 年确定的建筑造价参数取值。

表 11-11　某城市 2020 年确定的建筑造价参数取值　　元/建筑 m^2

建筑类型	低密度的高档住宅建筑	多层住宅建筑	小高层住宅建筑	高层住宅建筑	普通工业厂房建筑
建安工程费	2600	2400	2800	3000	1400

(三)不同交易样本类型宗地条件及地价水平分析

不同交易样本条件、不同的交易类型有显著的差异，这里按一、二、三级土地市场宗地条件的差别分类比较进行分析。

1. 一级土地市场交易宗地条件分析

一级土地出让市场指国家将城市土地使用权，按一定年限一次性出让给土地使用者，并由土地使用者向国家支付土地出让金的行为。交易宗地条件分两种情况：一是按空间规划控制性详细规划地块控制条件出让。根据城市规划有关居住区、公共设施规划设计规范，住宅用地多层容积率最大控制指标为1.80，一般在1.5左右，建筑密度多层最大控制指标为30%；高层容积率一般在2.0左右，建筑密度最大控制指标为28%。对于旧城区或旧城改造区则一般容积率和建筑密度则相对提高。商业或商住用地地块的控制指标没有明确的界定，但通过对各地控制性详细规划地块条件的分析，一般城市中心区商业地块的容积率规划指标大于3，建筑密度在50%上下，一般区域容积率在2.5左右，建筑密度在45%上下。工业用地不同行业差别比较大，如一般的轻纺工业容积率在1.2左右，重化工业容积率只有0.6左右。二是为适用个人用地的需要，将地块按“间”分割，按建筑占地出让，建筑物周边的道路、绿化用地均作为公共用地不出让，这种情况一般只有小城镇存在，宗地建筑密度一般在0.8以上，容积率一般大于3。

2001年前，协议出让宗地以毛地诸多，政府完成市政基础设施开发配套，宗地内部拆迁平整，则由企业获得土地使用权后自行开发，另外土地受让者需承担地价款外，还需承担基础设施配套、水电增容等多项配套费，按价格构成实质上是生地地价。目前招拍挂出让宗地则一般为熟地，政府已对宗地完成市政基础设施开发配套及宗地内部拆迁平整工作，达到“五通一平”“七通一平”要求，企业受让土地后可直接进行房屋建设。

2. 二级土地市场交易宗地条件分析

二级土地市场指土地开发商与房屋使用者之间的交易市场，一般是按楼面形式交易，即成套住宅商品房交易和单间商业用房租赁或买卖，对土地面积没有进行明确的分摊，对应的指标实际上是建筑密度为1，容积率为1的楼面地价指标。对于城市目前这种交易方式相对比较普遍，尤其是住宅交易，这种方式更为普遍。

3. 三级土地市场交易宗地条件分析

三级土地市场指土地使用者之间的交易市场，这是目前城市土地交易量最大的市场，交易宗地条件比较复杂，既有一级土地市场的交易宗地类型，也有二级土地市场交易宗地类型；但交易量最大的是对应楼面地价指标的商业店铺租赁及住宅二手房交易租赁。

一、二、三级土地市场由于宗地条件差异，受宗地条件及供需关系的影响，同一区位宗地价格差异悬殊。表11-12是某城市基准地价评估各类样本按路线段归类的样本地价，表中容易看出商业出让样本地价最高只有4568元/m^2，而店铺租赁及销售对应的店铺楼面地价最高分别达到15683元/m^2和35873元/m^2。这一规律为我们完成的多个城镇基准地价评估实践所收集的资料所证实，具有一定的普遍性。造成这种差异除通常的容积率、深度等因素影响外，需要层次是更重的影响方面。一般店铺租赁及销售需求对象广泛，在需求拉动下，地价趋向走高，而符合地块控规条件出让的宗地，由于标的大及开发对象资质等方面的因素限制，需求对象实际只是少数几个房地产开发公司，同样收益条件下，两种不同宗地价格可相差数倍。所以基准地价评估过程中必须深入分析这些不同类型样本地价特征、地价形成机制，才有可能准确客观地确定基准地价。

表 11-12　某城市商业不同类型样本地价比较表　　元/m^2

路段号	租赁样本地价	商品房样本地价	出让样本地价	路段号	租赁样本地价	商品房样本地价	出让样本地价
3	1275		1735	44	1524		
6			1721	45	7568	12560	2749
12	1876	12060	2079	46	2493		1076
19	1158		1335	47	910		
20			1676	48	1145		
21			1526	50	3387	9850	3473
23			749	51	4783		
25	3956		2303	53	3301	12370	2279
27			2036	54	5750		
28		7200		55	12192		
29	1604			56	8997	22150	
30	6324			57	3205		
31	1857			58	13096		
32			839	59	7021	14389	2579
33		7200	1410	60	3043		
34	1673		3917	61	2169		
35	5073		2781	62	2063		
36	15683	35873	4568	63	1681		
37	7174	22150	3612	65	2355		
38	2717			67	500		1942
40	4274			68	4223		
41	9580			69			2236
43	6632	22150	4496	71			839

(四)样本地价标准化

基准地价是政府评估的正常市场条件、设定基准地价内涵及基准条件的地价，而各类样本实际条件及内涵与基准地价设定基准地价内涵及基准条件存在差异，故需将样本地价统一修正到设定的基准地价内涵及基准条件状态。

1. 交易年期修正

交易年期不同，土地利用产生的收益值也不同，地价水平也不同。基准地价是最高出让年期土地使用权价格，故交易年期修正到最高出让年期。因此，对收集整理得到的样点地价，要根据出让或转让中剩余的实际使用年期进行修正。没有明确使用年期的，应按无限年期使用权价格修正到法定最高出让年限;对有限年期但未达到最高出让年限的,也要修正到法定最高出让年限。

(1)有限年期土地使用权地价修正到法定最高年期计算公式为:

$$P_m = P_{m_1} \times \frac{1-1/(1+r_d)^m}{1-1/(1+r_d)^{m_1}} \quad (11\text{-}14)$$

式中:P_m为最高出让年限的土地使用权价格;m_1为实际出让年期或剩余使用年期;P_{m_1}为有限年期出让地价或剩余使用年期转让地价;m为土地使用权出让法定最高年限;r_d为土地还原率。

(2)无限年期土地使用权地价修正到法定最高出让年期地价的计算公式为:

$$P_m = P[1-1/(1+r_d)^m] \quad (11\text{-}15)$$

式中:P为无限年期土地使用权价格;P_m,r_d,m含义同上。

2. 交易时间修正

土地市场由于受社会、经济等因素影响,处于不断变化之中。不同的交易时间,地价存在差异,根据地价评估的要求,需要将不同交易时间的样本地价通过交易时间修正至估价基准日的地价。土地交易时间修正以年或季度为单位,区别不同用途及区域,根据年度、季度统计资料或标定地价监测资料得到地价平均变化指数,计算市场地价交易时间修正系数,计算公式为:

$$K_{ij} = P_{is}/P_u \quad (11\text{-}16)$$

式中:K_{ij}为某类土地用途第j时点数据修正的时间修正系数;P_{is}为该类土地用途评估时点交易平均价或地价指数;P_u为某类土地用途第j时点交易平均价或地价指数。

对不同年份发生的宗地交易地价,地价修正得到评估时点的计算公式为:

$$P_{ls} = K_{ij} \times P_{ji} \quad (11\text{-}17)$$

式中:P_{ls}为修正得到评估时点的宗地地价;P_{ji}为第j年第i宗地的实际成交地价;K_{ij}含义同上。

3. 容积率修正

容积率是城市用地的地块上允许修建的总建筑面积与地块面积之比值。容积率不同,影响到地价的高低,一般而言,容积率越大,土地利用率越高,地价也越高;反之,地价越低。由于所收集的样点资料,容积率存在差异,为使其有一个比较合理的比较,需对样点地价进行容积率修正。进行市场地价的容积率修正,不同的容积率,按土地用途进行抽样调查,得到不同容积率下的单位面积地价,然后用以下式计算容积率修正系数。

$$K_r = P_{in}/P_i \quad (11\text{-}18)$$

式中:K_r为容积率修正系数;P_{in}为基准条件界定标准容积率下单位面积平均地价;P_i为该区域该用途在某一容积率时单位面积的平均地价。

对于不同的容积率情况下发生的交易地价,按下式将地价修正到标准容积率的价格。

$$P_{is} = K_r \times P_{ij} \quad (11\text{-}19)$$

式中：P_{is}为修正到标准容积率时的宗地地价；P_{ij}为某一容积率下的宗地成交价；K_r同前。

4. 临街深度修正

临街深度修正，主要是针对商业地价而言，住宅用地和工业用地价一般对临街深度变化不敏感。在一个路线价区段内，虽然同临一条街道，但由于宗地的面积、形状、深度、铺面宽度不同，各宗地的地价也有较大的差异，其中以宗地的临街深度影响最为突出，随着临街深度的增加，土地商业利用价值递减，当深度达到某一临界深度时，这种变化就会趋于零。进行市场地价的深度修正，首先对商业临街店铺进行抽样调查，得到深度的单位面积地价，然后用以下式计算深度修正系数。

$$K_r = P_{in}/P_i \tag{11-20}$$

式中：K_r为临街深度修正系数；P_{in}为某一路线段标准深度下单位面积平均地价；P_i为该路线段某一深度单位面积的平均地价。

对于不同的深度情况下发生的交易地价，按下式将地价修正到标准深度的价格。

$$P_{is} = K_r \times P_{ij} \tag{11-21}$$

式中：P_{is}为修正到标准深度下单位面积平均地价；P_{ij}为某一深度下的宗地成交价；K_r为同前。

5. 土地开发状态修正

土地开发状态修正主要是将样本地价统一修正到设定的土地开发状态下，具体修正时土地实际开发程度高于设定开发程度的，进行加价修正；土地实际开发程度低于设定开发程度的，则进行减价修正。修正标准以当地实际开发的数据为依据。

七、均质地域划分

均质地域是按城镇土地利用条件相似和样本地价相近划分的地域空间，是利用市场地价资料直接划分土地级别与评估基准地价的基本空间单位。其在功能上服从于城市规划及土地利用状况，每个基准地价均质地域的土地用途基本相同，在土地质量上具有相对一致性；同时，基准地价均质地域内同一用途的土地其经济产出能力基本相当，土地和房地产交易价格基本接近。划分基准地价均质地域能使基准地价准确地落实在特定范围内，对于交易案例多的均质地域，可直接采用对区域内标准化后的样点地价求平均值或取众数等方法确定均质地域基准地价。对交易样本少或没有的均质地域则通过区域间因素比较的方法确定均质地域基准地价。

(一)均质地域类型及特征

不同用地类型的用地特征与区位指向不同，地价影响因素也有所不同，因此，基准地价均质地域也呈现不同的区域分布特征：

(1)商业用地一般沿街呈狭长条带状分布，因此，商业用地基准地价均质地域一般以沿街一定深度的商业路线段反映。商业路线段一般以一条街的长度为单元，但在商业繁华地区，由于地价受区位影响极为明显，应根据繁华程度差异划分为若干个商业路线段；而在某些不繁华地区，几条繁华程度相似的街道可归为同一商业路线段。

(2)住宅用地在城市用地结构中占较大比重，且大多呈连续性片状分布，因此，住宅用地的基准地价均质地域以居住活动集中的住宅片区反映。一般以区域基础设施配套、区域环境、房屋建筑结构、建成年代、交通条件等以及地价相同或相似的原则划定。住宅基准地价均质地域地价受区位的影响明显弱于商业路线价，但楼房与平房、新建住宅小区与旧城居住区、不同年代建造的住宅的综合居住条件有较大差异。

(3)工业用地类似于住宅用地，呈片状分布，因此，工业基准地价均质地域也以工业生产经营活动集中的工业片区反映。根据最佳利用原则和集聚效益原理，工业用地分布一般集聚在城市边缘区，形成不同类型的工业区、工业功能区等，而城市中心区的工业用地很少。

(二)均质地域划分

基准地价均质地域划分方法分两种情况，已采用多因素赋权加和法定级的城镇，直接按评价单元分值高低分布归类划分。没有进行多因素赋权加和法定级的城镇，根据地域分异理论，从空间规划、现状区位特征，土地区位条件及样本地价分布规律，按照基准地价均质地域内差异小、区域间差异大的原则综合划分。不同用途基准地价均质地域划分方法、参考因素各不相同。

商业路线段基准地价均质地域划分首先根据城市规划及现状的城市道路网功能、分布特征，以城市道路为路线段划分的基础；其次根据各城市道路现状店铺分布状态，如连续、间断、独立分布等不同状态进行细分；最后根据路段的店铺经营规模、经营类型、人流量、非机动车流量、样点地价水平进行调整。

商业、住宅区片基准地价均质地域划分则综合规划功能分区、距城市中心距离、基础设施分布特征、居住区环境状况、土地熟化程度及现行基准地价成果划分的住宅区片等为依据。均质地域内用地类型相对均一；均质地域面积大小原则上以城市规划住宅小区占地面积为控制标准，并根据距商业中心的远近及市场房价、地价分布状况适当调整；均质地域之间的界线一般沿明显的线状地物，如河流、道路等，并兼顾用地的完整性。进一步根据市场房价、地价分布状况加以调整。另外，考虑到商服用地利用与住宅用地分布紧密相关，因此商服区片单元划分主要在住宅区片基础上，结合城市公共设施规划及区域商业繁华度差异作适当界线调整得到。

工业用地价格对区位条件总体不敏感，且分布相对较集中，主要分布在工业功能区、产业集聚区内，故工业用地评估区域划分直接以工业功能区为基础，根据土地利用及开发时序不同作细分后形成。对于非工业功能区，主要结合现状的工业区分布特点、相邻区位关系分析，结合等地价政策导向要求加以归并或细分后形成。

八、均质地域基准地价评估

均质地域基准地价评估方法主要有三种：一是利用各类市场地价样本，采用样本地价平均值法评估，即对均质区范围内全部样本或众数组样本进行统计分析，以样本平均值直接作为基准地价的评估标准。二是对于缺乏样本资料或尚未开发的规划区，主要采用区位因素比较法，将均质地域模拟为一宗地，寻找区位条件类似的比较标的，经区位因素比较修正并结合成熟度修正得到。三是建立均质地域土地质量指数与样本地价回归分析模型均质地域基准地价。

(一)样本地价平均值法评估

样本平均地价计算是以某一均质区域的样本数据或样本数据众数组进行统计平均而获得样本平均地价。在实际应用中由于所收集的样本类型、所处位置不同,交易样本条件等不同,直接利用各种地价测算公式计算的样本地价存在不可比性。故首先通过对直接测算的样本地价与交易样本条件的分析,对不同均质区的样本地价进行修正、检验,标准化形成作为样本地价平均值法计算依据的样本地价;然后运用经济学统计方法测算基准地价,即采用样本数据的众数和平均数相结合的原则评估,当样本数据较多时,测算地价采取先取出样本众数组再进行平均的方法;在样本数据少的情况下,则只对样本数据采取进行算术平均的计算方法或直接取中位数。

1. 数学模型

平均值法主要有简单算术平均和加权算术平均两种数学模型,各地评估实践比较多采用的是简单算术平均值法。具体计算公式如下:

$$P=(\sum_{i=1}^{n}P_i)/N$$

式中:P 为评估区域内的单位面积地价;P_i 为某评估区域内各样点的单位面积地价或众数样点的单位面积地价;N 为评估区域内可取的符合要求的地价样点数。

2. 评估步骤

(1)根据样本标准化方法将不同条件、不同类型样本地价修正到对应基准地价的内涵及基准条件下。

(2)按评估区域分用途、分类型整理排列样点。

(3)对评估区域的样本数据进行总体分布类型检验,在总体分布类型检验的基础上剔除异常数据的样本。总体分布类型检验最常用的方法为 χ^2 检验,主要检验分布函数与理论分布是否吻合,它可以检验总体是否服从正态分布,也可来检验抽样总体是否服从任何一个预先给定的分布。异常数据的样本剔除,当样本总体服从正态分布时可用 t 检验法,对非正态分布函数则可采用均值一方差法。

(4)试算样本平均地价。对经过数据检验合格的样本,计算样本平均地价或众数组样本平均地价。

(5)以计算样本平均地价或众数组样本平均地价为依据综合平衡修正形成均质地域基准地价。

(二)因素比较法评估

因素比较法主要用于没有交易资料或交易资料较少的均质地域基准地价评估,其基本思路是将均质区域模拟为一宗地,寻找区位条件类似的比较标的,经市场比较修正并结合成熟度修正得到。具体涉及以下三类均质区域:①样本资料缺乏的均质区域。样本资料缺乏有两种情况:一是受区域土地市场发育程度的影响,各类交易样本均缺乏;二是由于我国原基准地价评估采用分类基准地价评估体系,即同一宗地针对不同用途用地的适用性差异评估不同的基准地价,对一些功能分区较明确的均质地域如住宅区,往往缺乏工业、商业用途样本,工业区内则往往缺乏住宅样本地价资料，故此必然会存在一些均质地域某种类型用地样本资料的空白区，无法直接利用样本评估基准地价。②即将改造的旧城区。旧城区和新住宅区房屋设施不一，基础设施有差异，导致新、旧城区样本地价不具可比性，旧城区样本资料往往偏低，而土地质量评价和基准地价评估要求在同一层次上进行比较，即旧城区基准地价应体现按城市规划进行改造后的区位条件和预期的地价水平。③空间规划区。规划区由于尚未完全开发利用，不但缺乏系统的交易资料，而且现状收益水平很低，但规划预期因素作用地价水平往往较高。

1. 因素比较法评估模型

因素比较法评估的基本思路是通过建立地价与土地区位条件之间的对应关系或回归模型，并由此推算出待估土地的价格。具体评估模型为：

$$P = P_a \times \prod_{i=1}^{n} Q \times R \tag{11-22}$$

式中：P 为待估均质地域的因素比较地价；P_a 为比较均质地域的样本平均地价；Q 为区域因素修正系数；R 为成熟度修正系数；n 为区域因素个数。

其中，成熟度修正系数按以下公式确定：

$$R=\frac{[1-1/(1+r)^{(n-m)}]}{(1+r)^m \times [1-1/(1+r)^n]} \tag{11-23}$$

式中：r 为土地还原率；n 为比较均质地域某类用地的设定土地使用年限；m 为未成熟年期。

2. 比较因素的选择

因素比较法所比较的因素因评估均质地域用地类型的不同而不同，我国目前的基准地价体系是适应性评价体系，即每一均质地域均需评估出商服、住宅、工业三类地价，而影响地价的因素因类型不同而不同，故采用因素比较法需分商服、住宅、工业三类进行。

商服用地均质地域比较因素主要选择对商业地价有显著影响的区域因素。如距城市中心距离、道路功能、商业繁华程度、店铺职能类型、店铺规模均质、店铺分布密度、交通便捷程度、规划功能及限制条件、成熟度等。

住宅用地均质地域比较因素主要选择距城市中心距离、交通便捷程度、绿化率、基础设施完善程度、公用服务设施完备程度、环境质量优劣程度、规划限制条件、成熟度等。

工业用地均质地域比较因素主要选择交通便捷度、基础设施完善度、产业集聚规模、环境质量优劣度、规划限制条件、成熟度等。

3. 因素比较法评估步骤

区位因素比较法评估缺乏样本的均质地域地价时，按以下四个步骤进行：

(1)根据待估地价均质地域，选择若干个用途相同，区位条件相似，已通过样本地价平均法确定地价的比较均质地域。

(2)根据不同用途选择区域比较因素，在假定各类比较因素均已实现的前提下确定比较因素的修正系数。

(3)根据各比较因素的规划实施时间或通过预测开发进度确定各比较因素成熟度修正素数。

(4)以公式测算均质地域地价为主要依据,经综合平衡修正形成待估均质地域的地价。

(三)土地质量指数与样本地价回归分析模型评估

土地质量指数与样本地价回归分析模型评估评估基准地价的方法只有在采用多因素赋权加和法定级的城镇才可以利用。一般这些城镇土地市场发育程度低、土地市场交易样本数量少。随着我国社会主义市场经济体制的初步建立,应用此方法评估基准地价的城镇初步减少。此方法评估基准地价主要分两步完成,首先通过回归分析建立土地质量指数与样本地价回归分析模型;然后应用已建立的模型及确定的参数,以土地质量指数为依据计算基准地价。

土地质量指数与样本地价回归分析模型理论上有多种函数形式,模型的建立应根据样本分布特点和土地质量指数的相关关系综合分析。我国目前各地基准地价评估实践中,常用的基准地价土地质量指数与样本地价回归分析模型主要为指数模型,具体形式为:

$$Y_n = A(1+r)^{aX_n} \tag{11-24}$$

式中:Y_n为第 n 评估区域内样本单位面积地价;r 为地价级差系数;X_n为第 n 评估区域土地质量指数;A 为回归系数。a 为模型待定系数。

九、级别基准地价评估

(一)土地级别划分

已采用多因素赋权加和法定级的城镇直接采用多因素赋权加和法确定的城镇土地级别。没有进行多因素赋权加和法定级的城镇,则以均质地域基准地价或样本地价为依据,按照级内差异小,级间差异大的原则进行划分。具体级别划分各地的评估实践最常用的方法是数轴法和总分频率曲线统计判断法,其他方法如剖面图法、多元统计聚类及判别分析等方法也在实践中采用。

(二)级别基准地价评估

级别基准地价评估总体上可采用三种方法:一是对级别范围的样本或均质地域基准地价进行平均,二是建立级别土地质量指数与样本地价回归分析模型评估,三是建立级别土地质量指数与土地效益回归分析模型评估。

1. 利用样本地价或均质地域基准地价平均值评估级别基准地价

样本地价或均质地域基准地价的平均值评估级别基准地价基本模型为:

$$P_i = (\sum_{j=1}^{n} P_j)/n \tag{11-25}$$

式中:P_i为第 i 级别某类用地的基准地价;P_j为第 i 级别某类用地第 j 个修正到基准地价“基准条件”下的地价样点单位面积地价或均质地域基准地价;n 为第 i 级别某类用地地价样点数或评估区域数。

2. 级别土地质量指数与样本地价回归分析模型评估级别基准地价

级别土地质量指数与样本地价回归分析模型评估应用的前提条件是已采用多因素赋权加

和法定级的城镇。与上文土地质量指数与样本地价回归分析模型评估均质地域基准地价模型类同。

3. 级别土地质量指数与土地效益回归分析模型评估级别基准地价

级别土地质量指数与土地效益回归分析模型评估级别基准地价是20世纪90年代比较常用的方法，随着我国土地的发展规范目前应用该方法评估基准地价的城镇相对减少。在各地评估实践中主要采用的模型包括指数模型、多元线性模型、生产函数模型、分级回归模型等。

(1)指数模型：

$$Y_n = A(1+r)X_{in}$$

$$\text{或}\ Y_n = A(1+r)aX_{in} \tag{11-26}$$

式中：Y_n为第n级土地上企业每平方米的土地年效益；r为级差系数；X_{in}为第n级土地级别指数或单元土地质量指数；A为回归系数；a为模型待定系数。

(2)多元线性模型：

$$Y_n = b_1 \mathrm{f}(X_{in}) + b_2 X_{2n} + b_3 X_{3n} + e^n \tag{11-27}$$

$$\text{或}\ Y_n = b_0 + b_1 X_n + b_2 X_2 + b_3 X_3 \tag{11-28}$$

式中：Y_n为土地使用者每平方米土地上的年利润值；X_{in}为第n级土地级别指数或单元土地质量指数；X_{2n}为第n级每平方米土地上标准资金占有量；X_{3n}为第n级每平方米土地上标准工资占有量；b_0为常数，大于零；b_1、b_2、b_3为分别为土地、资本、劳动力的回归系数；e^n为误差项。

(3)生产函数模型：

$$Y_n = \mathrm{F}(X_{in})^{\alpha} \cdot X_2^{\beta} \cdot X_3^{\mu} \cdot e^{nh} \tag{11-29}$$

$$\text{或}\ Y_n = \mathrm{A}(1+r)_{in}^{x} \cdot X_2^{b_2} \cdot X_3^{b_3} \tag{11-30}$$

式中：Y_1，X_1，X_2，X_3含义同模型(2)；R为利润级差系数；A为常数；b_2、b_3分别为资本、劳动力的回归系数；α、β、μ为通用模型回归系数；e^{nh}为误差项。

(4)分级回归模型：

$$Y_n = F(X_{in}) + \beta X_2 + CX_3 + V \tag{11-31}$$

式中：Y_n、X_2、X_3含义同模型(2)；$F(X_{in})$为某级土地上，土地给企业带来的利润，为自变量X_1的未知函数；X_{in}为第n级土地级别指数或单元土地质量指数；V为误差项；b_2、b_3分别为资本、劳动力的回归系数。

十、基准地价确定

基准地价评估所采用的方法、技术路线及依据总体上受土地市场发育程度制约。在评估过程中往往采用多种方法，不同方法、所依据的资料以及由此导致的结果可能存在差异，最终的基准地价需依据具体城镇土地市场发育程度及地价管理的需要综合分析确定。

一般具备利用市场交易资料为主要依据直接评估基准地价的城镇，市场原则是确定基准地价的基本原则，市场样本交易价格是确定基准地价的基本依据。对于土地市场不发育，以土地效益资料为主要依据评估基准地价的城镇，则基准地价确定则主要以土地级差收益测算结果为主要依据；但这些城镇基准地价确定过程中必须对土地市场的一些标志性样本如商品房价格样本、招拍挂出让样本进行深入分析、平衡，最终确定的基准地价与这些样本地价总体水平保持和谐。

另外，基准地价作为政府评估的地价，是我国城镇地价体系核心，对城镇地价体系中的其他地价系列具有一定的导向和控制作用，是地价管理政策制定的主要依据，是政府规范土地市场、促进土地市场建设，充分发挥市场机制合理配置土地资源，提高政府管理和调控土地市场能力的多种职能的重要基础性工作。因此，基准地价确定不能简单地以评估过程中各种计算公式的计算结果作为最终结果，须适当考虑政府部门为规范土地市场、促进房地产市场繁荣、推进房地产制度改革、实现地价与社会经济发展水平相协调等目标而进行的宏观调控政策制定的需要。通过部门意见征询、向社会听证等形式，广泛征求相关部门及社会公众的意见，在评估地价基础上适当的调整、平衡，形成科学、合理、实用性强的最终基准地价结果。表 11-13 为某城市评估的基准地价。

表 11-13 某城市级别基准地价表 元/m^2

级别	商服用地	住宅用地	工业用地
Ⅰ级	8540	5560	1100
Ⅱ级	5150	5050	880
Ⅲ级	3460	3420	600
Ⅳ级	2420	2140	470
Ⅴ级	1540	1290	410
Ⅵ级	1090	850	410
Ⅶ级	770	660	410
Ⅷ级	610	580	384

十一、基准地价评估实践发展和新要求

我国已建立了比较完善的基准地价评估制度，基准地价评估及更新工作在全国范围得到全面开展，各地基准地价评估及更新工作总体按照《城镇土地估价规程》要求建立了商业、住宅、工业用地基准地价体系。但根据土地市场发展、地价管理及基准地价评估成果应用需要，在基准地价类型及内容方面有一定的发展和创新。以浙江开展的城镇基准地价评估及更新为例，基准地价评估及更新实践发展主要体现在基准地类型细化及拓展、地下空间使用权基准地价评估、划拨土地使用权基准地价评估等方面，不断丰富完善基准地价，更好发挥基准地价在地价管理过程中的作用。自然资源部 2021 年发布的《自然资源价格评估通则》要求城镇基准地价的用地类型至少包括商服用地、住宅用地、工矿仓储用地和公共管理与公共服务用地四个类型，并根据市场发育情况及管理需求细化至二级地类，可根据需要制定地下空间使用权价格。

(一)商业、住宅和工业用地用途分类体系深化

《城镇土地估价规程》明确基准地价评估的任务主要按商业、住宅和工业用地三类建立城

镇基准地价体系。这三类用地的内涵大致与《土地利用现状分类》(GB/T 21010—2017)国家标准的商服用地(05)、住宅用地(07)和工矿仓储用地(06)三个一级类对应，与《城市用地分类与规划建设用地标准》(GB 50137—2011)国家标准的商业服务业设施用地(B)、居住用地(R)、工业用地(M)和物流仓储用地(W)4个大类对应。随着我国城镇土地使用制度改革的不断深化和土地市场的不断发展，商业、住宅和工业三大类用地内部所包含的不同行业门类或细分用途，由于经营收益能力及社会、经济、生态效益不同，其竞租能力、土地收益、市场地价水平存在较大分化，如普通零售商服用地价格与同属于商服用地分类的宾馆用地、市场用地、写字楼用地价格相差悬殊。浙江的不少城镇在开展基准地价评估过程中，以《土地利用现状分类》的二级类和《城市用地分类与规划建设用地标准》的中类、小类为基础，同时考虑这些类型土地收益能力及土地市场实现程度等的差异，在商业、住宅和工业三大类型用地基础上，进一步细分基准地价用地类型。表11-14为浙江某市基准地价更新过程中建立的商服、住宅和工业基准地价细分用途体系。商服用地划分零售商业及餐饮用地、批发市场用地、高档宾馆用地、普通旅馆用地、商务金融用地、娱乐用地、加油加气站用地、其他商服用地(一)、其他商服用地(二)9个细分类型；住宅用地划分为普通住宅用地、政策性住宅用地、租赁住房用地3个细分类型，工业用地分一般工业及仓储用地、营业性仓储物流用地、标准厂房用地、采矿用地工业用地4个细分类型。

表11-14　浙江某市商服、住宅和工业用地细分用途基准地价　　元/m^2

类型		级别							
		Ⅰ级	Ⅱ级	Ⅲ级	Ⅳ级	Ⅴ级	Ⅵ级	Ⅶ级	Ⅷ级
商服用地	零售商业及餐饮用地	8540	5150	3460	2420	1540	1090	770	610
	批发市场用地	3465	2195	1560	1165	875	690	560	495
	高档宾馆用地	3135	2000	1435	1085	790	640	535	480
	普通旅馆用地	4420	2750	1915	1405	970	745	590	510
	商务金融用地	5680	3480	2385	1715	1145	850	645	540
	娱乐用地	2370	1555	1145	895	735	605	515	470
	加油加气站用地	12000	10000	8000	6200	5300	4700	4000	3600
	其他商服用地(一)	4525	2810	1955	1430	985	755	595	515
	其他商服用地(二)	2695	1745	1270	975	755	620	525	475
住宅用地	普通住宅用地	5560	5050	3420	2140	1290	850	660	580
	政策性住宅用地	2960	2710	1900	1270	850	630	535	495
	租赁住房用地	2215	2035	1465	1020	720	565	500	470

续表 11-14

类型		级别							
		Ⅰ级	Ⅱ级	Ⅲ级	Ⅳ级	Ⅴ级	Ⅵ级	Ⅶ级	Ⅷ级
工业用地	一般工业及仓储用地	1100	880	600	470	410	410	410	384
	营业性仓储物流用地	1600	1320	1020	940	740	740	740	690
	标准厂房用地	1320	1055	720	565	425	425	425	395
	采矿用地	860	705	510	420	375	375	375	360

（二）建立公共设施、基础设施基准地价用途分类体系

长期以来，我国的公共设施、基础设施用地以政府投资为主，因而主要执行行政划拨为主的供地政策，城镇基准地价评估基本不涉及。但随着市场经济的发展、投融资体制管理的推进，民间资本通过 PPP 模式逐渐进入部分具有“准公共产品”的公共设施、基础设施领域，这就客观上要求将这些用地的供地政策逐步纳入有偿使用的范畴。为此，《国务院关于促进节约集约用地的通知》（国发〔2008〕3 号）和《节约集约利用土地规定》明确提出“国家机关办公和交通、能源、水利等基础设施（产业）、城市基础设施以及各类社会事业用地的经营性用地，实行有偿使用”。基于土地市场发展及土地管理的需要，浙江的城镇基准地价评估实践过程，探索建立了经营性公共设施、基础设施用地的基准地价体系，将经营性公共管理与公共服务及基础设施用地等逐步纳入政府规范化的地价调控管理之中。表 11-15 为浙江某市公共服务项目用地基准地价更新过程。

表 11-15 浙江某市公共服务项目用地细分用途基准地价 元/m^2

类型		级别							
		Ⅰ级	Ⅱ级	Ⅲ级	Ⅳ级	Ⅴ级	Ⅵ级	Ⅶ级	Ⅷ级
公共服务项目用地（公共服务类）	机关团体及新闻出版用地	3020	1930	1390	1055	830	660	545	485
	教育用地	1880	1270	965	775	660	560	490	455
	科研用地	2935	1880	1360	1035	810	650	540	485
	医疗卫生用地	2535	1650	1205	940	755	620	520	475
	社会福利用地	2285	1505	1115	875	715	595	510	465
	文化设施用地	2470	1610	1185	920	755	615	520	475
	体育用地	2205	1455	1085	855	715	595	510	465
	宗教用地	1500	1050	700	700	700	700	700	700
	殡葬用地	3535	2230	1580	1185	930	720	630	630
	风景名胜设施用地	1615	1115	865	710	615	535	475	450
	交通服务场站用地	2335	1530	1135	890	730	605	515	470

续表 11-15

类型		级别							
		Ⅰ级	Ⅱ级	Ⅲ级	Ⅳ级	Ⅴ级	Ⅵ级	Ⅶ级	Ⅷ级
公共服务项目用地（基础设施类）	公共设施用地	1330	990	640	485	420	420	420	390
	军事设施及监教场所用地	1330	990	640	485	420	420	420	390
	公园与绿地	830	690	505	425	385	385	385	365
	交通运输通道用地	1025	825	575	455	405	405	405	380
	水工建筑用地	795	660	495	415	380	380	380	365

（三）建立划拨土地使用权基准地价体系

划拨土地使用权是土地使用权人以行政划拨方式取得的国有土地使用权。随着划拨土地使用权市场化改革的不断深化，尤其是 2006 年根据《国务院关于深化改革严格土地管理的决定》（国发〔2004〕28 号）出台的《关于印发〈招标拍卖挂牌出让国有土地使用权规范〉（试行）和〈协议出让国有土地使用权规范〉（试行）的通知》（国土资发〔2006〕114 号），对不同情况下补交土地出让金的操作办法作了规范，并明确规定划拨土地使用权权益价格是确定补交土地出让金的重要依据。《国土资源部办公厅关于完善企业改制土地估价报告备案有关事宜的通知》（国土资厅函〔2009〕311 号）还明确企业改制土地估价报告备案应具有划拨土地使用权价格的内容。基于市场发展及地价管理需要，浙江在开展基准地价评估过程中建立了以出让土地使用权基准地价为基础，结合成本测算、增值收益分配比例及国家相关规定综合评估测算，建立了以划拨土地使用权权益系数为核心的划拨土地使用权基准地价体系。表 11-16 为浙江某市基准地价更新过程建立的划拨土地使用权基准地价体系。

表 11-16　浙江某市划拨国有建设用地使用权（权益）基准地价及土地增值收益率标准

类型	土地级别							
	Ⅰ级	Ⅱ级	Ⅲ级	Ⅳ级	Ⅴ级	Ⅵ级	Ⅶ级	Ⅷ级
商服用地	2808	1853	1372	1028	727	564	443	372
住宅用地	2304	2201	1625	1100	717	506	423	386
工业用地	651	553	412	329	287	287	287	269
公共服务项目（公共服务类）	1089	781	618	515	451	392	362	350
公共服务项目（基础设施类）	631	526	395	315	280	280	280	266
安置房用地	1267	1255	975	770	538	405	360	316

（四）建立地下空间土地使用权基准地价体系

地下空间是城市的一种战略性空间资源。国内外实践充分表明，合理开发利用地下空间，不仅是提高城市容量、缓解城市交通、改善城市环境、加强城市整体保护能力的重要手段，还是促进土地节约集约利用，提高城市土地利用效率，建设资源节约型、环境友好型社会的重要途径和必然选择。《民法典》规定了建设用地使用权可以在土地的地表、地上或地下分别设立，从而为我国城市地下空间产权制度的建立和市场经济条件下推行地下空间使用权有偿使用奠定了法律依据。地下空间建设用地的有偿使用，离不开地下空间土地使用权价格的评估和管理，基于市场发展及地价管理需要，浙江在开展城镇基准地价评估过程中建立了以出让土地使用权基准地价为基础，根据地下空间效用比率和地价分配关系，结合地下商场和地下停车场样本资料的成本一效益关系及专家咨询意见，建立了分商服、停车和仓储及附属用房的地下空间使用权基准地价体系（表 11-17）。

表 11-17　浙江某市地下空间使用权基准地价　　元/m^2

类型			级别							
			Ⅰ级	Ⅱ级	Ⅲ级	Ⅳ级	Ⅴ级	Ⅵ级	Ⅶ级	Ⅷ级
商服利用		地下一层	600	362	243	170	108	77	54	43
		地下二层	240	145	97	68	43	31	22	17
停车利用	商服配建	地下一层	390	235	158	111	70	50	35	28
		地下二层	156	94	63	44	28	20	14	11
	住宅配建	地下一层	323	244	165	108	67	45	34	28
		地下二层	129	98	66	43	27	18	14	11
经营性仓储及附属用房利用		地下一层	300	181	122	85	54	38	27	21
		地下二层	135	81	55	38	24	17	12	10

第四节　基准地价成果应用

地价政策是土地政策参与宏观调控的重要经济手段，基准地价作为政府的指导价和公示价，在地价政策体系中发挥核心作用，是政府调控土地市场的重要手段，在土地市场管理、划拨土地使用权入市交易补交出让金标准确定、宗地评估等诸多方面具有广泛的应用价值。这里着重介绍利用基准地价成果——采用基准地价系数修正估价法评估宗地价格方面的应用。

一、基准地价系数修正法基本思路

基准地价系数修正法是《城镇土地估价规程》规定的宗地地价评估的重要方法之一，也是基准地价成果能广泛应用于地价管理各个方面的重要体现；基准地价系数修正法评估宗地地价具有快速简捷的特征，是目前应用比较广泛的宗地地价评估方法，特别对于政策性比较强宗地地价评估类型，如对划拨使用权补交出让金价格评估，基准地价系数修正法具有更重的特殊地位。基准地价系数修正法评估宗地地价的基本思路，就是以基准地价为基础，通过各类因素的修正得到宗地地价，具体评估模型为：

$$P = P_{dj} \times T \times \prod R_i \times [1 + \sum (K_i - 1)] \pm D \quad (11\text{-}32)$$

式中：P 为待估宗地地价；P_{dj} 为宗地所在级别或均质地域对应用途基准地价值；T 为待估宗地评估时日的修正系数；R_i 为待估宗地条件因素的修正系数（类型Ⅱ因素）；K_i 为待估宗地第 i 区

位因素条件下的修正系数(类型Ⅲ因素);D 为土地开发程度修正值。

二、基准地价修正系数表编制

运用基准地价系数修正法评估宗地价格的基本前提是编制基准地价系数修正体系,建立起基准地价与宗地地价联系的桥梁。

(一)基准地价修正体系构成及技术途径

按照《城镇土地估价规程》的要求,基准地价修正体系分用途、分区域建立,用途上与基准地价分类体系对应,按商业、住宅、工业等用地类型,分别编制修正系数表;区域上按土地级别或均质地域分别编制修正系数;内容上包括修正系数表及指标说明表两个部分。

基准地价修正系数表编制途径包括三种:①利用土地利用效益资料编制;②利用市场地价资料编制;③利用定级分值编制。具体城镇编制采用哪种方法,取决于当地土地市场发育程度及基准地价评估方法。一般土地市场比较发达,基准地价评估主要依据各类交易样本,采用市场途径评估基准地价的城镇,宜利用市场地价资料编制基准地价修正系数。土地市场发育程度低,基准地价评估主要依据土地使用价值评价及土地利用效益资料的城镇,宜利用土地利用效益资料和定级分值编制。需要特殊说明的是由于土地定级主要选择的定级因素是影响宗地价格的区域因素,影响宗地价格的个别因素一般不包括在定级因素内,所以利用定级分值编制基准地价修正系数表,需要用其他方法确定个别因素修正系数。具体编制分三步到位:

(1)以商服、住宅和工业用地等基准地价为基础,以商业级别价(或路线价)、住宅级别价(或区片价)和工业级别价为基准,分别选择差异性大、对宗地地价影响显著的区域因素和个别因素建立修正因素体系。

(2)通过最优最劣样本与基准地价水平的比较分析,确定总的修正幅度。

(3)根据不同修正因素的作用特征以及影响地价的程度不同,区分类型Ⅰ、Ⅱ、Ⅲ三类因素,并根据各自的作用特征,依据各修正因素影响地价的程度不同,按一定的权重将修正总幅度分解到各个因素,各个因素又按一定的因素指标条件差异,划分为优、较优、一般、劣、较劣五个档次,最终建立相应的因素指标说明表和修正系数表。

(二)基准地价修正因素选择

影响地价的因素众多,涉及自然、社会、经济各方面,一般可概括为一般因素、区域因素和个别因素三大类。由于影响地价的一般因素在基准地价中已得到考虑,而且其变化只会引起整个城镇地价水平的变化,故在修正因素中一般不作考虑。宗地地价评估因素修正主要考虑区域因素和个别因素修正。区域因素是指城市内部宗地所在区域的自然条件与社会、经济条件等,这些条件相互组合所产生的地区特性,对地区内的地价水平有决定性的影响,主要包括繁华程度、交通条件、基础设施完善度、环境质量等因素。个别因素是指构成每一宗地的具体特征,同时对宗地价格又有重大影响的因素。其主要包括宗地面积、宽度、形状、深度、位置、地势、坡向、朝向、宗地市政设施条件、城市规划限制、土地使用年限等因素。另外从具体因素修正表确定方法的差异可将修正因素分为个别因素和区位因素两类,个别因素对地价的影响由宗地自身条件决定,区位因素由宗地与区域或其他宗地的相邻关系决定。表11-18是某城市选择的基准地价修正因素体系。

表 11-18　某城市基准地价系数修正因素体系

因素类型	商服用地	住宅用地	工业用地
类型Ⅰ因素	1.评估时日	1.评估时日	1.评估时日
	2.土地开发状态	2.土地开发状态	2.土地开发状态
类型Ⅱ因素	3.土地使用年期	3.土地使用年期	3.土地使用年期
	4.容积率、建筑密度	4.容积率	4.容积率
	5.宗地临街进深	5.地价楼层分配率(楼层修正系数)	/
	6.宗地宽深比率	6.住宅建筑类型修正系数	/
	7.地价楼层分配率(楼层修正系数)	/	/
	8.权利限制因素	/	/
类型Ⅲ因素	9.区域商业繁华度	7.居住区用地类型	4.工业区类型
	10.临街道路功能等级	8.区域商业繁华度	5.工业集聚规模
	11.区域基础设施保证度	9.区域道路通达程度	6.对外交通便利度
	12.区域交通管制	10.区域公交便捷度	7.利用生活设施方便程度
	13.宗地所在区域店铺分布状况	11.区域环境状况	8.基础设施保证度
	14.宗地接近专业市场程度	12.区域公共设施完善度	9.洪水淹没情况
	15.宗地接近娱乐设施程度	13.区域基础设施保证度	10.环境质量优劣度
	16.宗地接近文体教育设施度	14.学区情况	11.区域规划限制
	17.接近不利设施程度	15.宗地利用各类文体娱乐设施方便度	12.宗地临路条件
	18.宗地停车便利程度	16.宗地临路条件	13.宗地地基承压力
	19.宗地周边土地利用类型	17.宗地利用各类公用服务设施方便度	14.宗地形状
	20.宗地地形坡度	18.环境污染程度修正	15.地形坡度
	21.宗地形状	19.环境绿化状况修正	16.其他
	22.街角地	20.宗地距公交站点距离	/
	23.其他	21.宗地周边土地利用类型	/
	/	22.宗地内停车状况	/
	/	23.宗地朝向	/
	/	24.宗地形状	/
	/	25.宗地地形坡度	/
	/	26.其他	/
备注	1.以商服路线段底层店铺楼面地价修正时,商服用地修正因素中标注“”的因素可不予修正 2.工业用地容积率修正主要适用于标准厂房用地的评估修正		

(三)修正系数表和因素指标说明表编制

根据《城镇土地估价规程》,采用市场地价资料编制基准地价修正系数表,首先需对根据调查得到的正常地价值的最高值、最低值与基准地价作相对值比较,得到相对于基准地价的最高和最低修正幅度值,然后将总修正幅度分解到各影响地价的因素上,确定出各因素在不同标准下的修正值及其所对应的因素指标条件。但如前所述,不仅不同修正因素对地价的作用特征及其影响程度是不同的,而且不同基准地价区域所对应的因素指标条件也是不同的,因此,总修正幅度的分解与修正系数的确定应区分不同的因素。

1. 类型Ⅰ因素

包括评估时日和土地开发状态两个因素。其中评估时日修正需根据土地市场未来发展及地价变化情况确定,故难以给出具体的因素条件说明及修正系数,具体评估时可采用地价指数加以修正。土地开发状态修正主要以设定的基准条件的正常平均开发费用为基准,以具体评估宗地的实际开发状态所需开发费用与基准条件设定开发程度所需费用比较,直接加上或扣除相应的开发费。但由于不同区域、不同时间、不同土地开发状态所需费用相差比较悬殊,规律性也不强,因而难以准确给出具体的系数值,实际宗地评估可根据具体区域加以确定。

2. 类型Ⅱ因素

包括土地使用年期、容积率、建筑密度、临街深度、宽深比率、楼层分配率、住宅建筑类型等有形区位因素。这类区位因素对地价影响的主要特征是因素条件的优劣主要由宗地自身条件决定,与所在区域及相邻关系没有直接关系,故此可以基准地价设定的“基准条件”指标作为平均状态,通过选择典型区域的不同指标样本地价的相关分析制定出具体的修正系数,实际宗地评估过程中可直接查表加以确定。

3. 类型Ⅲ因素

包括商业繁华度、交通便捷度、停车场便利程度、利用公用设施方便度等无形区位因素。这些无形区位因素的指标优劣标准取决于宗地条件与基准地价均质地域平均状况的对比关系,对于具体宗地同样的指标值在一个基准地价均质地域可能属于优,在另一个区域则可能属于劣,故此,该类因素的修正体系主要在明确宗地因素指标条件与基准地价均质地域平均状况条件比较而言所对应的优、较优、一般、较劣、劣五个层次的相应状态基础上,结合总修正幅度及其因素权重分解得出相应的修正系数值(表 11-19),具体方法如下:

表 11-19 某市区商服用地一级地基准地价因素修正系数

项目	等级				
	优	较优	一般	较劣	劣
区域商业繁华度修正	1.12	1.06	1.00	0.94	0.88
临街道路功能等级修正	1.08	1.04	1.00	0.96	0.92
区域基础设施保证度修正	1.04	1.02	1.00	0.98	0.96
区域交通管制修正	1.03	1.02	1.00	0.95	0.90
宗地所在区域店铺分布状况	1.05	1.03	1.00	0.96	0.92

续表 11-19

项目	等级				
	优	较优	一般	较劣	劣
宗地接近专业市场程度修正	1.06	1.03	1.00	0.97	0.94
宗地接近娱乐设施程度修正	1.04	1.02	1.00	0.98	0.96
宗地接近文体教育设施度修正	1.04	1.02	1.00	0.98	0.96
宗地接近不利设施程度修正	1.02	1.01	1.00	0.99	0.98
宗地停车便利程度修正	1.04	1.02	1.00	0.98	0.96
宗地周边土地利用类型修正	1.06	1.03	1.00	0.97	0.94
宗地地形坡度修正	1.02	1.01	1.00	0.99	0.98
宗地形状修正	1.04	1.02	1.00	0.96	0.90
街角地修正	1.08	1.06	1.03	1.01	1.00
评估时日修正	根据宗地估价时日与基准地价基准日期间土地市场变动情况分析确定				
土地开发状态修正	根据待估宗地的实际开发状态与“五通一平”开发程度比较，直接加上或扣除相应的开发费				
土地使用年期修正	根据规程公式确定：$[1-1/(1+r)^n]/[1-1/(1+r)^{40}]$ 其中：n 为待估宗地可使用年期；r 为土地还原率(取 6.0%)				

容积率、建筑密度修正(以容积率 2.5、建筑密度 45%为基准)

容积率	建筑密度					
	≤40%	45%	50%	60%	70%	100%
≤0.5	0.52	0.55	0.58	—	—	—
1.0	0.55	0.59	0.67	0.71	0.76	0.89
1.5	0.69	0.74	0.84	0.89	0.95	1.12
2.0	0.83	0.88	1.00	1.07	1.14	1.34
2.5	0.94	1.00	1.14	1.21	1.29	1.52
3.0	1.05	1.12	1.27	1.36	1.44	1.70
4.0	1.22	1.30	1.47	1.57	1.67	1.96
5.0	1.38	1.47	1.67	1.79	1.90	2.23
≥6.0	1.55	1.65	1.88	2.00	2.13	2.50

临街进深修正(以 50 m 为基准)

深度/m	修正系数	深度/m	修正系数	深度/m	修正系数	深度/m	修正系数	深度/m	修正系数
<4.00	2.90	13	1.45	26	1.19	46	1.02	66	0.90
4	2.63	14	1.40	28	1.17	48	1.01	68	0.87
5	2.43	15	1.35	30	1.16	50	1.00	70	0.86
6	2.23	16	1.31	32	1.15	52	0.99	72	0.85
7	2.09	17	1.29	34	1.13	54	0.97	74	0.84
8	1.95	18	1.28	36	1.10	56	0.95	76	0.83

续表 11-19

9	1.84	19	1.27	38	1.09	58	0.94	78	0.81
10	1.72	20	1.24	40	1.08	60	0.93	90	0.80
11	1.60	22	1.23	42	1.05	62	0.92	100	0.79
12	1.50	24	1.20	44	1.03	64	0.91	>110	0.78

宽深比率修正

宽深比率	<0.3	0.3—0.6	0.6—1.0	>1.0
修正系数	0.94	1.00	1.04	1.06

商服楼层地价分配率

层数	层次			
	一层	二层	三层	四层
二层楼	0.769	0.231	—	—
三层楼	0.667	0.200	0.133	—
四层楼	0.588	0.176	0.118	0.118

商服楼层修正系数

楼层	一层	二层	三层及以上
商服楼层修正系数	1.00	0.30	0.20

产权权利限制因素修正

产权不得分割转让(自持)比例(按建筑面积或分摊土地面积计)	100%	90%	80%	70%	60%	50%	40%	30%	≤20%
修正系数	0.85	0.865	0.88	0.895	0.91	0.925	0.94	0.955	1.00
其他修正	由估价人员视情况对具体宗地有特殊影响的其他因素进行修正								

(1)调整总幅度计算

上调总幅度计算公式为:

$$F_1=[(I_{nh}-I_{1b})/I_{1b}]\times 100\% \tag{11-33}$$

下调总幅度计算公式为:

$$F_2=[(I_{1b}-I_{ni})/I_{1b}]\times 100\% \tag{11-34}$$

式中:F_1为基准地价上调最大幅度值;F_2为基准地价下调最大幅度值;I_{1b}为基准地价;I_{nh}为级别或评估区域正常地价的最高样本组平均值;I_{ni}为级别或评估区域正常地价的最低样本组平均值。

根据上述方法和公式,分别测算商业、住宅、工业用地各个级别的上调、下调总幅度值,并内插修正值,一般将宗地地价按优、较优、一般、较劣、劣分为五个档次确定修正系数。

(2)各因素权重值及修正幅度值确定。修正因素权重值确定一般采用特尔法、层次分析法、因素成对比较法。各因素修正幅度值确定,根据不同用途各因素对地价的影响程度,按以下公式计算各因素的修正幅度，并通过样本地价的检验、校正。计算公式如下：

$$F_{1i}=F_1W_i \tag{11-35}$$

$$F_{2i}=F_1W_i \tag{11-36}$$

式中：F_{1i}为 i 因素的上调幅度；F_{2i}为 i 因素的下调幅度；W_i为 i 因素对宗地地价的权重值。

具体宗地评估时需根据宗地指标条件与基准地价均质地域平均状况的比较，首先明确该宗地因素指标条件的优劣层次，进而查表确定相应的修正系数（表 11-20）。

表 11-20　某市区商服用地一级地基准地价修正因素指标条件说明表

修正因素	等级				
	优	较优	一般	较劣	劣
区域商业繁华度修正	位于区域最繁华处	位于区域较繁华处	位于区域内平均繁华处	位于区域内较不繁华处	位于区域内最不繁华处
临街道路功能等级修正	商业步行街、商业广场	主要商业街	生活性次干道	一般商业街道	其他
区域基础设施保证度修正	较区域平均保证度大 20%以上	较区域平均保证度大 10%以上	较区域平均保证度 ±10%以内	较区域平均保证度小 10%以上	较区域平均保证度小 20%以上
区域交通管制修正	无任何管制	机动车不能随意停	货车禁止通行，其他不能随意停	机动车单行道	限制机动车通行
宗地所在区域店铺分布状况	连续，高职能店铺密集	连续，临近有高职能店铺	连续分布	较连续分布	间断或独立
宗地接近专业市场程度修正	较区域中心距市场距离小 20%以上	较区域中心距市场距离小 10%以上	较区域中心距市场距离 ±10%以内	较区域中心距市场距离大 10%以上	较区域中心距市场距离大 20%以上
宗地接近娱乐设施程度修正	较区域中心距设施距离小 20%以上	较区域中心距设施距离小 10%以上	较区域中心距设施距离 ±10%以内	较区域中心距设施距离大 10%以上	较区域中心距设施距离大 20%以上
宗地接近文体教育设施度修正	较区域中心距设施距离小 20%以上	较区域中心距设施距离小 10%以上	较区域中心距设施距离 ±10%以内	较区域中心距设施距离大 10%以上	较区域中心距设施距离大 20%以上
宗地接近不利设施程度修正	较区域中心距设施距离大 20%以上	较区域中心距设施距离大 10%以上	较区域中心距设施距离 ±10%以内	较区域中心距设施距离小 10%以上	较区域中心距设施距离小 20%以上
宗地停车便利程度修正	较区域中心距停车场距离小 20%以上	较区域中心距停车场距离小 10%以上	较区域中心距停车场距离 ±10%	较区域中心距停车场距离大 10%以上	较区域中心距停车场距离大 20%以上

续表 11-20

修正因素	等级				
	优	较优	一般	较劣	劣
宗地周边土地利用类型修正	商服用地为主	商业与公建混合	商业与居住混合	住宅用地为主	其他用地
宗地地形坡度修正	较区域平均状况有显著降低	较区域平均状况有所降低	区域平均状况	较区域平均状况有较大提高	较区域平均状况有显著提高
宗地形状修正	规则矩形	规则多边形，有利于商业利用	规则多边形，不影响商业利用	较不规则，对商业利用有一定影响	不规则，对商业利用有严重影响
街角地修正	三四面临街	二面临街	一面临街	不临街，距街＜50 m	不临街，距街＞50 m
评估时日修正	根据宗地估价时日与基准地价基准日期间土地市场变动情况分析加以确定				
土地开发状态修正	根据待估宗地的实际开发状态与“五通一平”开发程度比较，直接加上或扣除相应的开发费				
土地使用年期修正	根据规程公式确定：$[1-1/(1+r)^n]/[1-1/(1+r)^{40}]$ 其中 n 为待估宗地可使用年期；r 为土地还原率				
容积率、建筑密度修正	见表 11-19				
临街进深修正	见表 11-19				
宽深比修正	见表 11-19				
楼层地价分配率	见表 11-19				
产权不得分割转让因素修正	见表 11-19				
其他修正	由估价人员视情况对具体宗地有特殊影响的其他因素进行修正				

三、基准地价修正法评估程序

(一)评估程序

应用基准地价体系进行系数修正评估宗地地价时，应严格遵循以下程序：

(1)明确待估宗地的用途、区位条件、产权等基本事项。

(2)确定待估宗地具体位置，根据宗地用途确定对应用途的基准地价。若待估宗地为非典型的商业、住宅或工业用途，应采用相应的细分用途基准地价值。

(3)根据待估宗地用途、区位等具体条件，结合基准地价因素修正体系，合理选择并确定若干具有显著性影响的修正因素。

(4)根据待估宗地条件，对照基准地价修正因素指标说明表和修正系数表，确定各因素的修正系数。在修正系数确定过程中，对于某个因素经比较后介于优、较优、一般、较劣、劣五个档次之间的，可在因素修正表范围内通过插值确定；修正系数值的幅度可根据实际情况进行适当的调整。

(5)按修正公式试算宗地地价评估值。

(6)根据待估宗地的地块交易特征以及所处的市场供需圈，对试算的初步宗地地价评估值进行修正。

(7)对修正后得到的宗地地价评估值与其区位条件、基准地价等进行比较，观察其合理性，必要时适当调整修正因素或修正系数。对一些与基准地价条件差异较大，系数修正难以到位的宗地则可考虑直接利用收益还原法、剩余法、市场比较法、成本逼近法等进行评估。

(二)注意事项

利用该基准地价系数修正表评估宗地地价时，需注意的事项有以下几个方面：

(1)评估时日的修正系数，需按评估时期的市场行情和土地供需状况进行确定。

(2)因素修正体系中，区位修正因素较多较复杂，实际应用时不必一一进行修正，应结合待估宗地实际情况选择作用明显的因素加以修正。

(3)跨越两个或两个以上基准地价区域的宗地，应先将不同区域宗地部分单独计算其标定地价，然后分别按各区域所在宗地部分的面积乘以该区域宗地部分的宗地地价的总和除以宗地总面积作为该宗地的地价。

(4)土地开发状态修正，不在前述评估公式中修正，而主要通过比较宗地土地开发状态下的开发费用与“五通一平”开发费用的差额，直接加减。

需要特殊说明各地应用基准地价系数法评估宗地价格，评估结果与市场地价脱节的现象比较普遍，应用基准地价系数修正法需分析产生问题的原因，采取相应的措施，提高基准地价系数修正法评估结果的准确性。

第一，基准地价更新不及时，有的城市基准地价多年不更新，基准地价本身与市场脱节，及时更新基准地价，保持基准地价的现势性，是应用基准地价系数修正法宗地价格的必要条件。

第二，不同条件的宗地由于所处的市场需求层次不同，仅根据直接的因素修正系数难以修正到位。基准地价主要对应于一级土地市场大宗地(即符合城市控制性详细规划确定的地块)市场交易条件下的价格水平。但由于土地市场是一个由不同环节、不同层次分级运行的市场体系，如包括一、二、三级等不同级市场，不同市场条件下的土地供求关系是不一致的，即有各自不同的市场供求圈。采用基准地价系数修正法评估宗地地价时，应要求待估宗地的宗地条件与基准地价“基准条件”界定所对应的样本条件类似，且处于同一供需圈，否则，需考虑对成果设定的修正因素及系数作相应的调整，根据不同宗地条件或市场供求圈下的宗地进行需求层次修正。

第三，只分商服、住宅、工业三大类的基准地价体系，不能完全适应这些大类内部不同细化类型价格本身相差悬殊的内在要求，可进一步细化基准地价分类体系。

第四，有的评估人员将基准地价修正法评估宗地价格理解为一个查表过程，这是对基准地价系数修正法的极大误解，无论采用什么方法评估宗地地价均是一个再评估过程，需评估人员根据土地市场、宗地条件进行综合分析评估。

【本章小结】

城镇土地分等定级与基准地价评估是我国土地管理特别是房地产市场及地价管理的重要基础工作，城镇土地分等定级与基准地价评估工作已在全国各地得到全面开展，已建立了比较完善的技术方法体系。本章主要依据《城镇土地分等定级规程》(GB/T 18507—2014)、《城镇土地估价规程》(GB/T 18508—2014)、《自然资源价格评估通则》(TD/T 1061—2021)和《自然资源分等定级通则》(TD/T 1060—2021)等4个规程，扼要介绍了我国的等级价体系及城镇土地分等定级思路及方法，结合各地实践经验及案例分析重点阐述了城镇基准地价评估的思路、程序及评估方法。

(1)城镇土地等级体系：城镇土地等级是城镇之间及城镇内部土地质量地域差异的基本表达方式，其中土地等别反映城镇之间土地质量的地域差异，土地级别反映城镇内部土地质量的地域差异，“等”与“级”共同构成我国城镇土地质量地域差异体系。

(2)城镇土地分等程序与方法：城镇土地分等的基本方法是多因素综合评价法，并采用市场资料分析法进行验证。分等的基本程序包括分等因素因子选择、分等因素因子权重确定、分等对象因素因子分值计算、分等对象综合分值计算、土地等别初步划分及土地等别划分方案验证与确定六个步骤。

(3)城镇土地定级程序与方法：城镇土地定级的基本方法是多因素综合评价法，并采用市场资料分析法进行验证。定级的基本程序包括定级因素选择、定级因素权重确定、定级因素量化方法、定级单元划分及因素作用分取值、定级单元总分值计算、土地级别初步划分及土地级别划分方案验证与确定七个步骤。

(4)城镇基准地价评估的技术路线：基准地价评估的技术路线与土地市场发育程度密切相关。一般土地市场比较发育的城镇，土地交易活跃，各种交易类型的样本丰富的条件下，基准地价评估主要以市场交易样本地价为依据，通过均质地域划分及样本分区整理，采用适当的数理统计方法划分土地级别、评估基准地价。对于土地市场不发育的城镇，各种交易类型的样本少，不具备直接采用市场交易样本直接评估基准地价的客观条件，基准地价评估则采用以土地定级为基础，土地收益为依据、土地交易价格为参考的技术路线。

(5)城镇基准地价评估的基本要求：①开展基本地价评估首先要根据当地市场发挥程度及交易样本情况，因地制宜选择合适的技术路线；②要明确基准地价内涵及基准条件；③正确处理评估地价与市场交易地价的关系；④协调好基准地价与一、二、三级土地市场价格之间的关系，⑤根据地价管理政策需要，科学制定基准地价成果应用方案。

(6)城镇基准地价评估程序与方法：随着我国社会主义市场经济制度的建立完善，基准地价评估主要以市场交易样本地价为依据，采用交易样本平均法、因素比较法及建立土地质量指数与样本地价或土地效益回归分析模型等方法进行评估。基准地价评估基本程序包括样本地价计算及修正、均质地域划分、均质地域基准地价评估、土地级别划分、级别基准地价评估及确定等程序。

(7)基准地价系数修正法：基本思路是以基准地价为基础，通过各类因素的修正得到宗地地价。这是《城镇土地估价规程》规定的宗地地价评估的重要方法之一，特别对于政策性比较强宗地地价评估类型，如划拨使用权补交出让金价格评估，基准地价系数修正法具有更重的特殊地位。运用基准地价系数修正法评估宗地价格的基本前提是编制基准地价系数修正体系，建立起基准地价与宗地地价联系的桥梁。

【习题及思考题】

1. 我国城镇土地质量等级及等级价体系构成特征是什么？
2. 城镇土地分等因素因子分值主要计算方法主要有哪些？
3. 城镇土地定级因素分值主要计算方法主要有哪些？
4. 基准地价的定义及作用是什么？
5. 如何选择具体城镇基准地价评估的技术路线？
6. 如何理解评估地价与市场交易地价的关系？
7. 一、二、三级土地市场样本地价有何特点？
8. 均质地域基准地价评估方法主要有哪些？试阐述各自的特点与适用范围。
9. 级别基准地价评估的方法主要有哪几种？
10. 基准地价系数修正表应用时应遵循哪些步骤？注意哪些事项？

【参考文献】

[1]国土资源部土地利用管理司. 城镇土地分等定级规程：GB/T 18507—2014. 北京：中国标准出版社，2014.

[2]国土资源部土地利用管理司. 城镇土地估价规程：GB/T 18508—2014. 北京：中国标准出版社，2014.

[3]自然资源部自然资源开发利用司. 自然资源价格评估通则：TD/T 1061—2021. 北京：地质出版社，2021.

[4]自然资源部自然资源开发利用司. 自然资源分等定级通则：TD/T 1060—2021. 北京：地质出版社，2021.

[5]胡存智. 土地估价理论与方法. 2 版. 北京：地质出版社，2004.

[6]蔡兵备，欧阳安蛟. 城市地价评估方法. 北京：社会科学文献出版社，2002.

[7]严星，林增杰. 城市地产评估. 北京：中国人民大学出版社，1993.

第十二章　农用地定级与估价

本章重点阐述农用地等级价体系，农用地分等、定级和估价的技术方法。在农用地基准评估的技术路线中，着重介绍样点地价平均法、定级指数模型法、基准地块评估法、农用地基准地价更新及不同类型农用地宗地价格评估的技术要点。

第一节　农用地等级价体系

一、农用地的内涵与特点

(一)农用地的内涵

农业生产是国民经济各部门生产和发展的基础，土地则是其生产过程中不可替代的生产要素。一般来说，凡是用来作为农业生产的土地，即可称为农用地。因为农业生产的意义和范围不同，所以农用地一词也有广义和狭义之分。广义的农用地是指直接用于农业生产的土地，包括耕地、园地、林地、牧草地、农田水利用地和养殖水面用地；狭义的农用地则专指耕地(cultivated land)，即种植业用地。本章所讨论的农用地估价，主要采用广义的解释，因为从估价的必要性上来说，除耕地以外，其他各类农业生产用地也具有经济价值，都可能进行买卖、出租、抵押等，因此所有农业生产用地都有必要进行估价。

(二)农用地的特征

农用地是自然形成和人类劳动的共同产物，是自然、经济和历史的综合体。相对于非农业用地而言，农用地具有以下特征。

(1)农用地既是劳动对象，又是劳动手段，是不可替代的生产资料。在人类社会的不断发展中，不仅没有削弱人类对土地的依赖性，还将越来越强化其间的关系。其他部门的生产资料可以更新淘汰，用新的生产资料或产品替代，如用硬质塑料代替某种钢材、用合成板代替木材等。作为农用地的土壤却是一种特殊的生产资料，时至今日，还没有找到一种可以取代土地的替代品来生产农产品。

(2)农用地资源具有再生性。农用土地资源，只要利用得当，不但有自行恢复和再生的能力，而且可以永续利用。相反，如果掠夺式的过度利用，其生产能力就会遭受破坏，即使可以恢复也要花费一定的时间和投资，甚至是不可恢复的。

(3)农用地受自然环境影响显著。农用地所利用的自然环境因素是多元的，功能是复杂的。它既利用土地本身，又利用土地的地上环境条件（如地形、温度、光照、降水等）。其中的任何一个因素都对农作物的生长和发育有制约作用，而这些因素的综合作用对农业生产的影响就更为重要。

二、农用地价格影响因素

土地价格是由一系列的影响因素决定的，农用地价格也是如此。影响农用地价格的因素主要包括自然因素、社会经济因素和特殊因素。

（一）自然因素

自然因素是指影响农用地生产力的各种自然条件，包括≥10℃有效积温、降水量、降水均衡度、无霜期、灾害性气候状况、地形坡度、土壤质地、有效土层厚度、土壤障碍层深度、土壤有机质含量、土壤盐渍化程度、地下水埋深、田块大小、地块形状等。

（二）社会经济因素

社会经济因素是指影响农用地收益的社会经济发展条件、土地制度和交通条件等，包括区域城市化水平、城市规模、农业生产传统、人均土地指标（人均耕地、人均农用地）、农民人均收入水平、单位土地投入资本量、单位土地投入劳动量、农产品市场供求、农田基本设施状况、农机应用方便度、土地利用规划限制、交通通达度等。

（三）特殊因素

特殊因素是指影响农用地生产力和收益所独有的条件或不利因素，如特殊的气候条件、土壤条件、环境条件、环境污染状况等。

因为拥有特殊条件的土地数量往往有限，而且受到土地位置固定性的影响，拥有特殊条件的土地者就会由此获得垄断利润。因此，特殊因素一般形成农用地的垄断价格。

三、农用地等级价体系

基于农用地的内涵与特点，农用地等级价体系包括农用地分等、定级和估价，三者的关系是从宏观到微观，可以用分等、定级、估价概括。分等、定级、估价都是对土地质量的评价，其中，“分等”和“定级”偏重于对土地自然质量的评价，而“估价”则偏重对经济价值的评价。

（一）农用地分等

农用地分“等”反映由长期稳定的光、温、水、土、社会经济条件所决定的，以农地自然质量为主的土地差异。“等”的序列要求在全国有可比性。“等”作为摸清家底之用，工作范围呈“面状”覆盖全国，具有普适性用途，比例尺小，属概略型精度。如果“等”的工作精度达到地块，一是缺乏资料，工作量太大，以至评价不可行；二是大多数地块的等级成果将长期闲置，失去时效，造成浪费；三是中央下拨的经费只能完成国家任务，省以下的细致评价由地方财政支出。故只需用中央经费完成土地分等工作，达到与土地详查和土壤普查相配套的精度要求即可。

(二)农用地定级

农用地定“级”是依据构成土地质量的自然因素和社会经济因素,根据地方土地管理工作的需要,在行政区(省或县)内进行的农用地质量综合评定,其划分侧重于反映因农用地现实的(或实际可能的)区域自然质量、利用水平和效益水平的不同,而造成农用地生产力水平的差异;定级主要是在县级进行,其成果在县级行政区内具有可比性。与分等不同,定级是以易变因素作为基本依据来进行评定的,其评定结果表示的是土地具体生产力的高低,可以和某个产量对应。农用地定级体系建立在县域同一标准上,以农用地分等成果为基本依据,以满足农用地定级委托方的要求为准则。

农用地分等和定级既相互区别又相互联系。分等侧重于反映在一定的社会经济水平下耕地潜在的生产力水平,要求在全国具有可比性;定级侧重于反映耕地现实的生产力水平,仅在县级行政区内具有可比性。定级是在分等的基础上进行的,分等结果间接地反映了定级中相对稳定的因素部分,但并非是定级的全部,定级必须结合实际,对分等参数(如耕地利用系数、耕地经济系数)进行必要的修正,并在考虑一些易变的自然质量因素的同时,考虑市场因素、交通便利因素等。等别高低对级别有很大的影响,但级别并非是等别的细分。

(三)农用地估价

农用地估价反映农用地的利用状况、收益能力及市场供求关系等,是在通过定级反映农用地基础质量的前提下,通过对农用地利用和流转的经济结果进行评价及表达。在尺度上,农用地估价与农用地定级基本一致;在评价重点上,农用地定级是在农用地一定的自然条件和利用状况下,主要考察农用地自然质量状况,而农用地估价,则重点考察农用地的收益能力及供求关系对流转价格影响等经济指标。级别是农用地质量的基本反映,价格是农用地质量的经济表达。

以往评价工作惯用的“3 等 9 级”,“等”“级”处在同一体系之中,为续分关系。目前的设计虽也有“等”“级”,但不在同一体系之中,是分离的,不再是续分关系,两者可独立进行评价和运用。评价指标有关联,定级可直接运用分等的部分指数体系。在定级过程中,“等”体现为土地质量的本底状况,只作为定级中土地质量方面的一个分值,“级”的高低须另行评价;而“价”就是将农用地质量放在流转与交易环节进行考察,是对其市场价值的表达和体现。

第二节　农用地分等与定级

一、农用地分等

(一)农用地分等的基本思路

农用地分等是指在全国范围内按照标准耕作制度,在自然质量条件、平均土地利用条件、平均土地经济条件下,根据规定的方法和程序进行的农用地质量综合评定,从而划分出农用地等别的工作。具体来讲,是通过计算得到农用地资源的自然质量等指数、利用等指数和经济等指数，分别对农用地资源质量的综合等别进行评价和划分。各等别指数计算公式如下：

自然质量等指数＝光温生产潜力×作物产量比系数×农用地自然质量分

利用等指数＝自然质量等指数×土地利用系数

经济等指数＝利用等指数×土地经济系数

农用地等别指数的计算公式可以表达为：

$$G = a \cdot \beta \cdot C_L \cdot K_L \cdot K_C \tag{12-1}$$

式中：G 为分等指数；a 为农用地对光温生产潜力；β 为指定作物的产量比系数；C_L 为农用地的自然质量分；K_L 为土地利用系数；K_C 为土地经济系数。

(二)农用地自然质量等指数(R_i)计算

1. 分等因素指标区划分

分等因素指标区是依主导因素原则和区域分异原则划分的分等因素体系一致的区域。指标区可根据地貌条件、耕作制度等划分，也可根据强制性因素的区域分异规律划分。

2. 分等因素数据采集及确定

农用地质量分等因素分为推荐因素和自选因素两类。推荐因素由国家统一确定，分区、分地貌类型给出；自选因素由省级土地行政主管部门确定，用于分等的自选因素一般不超过 3 个。所有分等因素都需要采用特尔菲法、因素成对比较法、主成分分析法、层次分析法等方法中的两种以上方法进行检验和确定，在分等任务书中予以明确。

3. 编制“指定作物—分等因素—自然质量分”记分规则表

自选因素指标与指标分值的关系，由各地自行确定。按照推荐因素指标与指标分值的关系，在上级农用地分等技术指导机构的指导下按指定作物分别编制“指定作物分等因素自然质量分”记分规则表，记分规则表的编制应建立在当地试验资料的基础上；如果没有试验资料，则要采取适当的定性分析方法加以确定。

4. 编制分等因素图

根据分等因素实际状态值的区域分布，编制农用地分等因素图。

5. 读取分等因素指标分值

根据分等因素图及记分规则表，获得各分等单元各指定作物的分等因素指标分值。

6. 计算农用地自然质量分

采用几何平均法和加权平均法计算各分等单元各指定作物的农用地自然质量分。这里仅列出加权平均法公式供读者参考。

$$C_{Lij} = \frac{\sum_{k=1}^{m} \omega_k \cdot f_{ijk}}{100} \tag{12-2}$$

式中：C_{Lij} 为分等单元指定作物的农用地自然质量分；i 为分等单元编号；j 为指定作物编号；k 为分等因素编号；m 为分等因素的数目；f_{ijk} 为第 i 个分等单元内第 j 种指定作物第 k 个分等

因素的指标分值，取值为[0～100]；ω_k 为第 k 个分等因素的权重。

7. 计算指定作物自然质量等指数

农用地自然质量等指数是按照标准耕作制度所确定的各指定作物，在农用地自然质量条件下，所能获得的按产量比系数折算的基准作物产量指数。这个产量指数也可以解释为在最优土地利用水平和最有利经济条件下，该分等单元内的农用地所能实现的最大可能单产水平。因此，也可以将其称为农用地的"本底"产量水平。第 j 种指定作物的自然质量等指数计算方法如下：

$$R_{ij} = \alpha_{ij} \cdot C_{ij} \cdot \beta_{ij} \tag{12-3}$$

式中：R_{ij} 为第 i 单元第 j 种指定作物的自然质量等指数；α_{ij} 为第 i 个分等单元第 j 种作物的光温生产潜力指数；C_{ij} 为第 i 个分等单元内第 j 种指定作物的农用地自然质量分；β_{ij} 为第 i 个分等单元第 j 种作物的产量比系数。

8. 计算分等单元自然质量等指数

农用地自然质量等指数由下式定义：

$$R_i = \sum R_{ij} \tag{12-4}$$

式中：R_i 为第 i 个分等单元的农用地自然质量等指数；$\sum$ 为连加运算符，j 为指定作物种数。

(三)农用地利用等指数(Y_i)计算

农用地利用等指数是按照标准耕作制度所确定的指定作物，在农用地自然质量条件和农用地所在土地利用分区的平均利用条件下，所能获得的按产量比系数折算的基准作物产量指数。该产量指数也可以解释为在当地最有利经济条件下，该分等单元内的农用地所实现的最大可能产量水平，也可称之为农用地的"现实"产量水平。土地利用等指数由下式计算：

$$Y_i = R_i \cdot K_L \tag{12-5}$$

式中：Y_i 为第 i 个分等单元农用地指定作物利用等指数；R_i 为第 i 个分等单元内指定作物的自然质量等指数；K_L 为指定作物的土地利用系数。

(四)农用地经济等指数(G_i)的计算

农用地经济等指数由下式计算：

$$G_i = Y_i \cdot K_C \tag{12-6}$$

式中：G_i 为第 i 个分等单元指定作物的农用地经济等指数；Y_i 为第 i 个分等单元指定作物的农用地利用等指数；K_C 为指定作物的土地经济系数。

(五)等别确定与验证

根据分等单元自然质量等指数、利用等指数、经济等指数的计算结果，采用等间距法，按照"高分高等"原则，划分各分等单元自然质量等别、利用等别和经济等别。

二、农用地定级

(一)农用地定级的基本思路

农用地定级是指在行政区(省、县)内,依据构成土地质量的自然因素和社会经济因素,根据地方土地管理和实际情况需要,遵照与委托方要求相一致的原则,即主要考虑定级目的,按照规定的方法和程序进行的农用地质量综合评定,从而划分出农用地级别的工作。根据《农用地定级规程》(GB/T 28405—2012),农用地定级的方法包括因素法、修正法和样地法。

(1)因素法　是通过对构成土地质量的自然因素、区位因素和社会经济因素的综合分析,确定因素因子体系及影响权重,计算单元因素总分值,以此为依据客观评定农用地级别的方法。

(2)修正法　是在农用地分等指数的基础上,根据定级目的,选择区位条件、耕作便利度等因素计算修正系数,对分等成果进行修正,评定出农用地级别的方法。

(3)样地法　是以选定的标准样地为参照,建立定级因素计分规则,通过比较,计算定级单元因素分值,评定农用地级别的方法。

目前,因素法是农用地定级的主要方法,修正法为补充方法,样地法应用相对较少。这里就因素法介绍农用地定级基本过程。

(二)定级指标区的划分及定级因素的选取

1. 定级指标区的划分

在具体实施定级工作之前,必须对定级区域内的自然和社会经济因素进行宏观调度的分析,从整体上把握研究区域内部的气候、地貌、土壤、农业生产特点和土地利用方式等的空间差异。在不同的气候、地貌、土壤、农业生产特点和土地利用方式下,对农用地质量影响起主导作用的因素是不同的。因此,如果定级区域内部在气候、地貌、土壤、农业生产特点和土地利用方式等方面存在明显差异,需划分定级因素指标控制区。即根据区域自然条件的差异、生产结构和生产水平的差异,遵循主导性原则和区域分异原则,以区域内相似性和区域间差异性特征为基础,采用归并相似性与区分差异性这一原理,划分土地利用区。

2. 定级因素的选取

定级因素包括对农用地质量差异有显著影响的自然因素、区位因素以及社会经济因素,某些因素可以分解为多个因子,构成因素体系。《农用地定级规程》(GB/T 28405—2012)推荐的供选择的农用地定级因素如表 12-1 所示。

(三)定级单元的划分

定级单元是定级指数测算的基本空间单位,划定定级单元时要求单元内土地质量相对均一、单元之间有较大差异。农用地定级单元的划分,应在同比例尺的土地利用现状图、地形图和土壤类型图等相关图件的基础上进行。根据当地资料的实际情况,农用地定级工作底图采用 1∶(10000～50000)的比例尺,原则上与土地利用现状调查的精度相一致,或根据土地管理工作需要确定。定级单元的划分,遵循主导因素差异、相似性和边界完整性等原则,可选择叠置法、地块法、网格法、多边形法等方法划分。

表 12-1 《农用地定级规程》推荐供选择定级因素

因素类型	因素	因素所含因子
自然因素	局部气候差异	温度、积温、降水量、蒸发量、酸雨、灾害气候(风、雹等)、无霜期等
	地形地貌	地貌类型、地形部位、海拔高度、坡度、坡向、侵蚀程度、其他
	土壤条件	土层厚度、障碍层深度、土壤质地、剖面构型、土壤 pH、土壤盐碱状况、土壤污染状况、土体构型、土壤侵蚀状况、土壤养分状况、土壤中砾石含量等
	水资源状况	地下水埋深、水源保证率、水源水质、其他
社会经济因素	基础设施条件	林网化程度、灌溉保证率、排水条件、田间道路、田间供电等
	耕作便利条件	耕作距离、耕作设备、田块大小、田块形状、田块平整度、田面高差等
	土地利用状况	经营规模、经营效益、利用集约度、人均耕地、利用现状、利用方式
区位因素	区位条件	中心城市影响度、农贸市场影响度
	交通条件	道路通达度、对外交通便利度等

(四)定级因素因子分值的计算

因影响方式的差异,农用地定级因素主要包括点状因素、线状因素和面状因素。根据定级因素对农用地级别的影响方式确定量化方法,确定量化方法如下:

(1)点状因素　指定级因素指标的优劣不仅对具备此指标的地块有影响,还对其周围农用地产生影响(如农贸中心),点状因素是同心圆扩散性因素,量化方法采用直线衰减法或指效加减法。

(2)线状因素　指定级因素指标的优劣不仅对具备此指标的地块有影响,还对一定距离范围内的农用地产生影响(如交通条件),线状因素是平行扩散性因素,随着距离的增加,其影响强度按一定规律衰减,量化方法采用直线衰减法或指数衰减法。

(3)面状因素　指定级因素指标的优劣仅对具备此指标的地块有影响(如土壤地),面状因素是非扩散性因素,量化方法采用最大最小值法或均值度法。

对于有交叉影响的因素因子(如各级农贸中心、道路等),需要进行功能分割或衰减追加处理。

(五)定级指数的计算及级别的划分与确定

1.定级指数的计算

定级指数,在定级因素因子分值计算结果基础上,根据各定级因子权重采用加权求和法、几何平均法等计算得到。定级因子权重可运用特尔菲法、层次分析法、回归分析法、主成分分析法、相关分析法等方法确定。

2.农用地级别的划分与确定

用定级指数进行农用地级别的划分,指数值越大,农用地质量越好,级别就越高。具体可以运用数轴法、总分频率曲线法、总分等值线法等方法初步划分农用地级别。

在农用地级别初步成果完成后，应组织当地有关专家对初步成果进行论证，根据专家意见对定级初步成果进行修改、完善，并到实地进行验证，落实级别界限。经过对初步定级成果的检验，确定定级的最终级别界限，进行各级别面积汇总和成果图编绘。

第三节 农用地基准地价评估

农用地基准地价是指县级政府根据需要针对农用地不同级别或不同均质地域，按照不同利用类型，分别评估确定的某一估价期日的平均价格。与城市基准地价一样，农用地基准地价也是反映农用价格的区域平均水平，主要为政府宏观调控农用地价格水平、合理引导农用土地交易、促进农用土地资源合理利用提供依据。

一、农用地基准地价评估对象、技术路线及程序

一般来说，农用地基准地价评估对象是县(市)行政区内现有农用地和宜农未利用地。农用地基准地价评估有以下 3 条技术路线：

(1)样点地价平均法　在农用地定级基础上，用投入产出样点资料和市场交易样点资料评估并确定基准地价。

(2)定级指数模型法　在农用地定级基础上，根据定级指数、农用地市场交易资料和投入产出资料，建立地价测算模型，评估并确定基准地价。

(3)基准地块评估法　通过设置基准地块，并评估基准地块价格，根据基准地块价格评估并确定基准地价。

这 3 种技术路线各有特点，又有各自的适用条件。在农用地基准地价评估中，应根据本地农用地市场状况、基础资料及技术条件，选择其中一条技术路线进行评估。

农用地基准地价评估一般程序如下：

(1)准备工作。①收集和准备基本资料；②确定评估范围；③确定工作底图；④编写农用地基准地价评估任务书；⑤制定基准地价评估所需表格。

(2)确定评估技术路线。

(3)资料调查与整理。

(4)评估基准地价。

(5)基准地价确定。

(6)编制基准地价修正系数表。

(7)成果整理与验收。

二、样点地价平均法

采用样点地价平均法评估基准地价，是在农用地定级基础上，调查农用地投入产出样点资料和市场交易样点资料，并计算样点地价，以各样点地价的平均值评估并确定农用地基准地价。下面分别说明各个步骤的具体内容和要求。

(一)资料调查的内容和要求

资料调查是基准地价评估的前提和基础,资料调查的充足、详实与否直接影响基准地价评估的准确性和合理性,因此必须充分重视资料调查工作。

1.资料调查的内容

(1)农用地定级成果资料:包括土地级别图、土地定级工作报告和技术报告、其他能用于农用地估价的定级成果及资料;

(2)农用地承包、转包、出租、拍卖、抵押、联营入股等交易资料,农地征收的补偿标准文件及实际支付标准资料等;

(3)社会经济及土地利用资料:包括当地农村经济发展状况资料、农业和社会经济发展统计资料、土地利用总体规划资料、基本农田保护区资料等;

(4)其他资料:如农用地历史地价资料、农业开发和农业生产的政策资料等。

2.资料调查的一般要求

(1)资料调查应以土地级别为单位进行,按土地级别或行政区域进行归类整理;

(2)调查、收集资料中选择的样点地块要按实地位置标注到估价工作底图上,并建立样点资料数据库;

(3)农用地承包、转包、出租、拍卖、抵押、联营入股等交易资料和农用地收益资料中的价格指标均以元为单位,面积指标均以平方米为单位,指标数值准确到小数点后一位;

(4)样点调查应符合数理统计要求。

(二)确定土地利用类型

土地利用类型不同,地价水平相差迥异,农用地也如此。因此,农用地基准地价评估也必须是针对一定的用地类型进行评估。实践中,一般根据土地利用现状分区,同时考虑土地利用总体规划的土地利用分区及土地用途管制的土地利用类型要求,确定各级别的主要用地类型。

(三)投入产出样点和市场交易资料调查

农用地投入产出样点资料调查采用抽样调查方式。市场交易样点资料调查,在市场资料充足的情况下,采用抽样调查;在市场资料不足的情况下,采用全面调查。

1.调查样点的要求

(1)样点单位可以是一定面积的地块,也可以是某一农户种植的相同用地类型的地块,地块面积应适中;

(2)样点抽样采用分类抽样调查,即按用地类型分别进行抽样调查;

(3)样点要有代表性,样点分布要均匀,样点数据应调查最近连续 3 年的资料;

(4)样点单位总数、调查样点单位总数、各类样点单位数及调查样点单位数,应符合下列要求:

$$E_{ni} / E_n = E_{Ni} / E_N \tag{12-7}$$

式中:E_{ni} 为第 i 类用地抽取的样点单位数;E_n 为各类用地抽取的样点单位总数;E_{Ni} 为第 i 类

用地的样点单位数；E_N 为各类用地的样点单位总数。

2. 样点资料的整理

(1)样点资料补充完善或剔除：对所有调查的样点资料均应逐表审查，对主要数据不全或不准确的，应进行补充调查，完善内容；将缺少主要项目、填报数据不符合要求和数据明显偏离正常情况而又不容易补充的样点进行剔除；

(2)样点资料归类：将初步审查合格的样点资料，分别按土地级别、土地用途、用地效益等进行归类，当样点数量少于规定要求时应进行样点的补充调查。

(四)投入产出资料和市场交易资料分析计算

主要是计算投入产出样本和市场交易样本的地价。投入产出样本地价主要采用收益还原法进行计算。市场交易样点地价分析计算，需根据其交易类型进行计算：买卖样点可直接对其交易价格进行修正，租赁样点可采用收益还原法进行评估。

(五)样点地价的修正及样点地价处理

样点地价的修正主要是把样点地价修正成为基准地价内涵条件下的正常地价，主要包括年期修正、期日修正及其他修正等。样点地价处理是指绘制样点地价图及进行样点数据检验等。

1. 样点地价的年期修正

不同年期的样点地价资料应修正到基准地价的无限年期。计算公式为：

$$P_m = P_{m_1} / [1 - 1/(1 + r_d)^{m_1}] \tag{12-8}$$

式中：P_m 为修正后的土地价格；m_1 为样点地价的实际年期；P_{m_1} 为样点地价；r_d 为土地还原率。

2. 样点地价的期日修正

不同交易时间的样点地价，只有修正到基准地价估价期日的地价，才能用于基准地价评估。修正过程中应区别不同土地用途，计算地价的变化幅度。在已建立地价指数系统的地区，可利用地价指数进行修正。

3. 样点地价的其他修正

(1)交易情况修正：把交易情况不正常样点地价，修正到正常条件下的交易地价。

(2)农用地开发程度修正：在不同农田基本设施配套程度下的样点地价，必须修正到基准地价评估所设定的农田基本设施配套程度下的地价。基准地价评估中的农田基本设施配套程度，可按各级农田基本设施配套现状程度的平均水平设定。

(3)权利修正：是指对承包、转包、出租、拍卖、抵押、联营入股等不同权利状况的修正。

4. 样点数据检验

(1)同一土地级别中，同一交易方式的样点地价要通过样点同一性检验。同一级别中样点数量不能满足总体检验的需要时，需对级别进行差别判别归类，按类进行样点总体同一性检验。

(2)同一级别，不同交易方式计算的样点地价，也要通过样点总体同一性检验。

(3)用 t 检验法或均值-方差法对样点进行异常值剔除。当检验后的数据不能满足需要时,应增加抽样数据,按以上方式重新进行数据检验。

5. 样点地价分布图的绘制

所调查和计算出的样点地价,要在工作底图上绘制样点地价分布图。

(1)按不同用途分别绘制样点资料分布图;

(2)土地级别界线要反映在图上;

(3)直接在图上表示样点地价,样点地价资料多时,采用分级图例表示地价点标准;

(4)样点资料应有编码,编码应反映不同用地类型、样点类型和样点序号等。

6. 数据整理

将经过修正及样点数据处理以后的样点,按土地级别、用地类型和交易方式顺序进行整理,并填入相应的表格。

(六)计算级别基准地价

对样点数量进行统计分析,当合格样点量满足数理统计要求时,即可利用样点地价计算基准地价。基准地价的计算,一般以级别为单位,按不同用途采用样点地价的简单算术平均值,或加权平均值,或中位数,或众数方法等计算该级别相应用途的基准地价。

三、定级指数模型法

采用定级指数模型评估基准地价,是在农用地定级基础上,根据定级单元定级指数、市场交易地价资料和投入产出资料,建立定级指数与地价关系模型,并利用该模型评估级别基准地价。具体步骤如下:

(1)资料调查;

(2)按农用地级别确定农用地的土地利用类型;

(3)按土地利用类型进行样点地价调查、计算和整理;

(4)测算有样点地价定级单元的平均地价;

(5)选择确定有样点地价定级单元的指数;

(6)建立定级指数与定级单元地价关系模型;

(7)计算各级别基准地价。

其中,资料调查的内容和要求、确定土地利用类型、样点地价的调查、计算和修正与上述样点地价平均法近似,在此不再赘述。下面重点说明第(4)(5)(6)(7)步。

(一)测算有样点地价定级单元的平均地价

对于有样点地价的定级单元,如果单元内样点数量有 3 个以上且样点条件能代表定级单元的一般条件,可采用平均法计算定级单元的平均地价;如果样点数量为 3 个以下,或虽样点数量为 3 个以上,但样点不具有代表性,则采用比较法修正并计算定级单元地价,计算方法按照市场比较法的要求进行。

(二)选择确定有样点地价定级单元的指数

根据定级单元的指数图和表格,将有样点地价的定级单元及其指数选择出来,作为建立模型的基本数据。

(三)建立定级指数与定级单元地价关系模型

1. 基本模型

用于分析定级指数与定级单元地价之间关系的基本模型主要有:线性模型、对数模型、乘幂模型、指数模型、多项式模型。

2. 模型的确定

选择和确定模型方法和步骤为:

(1)绘制评估单元地价与评估单元定级指数的二维散点图来初步确定应该选择线性回归模型还是非线性回归模型。

(2)如果二维散点图能够反映二者的线性关系,则选择线性回归模型,并对模型进行经济、统计和计量检验,按检验结果确定模型。

(3)如果二维散点图样点数据的分布不呈线性时,应引入非线性回归模型。在选择非线性回归模型时,应对各模型的判定系数 R^2 的大小和二维散点图本身进行比较,直至确定最佳模型。

3. 线性回归模型的检验

线性回归模型需对以下结果进行说明:

(1)描述性统计结果,包括变量 Y 与 X 的均值、标准差、样点数;

(2)相关分析结果,包括相关系数 R、判定系数 R^2、调整判定系数 R^2_{adj}、单项显著性检验 P 值、回归系数 95%的置信区间;

(3)对全部观察单位进行回归诊断的结果;

(4)残差统计结果;

(5)残差的直方图,判断标准化残差是否服从正态分布;

(6)观察值的累加概率图。

4. 因素系数估计值的经济意义检验

一般从符号和值域两个方面检验。符号检验主要是根据模型中变量设计所要达到的条件进行检验;值域检验是根据现实经济条件加以具体限定。

(四)计算各级别基准地价

利用上述建立的定级指数与单元地价关系模型,计算所有定级单元地价,并利用定级单元地价采用简单算术平均值、加权算术平均值、中位数、众数等计算级别基准地价。

四、基准地块评估法

采用基准地块评估基准地价,是指根据农用地土地质量条件划分农用地均质地域,然后在均质地域内选定若干地块作为基准地块,依据农用地市场交易资料和投入产出资料评估基准地块价格,再将同一均质地域内基准地块的平均地价作为该均质地域的基准地价。下面说明各步骤的具体要求。

(一)资料调查的内容及要求

资料调查的内容主要有以下几个方面。

(1)农用地自然条件资料:包括气候条件、地貌、土壤条件、水文状况、农田基本建设等资料;

(2)农用地社会经济资料:包括人均耕地、农产品市场供求、土地利用规划、交通条件等资料;

(3)农用地承包、转包、出租、拍卖、抵押等市场交易资料;

(4)其他资料:如农用地历史地价资料等。

资料调查的要求同样点地价平均法。

(二)划分均质地域

划分均质地域,首先要确定农用地地价影响因素,一般根据评估区域的具体条件,确定农用地地价影响因素体系。其次,确定各影响因素权重,权重可采用特尔斐法、层次分析法、因素成对比较法等方法确定。第三,划分均质地域单元,均质地域单元的划分应满足以下条件:一是同一单元内用地类型、耕作制度的一致性,二是同一单元内的土地质量的一致性。第四,测算各单元各影响因素分值,分值的计算方法可采用特尔斐法或因素分值定量测算的方法进行。第五,各单元影响因素综合分值计算,即在计算出各单元各影响因素的分值后,按照式(12-9)计算各单元影响因素综合分值。最后,根据上述得到的单元影响因素综合分值,采用总分数轴确定法、总分频率曲线法等划分均质地域。

$$F_j = \sum_{i=1}^{n} \omega_i \cdot f_{ij} \tag{12-9}$$

式中:F_j 为 j 单元综合分值;ω_i 为因素权重;n 为因素个数;f_{ij} 为 j 单元 i 因素分值。

(三)选定基准地块

在各均质地域内,根据土壤、日照、灌溉、排水、面积、形状及耕作制度等方面条件,选择具有普遍性的一定数量的宗地作为基准地块。具体选择过程中主要考虑下列条件:

(1)日照时间、田面的干湿、保水、排水、旱地的坡度等自然条件属于一般的;

(2)耕作距离、距市场的远近、交通条件等属于一般的;

(3)面积、形状、土壤条件属于一般的;

(4)在标准耕作制度下,土地利用程度、单产水平等一般的;

(5)灾害条件属于一般的。

根据要求,均质地域内每类农用地基准地块数量不应少于 3 块。

(四)评估基准地块价格

可以利用市场交易资料,按照市场比较法要求评估基准地块价格。具体评估过程按本规程市场比较法的有关规定执行。若基准地块在近 3 年内发生过市场交易行为,可直接通过对其进行交易方式、交易期日等修正,求取其在正常市场条件下的土地价格;也可以利用基准地块本身的投入产出资料，采用收益还原法求取基准地块的价格；还可以利用农用地开发资料采用成本逼近法评估基准地块价格。

根据规定，基准地块价格评估必须采用两种以上方法进行。

(五)核定基准地块价格水平

对各均质地域基准地块价格加以比较检查，并作必要的调整。

(六)计算均质地域基准地价

按照调整后均质地域内各基准地块地价，采用简单算术平均法或加权算术平均法求取各均质地域的平均地价，并作为该均质地域基准地价。

(七)基准地价的确定

对所采用的技术路线计算出的基准地价结果，与实际情况进行比较、验证后，进行适当调整，确定各级别(均质地域)不同类型农用地基准地价。

五、基准地价修正系数表编制

(1)农用地基准地价修正系数表的编制与城镇土地的基本相同，限于篇幅，这里不再重复；

(2)基准地价评估中所采用的定级指数模型，经实验检验，有效性和可操作性强，可直接用于农用地宗地地价评估，不必编制基准地价修正系数表；

(3)采用基准地块评估基准地价时，建立了较丰富的基准地块数据档案库，不必编制基准地价修正系数表。

六、成果与更新

(一)农用地基准地价评估成果

(1)文字报告：主要包括工作报告、技术报告等；

(2)基准地价图：主要有综合图及各用途基准地价最终成果图、样点地价图等；

(3)表格：主要包括基准地价表、基准地价修正系数表和影响因素指标说明表；

(4)有关计算机软件和管理信息数据库。

(二)农用地基准地价更新

农用地基准地价更新是指当评估的农用地基准地价经过一段时期的使用，地价水平与实际市场状况有较大差别，或实际的农用地条件发生了较大变化等，为保证基准地价现势性，对以前基准地价的修正。更新周期根据农用地市场变化情况或影响农用地价格因素变化情况确定，一般为3～6年。

1. 技术路线

农用地基准地价更新的技术路线有以下3条。

(1)以农用地定级为基础，采用投入产出资料和市场交易地价资料，用样点地价平均法更新基准地价；

(2)以农用地定级为基础,调整定级指数与地价关系模型,利用调整后的模型更新基准地价;

(3)利用设定的基准地块资料,更新基准地价。

农用地基准地价更新的技术路线和方法与基准地价评估的技术路线和方法是相似的,在基准地价更新过程中一般应采用与基准地价评估相一致的技术路线,以减少更新工作量。

2. 样点地价平均法更新基准地价

判断原级别范围的准确性,农用地质量发生了变化,全部更新或局部调整原级别范围。调查农用地投入产出资料和市场交易资料,并运用相应方法计算样点地价,根据样点地价更新基准地价。

3. 利用定级指数模型更新基准地价

判断原级别范围的准确性,农用地质量发生了变化,全部更新或局部调整原级别范围。调查地价样点资料,调整定级指数模型,利用调整后的定级指数模型更新基准地价。

4. 利用基准地块更新基准地价

判断原均质地域的准确性。农用地质量发生了变化,全部更新或局部调整均质地域。考察原基准地块的可靠性,原基准地块失去一般性,应更换基准地块。利用市场交易地价资料重新评估基准地块地价。根据重新评估的基准地块更新均质地域基准地价。

第四节　农用地宗地估价

一、农用地估价方法概述

根据《农用地估价规程》(GB/T 28406－2012),农用地的估价方法包括收益还原法、市场比较法、成本逼近法、剩余法、评分估价法、基准地价修正法。其他常用的农用地估价方法有土壤潜力估价法、标准田法;此外,农用地估价还有总收益倍数法、影子价格法、购买年法等。这里我们结合估价实践中不同方法的应用情况,对《农用地估价规程》中六种方法的原理和适用性进行概略介绍。

(一)收益还原法

收益还原法是将待估农用地未来各期正常年纯收益(地租),以适当的土地还原率还原,从而估算出待估农用地价格的一种方法。由于农用地在农业生产中具有客观收益或潜在收益,且其成本、收益项目相对明确。因此,收益还原法是目前农用地估价中应用最广泛的方法之一。该方法基本公式如下:

1. 无限年期公式

$$P = \frac{a}{r} \tag{12-10}$$

式中:P 为土地价格;a 为土地年纯收益;r 为土地还原率。

2. 有限年期公式

$$P = \frac{a}{r}\left[1 - \frac{1}{(1+r)^n}\right] \tag{12-11}$$

式中：P、a、r 含义同式(12-10)；n 为土地使用年期。

(二)市场比较法

市场比较法是根据替代原理，将待估农用地与近期市场上已经发生交易的类似农用地进行比较，并对类似农用地的成交价格进行适当修正，以此估算待估农用地价格的方法。市场比较法适用于农用地市场交易比较活跃的地区。据农业农村部数据显示，截至 2021 年底，我国耕地流转率已超过 35%。随着近年来我国农用地流转市场的快速发展，农用地流转案例日益丰富，市场比较法在农用地估价中的应用也逐渐成熟。该方法基本公式如下：

$$P = P_b \times K_c \times K_t \times K_n \times K_e \times K_s \times K_y \tag{12-12}$$

式中：P 为比准价格；P_b 为交易实例价格；K_c 为情况修正系数；K_t 为期日修正系数；K_n 为自然因素的修正系数；K_e 为社会经济因素的修正系数；K_s 为特殊因素的修正系数；K_v 为土地使用年期修正。

(三)成本逼近法

成本逼近法是以新开垦农用地或土地整理过程中所耗费的各项客观费用之和为主要依据，再加上一定的利润、利息、应缴纳的税金和农用地增值收益，并进行各种修正来确定农用地价格的方法。由于土地的价格大部分取决于效用和收益，而非取决于其成本，故采用成本逼近法有时可能会与市场产生偏差。加之，由于农业生产具有较大的不确定，且投入和产出间对应数值关系较难以把握，因此，一般不单独使用该评估方法。该方法基本公式如下：

$$P = E_a + E_d + T + R_1 + R_2 + R_3 \tag{12-13}$$

式中：P 为农用地价格；E_a 为土地取得费；E_d 为农用地开发费；T 为税费；R_1 为利息；R_2 为利润；R_3 为农用地增值收益。

(四)剩余法

剩余法是指在预计开发完成后农用地正常交易价格的基础上，扣除预计的正常开发成本及有关专业费用、利息、利润和税收等，以价格余额来估算待估农用地价格的方法。剩余法适合待开发农用地的价格评估。该方法基本公式如下：

$$P = A - B - C \tag{12-14}$$

式中：P 为农用地价格；A 为总开发价值或开发完成后的农用地总价格；B 为整个开发项目的开发成本；C 为开发者合理利润。

(五)评分估价法

评分估价法是按照一定的原则，建立影响农用地价格的因素体系和因素评分标准，依据因素评分标准对待估农用地的相应条件进行评价赋分，按其得分值的大小，乘以客观的农用地单位分值价格，从而得到农用地价格的一种估价方法。评分估价法适用于所有农用地价格评估，特别适用于成片农用地价格评估。但前提是先确定农用地单位分值价格。由于估价结果高度依赖估价人员所构建的价格影响因素体系和评分标准，导致估价结果具有很强的主观性，容易遭到质疑。目前，该方法多见于学术研究领域，实际应用较少。该方法基本公式如下：

$$P = C \times S \text{ 或 } P = A \times S^C \tag{12-15}$$

式中：P 为待估农用地价格；C 为农用地单位分值价格；S 为待估农用地的总分值；A 为回归系数。

(六)基准地价修正法

基准地价修正法是利用农用地基准地价和基准地价修正系数等评估成果，按照替代原理，将待估宗地的区域条件和个别条件等与其所处区域的平均条件相比较，并对照修正系数表选取相应的修正系数对基准地价进行修正，从而求取待估宗地在估价基准日价格的一种估价方法。该方法适用于有基准地价成果区域的农用地价格评估。由于当前我国农用地基准地价覆盖度较低，限制了该方法的应用。该方法基本公式如下：

$$P = P_{\circ} \times (1 \pm \sum K) \times K_t \times K_y \tag{12-16}$$

式中：P 为待估农用地价格；$P_{\circ}$ 为基准地价；$\sum K$ 为宗地地价影响因素修正系数和；K_t 为交易期日修正系数；K_y 为年期修正系数。

综上可知，当前，在农用地估价实践中应用最广泛的方法为收益还原法和市场比较法。下面将结合不同利用类型的农用地侧重从收益还原法和市场比较法的评估技术要点。

二、农用地价格评估要点

(一)耕地价格评估的技术要点

(1)在评估耕地价格时，首先根据土地所处区域条件、近三年来耕地的实际耕作状况及可能的新的耕作利用方式，确定耕作制度、各种指数等，并根据其耕作制度分析其利用状况及收益能力；

(2)要充分考虑农田基本设施对耕地价格的影响，包括引水渠、排水渠、田间道路、机耕道路等，分析其可用程度对地价产生的影响，对于通过性设施对农用地可能产生的负面影响也要充分考虑；

(3)用收益还原法评估耕地地价时，其估价结果的可信度主要取决于土地的预期纯收益和还原率是否准确。在测算耕地纯收益时，总收益和总费用的测算要全，一般采用实测的方式，即具体计算待估宗地在一年内各种产物的经济价值和各种投入的费用总和，收益及费用数据可采用近三年的客观平均值；

(4)采用市场比较法时，注意比较案例交易对象与评估对象的构成是否一致，即交易对象是否包括地上农作物、农田设施等，如果不一致则要进行一致性调整。比较案例的利用方式和耕作制度需与评估对象一致。

(二)园地价格评估的技术要点

(1)在评估园地价格时,应先准确界定估价对象是否包括果树及有关设施等,如果包括就需要充分考虑包括后对园地价格的影响;

(2)适当考虑特殊的土壤及气候条件对园地利用产生的垄断收益及价格;

(3)对于果园用地还要适当考虑其区位条件,如距消费地的距离、路网状况等;对具体有景观及旅游价值的园地,则需要充分考虑景观及旅游价值对土地价格的影响;

(4)用收益还原法评估果园用地地价时,需要尽量消除大小年对纯收益的影响,其收益及费用数据可采用最近连续 3～5 年的客观平均值;

(5)采用市场比较法评估园地地价时,需要注意比较案例交易对象与评估对象的构成是否一致,即交易对象是否包括地上果树、园林设施等,如果不一致则要进行一致性调整。比较案例的果树类别及利用方式需与评估对象一致。

(三)林地价格评估的技术要点

(1)在评估林地价格时,首先准确界定估价对象是否包括林木及有关林业设施等,如果包括就需要充分考虑包括后对林地价格的影响;

(2)采用市场比较法评估林地地价时,比较案例的林木类别及林地开发经营方式与评估对象的一致,即交易对象是否包括地上林木、林业设施等,如果不一致则要进行一致性调整;

(3)用收益还原法评估林地价格时,宜以林木生长期和采伐期为周期计算年平均总收益和总费用;

(4)对具有生态及旅游价值的林地,还要考虑生态及旅游价值对土地价格的影响。

(四)草地价格评估的技术要点

(1)在评估草地价格时,要考虑草地的经营方式和草种结构,区分圈养和单独经营草场等不同方式;

(2)采用收益还原法进行评估时,对于用于圈养的草场,其经营收益来源于牲畜的出售收益,在测算总收益时要考虑出栏率和牲畜生长期,收益和费用数据一般宜采用连续 3～5 年的客观平均值;对于只进行草场经营的草地,其经营收益主要是草场经营使用费及大草的出售收益,计算纯收益时可采用近 3 年的收益和费用数据客观平均值;

(3)采用市场比较法评估草地地价时,比较案例的草场类型及利用方式需与评估对象一致;

(4)对草地价格评估时还要考虑其生态价值。

(五)未利用地价格评估的技术要点

(1)未利用地价格评估时,首先要确定未利用地的开发利用方式,包括未利用地的开发用途、开发利用率等。确定的依据主要是未利用地本身的自然条件、有关规划的要求及开发者的实际开发计划等;

(2)未利用地价格评估时要适当考虑未利用地开发后的价格增值,并充分考虑未利用地的可利用与未利用程度;

(3)采用剩余法评估时,按照所确定的未利用地开发利用方式调查和评估开发后的买卖价格,要求有可比较的市场交易案例;

(4)采用市场比较法评估时,需要调查当地类似条件的未利用地拍卖等市场价格。

三、农用地估价案例分析

基于前文的理论知识,本部分以收益还原法为例,对A村水果专业合作社一宗农用地15年土地经营权进行价格评估,以强化理论和方法的具体应用。

A村DT专业合作社是一家规模化种植桃子、李子的水果专业合作社,今年新流转50亩一般耕地用于种植李子。待估宗地的价格定义如下:在正常年份和正常生产经营管理条件下,设定宗地红线外达到"三通"(即通路、通电、通水)和宗地红线内"场地平整"的开发程度,耕作制度为一年一熟,评估土地总面积为50亩,土地用途为果园,在评估基准日20××年××月××日的15年期土地经营权市场价格。

(一)收益还原法评估步骤

收益还原法评估步骤如下:

(1)搜集与待估宗地有关的收益和费用等资料;

(2)测算年总收益;

(3)测算年总费用;

(4)计算年纯收益;

(5)确定土地还原率;

(6)选用适当的公式计算农用地价格。

(二)测算过程

1. 年总收益的分析计算

经过估价人员的现场勘察,评估对象周边为J品种李子生产基地。根据A村村委会提供的近三年J品种李子种植投入一产出调查表和本区类似规模的正常成熟李子种植基地的调查数据,可得该品种李子的平均亩产及估价期日的平均收购单价;并考虑李子收获过程中正常的损耗量,设置损耗系数。

综合确定了待估宗地上李子年产量、产值情况和损耗系数,具体数据如表12-2所示。

表12-2 J品种李子收益情况

时期	平均单产/(kg/亩)	平均收购单价/(元/kg)	损耗系数	平均亩产值/(元/亩)
第一年挂果期	1250	6	0.2	6000
稳产期	2000	6	0.2	9600

需要说明的是,J品种李子种植要四年才能挂果,第五年才能稳产。因此,第四年平均产量会低于稳产产量,一般为1250 kg/亩,即第四年平均亩产值为6000元/亩。从第五年起,李子种植开始稳产,约为2000 kg/亩,产值为9600元/亩。

2. 年总费用的分析计算

李子种植需要四年才能够挂果有收入。根据A村实地调研可知，前四年李子种植成本投入如表12-3所示。

表12-3　李子种植前四年成本　元/亩

种植投入	投入类型	第1年	第2年	第3年	第4年
固定成本投入	苗木	800	0	0	0
	整地挖坑栽种	1000	0	0	0
生产成本投入	耕地租金	800	800	800	800
	肥料	1000	600	600	600
	农药	60	60	60	60
	浇水费用	130	130	130	130
	农地维护费	400	235	235	235
	人工费用	2000	2000	2000	2000
	其他费用	300	300	300	300
	投资利润	974	619	619	619
合计		7464	4744	4744	4744

注：耕地租金前4年为800元/(亩·年)，第5～15年为1000元/(亩·年)。

3. 年纯收益计算

年纯收益＝预期年总收益－预期年总成本

根据前面的收益、成本数据，可以计算得到承包期内各年度李子种植纯收益(表12-4)。

表12-4　各年度李子种植纯收益　元/年

项目	第1年	第2年	第3年	第4年	第5～15年
收益	0	0	0	6000	9600
成本	7464	4744	4744	4744	4944
纯收益	－7464	－4744	－4744	1256	4656

注：第5～15年因耕地租金上涨，总成本多200元/年。

4. 确定土地还原率

根据目前所掌握的数据，本次估价土地还原率采用安全利率加风险调整值法确定。其中，安全利率采用一年期定期存款利率1.5%确定。考虑到水果种植的自然灾害风险和市场风险相比粮食作物和一般经济作物更高，参考同行经验值，取6.5%。因此，土地还原率r为8%。

5. 地价测算

(1)前4年纯收益还原。根据前文测算的前4年李子林纯收益水平和土地还原率，可计算出前4年收益折现值(表12-5)。

表 12-5 前 4 年李子林收益折现值

元/亩

项目	第 1 年	第 2 年	第 3 年	第 4 年
纯收益	−7464	−4744	−4744	1256
折现公式	$P=a/(1+r)$	$P=a/(1+r)^2$	$P=a/(1+r)^3$	$P=a/(1+r)^4$
纯收益现值	−6911.11	−4067.22	−3765.94	923.20

(2)第 5～15 年收益还原。在估价过程中假设第 5～15 年的纯收益不变，将每一年的纯收益还原到估价时点上，公式为：

$$P=\frac{a}{r}\times\frac{1-\frac{1}{(1+r)^n}}{(1+r)^4}=\frac{4656}{8\%}\times\frac{1-\frac{1}{(1+8\%)^{11}}}{(1+8\%)^4}=24431.67(\text{元/亩})$$

(3)单位面积 15 年期园地经营权价格计算。地价为第 1、第 2、第 3、第 4 年与第 5～15 年的纯收益折现和。

$$\begin{aligned}15\text{ 年期园地经营权价格}&=-6911.11-4067.22-3765.94+923.20+24431.67\\&=10610.60\text{ 元/亩}\end{aligned}$$

结合待估宗地面积 50 亩，可得待估宗地价格为 530530 元。

【本章小结】

农用地等级价体系：包括农用地分等、定级和估价，三者的关系从宏观到微观，可以用分等、定级、估价概括。分等、定级、估价都是对土地质量的评价，其中，"分等"和"定级"偏重于对土地自然质量的评价，而"估价"则更偏重对经济价值的评价。

农用地定级技术方法：主要有修正法、因素法、样地法。

农用地基准地价评估主要方法：样点地价平均法、定级指数模型法、基准地块评估法。

农用地宗地估价方法包括收益还原法、市场比较法、成本逼近法、剩余法、评分估价法、基准地价修正法等。

【习题及思考题】

1. 农用地的分等、定级与估价的关系是什么？
2. 农用地评估的影响因素及方法有哪些？
3. 什么是农用地？什么是农用地基准地价？
4. 农用地估价方法有哪些？对这些方法你是如何理解的？
5. 农用地收益还原法估价的基本步骤是什么？采用收益还原法评估农用地价格时，农用地纯收益和还原率如何确定？

【参考文献】

[1]朱道林，郧文聚. 农用地定级估价理论与实践. 北京：地质出版社，2008.

[2]张凤荣,徐艳,张晋科,等. 农用地分等定级估价的理论、方法与实践.北京:中国农业大学出版社,2008.

[3]邹晓云.土地估价基础.北京:中国地质出版社,2010.

第十三章　宗地价格评估

本章介绍宗地价格评估的相关概念，宗地价格评估的一般原理、基本思路和基本程序，并对不同目的、不同用途、不同权利状态的宗地估价以及估价方法进行比较分析。

第一节　宗地估价概述

一、宗地估价概述

（一）宗地地价和宗地估价的概念

宗地地价是指具体宗地在某一期日、某一权利状态下的土地价格。

宗地估价也称宗地地价评估，是指以地价形成理论为依据，在充分分析影响土地价格的社会经济和自然因素的基础上，根据评估目的、土地所在地市场状况，遵从一定的原则，选择适宜的地价评估方法、按照一定的评估程序，评估出待估宗地在某一期日、某一权利状态下土地价格的过程。

在我国，宗地地价评估主要是指宗地的土地使用权价格的评估。在土地市场中，城镇土地使用权的出让、转让、出租、抵押，房地产的开发经营、租赁、拍卖、抵押、互换，以及农用地的承包、转包、出租，荒地拍卖、抵押等，均涉及宗地价格的评估。

（二）宗地地价的类型

（1）按评估目的分类：公示地价、出让底价、交易地价、课税价格等；

（2）按土地权利性质分类：所有权价格、使用权价格（出让土地使用权价格、划拨土地使用权价格及承租土地使用权价格）、租赁权价格、抵押权价格、地役权价格等；

（3）按土地的开发程度分类：熟地价格、生地价格、毛地价格等；

（4）按宗地价格的表示方法分类：土地总价格、单位面积地价、楼面地价等。

（三）宗地地价的特点

宗地地价不同于基准地价，具有其自身的特点，主要表现在以下几点。

（1）自身的特殊性。宗地地价是特定宗地的价格，因此宗地所在区域的市场行情、所处区位以及宗地大小、形状、容积率等自身因素都直接影响宗地地价的高低。此外，宗地权利状况不同，其价格也不相同。

(2)目的的多样性。就宗地地价的应用角度而言,宗地地价的目的多样。根据特定的目的,结合宗地所处区域地价水平和宗地自身状况分析,可选择不同的评价方法,从而可以得到适合特定目的的宗地地价。根据目的不同,宗地价格可分为标定地价、交易底价等多种类型。

(3)结果的公正性。从宗地地价评估角度而言,宗地地价应是正常市场中一般经济技术及管理水平下的正常价格,它反映某一时点的土地价格水平,因此,宗地地价应体现客观、公正、公平的评估原则,为土地市场主体提供交易决策的依据。

(4)一定的时效性。宗地地价是特定时点上的价格,时点不同,价格也不同,因此宗地地价具有时效性。在宗地估价中一定要明确评估结果所对应的估价基准日。

二、宗地估价的一般原理

宗地地价评估是根据已有相关资料评估出宗地在特定时间、特定目的下的价格。原理主要有如下两点。

(1)地租理论是宗地地价评估的基本原理。即土地使用者经营土地而获取的超额利润(土地收益),是土地使用者支付地租的能力,也是土地使用者愿意支付地价,获取相应土地权利和收益的基础。

(2)同地同价理论。依据替代原理,在正常的土地市场中,具有同样土地质量等级和土地使用价值的宗地,应该具有相同的土地收益,使用者也应支付相同的地租。同时,在同一供需圈内,具有同样等级和土地使用价值的宗地,应具有相同的土地价格。

三、宗地估价的基本思路

根据《城镇土地估价规程》和《农用地估价规程》规定,宗地地价评估的技术途径是利用调查的相关资料,采用市场比较法、收益还原法、成本逼近法、剩余法和公示地价系数修正法、基准地价修正法等方法评估宗地价格。因此,宗地地价评估的主要方法有:市场比较法、收益还原法、成本逼近法、剩余法、评分估价法(适用于农用地)、公示地价系数修正法(包括基准地价系数修正法、路线价法和标定地价系数修正法,适用于城镇土地)、基准地价修正法(包括系数修正法、定级指数模型评估法、基准地块法,适用于农用地)等方法。

上述宗地估价方法可以分为两大类,即基本估价方法和应用估价方法。两类估价方法分别对应着两种宗地地价评估的思路。基本估价方法包括市场比较法、收益还原法、成本逼近法和剩余法,以及农用地估价中的评分估价法。运用上述方法进行宗地地价评估的思路是,分别根据待估宗地的特点和具体条件,结合不同方法自身的特点、适用范围和使用条件,进行选择运用,直接评估出待估宗地的价格。应用估价方法主要是用于城镇土地评估的公示地价系数修正法,包括基准地价系数修正法、路线价法和标定地价系数修正法,以及用于农用地评估的基准地价修正法,包括系数修正法、定级指数模型评估法、基准地块法。其评估思路是利用已经建立的评估标准,采用比较修正的思路评估宗地地价。应用估价方法实际上是将估价工作分为两个步骤,一是在应用基本估价方法的基础上,对一定区域内的土地价格、地价影响因素和地价变化规律进行分析,建立起一套大范围内宗地价格与宗地条件及影响因素间的相关关系,作为该范围内宗地价格的评估标准;二是在需要时通过比较待估宗地和业已建立的评估标准,分析差异进行修正,从而迅速地评估出宗地价格。对于第二种估价思路,已测算完成的基准地价、路线价或标准宗地(基准地块)地价以及与之相对应的修正系数体系是宗地地价评估的基础。

四、宗地估价的基本程序

宗地地价评估的基本程序是指宗地估价的各个具体步骤和环节，按其内在联系所排列出的进行顺序，包含从接受估价委托到撰写并提交估价报告、收取估价报酬的全过程。

宗地地价评估的基本程序的要点是：估价人员在接受了对特定宗地地价评估的委托后，首先，要确定估价的基本项目，包括：明确估价对象、估价目的、估价基准日、估价类型、估价日期等，并在此基础上制定估价作业计划。其次，围绕估价对象收集资料并进行实地勘察，明确待估宗地的土地登记状况、土地权利状况和土地利用状况。再次，选择适当的估价方法并加上估价人员的经验，对宗地的价格作出评估，并说明估价结果所依据的假设和限定条件。最后，撰写并提交估价报告和收取估价费用。具体程序见本书第十章。

第二节　不同类型宗地估价

一、不同目的的宗地估价

在土地市场中，土地使用权作为一种特殊商品流动转移，需经过估价对其价值进行认定，宗地估价的功能是为特定的土地交易服务，不同目的的宗地评估，其估价内涵和形式是不同的。

（一）常见的宗地估价目的

（1）土地使用权出让价格评估。出让评估包括新增建设用地出让和原有建设用地出让的评估。土地使用权出让评估可为土地使用权出让提供底价或价格参考。

（2）土地使用权转让价格评估。这主要包括以有偿方式取得的土地使用权在达到转让条件之后的转让价格评估，以及划拨土地使用权转让价格的评估。划拨土地使用权转让涉及国有土地收益的分配，国家法律、法规对此有比较严格的限制。

（3）土地使用权出租评估。土地使用权出租评估主要指以有偿方式取得的土地使用权因出租而确定土地租金的评估。在出让、作价出资（入股）、授权经营土地使用权的租金评估时，土地租金指正常土地价格折合的年租金；在国家租赁土地使用权转租的土地租金评估时，土地租金通常指盈余租金，即市场租金与合同租金的差额部分。

（4）土地使用权抵押评估。土地使用权抵押价值评估时希望了解的是当抵押人不履行债务、抵押权人依法以提供担保的土地使用权折价或者拍卖、变卖该土地使用权时，该土地使用权所能实现的客观合理价格折算到设定抵押权时的价值。当土地使用权为划拨取得时，在评估其抵押价值时应当扣除预计处分所得价款中相当于应缴纳的土地使用权出让金的款额。这样，通过预先考虑未来处置抵押物时因涉及划拨土地使用权而须补交土地使用权出让金，从而保障抵押权人的利益。

（5）土地课税评估。土地课税评估指征收土地相关税收时以土地价值为税基的评估。

（6）土地使用权收回或征用补偿评估。这包括以有偿方式取得的土地使用权在土地使用年限届满前因实施城市规划或政府对土地实施收购储备而进行的土地评估，以及因土地征用、城市拆迁补偿，为确定对原土地使用者的补偿金额而进行的土地评估。

(7)企业各种经济活动中的土地评估。主要涉及以企业设立、重组、改制、上市、增资扩股、产权交易、资产置换、合并、分立、破产、关闭、清算等经济活动为目的的宗地估价。土地资产是企业总资产中的重要部分，在企业设立、重组、改制、上市、增资扩股等经济活动中，一旦涉及产权关系调整，必然需要对土地资产价格进行评估。企业各种经济活动中所涉及的资产处置，其面临的市场环境依经济活动不同而存在很大的差异。在具体评估过程中，要考虑不同的经济行为市场化程度高低对地价的影响。合资、合作、出售和股份制改组中，资产价值实现的市场化程度较高；合并、兼并和分立时，资产价值实现的市场化程度就低一些；而企业破产清算或偿债时涉及土地资产的处置，出于迅速变现的需要，其可能实现的市场价值常比理论价值低很多。

(8)农用地承包、转包、租赁评估。承包农用地价格是指在正常条件下承包年期内的农用地的价格。农用地转包是农用地承包后的再转移行为。转包农用地价格是指在正常市场条件下转包期内农用地收益的现值之和。农用地租赁经营也是农用地权利转移的主要方式。评估过程中应注意合同约定的租金调整形式及幅度对土地租金的影响。进行农用地承包、转包、租赁评估应认真核实是否存在地上附着物及其影响。

(9)其他目的的宗地评估。这主要包括以确定和更新城镇基准地价、标定地价为目的的宗地估价；以城市地价动态监测为目的的宗地估价；以农用地分等定级和划分农用地综合区片价为目的的宗地估价；以荒地拍卖、抵押为目的的宗地估价；以司法鉴定为目的宗地估价等。

(二)不同估价目的宗地价格评估特点

1. 国有土地使用权出让价格评估特点

(1)国有土地使用权出让价格评估应采用公开市场价值标准。国有土地使用权出让是政府作为土地所有者参与的一种市场行为。它是一种国家与土地使用者之间的权利义务关系，属于经济范畴，具有平等、自愿、有偿、有限期等特点，因而土地使用权出让价格评估需采用公开市场价值标准。

(2)估价时点一般为估价作业日期以后某一时点。一般来说，市县土地行政主管部门代表政府在国有土地使用权出让前，需要对出让宗地的出让价格或出让底价进行评估。所以，国有土地使用权出让价格评估的估价时点一般在估价机构接受委托、完成估价任务之后的某一时点，即为估价作业日期以后某一时点。

(3)不同出让方式可侧重采用不同的估价方法。国有土地使用权出让价格评估为政策性估价范围。按照法律所规定的三种土地出让方式，分别选用针对性、适应性强的估价方法，是保证估价结果合法、合理的关键一步。拍卖方式出让土地使用权时，宜重点选取市场法、假设开发法等评估方法。协议方式出让土地使用权时，宜重点选取成本法、基准地价修正法等评估方法。

(4)搜集市场资料时，尤其应注重所选实例的可替代性。

2. 不动产转让价格评估的特点

(1)估价时点在估价作业日期之后。一般来讲，不动产转让估价多数是在转让前进行，因此估价时点应在估价作业日期之后。

(2)委托人既可能是买方和卖方单独委托,也可能是买卖双方共同委托,这是一种自愿的行为。

(3)不动产转让价格评估属咨询性评估。买卖双方以更好地了解市场行情为其估价目的。

3. 不动产租赁价格评估的特点

(1)住宅类不动产租赁价格评估分为政策性评估和市场租赁评估两种类型。住宅类不动产租赁价格的政策性评估,估价人员应严格执行有关租赁政策,不能超越规定调整租金幅度的价格空间。这类住宅房屋的类型包括各级政府所属的直管公房和廉租房等。中央和地方人民政府对这类政策性、公益性住房租金标准等都有具体规定,明确了一般标准,限定了浮动幅度。此类政策性住房租赁价格评估时应严格遵守国家和地方政府的有关规定。住宅类房屋的市场租赁价格评估主要涉及商品房住宅和已购房,由于该类房屋的买卖、租赁行为属于市场行为,其租赁价格为市场价格,应参照公开市场价值标准评估。

(2)租约对租金估价有一定的影响。如为合理性契约式不动产租赁价格评估宜采用租约所确定的租金。租约期外的租金则采用正常客观的租金标准。租赁房屋已订立租约时,应对租约中所约定的租金标准的客观性、合理性进行判断。如租约所约定的租金客观合理,一般应根据该租金估价;如与市场租金标准相差较大,租金明显存在不合理性,则应重新评估其租金值。

(3)划拨土地上的营利性房屋租赁价格评估应确定土地收益中的国家部分。

4. 不动产抵押价值评估的特点

(1)估价时点一般以勘查现场的某一天为估价时点。

(2)不动产抵押价值评估有一定风险,主要是价值高估风险。若由于高估不动产价值而使银行利益受到损害,估价机构和估价师要承担相应的损失责任。因此,不动产估价机构和估价师应当了解抵押评估自身的风险,通过加强内部管理、提高估价水平和道德水平加以控制。

(3)不动产抵押价值评估须遵守谨慎原则,使估价结果客观、公正、合理,切忌不实估价,切忌高估价值。另外,在报告中要说明主要风险对估价值的影响大小。

5. 承包、转包农用地价格评估的特点

(1)承包、转包农用地的价格评估亦即农用地的质量价格评估,需要综合考虑农用地的土壤质量、收益水平、土地承包经营期限、有无其他经营或权利限制、农田基础设施状况与水平等方面因素。

(2)市场比较法评估该类价格时,由于农用地承包模式存在广泛性,因此可获取的案例比较充足。在选择承包农用地案例时,应尽量选择正常交易案例。成交日期应与估价期日相近,不宜超过3年。

(3)用收益还原法进行承包、转包农用地价格评估时,由于承包方对农用地具有不完全处置权,因此,农用地还原率应比正常情况高。

(三)各种常见估价目的下宗地价格评估方法选择

(1)以土地使用权出让为目的的宗地估价时可选择市场比较法、假设开发法、成本逼近法和基准地价系数修正法等。

(2)以土地使用权转让为目的的宗地估价时可选择市场比较法、收益还原法(有收益或潜在收益)、成本逼近法、假设开发法(一般用于在建项目)进行综合估价。

(3)以土地使用权抵押为目的的宗地估价方法的选择如下:

①已办理土地使用权出让,具有完全产权作为抵押物进行抵押时,可根据情况采用成本法、市场法或收益还原法估价;

②行政划拨土地作为抵押物进行抵押价值评估时,可用成本逼近法、市场比较法;也可先假设估价对象为具有完全产权的土地,用成本逼近法、市场比较法或收益法进行估价,再从得出的估价额中减去需要补交的土地出让金;

③部分土地作为抵押物进行抵押价值评估时,应注意到该部分(局部)土地在整体土地中的作用,能否独立使用,是否可以独立变现,并注意到土地的分摊和公共配套设施、人流、物流交通通道的合理享用问题,估价方法可选用成本逼近法、市场比较法或收益还原法;

④在建工程已完成部分的,应充分考虑后续工程的成本、费用,确定开发成本中开发商利润的取值;

⑤荒地抵押估价时,可采用市场比较法、剩余法和成本逼近法确定其价格。但应在估价报告中说明未来市场变化风险和预期强制处分等因素对抵押价格的影响。在进行荒地抵押估价时,应区分抵押物的权利状况,按照其相应的权利评估确定其相应的价格。

(4)以土地使用权核资为目的的宗地估价时可选择市场比较法、假设开发法、成本逼近法和基准地价系数修正法等,一般采用保守方法进行计算。

(5)以承包农用地为目的的宗地估价时可采用市场比较法、收益还原法和基准地价修正法等。

(6)以转包农用地为目的的宗地估价时可采用市场比较法、收益还原法等。

二、不同用途的宗地估价

土地用途对价格的影响较大,同一宗地,由于土地用途的不同,其给使用者带来的收益不同,土地价格就会不同。在进行宗地价格评估时,要根据不同用途宗地的具体特点,重点分析各用途宗地价格的影响因素,依据影响因素的大小、强弱,选用适宜的评估方法进行评估。

(一)商服用地价格评估

1.影响因素分析

(1)一般因素分析

自然因素:城镇地理位置及与经济发展的关系、气候条件等;

社会因素:人口数量与家庭规模、城镇发展与公共设施建设、居民生活方式等;

经济因素:城镇的性质与国际化程度、地区经济增长、财政金融状况与利率水平、交通体系、物价水平、就业与居民收入水平、产业结构与商业服务业的发展前景、服务业市场状况等;

行政因素:土地利用规划与管制、建筑规划与管制、不动产租金与税收政策、调控政策等。

(2)区域因素分析

自然因素:区域在城镇中的位置等;

社会因素:常住人口及流动人口数量、社会人文环境等;

交通状况:道路状况与交通便捷程度等;

基础设施状况：供水、排水、供电、供气、供热、通信等基础设施与公用服务设施状况等；

商服繁华程度：所在区域的性质(商服区、住宅区还是工业区)、距各类商服中心的距离、商务设施的种类规模与集聚程度、商服氛围、经营类别、客流的数量与质量等；

行政因素：区域经济政策、土地规划及城镇规划限制、交通管制等；

环境因素：区域环境与景观、噪声、空气污染及危险设施或污染源的临近程度等。

(3)个别因素分析：宗地地形、地质、地势、日照、通风、干湿、宽度、深度、面积、形状、临街状况、邻接道路等级、通达性、宗地利用状况、与商服中心的接近程度、与客流的适应性、相邻不动产的使用状况、规划限制、地上建筑物的成新度、土地权利状况及使用年限等。

2.估价方法选择与评估技术要点

(1)估价方法选择：评估商服用地价格宜选市场比较法或收益还原法，并至少另辅一种适用的估价方法，但要慎选成本逼近法与公示地价系数修正法。如评估中心城区的商服用地，不宜采用成本逼近法；评估已建在用的租赁性商服用地，可选择收益还原法；评估投资待建的商服用地，可选择剩余法。

(2)评估技术要点：评估商服用地价格，应根据土地的细分用途，选择影响地价的主要因素进行重点分析；评估低效使用的商服用地，应注意遵循最有效利用原则；评估商服分摊用地价格，应注意空间位置差异对分摊土地价格的影响；评估各类旅游用地，应注意国家旅游区评价标准。

(二)住宅用地价格评估

1.影响因素分析

(1)一般因素分析

自然因素：城镇地理位置及与经济发展的关系、气候条件、发生自然灾害的概率等；

社会因素：人口数量与家庭规模、城镇发展与公共设施建设、居民生活方式等；

经济因素：地区经济增长、财政金融状况与利率水平、交通体系、物价水平、当地就业状况、居民的收入与消费水平、土地与不动产市场状况等；

行政因素：土地利用规划与管制、城乡规划与控制、土地与不动产税收制度、土地与不动产政策等。

(2)区域因素分析

自然因素：区域在城镇中的位置、自然条件及发生自然灾害的概率等；

社会因素：社区规模功能与安全保障、人口密度、邻里的社会归属文化程度及生活方式等；

交通条件：距社会经济活动中心的距离、道路状况与交通管制、出行的便捷程度等；

基础设施状况：供水、排水、供热、供电、供气、通信等基础设施与公用服务设施状况等；

经济发展水平：区域经济发展规模及水平、居民收入水平等；

行政因素：区域经济政策、土地规划及城镇规划限制；

环境因素：区域环境与景观、空气、噪声、光源污染及危险设施或污染源的临近程度等。

(3)个别因素分析：宗地地形、地质、地势、日照、通风、干湿、宽度、深度、面积、形状、临街状况、邻接道路等级、通达性、规划限制、宗地利用状态、地上建筑物的成新度、土地权利状况及使用、与交通设施的距离、与商服设施公共设施及公益设施的接近程度、与危险设施及污染源的接近程度、相邻土地利用等。

2.估价方法选择与评估技术要点

(1)估价方法选择:评估住宅用地价格宜选择市场比较法,并至少另辅一种适宜的估价方法。评估位于中心城区的住宅用地,不宜采用成本逼近法;对新开发土地,可选用成本逼近法;评估投资待建的和位于城镇规划区外零星分布的住宅用地,可选择剩余法。

(2)评估技术要点:评估别墅等独立居住用地,应重点分析:城镇地理位置与气候条件、居民生活方式、地区经济增长、财政金融状况与利率水平、景观、人文环境、建筑密度与间距、容积率、绿化率等因素对地价的影响。一般应首选市场比较法,但如极具特性则不宜采用。评估高档公寓用地,应重点分析:居民生活方式、人文环境与景观、基础设施与公用设施状况、交通通达程度、规划限制、容积率、地形条件等因素对地价的影响。一般应首选市场比较法,辅之以收益还原法、假设开发法或基准地价系数修正法。评估普通居住用地,应重点分析:城镇人口数量与家庭规模、经济发展水平、居民收入与消费水平、居民住房条件、政府的住房消费政策与住房金融政策、区域位置、公交便捷程度、基础设施与公用设施状况、规划限制、容积率、宗地面积、形状、地形及地质条件等因素对地价的影响。一般应首选市场比较法,辅之以收益还原法、假设开发法或基准地价系数修正法。对新开发土地,可以用成本逼近法。评估已售公房、经济适用房等保障性住房的用地价格时,应注意与商品住房用地间存在的权益差别及其对土地价格的影响。

(三)工矿仓储用地价格评估

1.影响因素分析

(1)一般因素分析

自然因素:城镇地理位置、地质条件、水文气候条件等;

社会因素:城镇发展与公共设施建设等;

经济因素:地区经济增长、财政金融状况与利率水平、交通体系、产业政策、产业结构、技术创新、物价工资及就业水平、相同或相关产业的市场状况等;

行政因素:城镇土地利用规划、工业地产租金与税收政策、调控政策等。

(2)区域因素分析

交通状况:对外交通便捷程度、交通管制、距货物集散地(车站、码头、机场)距离及货物集散地的规模档次、道路构造及档次、道路体系等;

基础设施状况:供水、排水、供热、供电、供气、电信等设施的通达与供给;

环境状况:污染排放状况及治理状况、距危险设施或污染源的临近程度、自然条件等;

工业区成熟度:所在工业区性质、相关产业的配套及集聚状况、工业区的未来发展趋势等;

行政因素:规划限制、政府的特殊政策、产业管制等。

(3)个别因素分析:地形、地势、地质、水文条件、面积、临路状况、位置、土地使用限制、土地开发程度、土地权利状况等。

2.估价方法选择与评估技术要点

(1)估价方法选择:评估工矿仓储用地价格,宜选择市场比较法,并至少辅以另一种适宜的估价方法。如缺少市场可比案例,可酌情选用成本逼近法与基准地价系数修正法。一般评估租赁性工矿仓储用地，宜选用收益还原法；评估投资待建的工矿仓储用地，可选用剩余法；评估位于中心城区的工业仓储用地，一般情况下不宜采用成本逼近法。

（2）评估技术要点：在确定投资利息率、利润率、土地增值收益率及土地还原率时，应注意把握各类工业的投资风险、资金利润率及土地增值的客观差异；矿井、采矿（石）场、尾矿堆放用地价格评估，宗地外开发程度依政府投资的实际配套状况设定，最低应设定为达到可开工条件；当矿产资源可开采年限低于出让期时，年期修正应依资源可开采年限确定；高新技术企业用地价格评估，应根据其高技术、高附加值、污染小、环境较好、土地利用程度较高等特点，进行合理的估价。这类土地的增值收益较普通工业用地高；对于仓储业用地价格评估，应重点考虑其土地利用的机会成本及对相关企业收益的影响程度；在工业类用地价格评估中，当同一区域宗地数量较多时，可选择某一至两宗具有代表意义的标准宗地进行评估，其他宗地价格依个别修正确定；评估空置或低效利用的工业仓储用地以及位于城镇中心区非工业规划范围内的存量工业仓储用地，应视估价目的的不同而考虑土地的最有效利用方向。

（四）公共管理与公共服务和交通运输用地价格评估

1. 影响因素分析

评估公共管理与公共服务类用地价格时，相关影响因素分析可参照商服用地影响因素；评估公共设施、公园绿化与交通运输用地时，相关影响因素分析可参照住宅用地影响因素或工业用地影响因素。

2. 估价方法选择与评估技术要点

（1）估价方法选择：评估公共管理与公共服务和交通运输用地价格，宜选市场比较法，并至少辅以另一种适宜的估价方法。如缺少市场可比案例，可酌情选用成本逼近法与公示地价系数修正法，慎用收益还原法与剩余法。

（2）评估技术要点：评估公共管理与公共服务和交通运输用地价格，除遵循一般估价原则外，还应遵循发现并模拟市场价格的原则；区分市场定价与政策优惠的原则；区位效用为主兼顾用途差异的原则。首先应遵循发现并模拟市场价格原则，评估该类用地的正常市场价格；在特定市场情况下，可根据中央及地方的现行相关法规与政策，对前述的正常市场价格加以修正，测算基于特定政策约束下的参考性价格。评估其正常市场价格时，应比照同一供需圈内相同类别用地的市场价格；在缺乏同类用地市场价格的情况下，可参考与区域土地利用规划相符的毗邻地价格。机场、码头用地由于其具有垄断性质，在收益还原法以外的评估方法运用中，应考虑垄断地租修正。

（五）农用地价格评估

农用地又可细分为耕地、园地、林地、草地、养殖水面等用地类型。由于其用途差异，在考虑影响因素和评价方法选择上亦有所不同。下面分别简述对上述农用地类型进行价格评估时需要考虑的影响因素以及估价方法选择与评估技术要点。

1. 影响因素分析

耕地分为水田、水浇地、旱地，其利用过程对土地条件要求不同，因此其地价影响因素也存在较大差异。根据耕地的利用方式，又可以分为水田和旱地。考虑到水田的利用特性，在确定水田的地价影响因素时，要注意保水能力、水源条件、灾害性气候等因素对地价的影响。在确定旱地的地价影响因素时，需更多地注意地块形状、地形坡度、灌溉条件、灾害性气候等因素对地价的影响。园地主要应考虑土壤厚度、土壤有机质含量、地下水埋深、园艺设施状况、距城市远近、独特的小气候以及特殊土壤等因素对地价的影响。林地主要应考虑立地条件、砾石含量、地形坡度、林业设施状况、林木经营结构、交通运输条件等因素对地价的影响。草地要注意土壤沙化程度、草场经营方式、草场设施状况等因素对于地价的影响。养殖水面主要应考虑保水能力、水质条件、养殖设施状况、养殖种类结构、距消费地距离等因素对地价的影响。未利用地是农用地重要的后备资源，当未利用地用于开发为农用地(包括耕地、园地、林地、牧草地和养殖水面)时，应按照农用地估价方法的要求进行估价。

2.估价方法选择与评估技术要点

(1)估价方法选择：根据土地利用状况和其所处地区条件，不同用途土地应选择其适宜的估价方法。耕地地价评估时，可采用收益还原法、市场比较法、评分估价法和基准地价修正法等；如果是新开发整理的耕地，可采用成本逼近法；如果是待开发的耕地，可采用剩余法。园地地价评估时，可采用收益还原法、市场比较法和成本逼近法等；如果是新开发的园地，可采用成本逼近法；如果是待开发的园地，可采用剩余法。林地地价评估时，可采用市场比较法、成本逼近法和收益还原法等。草地地价评估时，可采用评分估价法、收益还原法和市场比较法等。养殖水面地价评估可采用收益还原法、市场比较法和成本逼近法等；如果是待开发的养殖水面，可采用剩余法。在进行未利用地价格评估时，首先根据未利用地的规划要求或土地的开发利用计划，确定土地利用类型和土地利用方式，然后选择适当的方法进行评估。

(2)评估技术要点：在进行耕地地价评估时，应首先根据耕地所处区域条件、近三年来耕地的实际耕作状况及可能的新的耕作利用方式，确定耕作制度、复种指数等，并根据其耕作制度分析其利用状况及收益能力；其次要充分考虑农田基本设施对耕地价格的影响，包括引水渠、排水渠、田间道路、机耕道路等，分析其可用程度对地价产生的影响，对于通过性设施对农用地可能产生的负面影响也应充分考虑；如果用收益还原法评估，其估价结果的可信度主要取决于土地的预期纯收益和还原率是否准确，因此在测算耕地纯收益时，总收益和总费用的测算要全面，一般应采用实测的方式，即具体计算待估宗地在一年内各种产出物的经济价值和各种投入的费用总和，收益及费用数据应采用近三年的客观平均值；在采用市场比较法时，应注意比较案例交易对象与评估对象的构成是否一致，即交易对象是否包括地上农作物、农田设施等，如果不一致应进行一致性调整。比较案例的利用方式和耕作制度也应与评估对象一致。

在进行园地地价评估时，应首先准确界定估价对象是否包括果树及有关设施等，如果包括应充分考虑包括后对园地价格的影响；其次应适当考虑特殊的土壤及气候条件对园地利用产生的垄断收益及垄断价格；还应适当考虑其区位条件，如距消费地的距离、路网状况等；对具有景观及旅游价值的园地，应充分考虑景观及旅游价值对土地价格的影响；在用收益还原法评估时，应尽量消除大小年对纯收益的影响，其收益及费用数据应采用最近连续 3～5 年的客观平均值；如果采用市场比较法评估，则要注意比较案例交易对象与评估对象的构成是否一致，即交易对象是否包括地上果树、园林设施等，如果不一致应进行一致性调整。比较案例的果树类别及利用方式应与评估对象一致。

在进行林地地价评估时，应首先准确界定估价对象是否包括林木及有关林业设施等，如果包括应充分考虑包括后对林地价格的影响；在采用市场比较法评估时，应注意比较案例的林木类别及林地开发经营方式应与评估对象是否一致，即交易对象是否包括地上林木、林业设施等，如果不一致应进行一致性调整；用收益还原法评估时，宜以林木生长期和采伐期为周期计算年平均总收益和总费用；对具有生态及旅游价值的林地，应考虑生态及旅游价值对土地价格的影响。

在进行草地地价评估时，应考虑草地的经营方式和草种结构，区分圈养和单独经营草场等不同方式；在采用收益还原法评估时，对于用于圈养的草场，其经营收益来源于牲畜的出售收益，在测算总收益时应考虑出栏率和牲畜生长期，收益和费用数据一般宜采用连续3～5年的客观平均值；对于只进行草场经营的草地，其经营收益主要是草场经营使用费及大草的出售收益，计算纯收益时可采用近3年的收益和费用数据客观平均值；采用市场比较法时，比较案例的草场类型及利用方式应与评估对象的一致；此外，对草地价格评估时应考虑其生态价值。

在进行养殖水面地价评估时，应首先确定估价对象类型及构成，是否包括养殖池及其有关设施等，如果包括应充分考虑包括后对土地或评估对象价格的影响；其次应适当考虑特殊的水质、气候条件对养殖水面产生的垄断收益及垄断价格；对于养殖水面还应适当考虑其作为水产养殖及销售的区位条件，如距消费地的距离、路网状况等；在采用收益还原法评估时，其经营收益来源于水产品的出售收益，在测算总收益时应考虑所养殖水产的种类及其生长期等，收益和费用数据一般应采用连续3～5年的客观平均值；采用市场比较法时，应注意比较案例的构成与评估对象是否一致，如是否包括养殖设施等，如果不一致应进行一致性调整。比较案例的养殖水产类别及经营方式也应与评估对象的一致。

在进行未利用地价格评估时，首先要确定未利用地的开发利用方式，包括未利用地的开发用途、开发利用率等。确定的依据主要是未利用地本身的自然条件、有关规划的要求及开发者的实际开发计划等；其次要适当考虑未利用地开发后的价格增长，并充分考虑未利用地的可利用与未利用程度；在采用剩余法评估时，按照所确定的未利用地开发利用方式调查和评估开发后的买卖价格，要求有可比较的市场交易案例；采用市场比较法评估时，需要调查当地类似条件的未利用地拍卖等市场价格。

(六)集体建设用地使用权价格评估

集体建设用地价格对应于不同用途和权能特征的集体建设用地使用权在公开市场或特定市场条件下形成的权利价格。无特殊说明时，一般指公开市场条件下形成的、一定年期的权利价格。按照土地利用方式，集体建设用地价格可区分为集体经营性建设用地使用权价格、宅基地使用权价格、其他建设用地使用权价格；按照权能特征可区分为出让土地使用权价格、作价出资(入股)土地使用权价格、租赁土地使用权价格等。这里重点介绍集体经营性建设用地使用权价格评估。

1.影响因素分析

农村集体经营性建设用地是指农村集体建设用地中，土地利用总体规划和城乡规划或国土空间规划确定为工矿仓储、商服等经营性用途的土地，其入市交易应满足符合规划、用途管制和依法取得的前提。影响因素除参照遵循《城镇土地估价规程》(GB/T 18508—2014)，《农用地估价规程》(GB/T28406—2012)的相关规定外，还应特别关注各类型集体土地市场的发育成熟度，相关配套政策完善度，以及市场交易主体的风险认识与偏好对集体土地价格的影响。

2.估价方法选择与评估技术要点

(1)估价方法选择:集体经营性建设用地属于建设用地性质,地价评估宜重点采用收益还原法、市场比较法、剩余法(假设开发法)进行估价,有集体建设用地基准地价的区域可以采用基准地价系数修正法。估价中重点考察并阐明待估集体建设用地符合规划和用途管制情况,针对委托评估目的和具体交易方式合理确定价格内涵。

(2)评估技术要点

收益还原法:①确定年总收益时,若缺少经营收益资料,可采用具备可比性的当地类似产业的客观经营收益数据,经过必要的校核修正,测算待估宗地的收益水平。②确定年总费用时,鉴于各地执行的土地税费政策和标准存在差异,应按照当地相关规定测算。③确定还原率时,若有可比的集体建设用地交易资料,宜通过从交易资料中提取的土地纯收益与价格之比测算还原率;因缺乏适用的市场交易资料而选择其他方法测算还原率时,应考虑交易主体的市场风险偏好等影响,集体建设用地的还原率通常略高于同区域同类型国有建设用地,一般上浮幅度不超过 3 个百分点。

市场比较法:①无集体土地交易实例时,不得采用市场比较法。当同一区域或同一供需圈内,3 年以内的可比实例不足 3 例时,可适当扩大实例搜寻范围和放宽时间选择年限;需要增加比较实例来源时,按照先调整范围后调整时间的原则处理。当可比实例距评估期日的时间较长时,应关注不同时期集体土地市场环境的变化,进行必要的修正。②区域因素修正中,除考虑常规因素外,还应关注体现集体建设用地空间分布特征及影响其价值水平的特色因子。例如:在繁华程度因素中,考虑距中心城镇、乡村居民点的距离;在交通条件因素中,考虑公交线路、县道及乡村道路的影响;在基础公共设施因素中,考虑娱乐活动站所、乡村旅游设施、零售点、固定的物流配送中心等的影响。③个别因素修正中,应充分考虑宗地的产权差异、利用方式差异等因素对地价的影响。

剩余法:①确定待估宗地最有效利用方式时,应根据宗地所在区域的国土空间规划及相关专项规划、详细规划等所确定的规划条件,并结合估价对象实际可行的利用方式进行。②确定开发周期原则上不超过 3 年。③测算开发成本各项税费时,应考虑集体经营性建设用地与国有建设用地的差异,税费项目和标准依据当地相关规定取值。④在确定利润率时,应结合集体经营性建设用地区位状况及产业经营风险对利润率的影响客观确定。

成本逼近法:①确定土地取得费时,应结合所处区域的用地结构,合理分析确定土地取得的客观方式。它包括:a. 对于通过农用地转用形成的新增集体建设用地,参照集体农用地价格评估方法确定土地取得费;b. 对于通过旧村改造、土地整治,增减挂钩等调整后形成的新增集体建设用地,运用成本逼近法时应考虑建新区和拆旧复垦区与之直接相关的客观成本费用,各类涉地指标费用不应纳入;c. 确需参照征地相关费用时,应注意分析集体建设用地与国有建设用地在成本构成上的差异,不应包括其中对土地所有权转移的补偿费和仅在征地环节发生的税费。②确定土地开发费时,在地价定义设定的开发程度范围内,由各方投资完成的区域客观开发费用均应计入;具体取值标准可借鉴或采用同区域土地开发费用客观水平。③确定相关税费时,应根据当地具体的政策规定确定税费项目及标准,对于从土地增值中提取的税费项目(如土地增值收益调节金、土地增值税等)不应计入相关税费。④测算利息时,利率的确定宜考虑土地开发领域金融政策的影响。⑤在确定土地增值时,应综合考虑土地用途的政变、土地开发后基础设施所能达到的水平、周边设施的完善程度、宗地的规划限制性条件、土地权利的限制性因素等。

公示地价系数修正法：①在制定并发布了集体公示地价的区域，可采用公示地价系数修正法进行评估。②不得采用国有建设用地公示地价体系直接修正评估集体建设用地价格。

三、不同权利的宗地估价

土地权利是土地法律制度的核心内容，是指权利人按照法律的规定直接支配土地的一种权利。主要表现为土地权利的占有、使用、收益和处分四项基本权能。估价人员应针对不同权利特征对土地价格的影响，选择适宜的评估方法，正确把握不同权利土地价格评估技术要点。

（一）出让土地使用权价格评估

出让土地使用权价格评估技术要点如下。

(1)出让土地使用权的具体权能和使用要求由相应的《国有土地使用权出让合同》约定和《国有土地使用证》记载，评估出让使用权价格应依据相应宗地出让合同约定的和国有土地使用证记载的宗地位置、四至范围、用地面积、建筑规模、土地使用条件和土地权能设置等要求。

(2)评估出让土地使用权价格应根据待估宗地利用类型、获取的资料状况，选择适宜的评估方法。

(3)采用市场比较法评估时，应注意分析交易案例的出让方式对交易价格的影响，并将其调整为与待估宗地设定条件相一致的交易价格；若交易案例有代征地等实物地租存在，应考虑对实际交易价格进行合理修正。

（二）授权经营土地使用权价格评估

授权经营土地使用权价格评估要点如下。

(1)评估授权经营土地使用权价格应考虑行业差异、所处区域状况及权利处置限制对其价格的影响。

(2)评估授权经营土地使用权价格应根据待估宗地利用类型、获取资料状况，选择适宜的评估方法。

(3)采用市场比较法评估时，若选用出让土地使用权价格作为交易案例比较价格，应考虑授权经营土地使用权在处置方面的限制，并进行适当的减价修正。

(4)采用收益还原法进行评估时，除考虑行业差异、区域差异对还原率的影响，还应考虑授权经营限制的影响，其还原率应略高于相同条件下出让土地使用权价格评估的还原率。

（三）作价出资(入股)土地使用权价格评估

评估作价出资(入股)土地使用权价格，国有土地可参照出让土地使用权价格。农村承包土地经营权入股价格可采用收益还原法、市场比较法、基准地价修正法进行评估。

（四）土地租赁权价格评估

土地租赁权价格评估宜采用市场比较法、收益法等方法评估。

国有土地的承租土地使用权评估方法与土地租赁权类同，但应注意权能差异对地价的影响。

1. 市场比较法

选择相邻地区的类似承租土地使用权估价实例，进行情况修正和期日修正，经区域因素和个别因素比较后决定其价格。在情况修正中应特别注意与政府签订的契约的内容、经过时间和剩余期限、租金调整情况及特别约定对租赁权价格的影响。

2. 收益还原法

技术要点如下：

(1)承租权价格计算公式：

$$P = \frac{a'}{r} \cdot \left[1 - \frac{1}{(1+r)^n}\right] \tag{13-1}$$

式中：P 为租赁权价格；a'为盈余租金；r 为租赁权还原率；n 为收益年期。

(2)纯收益计算：租赁权的纯收益即盈余租金，由市场租金与合同租金的差额决定。

(3)还原率确定：租赁权的投资风险较出让土地使用权大，收益不确定性高，因此，在运用收益还原法评估时，租赁权还原率一般较出让土地使用权还原率高 1 个百分点。

(五)划拨土地使用权价格评估

划拨土地使用权价格评估可用采用收益还原法、市场比较法、剩余法、成本逼近法和公示地价系数修正法。运用适宜方法评估时，应重点考虑出让土地使用权与划拨土地使用权之间的权利差别对价格的影响。采用收益还原法评估，确定土地收益时，应考虑因权能受限造成的划拨土地收益与出让土地收益的差异，而在确定还原率时，应考虑划拨土地使用权的处置限制、使用行业限制等的影响；采用市场比较法评估应科学选择划拨土地比较案例；采用成本逼近法评估应选择正常的土地取得成本、开发成本及合理的利息、利润；采用剩余法评估应注意在划拨土地上开发的不动产，其销售具有严格受限性；通过评估出让土地使用权价格扣减土地增值的方法测算划拨土地价格时，应科学确定土地增值。

(六)地役权价格评估

地役权价格根据设定的地役权对土地利用的影响程度评估，可采用市场比较法、收益还原法等。

采用市场比较法评估时，应选择相邻地区的类似土地地役权转让实例，进行情况修正和期日修正，经区域因素和个别因素比较后决定其价格。地役权的设定内容、支付代价方式、经过时间和剩余期限等对地役权价格影响较大，在情况修正时应加以区别。

采用收益还原法评估时，土地还原率一般略高于出让土地使用权还原率。

(七)设有附加权利的土地使用权价格评估

1. 设有租赁权

设有租赁权的土地使用权价格评估，先评估不设有租赁权情况下的土地使用权价格，然后作减价或加价修正。

采用收益还原法评估时，在租赁期限内的土地收益应依租赁合同租金标准来确定，超出租赁期限的土地使用剩余年限土地收益依土地最佳利用方向的未来收益确定。

采用市场比较法，应考虑各比较实例与待估宗地之间租赁期限不同所带来的影响。

2. 设有地役权

设有地役权的土地使用权价格评估，先评估不设有地役权情况下的土地使用权价格，然后作减价修正。

(八)建设用地空间权利价格评估

当同一宗土地上分别设有独立的地上、地表、地下权时，须按照各自边界、权利归属、收益能力、产权限制等分别评估各部分价格。

1. 地下空间权评估

评估地下空间权价格应重点考虑地下用途、地下深度、地下水文地质条件、地下建设对地上的影响、规划限制等因素对价格的影响。

地下空间权价格可采用收益还原法、市场比较法、成本逼近法等方法评估。在当地政府发布的基准地价中如果其修正体系中有明确的地下空间权价格修正要求，可采用公示地价系数修正法评估地下空间权价格。

技术要点如下。

(1)收益还原法。运用收益还原法时，应注意空间差异可能导致的收益差异。由于地下空间的运营成本较高、限制性较大，以及通达便捷性较差等原因，地下空间的投资风险较地表更高，其还原率通常略高。

(2)市场比较法。采用市场比较法时，应注意影响地下空间权价格的区域因素和个别因素的选择及其对价格影响的特殊性，应重点考虑所处区域方便程度、基础设施和公共设施集聚程度、地质条件、地下空间深度、规模、人防管控及地下空间规划限制等。

(3)成本逼近法。采用成本逼近法时，成本费用、利润率等均应按照该区域地下空间开发、利用的客观水平确定。运用成本逼近法评估非独立地下空间权时，应结合对地下、地上不动产价格的贡献，确定地下、地上的成本分摊。

2. 地上空间权

评估地上空间权价格可参考市场比较法、收益还原法等各主要估价方法的思路，亦可采用容积率补偿、损失补偿的思路测算价格。

技术要点如下。

(1)采用市场比较法、收益还原法等主要估价方法时，应注意影响因素的选择及其对价格影响的特殊性，重点考虑地上空间类型、对地表利用影响程度、所处区域区位条件、空间通达程度、基础设施条件、空间限制条件等的影响。

(2)采用容积率补偿法进行评估，可以地上空间权垂直投影范围内的地表面积为基础，依据地上空间利用范围增加前后的地块总价差异，结合地上空间权的特殊限制条件，测算单独设立的地上空间权的价格。

(3)当地上空间权的存在对地表土地利用产生一定程度的妨碍时，可采用妨碍补偿法进行评估。

(4)当地上空间权与地表利用权间存在一定的高度距离时，通常遵循高度距离越大，对地表土地利用权利的干扰越小的原则处理。

(九)农村承包土地经营权利价格评估

农村承包土地经营权利价格评估可为农村承包土地经营权转包提供价格参考依据。农村承包土地经营权转包是土地经营权再转移的行为,在遵循国家及地方法律与政策规定、符合原承包合同约定及用途管制前提下,依据转包合同约定评估其价格。其价格类型为一定年期的承包土地经营权买断价格。农村承包土地经营权转包价格可采用收益还原法、市场比较法和基准地价修正法进行评估。

(十)农村承包土地租赁权利价格评估

农用地租赁式经营是农用土地权利转移的主要方式。在农用地租赁评估中,农用地租金标准要与该宗地的正常地价标准相均衡。租金标准的评估可通过该宗地的正常土地使用权价格标准折算,也可采用市场比较法等直接评估。租赁农用地使用权的投资风险比农用地承包经营权的投资风险大,收益不确定性高,因此,租赁农用地价格还原率一般比农用地承包价格的高。

在农村承包土地经营权租金(承包费)评估中,要遵循以下几个方面。

(1)农村承包土地经营权流转以按年支付租金或承包费方式居多,具有典型的租赁市场特征,评估承包土地经营权的年租金或承包费是市场服务的重要内容。

(2)评估目的。评估农村承包土地经营权年租金或承包费,为合理确定租金标准提供参考依据。

(3)价格类型。年租金或承包费,即以年度为单位的土地经营权租金或承包费用。

(4)年租金或承包费的评估方法可采用市场比较法进行,也可以依据客观的承包土地经营权价格水平或采用基准地价修正法得到承包土地经营权价格,采用收益还原法倒算出年租金或承包费。

(5)评估过程中应注意合同约定的租金调整形式及幅度对土地租金的影响,应该认真核实是否存在地上物及其影响。

第三节　宗地估价的方法

一、不同估价对象适宜的估价方法

对于城镇土地而言,宗地估价依据宗地情况可分为两类,一是无附带建筑物的宗地估价,二是附有建筑物的宗地估价。

(一)评估对象宗地上无建筑物

对于此类宗地评估价格时可采用市场比较法、收益还原法、成本逼近法、路线价法、基准地价系数修正法和标定地价系数修正法等。其中,路线价法用于评估商服用地价格。还可综合运用几种方法进行土地价格评估,如用市场比较法估算开发完成后房地销售总价,再用剩余法扣除建筑成本费用、利润、税金等，推算宗地价格。

(二)评估对象宗地上有建筑物

对于此类现象评估宗地价格时可采用市场比较法、剩余法、收益还原法、路线价法、基准地价系数修正法和标定地价系数修正法等。其中，采用剩余法是从不动产总价中扣除建筑物现值，推算土地价格；利用收益还原法是从不动产整体收益中扣除建筑物收益得到土地纯收益，评估土地价格。同样可综合运用几种方法进行土地价格评估，如用市场比较法或收益还原法评估整个不动产的价格，然后扣除成本法评估所得的建筑物价格，从而推算土地价格。

对于农用地而言，宗地估价时也应考虑是否附带其地上附着物，如包含附着物，则应充分考虑不同土地利用方式下附着物的价格评估方法。

二、各种估价方法的比较

(一)市场比较法

1.适用范围

市场比较法适用于有广泛市场交易的地产类型。如普通住宅用地、商铺用地、写字楼用地、工业厂房用地、空地等。由于这些地产类型的数量众多、交易频繁，较易收集到可作比较的交易实例，使市场比较法具有使用基础。对于一些较为特殊的地产，如特殊用途、占据特殊位置或具有特殊地位的地产，由于不易找到具有可比性的比较实例地产，则难以采用此方法。对于无市场交易的地产，不能使用市场比较法进行估价。

市场比较法适用于地产市场发达、活跃和完善的地区。从我国目前的情况看，各地区地产市场的发展还很不平衡，在地产市场发育不够充分的地区，较难采用这一方法，如在经济基础薄弱的边远农村，由于缺乏必要的市场资料，就不宜采用市场比较法。即使在地产市场比较发达的地区，如果委估地产较为特殊，也不适宜采用市场比较法；在总体地产市场活跃，但某一特定类型地产市场不够活跃时，那么在评估该特定类型宗地价格时也难以采用市场比较法。

2.限制条件

无类似市场交易案例，或不能收集到足够的比较实例时则无法采用市场比较法进行评估；需正确选择和确定比较案例，并确保资料的准确性；必须考虑所有存在差异的项目，并进行适当的修正。

市场比较法除可评估土地价格外，还可评估建筑物价格以及房地价格。

(二)收益还原法

1.适用范围

从广义上讲，绝大多数地产都是可产生收益的，否则就不可能存在下去。但地产所产生的收益有些是可以用货币来度量的，有些则无法(或者说很难)用货币来度量，如住房给所有人所带来的安全感、满足感等。

收益还原法只能针对地产所产生的可用货币度量的持续性收益进行价格评估，如公寓住宅、商业地产(包括商店、办公楼、康复疗养医院、宾馆、娱乐地产等)、企业用地产(如仓库、厂房)。而一些以公益为使用目的的地产,如学校、公园、宗教地产,其收益往往是难以用货币来度量的,而另外一些地产类型,只能估算出其部分收益,同样无法适用此种方法。对于具有潜在收益,而这种潜在收益可以通过一定方法进行显化时,则可适用收益还原法,如自用居住地产,在此类估价中可以类比市场上相近的投资性居住地产从而确定其收益额。因此,收益还原法主要用于收益性地产或具有潜在收益的地产价格评估。

此外,收益还原法还可用于评估建筑物价格以及房地价格。

2. 限制条件

对无收益的不动产难以进行评估;收益数据必须客观、合理、准确;需确定适当的还原率。

(三)剩余法

1. 适用范围

剩余法估价适用于以下条件下的宗地评估。

(1)适用于具有开发潜力的土地的估价。当地产具有潜在的开发价值时,剩余法几乎是唯一实用的估价方法,是对具开发潜力的商服用地进行估价的最好方法。

(2)适用于通过熟地地价来估计生地地价。

(3)适用于对待拆迁改造的再开发地产的估价。如对原有旧的建筑物拆除后,再在原址上建造新项目的估价。

(4)适用于对现有新旧地产中,地价的单独估算,此时,从房地合一的总价格中减去建筑物的价格,剩余部分即为土地价格。

此外,剩余法还可以用于对现有新旧地产中房价的单独评估,对即将被改造建筑物的估价以及房地产开发项目评价与投资决策等。

2. 限制条件

对不适宜建筑或无再开发价值的土地难以进行评估;预期收益或预期开发总价值难以准确预测;开发费用难以估算准确。

(四)成本逼近法

1. 适用范围

成本逼近法适用于土地市场发育不良、缺乏市场交易实例的区域中新开发土地的价格评估,特别适用于既无收益又很少进入市场交易的土地,如学校、公园以及公共建筑、公共设施用地、未利用土地开发、土地整理后的农用地。

由于成本逼近法是从土地的成本费用角度进行估价的,但现实中土地的价格是取决于它的效用,受供求关系影响,而并非取决于它所花费的成本,即土地成本的增加并不一定会增加它的价值,尤其是土地实际成本的增加并不一定带来高的土地价格,因此,成本逼近法有其局限性。

2. 限制条件

不适宜于已开发土地的评估;由成本价格到市场价格的推算难以把握。

(五)基准地价系数修正法

1.适用范围

适宜于政府已公布基准地价,并构建了完备的基准地价修正体系的区域的宗地评估,且涉及国有土地资产处置或土地资产抵押时。但应注意基准地价评估成果需及时更新,以保证基准地价及其系数体系的现势性,待估宗地的估价期日距基准地价的期日一般不超过3年。

2.限制条件

没有基准地价评估成果的区域不能运用此法进行评估;对于基准地价不能涵盖的用地类型的宗地地价评估原则上不宜采用;基准地价评估成果的准确性直接影响到基准地价系数修正法评估结果的精度。

(六)路线价法

1.适用范围

(1)路线价法是一种快捷、省时省力、适用于对大宗土地进行地价估算的方法,特别用于土地课税、土地重划、征地拆迁等需要在大范围内对多宗土地进行估价的场合。

(2)路线价法适用于市街地,主要适用于商服繁华区域土地价格的估算,对道路系统完整、道路两旁的宗地排列整齐的区域和城市,效果更佳。

2.限制条件

只适用于政府已公布路线价,并具有完备的路线价修正体系的区域的宗地评估。路线价法的精度与路线价及其修正体系密切相关。

(七)标定地价系数修正法

1.适用范围

适宜于政府已设定标准宗地、评估并公布标定地价的区域,且涉及国有土地资产处置或土地资产抵押时。要求所采用的标准宗地与待估宗地应位于相同或类似区域,且具有可比性;标定地价应及时更新以保证其现势性,待估宗地的估价期日距标定地价的期日一般不超过1年。

2.限制条件

没有设定标准宗地的区域不能运用此法进行评估;对于在标准宗地设置上不能涵盖的特殊用地类型的宗地地价评估不宜采用。

(八)评分估价法

1.适用范围

适用于所有农用地价格评估,特别适用于成片农用地价格评估,但前提是先确定农用地单位分值价格。

2. 限制条件

对没有预先确定农用地单位分值价格的区域不能运用此法进行评估。

(九)基准地价修正法

1. 适用范围

基准地价修正法是指利用农用地基准地价相关成果修正得到宗地地价，因此该方法适用于有农用地基准地价成果区域的农用地价格评估。由于农用地基准地价评估的技术路线不同，所形成的农用地基准地价成果形式也存在差异，因此针对不同的农用地基准地价成果有不同的修正方法，包括系数修正法、定级指数模型评估法和基准地块法三种。

2. 限制条件

对没有农用地基准地价评估成果的区域不能运用此法进行评估；有基准地价成果的区域，也要区分基准地价评估技术路线和对应成果类型，选择对应的具体方法。

三、估价方法的选择

宗地地价评估应根据估价对象和估价目的，考虑当地同类型用地的市场状况，并结合现有资料，选用两种或两种以上的估价方法进行。

有条件选用市场比较法进行估价的，应以市场比较法为主要估价方法。收益性土地价格评估应选用收益还原法作为其中一种估价方法。具有投资开发或再开发潜力的土地估价，应选用剩余法作为估价方法之一。成本逼近法由于采用成本累加的途径评估土地价格，而成本的增加不一定会带来价格的增加，因此在评估土地价格时应慎重选择。在掌握基准地价评估结果的情况下，城镇土地可使用基准地价系数修正法评估相应商服、住宅、工业等用地类型的土地价格，农用地可使用基准地价修正法评估耕地、林地、草地等用地类型的土地价格。已完成路线价评估的区域，可以选用路线价法评估与路线价相对应的街道商服用地的价格。已设定标准宗地并评估和公布标定地价的区域，可选用标定地价系数修正法，评估相应类型的城镇土地价格。在建立农用地价格影响因素体系、制定农用地价格影响因素评分标准并确定农用地单位分值价格的前提下，可选用评分估价法评估相应类型农用地的价格。

对于城镇土地，宗地用途不同，其在评估时宜选用的估价方法也不同。居住用途宗地的估价，适宜用市场比较法、剩余法、收益还原法和基准地价系数修正法，对新开发完成的居住用地，可以使用成本逼近法。工业用途宗地的估价宜采用市场比较法、成本逼近法和基准地价系数修正法，在特殊情况下，也可采用收益还原法。商服、旅游、娱乐用途宗地的地价评估宜采用市场比较法、收益还原法、剩余法和基准地价系数修正法以及路线价法估价。办公用地宜采用市场比较法、收益还原法、剩余法和基准地价系数修正法估价。教育、科技、卫生、文化、体育用地价格评估适宜采用成本逼近法、收益还原法(有收益或潜在收益)及基准地价系数修正法(注意用途修正)评估。各种估价方法比较参见表 13-1。

对于农用地，其价格评估除可采用上述提到的市场比较法、收益还原法、成本逼近法、剩余法等基本估价方法外，还可根据其适用范围和限制条件选用评分估价法、基准地价修正法等估价方法。

表 13-1 各种估价方法比较

项目	市场比较法	收益还原法	剩余法	成本逼近法	路线价法	基准地价系数修正法	标定地价系数修正法
观点	替代	收益	建筑成本＋地价＝房地价	成本	可及性、替代	替代	替代
评估对象	1. 土地 2. 建筑物 3. 不动产	1. 土地 2. 建筑物 3. 不动产	1. 土地 2. 建筑物	1. 建筑物 2. 新开发地	土地	土地	土地
适用范围	适宜有交易实例地区的土地及不动产估价	适宜有收益的土地和建筑物	有交易地区，且地产有开发、再开发价值	建筑物或新开发地	道路系统完整，且附设有路线价，深度修正系数表和条件修正系数表	已有基准地价和对应基准地价修正系数表、修正因素指标说明表	已设定标准宗地、评估并公布标定地价
限制	1. 无类似交易案例，或无市场交易时，难以评估 2. 必须考虑所有差异的项目，并加以适当修正 3. 必须查证比较案例资料的准确性	1. 对无收益不动产评估困难 2. 收益数据必须合理、准确 3. 还原率必须适当	1. 对不适宜建筑或无再开发价值土地评估困难 2. 房价预测难以准确 3. 开发费用预测难准确	1. 不适宜于已建成地或已开发地 2. 成本不等于价格	不适宜于无路线价区域	不适宜于无基准地价区域	不适宜于没有设定标准宗地的区域
理论基础	1. 依实例地价格，比较求评估地价格 2. 无理论基础，但实用	1. 未来纯收益还原现值即为价格 2. 有理论基础	1. 地价＝房地价－建筑成本－利润利息 2. 建筑价＝房地价－地价 3. 有理论基础	1. 建筑价＝重置成本－折旧 2. 新开发地价＝土地取得费＋开发费＋利润＋利息＋区位修正	宗地价＝路线价×深度指数×条件修正指数×时间修正指数	宗地价＝基准地价×(1＋∑区域及个别因素修正系数)×批租年期系数×时间修正系数	宗地价＝标定地价×交易情况指数×期日修正指数×个别因素条件指数×年期修正指数

续表 13-1

项目	市场比较法	收益还原法	剩余法	成本逼近法	路线价法	基准地价系数修正法	标定地价系数修正法
估价程序	1. 收集适当交易实例 2. 查证交易条件状况，包括价格、支付条件、动机及宗地条件 3. 实例交易情况修正 4. 实例期日修正 5. 实例区域及个别因素修正 6. 判定比较价格	1. 估计总收益 2. 估计总费用 3. 计算纯利益 4. 确定还原率 5. 计算收益价格	1. 估计开发完成后房地售价 2. 估计建筑费用 3. 估计各项税费 4. 计算地价	1. 确定土地征用拆迁费 2. 确定开发费 3. 确定利润 4. 确定利息 5. 计算成本价格 6. 位置修正	1. 查定路线价 2. 查定深度系数 3. 查定条件指数 4. 查定时间修正指数 5. 修正出宗地价格	1. 查定基准地价 2. 查证评估地块条件 3. 查定各项修正系数 4. 修正出宗地价	1. 收集标准宗地及标定地价资料 2. 选择 3 个或以上可比标准宗地 3. 交易情况修正 4. 期日修正 5. 年期修正 6. 测算待估宗地价格
现实性	评估结果与市价相近，最具现实性	查估结果与市价稍有偏差	接近市价	评估结果与市价常有偏差	接近市价	接近市价	接近市价
掌握难易	易	难	易	易	易，适于多宗地估价	易，适于多宗地估价	易，适于多宗地估价
评估结果	比较价格	收益价格	剩余价格	成本累加价格	比较价格	比较价格	比较价格

【本章小结】

宗地价格评估的概念：宗地价格评估简称宗地估价，是指以地价形成理论为依据，在充分分析影响土地价格的社会经济和自然因素的基础上，根据评估目的、土地所在地市场状况，遵从一定的原则，选择适宜的地价评估方法、按照一定的评估程序，评估出待估宗地在某一期日、某一权利状态下土地价格的过程。

宗地地价的特点：自身的特殊性、目的的多样性、结果的公正性、一定的时效性。

常见宗地估价目的：土地使用权出让评估、土地使用权转让评估、土地使用权出租评估、土地使用权抵押评估、土地课税评估、土地使用权收回或征用补偿评估、企业各种经济活动中的土地评估和其他目的的土地评估。

不同用途的宗地估价：商服用地价格评估、居住用地价格评估、工矿仓储用地价格评估、公共管理与公共服务和交通运输用地价格评估、农用地价格评估。

不同权利的宗地估价：出让土地使用权价格评估、授权经营土地使用权价格评估、作价出资(入股)土地使用权价格评估、土地租赁权价格评估、划拨土地使用权价格评估、地役权价格评估、设有附加权利的土地使用权价格评估、建设用地空间权利价格评估、农用地承包经营权价格评估等。

【习题及思考题】

1. 什么是宗地价格评估？它有哪些特点？

2. 宗地估价应依据哪些原则？

3. 简述宗地估价的理论基础。

4. 简述宗地估价的程序。

5. 宗地估价的目的有哪些？

6. 宗地价格有哪些形式？

7. 针对不同估价目的，如何选择估价方法？

8. 不同估价方法的适用范围和限制条件是什么？

【参考文献】

[1]自然资源部自然资源开发利用司. 自然资源价格评估通则：TD/T 1061—2021. 北京：地质出版社，2021.

[2]国土资源部土地利用管理司. 城镇土地估价规程：GB/T 18508—2014. 北京：中国标准出版社，2014.

[3]国土资源部土地利用管理司. 农用地估价规程：GB/T 28406—2012. 北京：中国标准出版社，2012.

[4] 自然资源部自然资源开发利用司. 农村集体土地定级与估价技术指南：T/CREVA 1201—2021. 北京：地质出版社，2021.

第十四章　地上附着物估价

本章重点介绍地上附着物的基本概念和分类，分析地上附着物的价格及其影响因素，阐述地上附着物估价的概念和特征，分析地上附着物估价实地勘探的意义和主要内容。结合地上附着物的用途分类与方法适用性，介绍成本法、比较法、残余法等评估地上附着物价格的主要方法。

第一节　地上附着物估价概述

一、地上附着物的概念和分类

(一)地上附着物的概念

地上附着物通常指附着于土地的建筑物、构筑物及其他定着物的总和，主要包括房屋和房屋附属设施等建筑物，水塔、桥梁等构筑物，以及花草苗木、管道等其他定着物。从法律意义上说，地上附着物意指附着物依附于土地而存在，具有不可移运性，包括实际生活中的不可移动以及移动后减值的情况。

建筑物有广义和狭义之分。广义建筑物是指通过建筑艺术和技术相结合，营造出的供人们进行生产、生活或其他活动的环境、空间、房屋、场所等，主要包括狭义建筑物和构筑物两类。狭义建筑物通常是指能够遮风避雨，供人居住、工作、学习、娱乐、储藏物品或进行其他活动的工程建筑、空间和实体，一般由基础、墙、门、窗、柱和层顶等主要构件组成，具体可划分为房屋和其他场所；构筑物是指狭义建筑物以外的工程建筑、空间和实体，为生产、生活服务，但人们一般不直接在其内部进行生产和生活的某项工程实体和附属建筑设施，如道路、水坝、水井、隧道、水塔、桥梁、烟囱等。

附着于土地的定着物主要包括建造于土地的定着物和生长于土地的定着物。建造于土地的定着物是人们通过生产、建造活动形成的物质实体和空间，如地下输水管道。生长于土地的定着物指生长于土地的花草苗木、农作物等植物，既有人类劳动参与，也需要大自然的光合作用、降雨等参与，与其他地上附着物有较大不同。

本章所指地上附着物为建造于土地的建筑物、构筑物及其他定着物的总和，主要包括房屋等建筑物、水塔等构筑物和管道等其他定着物，可以说是狭义的地上附着物概念，不包括花草树木、农作物等植物。

地上附着物概念常出现在农村集体土地征收补偿标准里，各地出台了土地征收补偿标准，明确了地上附着物的内涵和范围。不同地区地上附着物的内涵和范围不同。如2022年《北京市征收集体土地地上附着物和青苗补偿标准》征求意见稿规定，集体土地地上附着物是指设施农业用地、耕地、林地、园地等农用地和未利用地上的构筑物、农业生产及辅助设施等；集体土地上道路、变压器、水井和线杆等交通市政基础设施；集体土地上的绿化树木、果树、花卉、畜牧和水产品等。北京市征收集体土地地上附着物只限于农用地和未利用地上的附着物，不包括建设用地上的房屋。2022年《天津市征收土地地上附着物和青苗补偿标准》则规定地上附着物包括村民住宅、非居住房屋、农田水利设施和果树等。2022年山东省《临沂市征地地上附着物和青苗补偿标准》规定地上附着物包括房屋、围墙、畜禽舍、温室、小桥、排污排水沟管、林木、果树等。

(二)地上附着物的分类

1. 按使用性质分类

按使用性质的不同，地上附着物可分为居住地上附着物、公共地上附着物、工业地上附着物、农业地上附着物和其他地上附着物。

居住地上附着物是指供人们居住使用的地上附着物，主要指房屋建筑，可分为住宅和集体宿舍两类。住宅可细分为普通住宅、高档公寓和别墅，集体宿舍可细分为单身职工宿舍和学生宿舍等。

公共地上附着物是指供人们进行办公、购物、教育、医疗、旅行、体育等社会活动的地上附着物，如办公楼、商店。公共地上附着物可再分为公用性公共地上附着物和经营性公共地上附着物，公用性公共地上附着物如政府办公楼、学校、医院、展览馆、博物馆等，经营性公共地上附着物如商场、旅馆、酒店、体育馆、影剧院等。

工业地上附着物是指供人们进行工业生产的地上附着物，包括生产用建筑及生产辅助用建筑，如动力配备间、机修车间、锅炉房、车库、仓库等。

农业地上附着物是指服务于农林牧渔业生产的地上附着物，包括温室大棚、养殖场、粮仓、机井、沟渠、泵房、井房等。

其他地上附着物指特殊用途的地上附着物，如纪念碑、坟墓、雕塑等。

2. 按所有权权属分类

根据地上附着物的所有权权属，可分为公有地上附着物和私有地上附着物。

公有地上附着物可分为国有地上附着物和农村集体地上附着物。国有地上附着物指地上附着物属于国有，如政府办公楼、学校办公楼等。农村集体地上附着物指地上附着物属于农村集体所有，如村委办公楼、村建企业用房、村建温室大棚、村建农田水利设施等。

私有地上附着物指地上附着物归私人所有，如私有房屋、私有车库、私有温室等。

3. 按土地所有权属分类

我国土地所有权分为国家所有和集体所有。根据附着的土地所有权性质，地上附着物可分为国有土地地上附着物和集体土地地上附着物。

国有土地地上附着物主要为国有土地上的建筑物、构筑物和其他定着物，包括城镇住宅、办公楼、商场、酒店等建筑物，国有公园内观赏建筑物，以及高速公路、公共管线等。

集体土地地上附着物主要为集体土地上的建筑物、构筑物和其他定着物，包括集体办公用房、工业用房、村民住宅、温室大棚、养殖场舍、粮仓、机井、泵房等。

4. 按承重结构材料分类

建筑物是地上附着物的主要类型，是地上附着物估价的重要对象。建筑物按承重结构材料，分为钢结构、钢筋混凝土结构、砖混结构、砖木结构和其他结构等五类。

钢结构建筑物是指其水平承重构件和垂直承重构件，如梁、柱、房架等全部采用钢材的建筑。钢结构具有质量轻、强度高的特点，但耐火能力较差。

钢筋混凝土结构建筑物是指建筑物的水平承重构件和垂直承重构件均以钢筋混凝土建造，包括排架结构、框架结构和剪力墙结构等。

砖混结构建筑物是指由钢筋混凝土梁、楼板、屋面板作为水平承重构件，砖墙(柱)作为垂直承重构件的建筑，适用于多层以下的民用建筑。

砖木结构建筑物是指由砖墙、木屋架组成承重结构的建筑。

其他结构建筑物指凡不属于上述结构的建筑物，如竹结构、石结构、砖拱结构建筑，窑洞，木板房，土草房等。

(三)地上附着物的特点

1. 附着于土地

地上附着物依附于土地，占用一定的空间，或地上、或地下。地上的附着物如高楼大厦、纪念碑、水塔、堤坝、桥梁等。地下的附着物如车库、储藏室、各种管道等。

2. 人工建造而成

本文所指地上附着物为人工建造、生产而成。房屋、地上附着物建造过程中，投入了建筑材料、建筑设备、建筑工艺和人类劳动，是劳动产品，具有劳动价值。

3. 使用寿命有限

地上附着物为人工建造而成，采用的建筑材料、建筑设备一般有使用寿命。随着时间推移、使用磨损，地上附着物破旧、老化，而不能自然更新。因此，为保持正常功能，需对地上附着物进行日常维护、保养、更新、改造。

4. 使用年期受限

除农村宅基地未规定使用年期，城镇国有土地、农村集体经营性建设用地和农用地都有使用年期，如国有住宅用地 70 年，耕地承包经营权 30 年。因此，地上附着物不仅受自身寿命限制，其使用年期还受限于其附着土地的使用年限。

二、地上附着物价格及影响因素

(一)地上附着物价格的概念

1. 地上附着物价格的概念

地上附着物是劳动产品，其价格内涵同一般劳动产品。因此，本章所指地上附着物价格是指地上附着物的生产费用与利润之和。同时，该价格为纯地上附着物的价格，即建筑物、构筑物和其他定着物的价格，不包括土地价格。地上附着物的生产费用不是实际花费，而是社会正常费用，利润也是社会合理利润。

2. 地上附着物价格的构成

地上附着物包括建筑物、构筑物和其他定着物3类，其建筑构成不同，其价格构成不同。

建筑物是地上附着物的主要类型，是地上附着物估价的主要对象，其建筑构成较复杂。新建成建筑物价格构成主要包括：①建筑工程费，包括一般土建工程、给排水工程、采暖通风工程、电气照明工程及消防监控工程等费用；②设备及工程安装费用，包括机械设备及安装工程、电气设备及安装工程等费用；③其他费用，包括设计费、监理费、概预算编制费、招标费、管理费、财务费用、销售费用、有关税费、不可预见费等；④合理利润。

构筑物和其他定着物价格构成也包括建筑工程费、设备及工程安装费用、其他费用和合理利润4部分，但相对建筑物，建筑构成较简单，其成本构成也简单。由于不同构筑物、定着物建筑构成差异较大，其具体价格构成差异也较大。如隧道建设工程，建筑工程费不仅有一般的土建工程，还有电气照明、通风工程，从而也有了电气、通风设备的安装费用。而单独的纪念碑建设工程，可能不需要电气照明等工程，其建筑工程只有土建工程。

(二)地上附着物价格的影响因素

1. 建造规模

地上附着物由人工建造而成，其规模越大，投入的建筑材料、人力劳动越多，生产成本也越高，其价格自然也越高。不同的地上附着物其规模表示方式不同，如面积、体积、高度、长度、深度等。一般房屋建筑的规模以建筑面积计，单位为 m^2，价格单位常采用元/m^2。相同的建筑面积，若层高不同，房屋价格也不同，如层高 3 m 与层高 2.8 m 的房屋价格不同。同时，建筑物面积还要注意其计算口径和内容，如建筑面积、使用面积、营业面积等。有的建筑物和构筑物规模以体积计量，如仓库、水库等。有的附着物以高度计量，如纪念碑，有的附着物以长度计量，如沟渠、地下管道，还有的以深度计量，如机井。

2. 建筑结构

不同建筑结构、建筑材料的地上附着物的建造成本不同，钢结构、钢混结构、砖混结构、砖木结构，建造成本依次降低。不同建筑结构和材料的建筑物稳固性、耐用年限和残值率也不同。因此，地上附着物价格评估中需考虑其建筑结构和材料的差异。另外，同样的建筑结构和材料，若规格和质量不同，其价格也不同。

3. 设计和设备

地上附着物的规划设计是否合理，设备设施是否齐全，设备档次、质量对地上附着物价格有重大影响。首先，规划设计直接影响建造成本，地上附着物的建筑材料和设备设施均依据规划设计。其次，地上附着物规划设计越合理，其使用功能越能满足人们的要求，其价格越高。如房屋建筑，其布局、造型及使用功能越合理，房价就越高。设备设施越齐全，性能越高，质量越好，地上附着物的质量则越好，使用寿命也更长，其价格也越高。

4. 位置和高度

位置和高度包括地理位置、海拔和建设高度等。地理位置影响建筑材料和设备的运输距离、运输成本，地理位置越远、越不方便，运输成本越高，从而影响地上附着物的建造成本。海拔影响建筑材料和设备的运输的高度和难度，海拔越高，运输越困难，运输成本也越高，地上附着物的建造成本也越高，其价格也就越高。建设高度指地上附着物自身的高度，建设高度越高，需要的建筑动力越大，劳动力越多，其建设成本则越高，其价格也越高。

如果地上附着物与所占土地一并评估，位置因素可在土地评估中考虑，而不必在建筑物评估中考虑。

5. 产权和限制

产权包括地上附着物的所有权、使用权以及其依附于土地的所有权和使用权。地上附着物自身是哪种产权，依附的土地是国家所有还是集体所有，土地使用年限多长等，均会影响其价格。地上附着物估价时还要考虑产权是否受到限制，如是否已做抵押、出租、查封以及是否有产权纠纷等。

有关地上附着物方面的具体法律法规限制，主要是土地利用规划、城市规划及建筑法规。如用途、建筑高度、建筑后退、消防管制、环境保护等，评估时应考虑这些法律限制对地上附着物价值已经产生和可能产生的影响。

6. 其他

如地区经济状况、社会文化等影响地上附着物的整体价格水平。而房屋等建筑物的适用性、建筑风格与城市或乡村总体风格的吻合程度、建筑物的周围环境、供需状况、政府法令和政策等其他因素都会影响房屋的价格。

三、地上附着物估价的概念和特征

(一)地上附着物估价的概念

地上附着物估价简单说为评估地上附着物价格。从专业角度，地上附着物估价是指估价人员在遵循有关估价原则的前提下，根据估价目的，选用适当的估价方法，对待估地上附着物价格的影响因素进行分析和判断，评估出待估地上附着物在某一期日的市场价格的过程。

本章所指地上附着物估价对象只指纯地上附着物，即建筑物、构筑物和其他定着物，不包括其附着的土地。

(二)地上附着物估价的目的

1. 为地上附着物征收补偿提供价值依据

《国有土地上房屋征收与补偿条例》规定，应对被征收人的房屋给予补偿。地上附着物价格评估可以为房屋等补偿提供价值依据。各地方政府也制定了地上附着物补偿标准，如天津市人民政府印发了《征收土地地上附着物和青苗补偿标准的通知》，对猪舍、温室、坟墓等地上附着物补偿标准作出了规定。

2. 为地上附着物交易提供价值依据

随着土地市场发育，土地流转交易逐渐增加，从而带动地上附着物的流转和交易。当交易双方土地条件、价值一致，而地上附着物不同时，则主要对地上附着物进行价格评估。因此，地上附着物价格评估可为地上附着物交易和土地交易提供依据。

3. 为地上附着物抵押提供价值依据

房地产因其不可移动性、价值量大等已成为贷款的主要担保物之一。温室大棚、农田机井等地上附着物也可作为贷款抵押物，为农民农业再生产提供融资担保。而房屋、温室大棚等地上附着物作为抵押物需评估其价值。

4. 为地上附着物资产核算提供价值依据

无论国家、集体、单位还是家庭都需明晰所拥有的资产价值。而房屋、温室等地上附着物是重要资产组成部分。地上附着物价格评估可以明晰房屋、温室、机井、道路、堤坝等各类资产价值，从而为国家、集体、单位和家庭资产核算提供依据。

(三)地上附着物估价的特征

1. 物地分估

地上附着物作为土地的附着物，不可脱离土地而独立存在。尽管在概念上划分了土地和地上附着物，而实际上地上附着物与其所占用的土地永远不能分开。但是，从评估的角度，经常要把地上附着物与其所占用的土地分开，分别评估土地资产和地上附着物，以便准确合理地评估地产价值和地上附着物价值，避免出现由于用地性质不合理，以及占地面积不合理造成土地价值估价失实和地上附着物估价失真等情况。例如，对市中心商业繁华区内的非商业性建筑物进行估价，假如不采取房地分估的方式极易导致低估该建筑物所占地块的价值。又如，评估 3000 m^2厂区的唯一一幢 300 m^2生产用厂房，假如不采用物地分估的方式极易高估厂房的价值。

2. 地上附着物产权受土地使用权年限的制约

地上附着物是人工建成的，具有使用寿命，如建筑物寿命可达几十年甚至上百年。但我国城镇土地使用权和集体经营性建设用地是有限年期的，有关法律法规规定除国有土地的住宅用地以外，国有土地使用权期满土地使用权及其地上建筑物、其附着物所有权由国家无偿取得。这样，在评估建筑物的时候，不仅要注意物地分估的一面，还必须注意建筑物的耐用年限与土地使用年限的吻合程度，并且只能以土地使用权剩余年限为准来评估建筑物的价值(非住宅用地)。即使建筑物的坐落位置、建筑结构、建筑风格都很好，但如果建筑物所占地的使用权剩余年限极其有限，该建筑物的市场价值也要大打折扣。

3. 单独评估地上附着物一般宜采用成本法

单独评估地上附着物一般宜采用成本法，其理由是：①地上附着物是劳动产品，从构建劳动产品的投资角度及建造费用的角度评估地上附着物的市场价值，在理论上是说得通的，在实际中也是可行的；②地上附着物不能脱离土地而独立存在，但在不动产评估中往往采取物地分估的原则，影响地上附着物和土地的市场价值的一些共同因素，在地产估价时大都已经考虑了，如地理位置、用途、环境等，那么在地上附着物评估时就不应重复考虑，这样就为采用成本法评估地上附着物创造了条件。基于上述理由，在单独评估地上附着物时，通常选用成本法。

4. 地上附着物估价应在合法的前提下进行

地上附着物包括建筑物、构筑物和其他定着物。而建筑物和构筑物属于房地产，政府关于房地产方面的法令和政策比较多。如：①政府基于公共利益可限制某些房地产的使用，如规定建筑用途、容积率、覆盖率等;②政府为满足社会公共利益的需要,可以对任何房地产实行强制征用或收买。因此,地上附着物估价应充分考虑政府政策法规因素,要在合法依法的前提下进行。

以上对地上附着物估价的特点所作归纳只是一种原则性的,而不是绝对意义上的。这里主要是从地上附着物作为一个独立存在对象的角度来说的。其实现实中并不排除地上附着物与其占用的土地一并估价,以及地上附着物随同整体企业一并估价的可能。地上附着物产权受土地使用权年限的限制,也不能排除土地使用权出让年限续展的可能。最后,采用成本法评估地上附着物只是一种比较普遍的选择。有条件的情况下,选择市场法、收益法等估价方法也是正常的。

四、地上附着物估价的实地查勘

(一)实地查勘的意义

地上附着物估价是对纯地上附着物的估价,与其自身的建筑材料、建筑质量、使用状况及其环境条件等密切相关,不能只依据委托人提供材料、影像等,需实地查勘。实地查勘是对地上附着物进行估价的最重要环节之一,尤其对于居住用房地产和营业用房地产的估价特别重要,必须"眼见为实"。因此,实地查勘地上附着物的建筑材料、建筑质量、使用状况及其环境条件,明确其具体状况,对科学评估地上附着物价格意义重大。

(二)实地查勘的主要内容

1.核对地上附着物的位置和产权边界

地上附着物的地址、地段、层次等是一定的环境质量形成的前提,也是环境质量的一部分。因而地上附着物位置的勘查同环境质量的勘估融为一体,并且包括后者的内容。

产权边界影响地上附着物价值,尤其在居住用房产评估中错综复杂。在评估同幢异产,如公私同幢、私私同幢房产,以及同一地点内有多幢房屋或者多幢房屋又同一个门牌,更要认真核对房屋的评估范围,正确区分房屋产权的独有部位、共有部位或他人所有部位,以免出现误估,造成产权纠纷。对有疑义的要特别查核,核对有关各方的产权文件,查询有关权益各方,做出有证有据的判断。

2.认定地上附着物的结构等实体质量因素

地上附着物的结构、式样、类型等是反映地上附着物实体质量的最基本指标,层高和朝向是房屋重要的实体质量调整指标。因此,需实地查勘,合理认定地上附着物的结构、式样、类型、层高和朝向等实体质量因素。在居住用房评估方面,部分城市根据结构、式样、类型划分不同的房产类型,核定建筑造价,提供评估标准。例如,北京市有关部门依据建筑式样和建筑材料的不同,制订了洋式楼房、洋式平房、中式楼房、带廊瓦房、灰瓦房、游廊、棚子、亭子及其他房屋等项评估标准,作为基础价格。上海市根据其居住用房的类型、结构、式样、层数等界定房屋基本情况,制订了31项评估标准。当然,随着时间推移,这些标准需不断调整。但无论怎样,上述结构、式样、类型、层高、朝向等不仅是决定实体质量的因素,直接影响价格,还是决定造价的因素,最终反映到价格上来。

3. 勘估地上附着物成新率等情况

现场查勘成新率主要是根据地上附着物的结构部分的物理性能综合评估剩余使用年限，确有困难的可对其完好程度进行定量勘估。除结构部分明显不合理确需折扣外，贬值通常是对装修、设备部分功能性贬值的勘估。

4. 查勘房屋装修、设备及其使用情况

房屋等地上附着物，装修、设备及其使用情况等决定着房地产的功能和质量，也是造价的直接组成部分。其主要项目有墙体、屋面、地板、门窗、厨卫设备、供热设备、装备电器、空调、空气滤清、电信电话、电视网络和其他装饰性结构。其共同特点是可以加以改造、更新而不影响房屋的实体质量变化，因而有可能采用与房屋基本框架不同的评估方法。实地查勘房屋装修的种类、材料、质量，设备的类型、品牌，及其使用情况等。

5. 勘测、丈量、记录、绘图和摄影

勘丈绘图是在对地上附着物全面查勘、丈量的基础上，将地上附着物位置、形状、规模附属设施等，按照一定比例如实反映在平面图上。为了更为直观地反映地上附着物状况，可根据实际需要，采用摄影、录像、绘制立体图等方式，与绘制地上附着物平面图相配合，通过图片揭示地上附着物的最大信息量。

同时，要做好文字记录，根据评估作业表的栏目逐项填列，不能用图片取代文字记录和描述。对于特别项目要进行单独记录，并在评估报告中予以反映。

第二节 地上附着物估价方法

一、方法分类

(一)依据方法适用性分类

1. 基本方法

地上附着物价格为纯地上附着物的价格，是地上附着物的生产费用与利润之和，不包括土地价格。虽然位置有一定影响，但地上附着物价格主要受生产成本和利润影响。因此，地上附着物估价遵循生产费用价值理论，基本估价方法为成本法，即测算地上附着物的重置成本或重建成本和折旧，将重置成本或重建成本减去折旧得到地上附着物价值或价格的方法。

成本法是所有地上附着物估价的基本方法，特别是博物馆、堤坝、开放公园内的雕塑等不能产生收益、不能交易的公共地上附着物，只能采用成本法进行估价。

2. 其他方法

除成本法，地上附着物如果能够进入市场流动、有标准价格或能产生收益，也可以采用比较法、收益法等方法评估其价格。

部分地上附着物具有流动性、可进行交易，或有地上附着物标准价格，可采用比较法评估其价格。如农村内部村民间宅基地转让引起的地上房屋的交易，村民拥有宅基地资格，交易的只是地上房屋，可依据房屋交易价格采用比较法评估其他类似房屋的价格。目前各地针对农村土地征收和城市征收房屋制定了地上附着物征收标准，因此，可以依据各种地上附着物的征收标准，比较差异，采用比较法评估被征收地上附着物的价格。

酒店、温室等地上附着物在经营生产过程中能够产生收益，可以采用收益还原法中的地上附着物残余法评估其价格，即从总收益中剥离出土地、管理等收益，得到纯酒店或温室等地上附着物的收益，采用适宜的还原率进行还原，从而得到其价格。

如果地上附着物有可再开发价值、潜在价值，如对酒店、厂房等进行装修改造、提高收益，也可采用假设开发法进行评估。

(二)依据地上附着物的用途分类

1. 居住地上附着物

居住地上附着物即住房，包括农村住房和城市住房，即农村居民的住房和城市居民的住房。住房可以依法自住、自用，也可以依法收回、流转等。因此，住房可以采用成本法估价，也可以采用收益法、比较法估价。如村庄内部住房交易，可参照已成交房屋价格评估待交易房屋的价格；再如农村社区建设、以房换房，新房和旧房价格均采用成本法估算。

2. 公共地上附着物

公共地上附着物包括公用性和经营性两种。公用性公共地上附着物如政府办公楼、学校、庙宇等，不能经营、生产从而产生收益，也不能入市交易，需采取成本法评估其价格。经营性公共地上附着物如商场、旅馆等，能够进行经营、获得收益，也可以流转、交易，因此，可以采取收益法、比较法评估其价格。

3. 工业地上附着物

工业地上附着物以生产、经营为主，流转交易较少，常采用成本法、收益法估价。如有收回、流转、交易案例，也可采用比较法评估，尤其有地上附着物征收标准时。

4. 农业地上附着物

农业地上附着物如温室大棚、机井、沟渠等，以生产、经营为主，流转交易较少，常采用成本法估价。农村土地征收时涉及农业地上附着物补偿较多，各地制定了各种地上附着物补偿标准和办法，因此，比较法也是农业地上附着物估价常用方法。

二、成本法

(一)基本思路

成本法评估地上附着物的价格是从地上附着物再建造费用或投资的角度来考虑，按现在的建筑经营管理水平及建筑材料价格，重新建造与评估对象一样的全新地上附着物所需的现实资金。在此基础上，按地上附着物的耐用年限和已使用年限，折旧扣除地上附着物已使用的价值，得到地上附着物在评估日期的价格。

(二)基本公式

成本法评估地上附着物价格的基本公式为：

$$V=C-D_n \tag{14-1}$$

或

$$V=C\times r \tag{14-2}$$

式中:V为建筑物价格;C为建筑物重置价格;D_n为建筑物已使用n年的折旧总额;n为使用年限;r为成新率。

因此,成本法主要涉及两个要素:地上附着物重置价格和折旧额或成新率。科学合理地确定地上附着物重置价格和折旧额或成新率是重置价格折旧法评估地上附着物价格的关键。

(三)重置价格的确定

1. 重置价格的概念

地上附着物的重置价格,又称重置成本,是指采用估价时点的建筑材料、建筑构配件、设备和建筑技术、工艺等,在估价时点的国家财税制度和市场价格体系下,重新建造与估价对象具有同等效用的全新地上附着物的必要支出及应得利润。重置价格是假设在估价时点旧有地上附着物存在的土地是一块空地,而在同一场所除地上附着物以外的状况均维持不变,重新建筑与旧有地上附着物具有同等效用的全新状态的地上附着物时,所需要的建筑费、其他费用和正常的利税,或是设想将地上附着物发包给建筑承包商建造,而由建筑承包商将全新状态的地上附着物交给发包人,此时发包人对建筑承包商支付的标准建筑费,加上发包人直接负担的通常附带费用。

与重置价格相似的另一概念为重建价格,又称重建成本,是指采用与估价对象地上附着物相同的建筑材料、建筑构配件、设备和建筑技术、工艺等,在估价时点的国家财税制度和市场价格体系下,重新建造与估价对象地上附着物完全相同的全新地上附着物的必要支出及应得利润。这种重新建造方式可形象地称为"复制"。

由此可知,重置价格和重建价格是不同的。从理论上讲,似乎采用重建价格来评估地上附着物的价格更为合理,但是在实际中,一般很难找到与原地上附着物完全相同的材料,且施工方法与设计标准又经常变动,因而很难估算其重建价格。一般情况下,重建价格只适用于有特殊保护价值的地上附着物的估价,其他情况都采用重置价格进行评估。另外,因年代久远,已缺少与旧有地上附着物相同的建筑材料,或因建筑材料式样、建筑技术等变迁,使得旧有地上附着物重新建设难以实现,也往往采用重置成本。由于技术进步,原来的许多设计、工艺、原材料、结构等都已过时、落后或成本过高。而采用新材料、新技术、新设备等,不仅功能更完善,成本还会降低。所以,重置价格通常比重建价格低。

2. 重置价格的确定

具体求取重置价格的方法有直接法和间接法两种,必要时两者可并用。所谓直接法,是指就旧有地上附着物的构成部分或全体,调查所使用材料的种别、品级、数量及所需劳务的种别和时间等,并以旧有地上附着物所处地区在估价时点的各种单价为基础,计算直接工程费,加上间接工程费及适当的承包商利润,求取标准建筑费,进一步加上发包人应直接负担的通常附带费用,以求得重置价格的方法。所谓间接法,是如果能明确掌握旧有地上附着物所处地区或同一供求范围内的类似地区中,有与旧有地上附着物相类似的新地上附着物实际建筑的直接工程费、间接工程费、承包商利润及发包人直接负担的通常附带费用等数额及其明细(种别、品级、数量、时间、单价等),则就这些明细加以分析,并将不属于标准的加以适当修正,以求得重置价格的方法。

在估价上，通常将计算地上附着物重置价格的方法分为2种，即净计法和单位法。所谓净计法，是将地上附着物所需各项材料设备的数量和人工时数，逐一乘以估价时点各项材料设备的单价和人工工资支付标准，再将其加总即得到地上附着物的重置价格的方法。所谓单位法，是先计算地上附着物每单位的建筑价格，再乘以地上附着物的总单位数，即得到重置价格物的重置价格的方法。现实计算地上附着物的重置价格时，以单位法最为常用。

预决算调整法、重编预算法和价格指数调整法也是测算地上附着物重置成本的常用方法。预决算调整法是以待估地上附着物决算中的工程量为基础，按现行工程预算价格、费率将其调整为按现价计算的建筑工程造价，再加上间接成本，估算出地上附着物重置成本。重编预算法是按工程预算的编制方法，对待估建筑成本构成项目估算其重置成本，具体地说，就是根据待估地上附着物工程竣工图纸，或者按评估要求绘制工程图，按照编制工程预算方法和现行标准计算间接成本，计算出地上附着物重置成本。价格指数调整法是指根据地上附着物的账面成本，运用建筑业产值价格指数或其他相关价格指数推算出建筑物重置成本的一种方法。

(四)折旧的确定

1.折旧的概念

地上附着物的折旧是指地上附着物在使用过程中，各种原因造成其效用递减，从而引起的价值上的损失。这种损耗包括缘于物理因素的有形损耗和基于功能和经济退化因素的无形损耗。其中，物理的折旧(也称物质折旧)包括因使用重置价格物而产生的磨灭或破损、风吹日晒雨淋的侵蚀和自然灾害造成的损坏；功能的折旧是指功能不足或过剩造成的折旧，通常同类型重置价格物因技术革新、设计优化等导致其变得落伍而引起的相对减价；经济的折旧(也称外部折旧)是指重置价格物与其所处的附近环境不协调，即经济的不适应性而产生的价值减低。

2.折旧的影响因素

地上附着物折旧的影响因素是多方面的，一般将其归纳为物理因素、功能因素和经济因素三个方面。

所谓物理因素，是指引起地上附着物的实体所产生的老化、磨灭、破损或损坏的因素。引起地上附着物产生折旧的物理因素主要有以下几项：自然腐朽化，这是随时间的经过或风雨侵蚀等自然作用而产生的自然老化，一般不论使用与否，都会随时间的经过而产生折旧，与地上附着物的实际年限正相关；因使用地上附着物所产生的磨灭及破损，这种折旧一般随使用时间的延长而不断产生，与地上附着物的使用性质、使用强度和使用时间正相关；因风灾、水灾或地震等偶然、意外事件而发生的损伤，这种折旧不与使用状态发生关系，因此通常不易作有规律的测算；人为造成的损害，包括失火、碰撞等意外的破坏损毁，或不当使用、不积极保养、不维修造成的损伤等。在估价过程中，分析由于物理的因素所发生的折旧时，考虑该折旧部分是否有修复的可能非常重要。对于可修复的折旧，则可采用修复所需要的费用作为计算折旧的依据；对于不可修复的折旧，通常只有依靠估价人员观察和判断来确定折旧额。

所谓功能因素，是指由于地上附着物使用功能的落后、不足、过剩或不合适而引起折旧的因素。造成地上附着物的功能折旧的主要因素包括：建筑技术的进步、工艺的变更、规范和标准的改变、建筑材料的更新换代、消费观念的改变等。就住宅而言，包括住宅的结构类型、功能布局、层高、面积、装修状况等；对于工业建筑物，还包括跨度、层高、对生产工艺的满足程度等。同样，如技术要求变化而工艺不变，也可能导致功能性损耗。在房地合估时，建筑物的用途与土地的最佳利用不一致时而产生的价值损耗，也属于地上附着物的功能性损耗。由地上附着物功能因素所引起的折旧通常不论地上附着物的新旧程度如何，只要其使用功能不能满足要求，使其经济价值和使用价值降低，就产生功能的折旧。

所谓经济因素，是指在地上附着物使用过程中所产生的经济上的不合理或不适应的因素。引起地上附着物折旧的经济因素，通常有周边地区经济的衰退、地上附着物的使用与周围环境的不相适应、区域的优良性发生衰退、房地产市场的变化、制度政策的变化等。如供给过量、需求不足、自然环境恶化、噪声、空气污染、交通拥挤、城市规划改变、政策变化等，都会带来经济性损耗。在一个高级住宅区附近建一座工厂，该住宅区的房价就会降低，这就是由经济因素造成的。经济性因素的影响有的是暂时性的，有的是永久性的。

这三类因素对地上附着物折旧的影响并不是相互独立作用的，物理的折旧会引起功能的折旧，功能折旧又会反映到经济的折旧上，三者存在着一定的因果关系。然而，由这些因素所造成的损耗难以区分，在实际评估工作中，通常统一考虑来计算损耗额。但是作为有一定重要性、价值较高的地上附着物，应尽可能分类计算。此外，还要注意地上附着物是否连同土地一起评估，即房地合一进行评估，还是房地分估，测算时要注意区分各因素对地上附着物和土地价值的不同影响。

3. 确定折旧的方法

确定折旧的方法有新旧程度折旧法、平均年限折旧法、定率折旧法、年数合计法、偿还基金法、市场提取法和分解法等。

(1)新旧程度折旧法。新旧程度折旧法也称成新折扣法，适用于同时需要对大量地上附着物进行估价的场合。主要做法是将待估地上附着物的各项条件与同类地上附着物的成新度划分标准相对照，进而确定待估地上附着物的成新度和已折旧的部分。

观察法也是确定地上附着物新旧程度的一种方法。观察法又称打分法，是由具有专业知识和经验的工程技术人员对地上附着物实体各主要部位进行观察打分，以判断被评估地上附着物成新率的方法。对于房屋建筑物，一般依据评估对象的实际情况，对照不同结构房屋成新率的评分标准，在现场勘察时边勘察边按结构、装修和设备三个部分，再区分不同部位分别打分，然后按下列公式计算成新率：

$$r=S_s\times r_s+S_f\times r_f+S_e\times r_e \tag{14-3}$$

式中：r 为成新率；S_s为结构部分合计得分；r_s为结构部分的评分修正系数；S_f为装修部分合计得分；r_f为装修部分的评分修正系数；S_e为设备部分合计得分；r_e为设备部分的评分修正系数。

如某建筑物按结构、装修、设备分成三个部分 12 个子项，根据其完损程度进行打分，各部分修正系数及完损程度如表 14-1 所示。

根据式(14-3)，计算建筑物的成新率：

$$r=92\times 0.80+89\times 0.15+88\times 0.05=91.35$$

表 14-1　某建筑物各部分系数及完损程度

项目		建筑物现状	修正系数	标准分	评估分	合计
结构部分	地基基础	承载力强	0.80	25	25	92
	承重构件	牢固		25	25	
	非承重墙	节点较严实		15	14	
	屋面	保温隔热层较好		20	16	
	楼地面	局部磨损		15	12	
装修部分	门、窗	玻璃五金齐全	0.15	25	24	89
	外装修	良好		30	28	
	内装修	局部腐蚀		30	25	
	顶棚	良好		15	12	
设备部分	水、卫	上下水管道较好	0.05	40	35	88
	电、照	用电线路较好		30	27	
	暖气	良好		30	26	

(2)平均年限折旧法。平均年限折旧法又称定额法、直线法。该方法是假定地上附着物在其耐用年限内每年的折旧额相等，由此计算年折旧额，即用待估地上附着物的折旧总额，除以单一的耐用年限，以求得每年折旧额的方法。具体测算过程和公式见本书第六章成本法。

(3)定率折旧法。定率折旧法又称残存渐减法、递减折旧法、余额递减法，是指地上附着物每年末价格乘以同一固定比率(折旧率)以求得每年折旧额的方法。具体测算过程和公式见本书第六章成本法。

(4)年数合计法。该法是利用分数的比率计算，其中分子为地上附着物剩余使用寿命在当年开始的数字，分母为全部寿命的年数总和。若用 S_N 表示总和，则有 $S_N=1+2+3+\cdots+N=N(1+N)/2$。

第 i 年折旧额 D_i 的计算公式为：

$$D_i = \frac{N-(i-1)}{S_N}(C-S) \tag{14-4}$$

式中：D_i 为第 i 年折旧额；N 为耐用年限；C 为重置价格；S 为残值。

已经使用了 n 年的地上附着物的折旧总额 D_n 为：

$$D_i = \frac{n[2N-(n-1)]}{2S_N}(C-S) \tag{14-5}$$

采用年数合计法折旧下的地上附着物现值为：

$$P_n = C - D_n = C - \frac{n[2N-(n-1)]}{2S_N}(C-S) \tag{14-6}$$

(5)偿还基金法。偿还基金法又名偿债基金法，指待估地上附着物满了耐用年限时，包括折旧累计额和对折旧累计额的复利计算的利息额，按耐用年限计算偿还的方法。具体测算过程和公式见本书第六章。

(6)市场提取法。市场提取法是通过对一定数量的与被评估对象相同或类似地上附着物交易实例的折旧状况的分析,得到同类地上附着物的年折旧率。

(7)分解法。分解法是将导致地上附着物贬值的特征或条件,分别归入实体贬值、功能贬值、经济贬值,然后考虑各类贬值中的可修复和不可修复项目。

4.计算折旧的注意事项

估价上的折旧与会计上的折旧有着本质区别。估价上的折旧注重的是价值的减损,科学地说不是折旧,而是"减价修正";会计成本上的折旧注重的是原始取得价值的摊销与收回。在会计成本上,C 为资产原值,不随时间变动而变化;在估价上,C 为重置造价,而且是估价时点上的,因此估价时点不同,C 值就不同。

地上附着物耐用年限有自然耐用年限(又称自然寿命)与经济耐用年限(又称经济寿命)之分。自然寿命指地上附着物从建成起到不堪使用时的年数,经济寿命是指地上附着物从建成之日起到预期产生的收益大于运营费用的持续期。地上附着物的经济寿命短于自然寿命。因为有些地上附着物虽然能正常使用,但由于技术进步、消费观念变更等因素,继续使用可能变得不经济,需要进行更新或改造。因此地上附着物估价中所采用的耐用年限应为地上附着物的经济耐用年限。

实际求取房屋建筑物的折旧时,还应划分房屋建筑物的主体与附属设备,因它们的耐用年限不同,折旧率也不同。房屋的附属设备是指与房屋不可分割的各种附属设备,如水、暖、电、卫、通风、电梯等。

5.耐用年限的确定

地上附着物的耐用年限一般是根据地上附着的建筑结构、建筑材料等确定的。表 14-2 是城乡建设环境保护部 1984 年印发的《经租房屋清产估价原则》中对房屋建筑物耐用年限和残值率的评定标准。

表 14-2 房屋耐用年限、残值率评定标准(一)

房屋结构	耐用年限/年	残值率/%	房屋结构	耐用年限/年	残值率/%
钢筋混凝土结构	60～80	0	砖木结构二等	30～50	4
砖混结构一等	40～60	2	砖木结构三等	30～50	3
砖混结构二等	40～60	2	简易结构	10～15	3
砖木结构一等	30～50	6			

另外,1992 年建设部和财政部制定的《房地产单位会计制度——会计科目和会计报表》(建综〔1992〕349 号印发)中区分生产用房和非生产用房对房屋耐用年限和残值率作了相应规定(表 14-3)。

上面列举的是国家制定的房屋耐用年限标准。各地可根据国家的标准,结合当地实际情况及地上附着物的不同用途,确定各地不同建筑结构的耐用年限。

在实际评估中,由于国有土地和集体经营性建设用地是有限期的土地使用权,地上附着物的经济耐用年限与土地使用权的年限可能不一致,根据有关法律规定,可按下列方法处理:①地上附着物的建设期不计入耐用年限,即地上附着物的耐用年限应从地上附着物竣工验收合格之日起计;②住宅不论其经济寿命是早于还是晚于土地使用年限而结束,均按照其经济寿

表 14-3　房屋耐用年限、残值率评定标准(二)

房屋结构	耐用年限/年			残值率/%
	生产用房		非生产用房	
	受腐蚀	不受腐蚀		
钢筋混凝土结构	35	50	60	0
砖混结构一等	30	40	50	2
砖混结构二等	30	40	50	2
砖木结构一等	20	30	40	6
砖木结构二等	20	30	40	4
砖木结构三等	20	30	40	3
简易结构	10			0

命计算折旧,因为《中华人民共和国民法典》规定"住宅建设用地使用期届满的,自动续期";③非住宅建筑物经济寿命早于土地使用年限而结束的,应按建筑物经济寿命计算建筑物折旧;④非住宅建筑物经济寿命晚于土地使用权年限而结束的,分两种情况:一是出让合同约定建设用地使用权期间届满需要无偿收回建设用地使用权的,根据收回时建筑物的残余价值给予土地使用者相应补偿,应按照建筑物经济寿命计算建筑物折旧;二是出让合同约定建设用地使用权期间届满需要无偿收回建设用地使用权时,建筑物也无偿收回,应按建筑物经济寿命减去其晚于土地使用期限的那部分寿命后的寿命计算建筑物折旧。

6. 已使用年限的确定

地上附着物的已使用年限分为实际使用年限和有效使用年限。当地上附着物的维护保养正常时,有效使用年限和实际使用年限相当;当地上附着物的维护保养更好或经过更新改造的,有效使用年限短于实际使用年限。在评估中所指使用年限为有效使用年限,有效使用年限根据对实际使用年限的调整、确定。

7. 折旧额的计算

利用各种计算折旧额的方法,首先需要确定地上附着物已使用年限;然后将重置价格、耐用年限、折旧率等代入相应的公式,即可计算得到地上附着物的折旧额。

在实际工作中,有必要并用几种方法。正确进行折旧额的计算,可先用耐用年限作为标准的方法算出折旧额。然后作新旧程度折旧法加以修正,或者通过新旧程度折旧法将地上附着物经过年数或残余年数等,与待估地上附着物现状一致起来进行修正,确定出待估地上附着物的折旧额。

(五)地上附着物价格评估

将地上附着物重置价格、已使用年限的折旧额、地上附着物成新率代入重置价格折旧法的基本公式(14-1)、公式(14-2)中,计算出地上附着物价格。

最终确定地上附着物的评估现值,在按基本公式计算出建筑物价格后,还需要综合考虑影响地上附着物价格的其他因素,对评估值进行修正后,再予确定。

［**例题 14-1**］ 某工业厂房为钢结构，2018 年 12 月 31 日建造竣工，层数为一层，建筑面积 3000 m^2，独立柱基础，钢柱、钢檩条，塑钢窗、彩钢门，混凝土地面，水、电设施齐全。建筑物耐用年限 50 年。试评估该建筑物 2022 年 1 月 1 日的价格。

评估过程如下：

(1)重置价格的确定。由于该厂房结算资料比较齐全，采用工程预决算调整法确定重置全价。①工程综合造价。通过查阅该建筑物的建设结算资料，根据建筑工程费用项目及计算程序，得出包括土建工程和安装工程的综合造价为 4976756.00 元。②前期费用及其他费用。包括设计费、招标费、工程质量监督费、标底编制费、管理费、监理费等。根据工程造价和各取费标准，计算得到前期费用及其他费用，为 327256.00 元。③利息。该厂房建设周期为 1 年，按评估基准日时的一年期贷款利率 4.35% 计，计费基数为工程造价＋前期费用，假设开发期内均匀投入，计息期为半个周期，利息为 114134.26 元。④利润。利润率按 10%计，计算基数为工程造价＋前期费用，利润为 530401.20 元。⑤销售税费。主要包括增值税、城市维护建设税、教育费附加等。其中增值税按简易计税方法为不动产总价的 5%，城市维护建设税为增值税的 7%，教育费附加为增值税的 3%，共计约为销售价格的 5.5%。⑥重置价格。重置价格为综合造价、前期费用、利息和利润之和，为 6275717.57 元。

(2)成新率的计算。采用年限法确定。尚可使用年限，以厂房的耐用年限减去已使用年限计算。该厂房耐用年限为 50 年，已使用 4 年，尚可使用 46 年。根据平均年限折旧法，计算得到其成新率为 92%。

(3)计算评估值。根据式(14-2)，计算得出该厂房的评估值为 5773660.17 元。

三、比较法

(一)交易实例比较法

所谓交易实例比较法，是在求取估价对象地上附着物价格时，将估价对象地上附着物与在较近时期内已发生了交易的类似地上附着物加以比较，从已发生了交易的类似地上附着物的已知价格，修正得出估价对象地上附着物的价格的一种估价方法。所谓类似地上附着物是指在用途、建筑结构、所处地区等方面与估价对象地上附着物相同或相似的地上附着物。

运用比较法进行地上附着物价格评估，同比较法评估土地的原理基本一致，只是比较的因素、项目不同。进行地上附着物的比较评估，选择的因素主要是影响地上附着物质量的建筑结构、建造年份、设计标准、建筑规模、产权状况等。通过比较分析、对评估地上附着物的条件与交易实例的地上附着物条件有差别的，则通过系数进行调整修正。其计算公式为：

$$V=P_t\times A\times B\times C\times S \tag{14-7}$$

式中：V 为建筑物价格，P_t 为交易实例单价，S 为建筑单位，$A=\dfrac{\text{评估时建材价格指数}}{\text{交易时建材价格指数}}$，$B=\dfrac{\text{评估对象交易情况指数}}{\text{交易实例交易情况指数}}$，$C=\dfrac{\text{评估对象的比较因素条件指数}}{\text{交易实例的比较因素条件指数}}$。

(二)对照法

对照法也称标准法，就是把评估对象的客观条件与标准地上附着物要求的条件相对照，从中查出与评估对象条件基本相同等级的标准地上附着物价格。

以城市房屋为例，介绍应用对照法的主要步骤是：

(1)确定待估房屋结构等级。对评估房屋的结构、装修、设备等做认真的查勘分析，并做详细记载。需要特别注意的是，不属于不动产范围的装饰、设备和设施不应作为评估标的物，也不能作为评定房屋等级的条件因素。把查勘得到的标的特征与房屋等级划分标准细目相对照。如评估标的与对照标的条件基本吻合，就可以确定对照标的结构等级就是评估房屋的结构等级。

(2)对照标准查房价。在此之前，首先需要制定城市标准房价。标准房价制定一般以房屋建筑成本为测算依据。标准房价的测算数据是通过调查和直接计算取得的。标准房价的制定步骤是：

①从城市各类房屋中选找样板房，每个等级样板房应在 10 个以上，样板房的容量越大越接近这类房屋的实际平均价格。

②对样板房的造价调查测算。对选中的样板房进行测算，计算出单位造价。对近期竣工新建类型的房屋的数据，可通过调查的方式取得。对建造年代久远，近年来又没新建的旧式房屋，可采用做预算的方法，计算出房屋的重置价格。

③对样板房的造价进行时间修正。由于选定的样板房在建造时间上和施工用料的价格上都有差异，这些差异的程度直接影响计算出来的平均造价的准确程度，所以在平均前应对每个样板房的造价按照确定的评估期日的建筑材料正常市场价格进行修正，使测算的样板房在同一起跑线上进行比较和应用。

与时间有关的修正主要包括材料费价格指数、人工费指数、机械使用费价格指数、其他费用价格指数等。

④把选定的同一等级的样板房的现值加权平均，其结果作为这个等级房屋的标准房价。

根据标准房价测定标准，把确定有评估标的结构等级与标准房价的结构等级相对照，从中查出相应的标准价格，作为评估标准的基础房价。

(3)对基础房价进行调整。标准房价是按幢、新房、排除环境影响测算出来的，但实际上同一等级房屋存在新旧程度、楼层、朝向、周围环境的差异，这些差异不同程度地影响着房屋的使用效能和价值量。因此必须对查出的标准房价，做不同程度的修正，使其更接近评估标的物的实际价值。

①房屋新旧程度的修正，就是计算房屋的折旧，计算房屋折旧的方法可采用重置价格折旧法中提供的几种计算方法。

②房屋坐落朝向、采光对房屋评估价格影响的修正。评估的房屋坐落朝向、采光情况是各异的，其使用效能和价值有大有小，因此在房屋价格上应该有所区别，使用效能大的，其价格应该高一些，使用效能小的其价格就应低一些。这需要在评估某处房屋价格、应用标准房价时，对标准房价进行朝向、采光、影响程度的修正，计算出房屋朝向、采光的差价。房屋的朝向修正一般表达式为：房屋朝向＝标准房价×房屋朝向修正系数。

③楼房层次对评估价格影响的修正，楼房分层评估时，还要考虑各层次使用功能的差异对价格的影响。

④房屋共用部位对评估价格影响的修正。

⑤时间的修正。如果标准房价颁布的时间，与评估期日间距较长，且在这段时间内建造房

屋的各种费用有较大的变动，还应对采用的标准房价进行时间的修正。

(4)确定房屋评估价格。房屋评估价格计算公式为：

房屋评估价格=[(标准房价×共用部位修正系数±朝向差价±楼层差价)×折旧率]×评估总建筑面积

房屋评估价格计算公式为：

$$P=P_s\times r_p\pm D\pm F\times r\times S \tag{14-8}$$

或

$$P=P_s\times r_p\times d\times f\times r\times S \tag{14-9}$$

式中：P 为房屋评估价格；P_s为标准房价；r_p为共用部位修正系数；D 为朝向差价；F 为楼层差价；r 为成新率；S 为评估总建筑面积；d 为朝向修正系数；f 为楼层修正系数。

四、残余法

地上附着物残余法属于收益还原法的一种，是指地上附着物与其所占土地合并计算收益，用收益还原法以外的方法求出地上附着物所占用的土地价格，从全部纯收益中扣除归属于土地的纯收益，得到归属于地上附着物的纯收益，再用地上附着物的还原率还原，得到地上附着物的收益价格的方法。它尤其适用于其他方法难以判断土地或地上附着物价格的情况。

运用地上附着物残余法评估地上附着物价格，要求被评估对象可以获得正常收益，即只有客观收益的房地产才能运用地上附着物残余估价法。另外，运用地上附着物残余估价法还要求地上附着物的用途、使用强度以及使用状况等与土地的最佳使用不能严重背离，甚至是冲突的出现。例如，地上附着物已濒临倒塌，地上附着物容积率过低、租金收入或收益极低，以至于当时房地合一的租金收入难以满足土地对其纯收益的要求时，采用地上附着物残余法正确估价地上附着物市值将是比较困难的。具体测算过程和公式见本书第五章收益还原法。

【本章小结】

地上附着物的概念：地上附着物为建造于土地的建筑物、构筑物及其他定着物的总和，主要包括房屋等建筑物、水塔等构筑物和管道等其他定着物，可以说是狭义的地上附着物概念，不包括花草树木、农作物等植物。

地上附着物的特点：附着于土地、人工建造而成、使用寿命有限、使用年限受限等。

地上附着物价格：地上附着物的生产费用与利润之和，为纯地上附着物的价格，不包括土地价格。

地上附着物价格的影响因素：建筑规模、建筑结构、设计和设备、位置和高度、产权和限制、其他等。

地上附着物估价的特征：具有物地分估，地上附着物产权受土地使用权年限的制约，单独评估地上附着物一般宜采用成本法，地上附着物估价应在合法的前提下进行等特点。

地上附着物估价实地查勘的内容：包括核对地上附着物的位置和产权边界，认定地上附着物的结构等实体质量因素，确定地上附着物的成新率，进行勘测、丈量、记录等。

地上附着物估价方法分类：依据方法适用性分为基本方法和其他方法；依据地上附着物的用途分类，分为居住地上附着物、公共地上附着物、工业地上附着物和农业用途地上附着物等估价方法。

成本法：按现在的建筑经营管理水平及建筑材料价格，重新建造全新地上附着物所需的资金，扣除地上附着物已使用的价值——折旧，得到地上附着物在评估日期价格的估价方法。

比较法：是在求取估价对象地上附着物价格时，将估价对象地上附着物与在较近时期内已发生了交易的类似地上附着物加以比较，从已发生了交易的类似地上附着物的已知价格，修正得出估价对象地上附着物的价格的一种估价方法。

残余法：地上附着物与其所占土地合并计算收益，用收益还原法以外的方法求出地上附着物所占用的土地价格，从全部纯收益中扣除归属于土地的纯收益，得到归属于地上附着物的纯收益，再用地上附着物的还原率还原，得到地上附着物的收益价格的方法。

【习题及思考题】

1.什么是地上附着物？地上附着物如何分类？

2.影响地上附着物价格的因素有哪些？

3.地上附着物估价有哪些特征？

4.地上附着物估价的目的有哪些？

5.成本法的评估思路和过程是什么？

6.造成地上附着物折旧的因素有哪些？

7.交易实例比较法的公式和应用条件是什么？

8.残余法的概念和应用条件是什么？

【参考文献】

[1]夏侯峥，王彬.房屋建筑学.北京：北京理工大学出版社，2020.

[2]中国房地产估价师与房地产经纪人学会.房地产估价原理与方法(2022).北京：中国建筑工业出版社，中国城市出版社，2022.

[3]中国房地产估价师与房地产经纪人学会.房地产估价相关知识.北京：中国建筑工业出版社，2022.

第十五章　房屋征收补偿估价

本章介绍房屋征收的概念和特征，在全面总结我国房屋征收补偿政策主要内容的基础上，论述房屋征收补偿的原则和房屋征收补偿方式。结合房屋征收补偿评估实务，分析区位价法、标准房屋市场价格评估法、典型房屋市场价格评估法和基准价格修正法等房屋征收补偿评估的主要方法。

第一节　房屋征收概述

一、房屋征收的概念

城市的发展是一个不断开发创造和再建设的过程。在这过程中，因国家建设、城市改造、整顿市容和环境保护等需要，根据城市规划和国家专项工程的动迁计划，在经政府有关主管部门批准的前提下，根据公共利益的需要，对公益项目需要使用的土地范围内的房屋予以征收，收回国有土地使用权，对现有建设用地上的房屋及其附属物进行拆除，并对房屋所有人和承租人进行动迁、补偿等一系列活动的总和就是房屋征收。

二、房屋征收的特征

(一)从属性与间接性

城市房屋征收是以城市现代化建设和城市开发建设更新的需要为前提的，因此，城市房屋征收市场具有从属性。由于房屋征收依托于城市开发建设，当城市开发、建设更新要求征收时，城市房屋征收交易才得以存在，反之城市房屋征收则无从谈起。

(二)被动性

由拆迁带来的房地产需求也称为被动需求，因此拆迁对房屋产权人来说本身就是一种被动需求。

(三)补偿性

房屋对于业主来说是一个不可剥夺的物权，在征收过程中，他们丧失了这个权利，理所应当得到补偿。根据《中华人民共和国民法典》规定："征收组织、个人的房屋以及其他不动产，应当依法给予征收补偿，维护被征收人的合法利益；征收个人住宅的，还应当保障被征收人的居住条件。”《国有土地上房屋征收与补偿条例》规定，被征收人可以选择货币补偿，也可以选择房屋产权调换。

（四）复杂性

征收不仅是征收改造中房地产开发的重要内容，还涉及广大征收相关者切身利益，因此，房屋征收工作变得复杂起来。

首先是房屋征收的主体，征收工作中会涉及的相关利益群体包括被征收人和征收人、征收行政单位和征收代理单位，甚至包括委员会等。除此外还包括存在房屋租约的房屋租赁人。其次是房屋征收客体的性质也使得征收工作复杂起来。产权方面的共有产，产别方面的公产、代管产、托管产和中外合资产等都给征收工作增加了难度。

三、我国房屋征收的现状

（一）现实状况

我国在改革开放以来，城市化建设取得了突飞猛进的发展。然而在我国人地矛盾日益尖锐化的今天，城市的发展更多只能是内涵发展而非外延扩张，“发展无限，土地有限”使得以后城市发展变成了城市更新，更多的是针对存量土地做文章，集约节约利用成为城市土地利用的首要任务。

随着经济的发展，城市规模的不断扩大和功能的完善，城市建设步伐加快，城市化进程快速推进，我国城市房屋征收纠纷日益突出，矛盾日益尖锐。房屋征收涉及的范围广，人数多，并且都牵扯到个人的自身利益，因此城市房屋征收已经成为全社会的焦点问题。房屋征收是否公平，补偿是否合理，不仅关系到每个家庭的切实利益，还关系到社会的和谐、稳定与发展。2011 年 1 月 19 日，国务院第 141 次常务会议通过了《国有土地上房屋征收与补偿条例》并予以实施，这表明城镇建设已成为我国经济建设的一项重要内容，也是我国今后一段时期内城镇建设发展的一个大的趋势。作为城市建设前期工作的旧城区拆迁改造，为国有土地上房屋征收工作提供了大量的经验，同时也为国有土地上房屋征收工作的顺利进行奠定了基础。进行旧城区改造和城镇化建设就必须进行大量的房屋拆迁工作，这样就要求对国有土地上的房屋征收工作必须快速、有效、顺利地开展。

在城市更新的过程中，免不了的就是房屋拆迁。仅 2002 年的上半年，全国各直辖市、省会城市、计划单列市等城市共拆除房屋面积 1675 万 m^2，其中，北京市共拆迁 45 万 m^2，大约有 70%是属于危旧房改造项目；而在 2002 年上海市动迁房屋达到 579 万 m^2，涉及居民超过 12 万户；2003 年天津房价的突然飙升，业界认为主要原因是 2003 年大面积拆迁和大面积基建，2003 年天津由于海河开发、旧城改造等工程，导致了大量的旧房拆迁，统计数据是 500 万 m^2 左右，但事实上还可能不止，而在 2003 年之前的 5 年，天津的拆除量始终徘徊在 100 万～200 万 m^2。

（二）房屋征收政策发展

我国早在 1991 年就对拆迁管理加强了行政规范和法制管理，出台了《国有土地上房屋征收与补偿条例》，并于 2001 年做了新的修改。鉴于保障在房屋拆迁中涉及的被拆迁方的合法利益，确立了拆迁补偿制度，要求进行房屋拆迁估价，并于2004年出台了《城市房屋拆迁估价指导意见》，提出拆迁估价应采用成本法、市场比较法和收益还原法。为了规范国有土地上房屋征收与补偿活动，维护公共利益，保障被征收人的合法权益，根据《物权法》和《全国人民代表大会常务委员会关于修改〈中华人民共和国城市房地产管理法〉的决定》，国务院发布了《国有土地上房屋征收与补偿条例》，自2011年1月21日公布之日起施行。根据这一条例，国家住房和城乡建设部2011年6月3日发布了《国有土地上房屋征收评估办法》，进一步规范了国有土地上房屋征收评估活动。

四、我国房屋征收的条件

为了保障国家安全、促进国民经济和社会发展等公共利益的需要，有下列情形之一，确需要征收房屋的，由市、县级人民政府做出房屋征收决定：

(1)国防和外交的需要；

(2)由政府组织实施的能源、交通、水利等基础设施建设的需要；

(3)由政府组织实施的科技、教育、文化、卫生、体育、环境和资源保护、防灾减灾、文物保护、社会福利、市政公用等公共事业的需要；

(4)由政府组织实施的保障性安居工程建设的需要；

(5)由政府依照城乡规划法有关规定组织实施的对危房集中、基础设施落后等地段进行旧城区改建的需要；

(6)法律、行政法规规定的其他公共利益的需要。

确需征收房屋的各项建设活动，应当符合国民经济和社会发展规划、土地利用总体规划、城乡规划和专项规划。保障性安居工程建设、旧城区改建，应当纳入市、县级国民经济和社会发展年度计划。

制订国民经济和社会发展规划、国土空间规划和各类专项规划，涉及房屋征收的，应当广泛征求公众意见，经过科学论证。

五、国有土地上房屋征收与补偿工作程序

国有土地上房屋征收与补偿工作程序包括前期工作阶段、征收决定阶段、征收实施阶段和征收后续阶段等4个阶段。其中，前期工作阶段包括编制年度计划、项目立项或土地储备、审查征收项目、确定征收范围、暂停办理相关手续、房屋调查摸底、选择评估机构和开展预评估等8项工作环节；征收决定阶段包括拟订征收补偿方案并征求公众意见、听证、稳定风险评估、补偿资金保障、安置房源保障、做出征收决定、发布房屋征收公告与收回国有土地使用权公告、公示评估结果和送达评估报告等9项工作环节；征收实施阶段主要签订补偿协议；征收后续阶段包括做出补偿决定、申请强制执行、公布补偿情况、建立征收档案、拆除征收房屋、移交征收土地、审计结果公布和项目最终结算等8项工作环节。国有土地上房屋征收工作流程如图15-1所示。

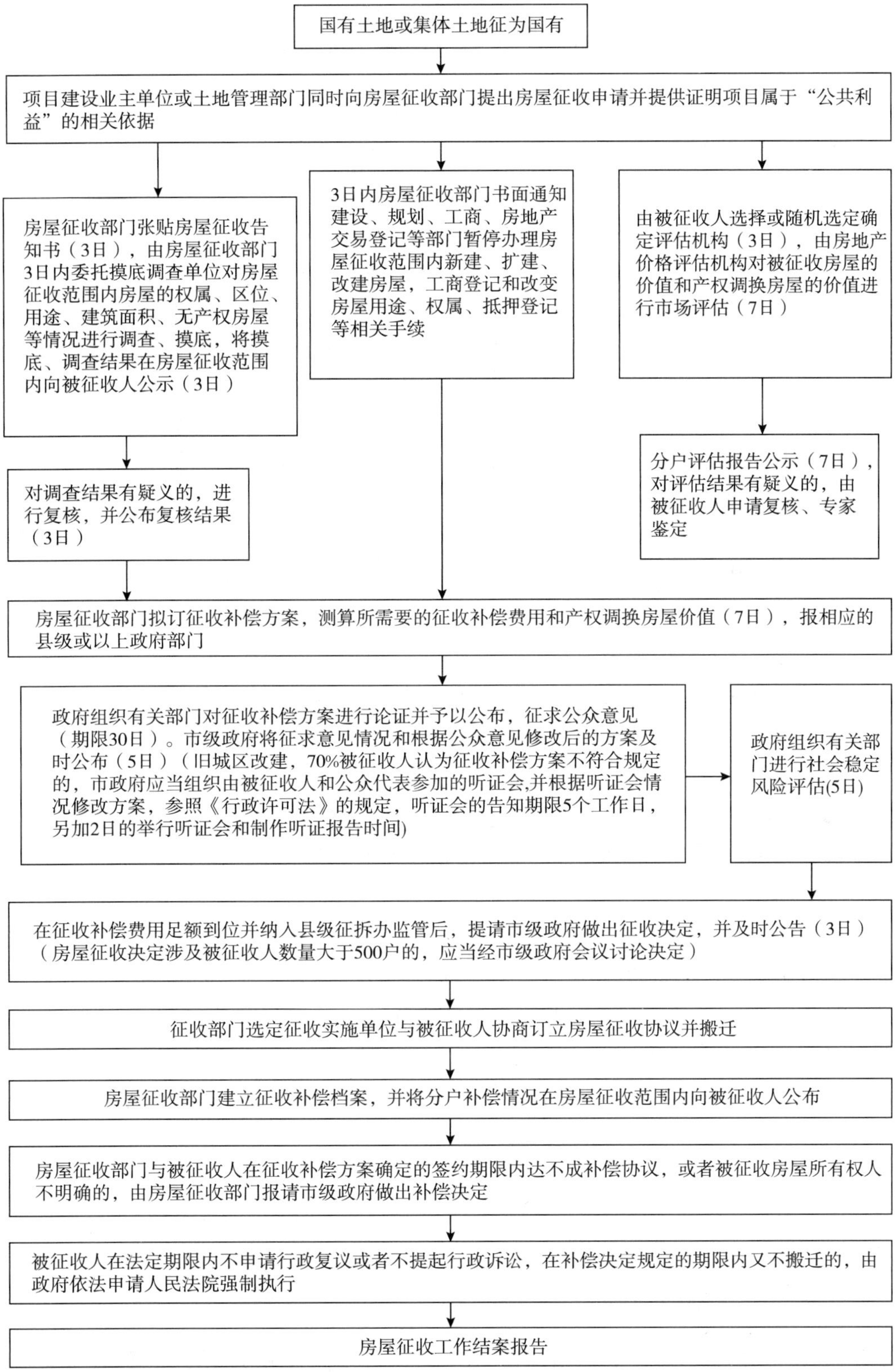

图 15-1　国有土地上房屋征收工作流程

第二节 房屋征收补偿政策

一、房屋征收补偿概述

征收补偿是指征收人对被征收人(房屋所有人)被拆除的房屋合法权益造成的损失给予的补偿。征收补偿的核心问题是补偿的范围和补偿标准。

征收补偿的法定范围是被拆除的、合法建造的房屋及其附属物。

征收标准是由城市房屋征收法规授权、当地房屋征收行政主管部门起草、市级人民政府批准颁布、专门用于核定房屋征收补偿费的依据。具体标准由各省、自治区、直辖市人民政府制定。

征收补偿的对象是被征收房屋及其附属物的所有人。但也有特殊情况,如私有房屋的委托代管人和国家授权的国有房屋及其附属物的管理人,也属于补偿的对象。

征收是城市旧城改造必需的一个环节,是关系民生、民益、民权的大问题。因此,合理的征收补偿有利于社会的发展,人民生活水平的提高,土地资源的合理利用;反之,则会与我们的初衷相违背,造成社会的不稳定。

1. 实现土地的优化配置

由于城市形成时规划的缺失和城市的快速发展,旧城区破旧的公共基础设施不易改造或需要大量资金改造,在某些城市已经发展为“城中村”,旧城区已成为城市发展的瓶颈,为了促进土地的合理利用和实现经济效益,需要进行房屋征收并给予被征收人补偿。

2. 有利于社会稳定

城市房屋征收关系到百姓生活和基本利益,尤其房屋是百姓赖以生存的依靠,只有安居才能乐业,因此只有给予客观合理的、保障百姓生活水平不下降的补偿价格,才能得到百姓的支持,维护社会稳定。

3. 规范征收行为

任何事情都要有章可循,有法可依,特别是征收工作,只有在统一的标准和规范下评估出的补偿价格才具公平性,能够给被征收人以合理的解释。

4. 帮助征收工作顺利进行

征收补偿的公平与否会直接影响被征收人是积极响应征收工作还是成为我们所说的“钉子户”。征收人为了保障征收进程不得不增加征收补偿费用,这样更造成征收补偿不公平、不合理的混乱状况,导致发生纠纷,扰乱社会秩序。所以,确定科学的、合理的估价原则与估价标准及方法能够避免征收补偿标准混乱状况,提高征收管理部门工作效率,保障征收制度落实和建设项目如期顺利进行。

二、房屋征收补偿的原则

房屋征收补偿的核心就是要对房屋所有人给予补偿,对使用人给予安置,要求遵循以下原则。

(一)合法原则

房屋征收补偿必须遵循《国有土地上房屋征收与补偿条例》中关于补偿标准和实施条款;房屋征收必须符合城市整体规划,必须有利于城市旧区改造,遵循加强维护、合理利用、调整布局、逐步改善、统一规划、分期实施的原则,逐步改善居住和交通运输条件,提高城市的综合功能。

(二)公平公正原则

公平公正原则要求征收估价人员应站在中立的立场上,确定一个对各方当事人来说都是公平合理的价格。应充分考虑有关当事人的角色和心态,合理区别各种产权类型、合理分配产权收益。估价人员必须公正,不能受任何私心杂念的影响;如果与估价对象有利害关系或是当事人的亲戚,应当回避。在征收估价过程中,估价对象应当由当事双方共同认可,不应由一方单独认定;政府和其他部门不能利用职权干涉征收估价的正常进行,造成对某一方的不公平。

(三)公开原则

实行透明化是被征收人了解补偿依据和计算方法,减少因对补偿价格的误会而导致的征收纠纷。

三、房屋征收补偿方式

国务院《国有土地上房屋征收与补偿条例》第二十一条规定:"被征收人可以选择货币补偿,也可以选择房屋产权调换。"

(一)货币补偿

货币补偿是指征收人以支付货币的方式,对被征收人因拆除房屋造成的经济损失给予补偿。货币补偿的性质是征收人出资购买了被征收房屋的所有权及其相应的土地使用权。货币补偿的金额,根据被征收房屋的区位、用途、建设面积等因素,以房地产市场评估价格确定。具体办法由各省、自治区、直辖市人民政府制定。

(二)产权调换

产权调换是指征收人用自己建造或购买的产权房屋与被征收的房屋进行调换产权,并按征收房屋的评估价格和调换房屋的市场价格结算调换差价的方法。

有原地和异地调换两种方式;原地调换即所谓的"动迁",拆除原有房屋后,在原地建成的房产中选一处相抵于原征收房屋价格的作为调换;异地调换即"征收",提供被征收人另一区位的一处房产作为调换。

产权调换是以实物形态体现征收人对被征收人的补偿。征收人与被征收人根据被征收房屋的评价补偿价格和所调换房屋的市场价格,结算产权调换差价,体现的是等价交换的原则。

(三)不予补偿的征收建设

根据《国有土地上房屋征收与补偿条例》第二十四条规定:"市、县级人民政府作出房屋征收决定前，应当组织有关部门依法对征收范围内未经登记的建筑进行调查、认定和处理。对认定为合法建筑和未超过批准期限的临时建筑的，应当给予补偿；对认定为违法建筑和超过批准期限的临时建筑的，不予补偿。”

违章建筑，是指在城市规划区内，未取得建设工程规划许可证或者违反建设工程规划许可证规定的建筑，严重影响城市规划的建筑。主要包括：

(1)未申请或申请未获得批准，未取得建设用地规划许可证和建设工程规划许可证而建成的建筑；

(2)擅自改变建筑工程规划许可证的规定建成的建筑；

(3)擅自改变了使用性质的建筑；

(4)擅自将临时建筑建设成为永久性的建筑。

违章建筑属于法律规定必须拆除的建筑或必须经过改良方可使用的建筑。拆迁人对必须拆除的违章建筑，不予补偿。违章建筑的认定，是城市规划主管部门的职权，判定某一建筑是否属于违章建筑，应由房屋所在地规划行政主管部门出具证明。

临时建筑，是指必须限期拆除、结构简易、临时性的建筑物、构筑物和其他设施。临时建筑应当有规定的使用期限，临时建筑必须在批准的使用期限内由其建设者拆除。按《国有土地上征收与补偿条例》，拆迁人对拆除超过批准年限的临时建筑，不予补偿。但拆除未到期限的临时建筑，拆迁人应当按使用年限的残存价值参考剩余期限，给予适当的补偿。

(四)其他征收补偿

1. 搬迁补助费和安置补助费

《国有土地上房屋征收与补偿条例》第二十二条规定：“因征收房屋造成搬迁的，房屋征收部门应当向被征收人支付搬迁费；选择房屋产权调换的，产权调换房屋交付前，房屋征收部门应当向被征收人支付临时安置费或者提供周转用房。”第二十五条规定：“房屋征收部门与被征收人依照本条例的规定，就补偿方式、补偿金额和支付期限、用于产权调换房屋的地点和面积、搬迁费、临时安置费或者周转用房、停产停业损失、搬迁期限、过渡方式和过渡期限等事项，订立补偿协议。”

2. 拆迁非住宅房屋造成停产、停业的补偿

《国有土地上房屋征收与补偿条例》第二十三条规定：“对因征收房屋造成停产停业损失的补偿，根据房屋被征收前的效益、停产停业期限等因素确定。具体办法由省、自治区、直辖市制定。”

第三节　房屋征收估价方法

一、房屋征收估价概念

房屋征收要对被征收人进行补偿，征收补偿的价格依据一定的价格标准，需要由房地产估价机构以适当的方法，根据房地产市场价格评估出来。《国有土地上房屋征收与补偿条例》第十九条规定：“对被征收房屋价值的补偿，不得低于房屋征收决定公告之日被征收房屋类似房地产的市场价格。被征收房屋的价值，由具有相应资质的房地产价格评估机构按照房屋征收

评估办法评估确定。”综合来看，房屋征收估价可定义为：“城市房屋征收估价，是指为确定被征收房屋货币补偿金额，根据被征收房屋的区位、用途、建筑面积等因素，对其房地产市场价格进行的估价。房屋征收评估价格为被征收房屋的房地产市场价格，不包含搬迁补偿费、临时安置补偿费和征收非住宅房屋造成的停产、停业的补偿费，以及被征收房屋室内自行装修装饰的补偿金额。”

《国有土地上房屋征收评估办法》第八条规定：被征收房屋价值评估目的应当表述为“为房屋征收部门与被征收人确定被征收房屋价值的补偿提供依据，评估被征收房屋的价值。”用于产权调换房屋价值评估目的应当表述为“为房屋征收部门与被征收人计算被征收房屋价值与用于产权调换房屋价值的差价提供依据，评估用于产权调换房屋的价值”。

《国有土地上房屋征收评估办法》第三条规定：房地产价格评估机构、房地产估价师、房地产价格评估专家委员会(以下称评估专家委员会)成员应当独立、客观、公正地开展房屋征收评估、鉴定工作，并对出具的评估、鉴定意见负责。只有领有合法的房屋拆迁许可证，由取得评估资质的评估机构对合法的房地产及其附属物，按照征收估价的原则、合理的方法、严格的程序等得出的估价结果才是合法的估价结果，才能经得起时间和政策的考验，才是公平、公正、公开的估价结果。另外征收估价还要遵守快捷性原则和政策性原则。快捷性原则是指因为房屋征收补偿价格评估和征收实施工作所花费时间的长短将直接影响整个项目的开发周期；同时，房屋征收估价通常是区片的、批量的，因此，在满足估价精度要求前提下，房屋征收补偿价格评估方法的快捷性显得尤为重要。政策性原则是指房屋征收是一项政策性、强制性很强的工作，不能说是彻底的以市场公开、交易双方信息通畅、平等自愿并有适当长的时间进行交易为前提的房地产市场，因此房屋征收补偿价格应是房屋产权受到征收政策约束下的合理价格。

二、房屋征收估价的要求

(一)国家对城市房屋拆迁估价的要求

为规范城市房屋拆迁估价行为，维护拆迁当事人的合法权益，《国有土地上房屋征收估价办法》第十三条规定：“注册房地产估价师应当根据评估对象和当地房地产市场状况，对市场法、收益法、成本法、假设开发法等评估方法进行适用性分析后，选用其中一种或者多种方法对被征收房屋价值进行评估。”“被征收房屋的类似房地产有交易的，应当选用市场法评估；被征收房屋或者其类似房地产有经济收益的，应当选用收益法评估；被征收房屋是在建工程的，应当选用假设开发法评估”。征收房屋补偿价格通过房屋的整体效用(包括房屋建筑和房屋设备、房屋装饰装修等房屋附属物的效用)来实现，因此，原则上完全可以视房地产的整体为估价对象和范围。但在估价实务中，房屋装修的个别性，使房地产整体价格评估存在很多困难，除成本法外，比较法和收益法的直接使用受到了限制。同时，《国有土地上房屋征收与补偿条例》规定“房屋的附属物不作产权调换，由征收人给予货币补偿”，因此可以对房屋和房屋附属物分别估价，此时房屋补偿估价就可方便地采用市场比较法和收益法了，而房屋附属物可以用成本法单独求取。在实际征收估价中，尤其是房屋征收急剧增加的城市发展时期，征收规模较大，例如北京，多采用区位价来替代房地产市场价格。而在以后的征收补偿估价中，要大力推广标准房屋和典型房屋市场价格评估方法。

估价对象(征收房屋)的性质和面积一般以房屋权属证书及权属档案的记载为准；各地对

被征收房屋的性质和面积认定有特别规定的，从其规定；征收人与被征收人对被征收房屋的性质或者面积协商一致的，可以按照协商结果进行评估，否则依据房屋面积鉴定机构鉴定结果或具有房产测绘资质的房产测绘单位的测算结果。

(二)地方对城市房屋征收估价的要求

地方依据国家法律、法规、行政规章和技术规范等有关规定，结合地方实际，制定了房屋征收评估技术规范，比如 2015 年 4 月 2 日北京房地产估价师和土地估价师协会发布的《北京市企业国有建设用地使用权收购补偿价格评估技术指引》、2013 年 2 月 6 日上海市住房保障和房屋管理局发布的《上海市国有土地上房屋征收评估技术规范》以及 2013 年 8 月 28 日上海市住房保障和房屋管理局发布的《上海市国有土地上房屋征收评估管理规定》等。这些规范对房屋拆迁估价的适用范围、估价对象、估价目的、价值定义、估价时点、房屋用途、建筑面积、占地面积、现场勘探、已拆除房屋评价、装修装饰评估、估价报告、估价结果表示、估价资料存档，以及估价适用的办法(主要有市场比较法、成本法、基准价格修正法和收益法)进行了明确，各地具体情况如下。

1. 按用途明确估价方法

住宅房屋征收评价可以采用一种估价方法，能收集充分市场交易实例的，应优先采用市场比较法评估；没有条件采用市场比较法的，可采用成本法、基准价格修正法评价。

非住宅房屋征收评估宜采用两种及以上的估价方法。如确有困难，只能采用一种方法的，应当说明理由。能充分收集市场交易实例的，应优先采用市场比较法。没有条件采用市场比较法的，可采用收益法。难以确定收益的，可采用成本法等其他方法。

2. 按征收数量或用途明确估价方法

集中或者成片安置的住房，按幢或者住宅区实行分类评估。分类评估应当依据被征收房屋的区位、结构、用途等因素，对征收范围内被征收房屋进行分类，确定各类被征收房屋的市场平均价格。

非住宅房屋或者零星安置的住房，实行分户评估。分户评估应当依据被征收房屋的区位、用途、结构和建筑面积，结合分户房屋的楼层、朝向、成新等因素，确定被征收房屋的市场价格。

三、现场勘察

估价人员应当对被征收房屋进行实地查勘，做好实地查勘记录，拍摄反映被拆除房屋外观和内部状况的影像资料。

实地查勘记录由实地查勘人员、征收人、被征收人签字认可。

因被征收人的原因不能对被征收房屋进行实地查勘、拍摄影像资料或者被征收人不同意在实地查勘记录上签字的，应当由除征收人和估价机构以外的无利害关系的第三人见证，并在估价报告中做出相应说明。

四、区位价法

(一)区位价法基本思路

这种方法以区位指导价为基础，将房屋征收补偿价格分为区位补偿价和房屋重置成新价。

其中，区位补偿价由基准地价和基准房价构成，由于基准地价和被征收房屋的估价时点、区位因素和个别因素的差异，需要对被征收房屋基准地价系数进行修正。这对于评估诸如征收大量房地产的项目来说是十分快捷、准确的。这个方法的两个关键是基准地价系数修正和房屋重置成新价的确定。

（二）区位价法计算公式

首先对被征收房屋所在区域级别基准地价进行修正，其基本公式(15-1)，即

$$V_i = V \times (1 \pm \sum_{i=1}^{n} K_i) \times T \tag{15-1}$$

式中；V_i 为基准地价修正价；V 为估价对象所在区位对应的级别基准地价；K_i 为估价对象在第 i 个因素条件下的修正系数；T 为估价期日修正系数。

根据房屋征收估价的特点，在基准地价修正的基础上考虑基准房价、容积率修正以及房屋重置成新价等因素，综合起来得出房屋征收补偿估价的基本公式(15-2)。

$$\begin{aligned} \text{房屋征收补偿价} = &(\text{基准地价修正} \times K + \text{基准房价}) \\ &\times \text{被征收房屋建设面积} + \text{被征收房屋重置成新价} \end{aligned} \tag{15-2}$$

式中：K 为容积率修正系数。

实际就是对被征收房屋以房地产市场价进行补偿，基准地价和基准房价构成区位补偿房价。其中，基准地价，是指在一定时间和一定区域内，普通住宅商品房的楼面地价平均水平；基准房价，是指一定时间和一定区域内，普通住宅商品房平均建设综合成本价和被征收房屋平均重置成新价的差额。住宅房屋征收的基准地价、基准房价和土地级别范围，由各地国土资源和房屋管理局根据房地产市场状况制定并定期公布。

容积率修正系数 K，按照《房屋征收容积率修正系数表》确定。被征收房屋现状容积率，按照被征收房屋建筑面积除以土地面积计算。被征收房屋建筑面积和土地面积，按照被征收人提交的房地权属证明文件标明的面积确定；房地权属证明文件没有标明土地面积的，各地房管局各有规定，如《北京市房屋征收评估规则(暂行)》规定“房地权属证明文件没有标明土地面积的，平房容积率按照 0.7 计算，地上二层及二层以上楼房容积率按照 1 计算；当事人有异议的，也可以按照测绘部门实际测量的数据计算。”

房屋重置成新价，一般是由房屋建设综合费用和建设安装工程费用组成。在此基础上，还要考虑房屋成新率、层次、朝向等因素对房屋价格的影响。房屋建设综合费和建筑工程安装费可由政府制定公布指导价，也可由估价机构根据市场价格评估得出。房屋成新率、单项调整价格、住宅层次调整系数和住宅朝向调整系数可由政府部门做出统一的规定。

（三）区位价法的估价步骤

(1)搜集被征收房屋所在区域的资料。调查被征收房屋的区域因素资料(如交通状况、基础设施、商业繁华程度、自然环境状况等)、个别因素资料(用途、房屋结构、朝向、楼层、临街状况等)和该区域的补偿政策资料等。

(2)确定被征收房屋的基准地价、基准房价和容积率修正系数等。查找该市政府制定的土地级别范围表、基准地价表、基准房价表和容积率修正表，根据该区域状况选取适当的基准地

价、基准房价和容积率修正系数。

(3)基准地价修正。以搜集到的与该区域相关的资料,对被征收房屋的基准地价进行修正,注意要进行估价期日修正,求得区位补偿价。

(4)确定房屋重置成新价。依市场比较法和成本法,根据房地产市场状况、被征收房屋成新程度、房屋设备和装修情况计算求取房屋重置成新价,具体估价方法和估价步骤在成本法中有介绍。

(5)求取房屋征收补偿价。根据区位价法的基本公式,考虑被征收房屋的建设面积,综合求出房屋征收补偿价格。

五、标准房屋市场价格评估法

(一)标准房屋市场价格评估法的基本思路

该方法是以房屋征收区域内有代表性的标准房屋的市场价格为基准来评估其他被征收房屋的市场价格。具体就是在征收区域中选取一处有代表性的房屋作为估价标准,应用市场法和其他方法评估出该标准房屋的市场价格,然后将各被征收房屋与标准房屋进行比较、分析计算出修正系数,得出各被征收房屋的市场价格。该方法类似于市场比较法,或者称为标准房屋系数修正法。

(二)确定标准房屋的基本条件

1. 建筑类型

如果征收区域的住宅房屋有高层、多层、平房等,且以多层居多,即以多层住宅作为标准房屋。

2. 使用年限

如果征收区域内多层住宅的平均使用年限为50年,则确定标准房屋的使用年限为50年。

3. 建筑结构

如果征收区域内多层住宅大多为砖混结构,则以砖混结构的房屋作为标准房屋。

4. 楼层、户型、朝向、面积、装修等

如果征收片区内多层住宅大多为两室一厅、南北向、面积60 m^2左右、装修情况差异较大,则可以位于中间层次(如6/8层)、两室一厅、60 m^2、一般装修的房屋作为标准房屋。

(三)选择标准房屋

根据上述标准房屋的基本情况,在每一征收区域内一般选择一套标准房屋,如果征收区域跨越两个或多个征收区位等级(或土地等级)时,则所跨的每一征收区位等级(或土地等级)都应选择一套标准房屋,作为相应征收区位等级(或土地等级)内各征收房屋的比较标准。

(四)评估标准房屋的市场价格

根据房地产市场情况,采用市场比较法评估出标准房屋的市场价格,其方法、要求、程序在市场比较法中有详细介绍。可比实例的选取数一般为3～5个，然后对可比实例进行交易日期修正、交易时间修正、房地产状况修正得出标准房屋的市场价格。为防止修正系数对价格的影响过大，可限定修正系数的调整范围。比如规定每项修正对可比实例成交价格的系数调整不得超过10%，综合系数调整不得超过30%等。

(五)评估确定其他征收房屋的市场价格

以标准房屋的市场价格为基础，分别评估确定其他征收房屋的市场价格。将各被征收房屋分别与标准房屋进行比较修正，得出各被征收房屋的市场价格。

在应用此种方法时，选取的标准房屋一定使其在征收区域内具有代表性，能反映或符合征收区域内多数房屋的情况，这是该估价方法评估其他被征收房屋补偿价格准确性的关键。

六、典型房屋市场价格评估法

标准房屋法是在一处征收区域内选取一个标准房屋，而与其有较大差异的房屋的补偿价格会不准确，因此可以在各类房屋中都选择一个标准房屋，这样会更具体、更准确地评估出各类被征收房屋的补偿价格，该方法称为典型房屋市场价格评估法。

首先将征收区域的全部征收房屋按房屋使用类型进行分类；其次按照每类房屋的建筑类型、建筑年代、建筑结构和房屋状况等因素划分房屋类别；再次在同一房屋类别内确定典型房屋，应用市场比较法或其他方法评估出该典型房屋的市场价格；最后以典型房屋的价格为基准，修正得出各征收房屋的补偿价格。其方法、步骤与标准房屋法相似，在这里不再介绍。

七、基准价格修正法

对于成片或成栋被征收房屋，可用市场比较法或成本法确定某类型房屋的基准价格，然后根据不同房屋的楼层、朝向、采光、通风、功能布局、成新度、维护保养等因素，对该基准价格进行适当的修正，由此得出不同房屋的评估价格。

$$\text{估价对象价格}=\text{某类型房屋的基准价格}\times 1+\text{楼层修正系数}\times 1+\text{朝向修正系数}\times 1+\text{其他因素修正系数}+\text{房屋装修部分价格} \tag{15-3}$$

其他因素是指功能布局、成新度、维护保养等在基准价格中未考虑的个别因素。

[例题 15-1] 上海市某区某村张家为四人户。2003年前经批准张家在宅基地范围内建造房屋建筑面积共计120 m²，屋前屋后宅基地内建造棚舍的建筑面积为30 m²。之后张家对棚舍进行改造，一半用于居住，另一半用于经营杂货，并领取了工商营业执照。2010年10月31日，张家因小儿子结婚，申请房屋扩建，建筑面积为60 m²，政府予以批准。

2011年5月1日，张家开始扩建房屋。国家为了建设需要，拟征收张家所在村的土地，于2012年12月1日颁布《拟征地告知书》，张家宅基地在征收范围内。《拟征地告知书》颁布时张家经批准扩建面积中的32 m²正在建造基本完工，另28 m²为一间独立建筑尚未动工，接通知后立即停止了施工。有关参数：

(1)2003年前批准的旧房经评估每平方米建筑面积建安重置价800元；

(2)2003年前批准的旧房经评估每平方米建筑面积建安重置结合成新价640元；

(3)2003年前批准的旧房装饰装潢费经评估为20000元；

(4)该区域土地使用权基价每平方米建筑面积 2500 元；

(5)该区域价格补贴每平方米建筑面积 800 元；

(6)在建新房经评估实际完成的工程量每平方米建筑面积建安重置价 700 元；

(7)在建新房经评估实际完成的工程量每平方米建筑面积建安重置结合成新价 680 元；

(8)棚舍经评估每平方米建筑面积建安重置结合成新价 370 元；

(9)棚舍按国家征地财物补偿标准计算每平方米 400 元；

(10)该地块征地房屋补偿方案规定，符合规定的宅基地内生产经营用房一次性停产停业损失补偿 10000 元；

(11)宅基地范围内房屋的附属物补偿费为 19000 元。

按照现行政策规定，选取上述相关参数对张家的旧房、新房、棚舍等分别列公式计算补偿金额(不包括奖励费、搬家补助费、设备迁移费和临时过渡费等费用)，并算出需要补偿的总金额。

解：

(1)2003 年前批准的旧房补偿费＝(640 元/m^2＋2500 元/m^2＋800 元/m^2)×120m^2＝472800(元)。

(2)旧房装饰装潢费＝20000(元)。

(3)棚舍补偿费＝400 元/m^2×30m^2＝12000(元)。

(4)棚舍用于生产经营补贴＝10000(元)。

(5)在建工程补偿费＝(700 元/m^2＋2500 元/m^2＋800 元/m^2)×32m^2＝128000(元)。

(6)已批未建补偿费＝(2500 元/m^2＋800 元/m^2)×28 m^2＝92400(元)。

(7)附属物补偿费＝19000(元)。

张家货币补偿金额总共为：(1)＋(2)＋(3)＋(4)＋(5)＋(6)＋(7)＝754200(元)。

第四节　房屋征收估价实务

本节以某征收估价为例，介绍房屋征收估价过程，征收估价期日为 2020 年 7 月 1 日。

一、被征收房屋基本情况和政策依据

该征收区域北至东直门外大街，东至三里屯路，南至工人体育场北路，西面紧邻 CBD 中央商务区、使馆区，交通状况良好、设施齐全、商业繁华程度高。该区域被征收房屋为六层砖混结构的住宅房屋，建筑年代为 1980—1982 年，建筑面积 42.26 m^2。该征收估价工作依据的政策法规有：《国有土地上房屋征收与补偿条例》(国务院令 590 号)、《北京市人民政府关于印发北京市国有土地上房屋征收与补偿实施意见的通知》(京政发〔2011〕27 号)、《北京市关于国有土地上房屋征收与补偿中有关事项的通知》(京建法〔2012〕19 号)、《关于印发＜国有土地上房屋征收评估办法＞的通知》(建房〔2011〕77 号)、《关于发布＜北京市企业国有建设用地使用权收购补偿价格评估技术指引＞的通知》(北估秘〔2015〕004 号)等。

二、确定基准地价、基准房价和容积率修正

根据《北京市住宅房屋征收基准地价和标准房价表》(表 15-1)，土地级别为二级。根据该

区位特点，选取基准地价为5400元/建筑 m^2，基准房价为1000元/建筑 m^2，根据《北京市基准地价容积率修正系数表》查出该征收房屋的容积率修正系数为1.010。

表15-1　北京市住宅房屋征收基准地价和基准房价表　　元/建筑 m^2

土地级别	基准地价	基准房价	土地级别	基准地价	基准房价
一级	5300～6000	1000	六级	1060～1600	600
二级	4400～5400	1000	七级	630～1080	600
三级	3500～4500	1000	八级	330～650	200～600
四级	2400～3600	800	九级	180～370	200～600
五级	1500～2500	800	十级	140～260	200～600

三、基准地价和基准房价修正

(一)基准地价修正

首先对影响基准地价的区域因素和个别因素进行修正，该地区属二级土地，规划用途为居住，则可对照《北京市基准地价因素修正系数说明表》要求的修正系数取值范围进行修正。修正系数见表15-2。

表15-2　因素修正系数　　%

影响因素	修正系数取值范围	估价对象情况	修正系数
居住社区成熟度	−2.1～2.1	成熟度高	2.1
交通便捷度	−4.2～4.2	交通便捷	2.5
区域土地利用方向	−2.1～2.1	与周边土地利用一致	0.9
临路状况	−2.1～2.1	临主干道	2.1
宗地形状及可利用程度	−1.68～1.68	较好	0.3
公共服务设施和基础设施情况	−2.52～2.52	六通、设施完备	2.25
自然和人文环境状况	−4.2～4.2	环境良好	2.8
与商业中心的临近程度	−2.1～2.1	紧邻商业中心	2.1
合计 $\sum K_i$			15.05

然后对估价期日进行修正，该征收估价期日为2020年7月1日，设定以2016年1月1日为地价指数增长的基准日，基准地价的地价指数为1，近年来，北京市房地产价格持续上涨，年平均增长率按10%，则征收估价期日的地价指数为 $(1+10\%)^{4.5}=1.54$。

修正后的基准地价 $V_i = V \times \left(1 \pm \sum_{i=1}^{n} K_i\right) \times T = 5400 \times (1+15.05\%) \times 1.54 = 9568$(元/建筑 m^2)

(二)基准房价修正

根据现阶段建安工程费对基准房价进行调整，得到基准房价为1200元/m^2。

四、确定房屋重置成新价

根据房屋、设备及附属物重置价，装修情况，房屋、设备和附属物的成新度计算得出重置成新价。具体办法参照成本法介绍，这里列出各部分的价格见表 15-3。

表 15-3 房屋重置成新价

房屋和装修		设备和附属物	
建筑面积/m^2	房屋价款（含装修）/元	项目	价格/元
42.26	42099	地面	3261.99
		防盗门	800
		水池	528.91
		锦砖	2701.30
		蹲坑	340.5
		塑钢窗	542.53
房屋和装修合计 42099 元		设备和附属物合计约 8175 元	
重置成新价总计约 50274 元			

五、房屋征收补偿价结果

$$房屋征收补偿价=(基准地价修正\times K+基准房价)\times 被征收房屋建筑面积+被征收房屋重置成新价$$

$$=(9568\times 1.010+1200)\times 42.26+50274\approx 509373(元)$$

【本章小结】

为了公共利益的需要，征收国有土地上单位、个人的房屋，应当对被征收房屋所有权人（以下称被征收人）给予公平补偿。

房屋征收补偿的内容：①被征收房屋价值的补偿；②因征收房屋造成的搬迁、临时安置的补偿；③因征收房屋造成的停产停业损失的补偿。

房屋征收评估对象：房屋征收评估前，房屋征收部门应当组织有关单位对被征收房屋情况进行调查，明确评估对象。房屋征收部门应当向受托的房地产估价机构提供征收范围内房屋情况，包括已经登记的房屋情况和未经登记建筑的认定、处理结果情况。对于已经登记的房屋，其性质、用途和建筑面积，一般以房屋权属证书和房屋登记簿的记载为准；房屋权属证书与房屋登记簿的记载不一致的，除有证据证明房屋登记簿确有错误外，以房屋登记簿为准。对于未经登记的建筑，应当按照市、县级人民政府的认定、处理结果进行评估。

房屋征收评估范围：被征收房屋评估范围包括合法的被征收建筑物及其占用范围内的建设用地使用权和其他不动产，不包括违法建筑和超过批准期限的临时建筑。

房屋征收评估特点：①估价数量大；②涉及面广，社会影响大；③估价对象复杂，需要协调各种关系；④补偿价格关联性强。

【习题及思考题】

1. 我国房屋征收补偿标准发生了哪些变化？

2. 目前我国房屋征收补偿的方式有哪些？

3. 我国房屋征收补偿的方法有哪些？

4. 房屋征收补偿估价时，估价人员应当对被征收房屋进行实地查勘，要做好哪些实地查勘记录？

【参考文献】

[1]林英彦. 不动产估价. 11 版. 台北：文笙书局，2006.

[2]美国估价学会. 不动产估价. 11 版. 不动产估价翻译委员会，译. 北京：地质出版社，2001.

第十六章　自然资源资产评估

随着中国社会经济的快速发展，转变发展方式是可持续发展的必然趋势，党的二十大报告中指出，实施全面节约战略，推进各类资源节约集约利用，完善支持绿色发展的财税、金融、投资、价格政策和标准体系，健全资源环境要素市场化配置体系。告别过去对自然资源的掠夺经营换取经济增长的方式，未来将越来越注重对自然资源价值的科学评估，不动产估价的范畴也慢慢地扩展到自然资源资产领域。本章在界定自然资源资产概念的基础上，根据自然资源资产价值理论，介绍科学评估不同类型自然资源资产价值的方法，并对自然资源资产核算和自然资源资产负债表编制进行介绍。

第一节　自然资源资产评估概述

一、自然资源资产的概念

自然资源是人类可以利用的，自然生成的物质与能量，它是人类生存与发展的物质基础，主要包括土地、水、矿产、生物、气候（光、温、降水、大气）和海洋资源。资产有相应的产权主体，如属于某个企业、个人等，具有一定的经济价值，能够以货币计量，能够投入使用，并带来经济利益的资源。自然资源资产，则是具有稀缺性、产权明晰、能够给人类社会带来效益的自然资源。自然资源资产兼具自然资源和资产的属性，即不仅具有自然资源的天然性、有限性和稀缺性、区域性等特点，也具有资产的价值能够以货币计量、可收益性等特点。判断自然资源资产可主要从三个方面：①自然资源资产必须以自然资源为载体；②自然资源资产具有明确的产权归属或者能被某一主体控制；③自然资源资产能够给产权主体带来经济收益。一种自然资源只有同时满足上述条件，才能转化并形成自然资源资产。此外，自然资源资产还应具有可计量的特点，即可以从一定的角度、采用一定的方式进行计量，以从价值角度提供资源变动情况及相关信息。

在我国现行的政府管理体制下，自然资源管理部门管理的自然资源资产主要有土地、矿产、森林、草原、湿地、水、海洋等。

二、自然资源资产的类型

在自然资源分类基础上，考虑实物状况、所有权主体、使用状况、战略性作用等将自然资源资产分为不同类型。

（一）按实物状况分

自然资源资产按实物状况可分为土地资源资产、水资源资产、矿产资源资产、生物资源资产、生态资源资产和综合性资源资产。

（二）按所有权主体分

自然资源资产按所有权主体可分为公有、共有和私有等。其中，公有可分为全民所有（国家所有）和集体所有。我国实行自然资源公有制，分为国家所有和集体所有两种形式。

（三）按使用状况分

自然资源资产按使用状况可分为公益性资源资产、非公益性资源资产和准公益性资源资产。公益性自然资源资产，指不以获取经济利益为目的、完全用于公共目的的资源资产，如国家公园、公共绿地等。非公益性资源资产就是以经营使用并获取收益为目的的资源资产，如养殖用海、商业用地等。而准公益性资源资产，就是具有公益性目标的可收益资源资产，该类资产本身以保护自然资源、改善生态环境为目标，但可以适度有偿开放，以补充运行与维护资金，如可有偿开放的自然保护区、湿地公园等。

（四）按战略性作用分

自然资源资产按战略性作用大小可分为战略性资源资产和非战略性资源资产。前者关系国计民生，是资源资产中最活跃、位置最关键、在非常态下难以从国际市场获得的资源资产；后者则是非基础性、非关键性、非战略性的资源资产。在构建国家自然资源资产管理体系、建立健全自然资源资产管理体制时，一般会重点关注战略性资源资产，包括耕地资源资产、水资源资产、重要能源资产、森林资源资产等。

三、自然资源资产价值

传统的自然资源资产价值分类法主要有“两分法”“五分法”“四分法”。“两分法”是将自然资源资产价值分为商品价值和服务价值，其中：商品价值是比较实的物质价值，相对易于用货币方式体现；服务价值主要体现的是无形的、比较虚的舒适性价值，难以简单用货币方式来体现，但也会影响商品价值的实现。“五分法”是将自然资源资产价值分为五类，即直接使用价值、间接使用价值、存在价值、遗产价值及选择价值。“四分法”将自然资源资产的总经济价值分为使用价值（又称为有用性价值）、非使用价值（又称为内在价值）和选择价值。其中使用价值又进一步分为直接使用价值（如木材、非林木产品等）和间接使用价值（如流域保护、固碳、净化空气等）。

基于自然资源的多功用性特征，自然资源资产的价值又被分为资源性价值、环境性价值、经济性价值、生态性价值、社会性价值。资源性价值，即能满足人类和社会经济发展所需的水、土、能、矿、生等物质的多样化需求而产生的价值。环境性价值，即作为大气、水、土壤等环境的重要影响因素之一和组成部分，对环境质量和容量具有直接性和持续性的影响，从而产生的价值。经济性价值，是自然资源资产价值的核心和重点，自然资源资产作为一项重要的生产要素进入人类生产经营活动，与劳动力、技术、资本等要素一起推动了经济增长和经济发展。对自然资源资产投入的劳动、资金，产出的产品数量和质量是确定新形势下自然资源资产经济性价值需要考虑的重要因素。生态性价值，作为农田、森林、草地水域、湿地等生态系统的基础组成部分，其对各类生态的结构、功能和效率具有决定性的、长久的影响，从而产生的价值。社会性价值，它能服务于社会文化的发展，增加就业机会，促进人类文明的进步和提高人们的需求层次和满足程度，从而产生的具有满足人类精神需求和文化需求的资源性价值。

从资产评估的角度，按照不同的评估目的，自然资源资产价值又可以分为市场价值、在用价值、投资价值、持续经营价值、清算价值以及残余价值等。

四、自然资源资产评估目的

自然资源资产价值评估的主要目的是促进自然资源资产的健康流动或合理处置，保障自然资源资产的保值、增值，充分实现自然资源资产的价值，确保自然资源资产收益为各利益相关者相对均衡地分享。

与普通不动产相比，自然资源资产更多关注的是自然资源的价值，自然资源资产评估是围绕着自然资源的价值展开，自然资源资产的评估即自然资源资产价值评估。传统的经济和价值观念认为自然资源特别是天然的自然资源没有价值，但是随着可持续发展理念的提出与普及，人们逐渐认识到自然资源资产具有价值并开始关注。从自然资源的核心功能来看，自然资源资产价值主要包含经济价值、社会价值和生态价值。其中，经济价值是指产生的物质性产品和服务的价值，是最基本的价值形态；生态价值指提供的涵养水源、固土保肥、气候调节等生态产品服务价值；社会价值指粮食安全、精神满足等人类社会生存和健康发展至关重要的方面，价值范畴广。因此，自然资源资产估价时以经济价值为主兼顾生态和社会价值。由于社会价值较难量化和评估，本书重点对自然资源资产的经济价值和生态价值评估进行介绍。

第二节　不同类型自然资源资产评估方法

一、自然资源资产经济价值评估方法

自然资源资产经济价值的评估方法，大致可以分为收益途径、市场途径和成本途径三类评估途径，然而针对不同类型的自然资源资产特征，具体评估的方法又有差异性。根据当前我国自然资源资产评估与核算工作重点，在此主要对土地资源、矿产资源、森林资源的资产经济价值评估方法进行详细介绍。

（一）土地资源经济价值的评估方法

土地资源的经济价值评估，从建设用地和农用地两个方面开展。建设用地的价值表现为使用权价格，农用地产权较为特殊和复杂，分为所有权、承包权和经营权。目前我国土地资源评估的标准化、规范化工作相对完善，形成了国家标准，现有的估价规程分别就城镇建设用地和农用土地价格的评估进行了明确规定。同时，城镇土地有相对完备的政府公示价格体系和市场价格监测体系。《城镇土地估价规程》(GB/T 18508—2014)规定了市场比较法、收益还原法、剩余法、成本逼近法、公示地价系数修正法五种估价方法。《农用地估价规程》(GB/T

28406—2012）规定了收益还原法、市场比较法、成本逼近法、剩余法、评分估价法、基准地价修正法等。《全民所有土地资源资产核算技术规程》（TD/T 1059—2020）规定了土地资源资产核算可分为宏观、中观、微观三种不同尺度，结合主要参照的地价指标，构成由多种具体核算方法组成的核算方法体系。具体评估方法详见本书之前章节的详细内容。

（二）矿产资源资产价值的评估方法

矿产资源资产是一种资源性资产，能够为所有者、使用者或投资者带来收益。国家对矿产资源享有占有、使用、收益和处分的权利。矿产资源资产评估对象是矿业权，矿业权是探矿权和采矿权的统称，是从矿产资源所有权中派生出来的一种对矿产资源进行勘测、开采的权利。矿业权评估，根据不同的评估对象和评估目的，具有多种评估方法，目前国内对矿业权评估有收益途径、成本途径和市场途径三类评估方法。

1. 收益途径评估方法

收益途径评估方法是基于预期收益原则和效用原则，通过计算待估矿业权所对应的矿产资源储备开发获得预期收益的现值，估算待估矿业权价值的技术路径及各类评估方法的总称。矿业权评估中主要有折现现金流量法、折现现金流量风险系数调整法、收入权益法。

（1）折现现金流量法。矿业权折现现金流量法是根据矿产资源企业现有的或设计的矿山设备、生产条件和方案等，预测矿产资源企业在预期收益期内各年开发利用矿产资源所取得的预期收益额，扣除生产经营成本和税费等后折算成现值，得到矿业权评估价值。评估模型为：

$$P = \sum_{t=1}^{n} \frac{W_{at} - W_{bt}}{(1+r)^t} \tag{16-1}$$

式中：P 为采矿权价值，W_{at} 为年剩余利润额，W_{bt} 为社会平均收益额，t 为期数，表示时间；r 为折现率，其中 W_{at} ＝年销售收入－年经营成本－年资源补偿费－资源税－其他税金，W_{bt} ＝年销售收入×社会销售收入平均利润率。

（2）折现现金流量风险系数调整法。折现现金流量风险系数调整法，是针对地质勘查程度较低、稳定分布的大中型沉积矿产的探矿权价值的一种评估方法。折现现金流量风险系数调整法，首先根据探矿权对应的勘查区的毗邻区矿产勘查开发情况，采用折现现金流量法估算出评估对象的基础价值，再采用矿产开发地质风险系数进行调整得到探矿权评估价值。评估模型为：

$$P = P_n(1-R) \tag{16-2}$$

式中：P 为探矿权的评估价值，P_n 为探矿权的基础价值，R 为开发地质风险系数。

（3）收入权益法。对于预期收入可以预测，预期收益年限可以估算与确定的矿产权收益可以采用收入权益法进行估算。收入收益法是通过矿业权权益系数对销售收入现值进行调整得出矿业权价值的评估方法，评估模型为：

$$P = \sum_{i=0}^{n} \left[SI_i \cdot \frac{1}{(1+r)^i} \right] \cdot K \tag{16-3}$$

式中：P 为矿业权的评估价值，SI 为销售收入，K 为矿业权权益系数，r 为折现率，i 为折现期时间序号，n 为评估计算期。

2. 成本途径评估方法

探矿权的价值由已投入的勘查成本及其所取得的效果两个要素所决定，矿业权评估中的成本途径方法，是对勘查工作重置成本进行修正或调整，估算矿业权价值的一类评估，该途径主要有勘查成本效用法和地质要素评序法。

（1）勘查成本效用法。采用效用系数对地质勘探重置成本进行修正，以地质勘查工作投入为基础，考虑以勘查工作布置合理性和勘查工作质量综合反映的投入效用，估算探矿权价值的一种评估方法。

$$P = C_r \times F = [\sum_{t=1}^{n} U_t \times P_t \times (1+\varepsilon)] \times F \tag{16-4}$$

或

$$P = C_r \times F = [\sum_{t=1}^{n} U_t \times P_t \times C] \times F \tag{16-5}$$

式中，P 为探矿权的评估价值，C_r 为重置成本，U_t 为各类地质勘查技术方法完成的实物工作量；P_t 为各类地质勘查实物工作量对应的现行价格和费用标准；ε 为岩矿测试、其他地质工作、工地建筑等间接费用的分摊系数；F 为效用系数，其中，$F = f_1 \times f_2$，f_1 为勘查工作布置合理性系数，f_2 为各勘查工作加权平均质量系数；i 为各实物工作量的序号；n 为勘查实物工作量项目数，C 为岩矿测试、其他地质工作、工地建筑等间接费用。

（2）地质要素评序法。地质要素评序法是基于贡献原则的一种间接估算探矿权价值的方法，将勘查成本效用法估算所得的价值作为基础成本，对其进行调整得出探矿权价值。

$$P = P_c \times \alpha = [\sum_{t=1}^{n} U_t \times P_t \times (1+\varepsilon)] \times F \times \prod_{j=1}^{m} \alpha \tag{16-6}$$

或

$$P = P_c \times \alpha = [\sum_{t=1}^{n} U_t \times P_t \times C] \times F \times \prod_{j=1}^{m} \alpha \tag{16-7}$$

式中，P 为探矿权的评估价值，P_c 为基础成本，α 为调整系数（价值指数的乘积），$\alpha = \alpha_1 \times \alpha_2 \times \alpha_3 \times \cdots \times \alpha_m$，$\alpha_j$ 为第 j 个地质要素的价值指数，m 为地质要素的个数。

3. 市场途径评估方法

市场途径通过分析、比较评估对象与市场上已有矿业权交易案例异同，间接估算评估对象价值的技术路径，该路径主要包括交易案例比较调整法、单位面积倍数法、资源价值比例法。

（1）交易案例比较调整法。将评估对象与在近期相似交易环境中成交，满足各项可比条件的矿业权的地、采、选等各项技术、经济参数进行对照，分析其差异，对案例交易价格进行调整得出矿业权价值的评估方法。可比因素通常包括：可采储量、生产规模、产品价格、矿体赋存及开发条件。评估模型为：

$$P = \frac{\sum_{i=1}^{n} [P_i (q \cdot \alpha \cdot p \cdot \gamma \cdot \omega)]}{n} \tag{16-8}$$

式中：P 为评估对象评估价值，P_i 为参照案例的交易价格，q 为可采储量调整系数；α 为生产规模调整系数，p 为产品价格调整系数，γ 为矿体赋存及开发条件调整系数，ω 为矿山建设外部条件调整系数，n 为参照案例个数。

(2)单位面积倍数法。掌握矿产资源相关信息的基础上，综合分析评估对象实际情况，确定单位面积采矿权价值，间接估算出探矿权价值的一种评估方法。适用于勘查空白区域或预查探矿权评估。评估模型为：

$$P = S \times P_s \tag{16-9}$$

式中：P 为评估对象评估价值，S 为评估对象勘查区面积，P_s 为单位面积探矿权价值。

(3)资源价值比例法。掌握矿产资源相关信息的基础上，结合勘查区内资源量的实际情况，综合分析确定单位资源量的价格，并以探矿权价值占资源价值的比例间接估算出探矿权价值的一种评估方法。该方法适用于勘查程度为预查，估算预测资源量的探矿权。评估模型为：

$$P = Q_d \times P_d \times c \tag{16-10}$$

式中：P 为评估对象评估价值，Q_d 为资源量，P_d 为单位资源量价格，c 为探矿权价值占资源价值的比例。

(三)森林资源资产价值的评估方法

森林资源资产是在现有认识和科学水平条件下，进行经营利用，能给其产权主体带来一定经济利益的森林资源，包括林地资产、林木资产、森林野生动植物资产、森林景观资产等。根据原国家国有资产管理局和原林业部发布的《森林资源资产评估技术规范(试行)》，森林资源资产评估的对象主要是林木资产、林地资产和森林景观资产。由于森林资源资产的特殊性，根据具体评估对象和资料情况，针对林木资产、林地资产和森林景观资产，基本方法主要有市场法、收益法和成本法。

1. 市场法

市场法是根据市场上与被评估对象相同或者类似近期交易资产参照物的价格，通过直接比较或者类比分析被评估资产与交易资产参照物的差异，经调整后确定估测资产价值的方法。林木及林地资源资产评估中常用到的是现行市价法和市场价倒算法(剩余价值法)。

(1)现行市价法。现行市价法是将相同或类似的森林资源资产的现行市场价格作为比较基础，估算被评估林木资产价值的一种方法。现行市价法是资产评估中使用最为广泛的方法之一，它可以用于任何年龄阶段、任何形式的林木资源，而且评估结果的可信度高、说服力强、计算简单。但该方法应用前提是被评估森林资源资产所在地区有一个相对成熟、完善的市场，且可以获得与被评估森林资源资产具有可比性的类似森林资源资产的市场交易价格。

运用现行市价法进行评估，其评估的结果主要取决于所收集的参照实例。因此，在参照评估时应选取实例 3 个或 3 个以上的参照物进行测算。参照物实例的林分状况应尽量与待评估林分相近，其交易时间应尽可能接近评估基准日。其计算公式为：

$$E = K \times K_b \times G \times M \tag{16-11}$$

式中：E 为林木资产评估值；K 为林分质量调整系数；K_b 为物价指数调整系数，可以用来评估基准日工价与参照物工价之比；G 为参用物的市场交易价格；M 为被评估林木资产的蓄积量。

林分是指内部特征大体一致而与相邻地段又有明显区别的一片林子，一个林区的森林，可以根据树种组成、起源、林相、林龄、疏密度、地位级别、林型及其他因素的不同，划分成不同的林分。

(2)市场价倒算法。市场价倒算法也叫剩余价值法，它是用被评估的森林资源资产采伐后所得木材的市场销售总收入，扣除木材经营所消耗的成本及应得的利润后，剩余部分再加上林木资源的再生价值作为林木资产评估值的一种方法。市场价倒算法是成效林林木资产评估的首选方法。市场价倒算法的评估结果无法反映林木资产价值的组成部分，且受市场的影响较大。因此，市场价倒算法主要用于近、成、过熟林的林木资产评估。其计算公式为：

$$E_n = W - C - F + S \tag{16-12}$$

式中：E_n 为林木资产评估值，W 为销售总收入，C 为木材经营成本，F 为木材经营合理利润，S 为林木资源的再生价值。

2. 收益法

收益法是通过被评估森林资源资产预期收益的现值，来判断森林资源资产价值的各种评估方法总称。收益法主要包括收获现值法、收益净现值法、林地期望价法、假设开发法等。

(1)收获现值法。收获现值法是通过预测被评估林木资产在采伐时纯收益的折现值以及评估后到主伐期间所支付的营林生产成本折现值，以两者的差额作为被评估林木资产评估值的一种方法。评估公式为：

$$E_n = K \cdot \frac{A_u + D_a(1+r)^{u-a} + D_b(1+r)^{u-b} + \cdots}{(1+r)^{u-n}} - \sum_{i=n}^{u} \frac{C_i}{(1+r)^{i-n+1}} \tag{16-13}$$

式中：E_n 为林木资产评估值，K 为林分质量调整系数，A_u 为标准林分 u 年主伐时的纯收入，D_a、D_b 分别为标准林分第 a、b 年的间伐纯收入，C_i 为第 i 年的营林生产成本，u 为经营期，n 为林分年龄、r 为投资收益率。

(2)收益净现值法。收益净现值法又称为收益现值法，是将被评估林木资产在未来经营期内各年的净收益按一定的折现率折现为现值，然后累计求和得出林木资产评估价值的方法。计算公式为：

$$E_n = \sum_{i=1}^{n} \frac{A_i - C_i}{(1+r)^i} \tag{16-14}$$

式中：E_n 为林木资产评估值，A_i 为第 i 年的年收入，C_i 为第 i 年营林生产成本，r 为资本化率，n 为经营期。

(3)林地期望价法。林地期望价法用于林地使用权资产的评估，是以实行永续皆伐为前提，从无林地造林开始计算，将无穷多个轮伐期的纯收益全部折为现值累加求和，作为林地的评估值。计算公式为：

$$E_n = \frac{A_u + D_a(1+r)^{u-a} + D_b(1+r)^{u-b} + \cdots - \sum_{i=1}^{u} C_i(1+r)^{u-i+1}}{(1+r)^u - 1} - \frac{V}{r} \tag{16-15}$$

式中：E_n 为林木资产评估值，A_u 为现实林分第 u 年主伐时的纯收入，D_a 、D_b 分别为现实林分

第 a、b 年的间伐纯收入，u 为经营周期，V 为年均营林生产间接费用，r 为利率。

(4)假设开发法。假设开发法主要用于森林景观资源资产的评估，当被评估森林景观资源资产需要经过一定的基础性建设才能给经营主体带来经济利益时，可采用假设开发法对其进行评估。计算公式如下：

$$E_n = \sum_{i=1}^{n} \frac{R_i}{(1+P)^i} \tag{16-16}$$

式中：E_n 为森林景观资源资产评估值，R_i 为森林景观资源资产第 i 个收益期的预期净收益额，P 为折现率，n 为评估年期。

3. 成本法

成本法是通过估算被评估资产的重置成本和资产实体性贬值、功能性贬值、经济性贬值，将重置成本扣减各种贬值作为资产评估价值的方法。在对林木及林地资源进行资产评估时，收益或未来收益难以预测，而在市场上又难以找到相同或类似的可比交易的参照案例时，可以采用成本法。成本法主要有林木资源资产评估重置法和林地资源资产评估费用价法。

(1)重置成本法。重置成本法是将待评估林木资产按现有技术条件和价格水平计算的现时重置成本扣除各项损耗价值来确定其评估价值的方法。评估公式为：

$$E_n = K \cdot \sum_{i=1}^{n} C_i (1+r)^{n-i+1} \tag{16-17}$$

式中：E_n 为林木资产评估值，K 为林分质量调整系数，C_i 为第 i 年以现时工价及生产水平为标准计算的生产成本，主要包括各年投入的工资、物质消耗、地租等，r 为资本化率，n 为林分年龄。

(2)林地费用价法。林地费用价法是以取得林地所需的费用和把林地维持到现在状态所需的费用来估算林地评估值的方法。评估公式为：

$$E_n = A(1+P)^n + \sum_{i=1}^{n} M_i (1+r)^{n-i+1} \tag{16-18}$$

式中：E_n 为林木资产评估值，A 为林地购置费，M_i 为林地购置后第 i 年林地改良费，n 为林地购置年数，r 为资本化率。

(3)森林景观资源资产评估。用现有条件下重新取得一块与被评估对象相似的森林景观资源资产所需的成本费用来计算。评估公式为：

$$E_n = K \cdot \sum_{i=1}^{n} C_i (1+r)^{n-i+1} + Q \tag{16-19}$$

式中：E_n 为森林景观资产评估值，K 为景观质量调整系数，C_i 为第 i 年景观营林投入，主要包括各年投入的工资、物质消耗、管护费用、地租等，Q 为旅游设置重置价，r 为资本化率，n 为林分年龄。

二、自然资源资产生态价值评估方法

随着人类发展理念的转变，对于各种资源掠夺性开发逐渐遭到反对，生态经济学逐步关注自然和人类经济活动的相互关系，试图将自然生态系统对人类的服务与经济评价结合起来，各国都开始重视对于各种自然资源生态价值的评估。我国对自然资源资产的生态价值评估起始于对森林资源资产的生态价值评估核算，其中生态系统服务功能评价方法是较为成熟的自然资源生态价值评估方法。生态系统服务价值评估方法较多，至今尚未形成统一、规范、完善的评估标准。目前生态系统服务价值评估方法可以分为两类，一类是功能价值法即基于单位服务功能价格的方法；另一类是当量因子法即基于单位面积价值当量因子的方法。

(一)功能价值法

功能价值法是基于生态系统服务功能量的多少和功能量的单位价格得到总价值，根据各类监测统计数据核算生态系统提供产品和服务量，再分别运用评估方法确定各类生态产品与服务的价格，最后实物量与价格相乘，加总得出价值总量。生态服务价值评估的技术方法主要分为三类：直接市场法、替代市场法、模拟市场法。

1. 直接市场法

对于具有实际市场的生态产品或生态系统服务的经济价值进行估算的方法，直接市场法具体包括市场价值法、费用支出法、机会成本法、影子工程法、人力资本法。市场价值法是广泛应用于生态服务功能价值核算的最直接、最常见的一种方法，先定量地评价某种生态服务功能的效果，再根据这些效果的市场价值来评估其经济价值。费用支出法是从消费者角度进行价值核算的一种方法，以人们对某种生态服务功能的支出费用来表示其经济价值。机会成本法是指在其他条件相同时，把一定的资源用于生产某种产品时所放弃的生产另一种产品的价值，或利用一定的资源获得某种收入时所放弃的另一种收入。对于稀缺性的自然资源而言，其价格不是由其平均机会成本决定的，而是由边际机会成本决定的，它在理论上反映了收获或使用一单位自然资源时全社会付出的代价，比较客观全面地体现了某种自然资源系统的生态价值。影子工程法是是指当环境受到污染或破坏后，人工建造一个替代工程来代替原来的环境功能，用建造新工程的费用来估计环境污染或破坏所造成的经济损失。人力资本法是通过市场价格和工作多少来确定个人对社会的潜在贡献，并以此来估算环境变化对人体健康的损失。

2. 替代市场法

替代市场法具体包括置换成本法、享乐价格法。置换成本法是指采用因环境危害而受损的生产性物质资产的重新购置费用，来估算消除这一环境危害所带来的效益。享乐价格法是指利用游憩的费用资料求出消费者剩余，并以此估算自然资源的生态价值，主要应用于景点生态价值和房地产开发周围生态环境价值的评估。

3. 模拟市场法

模拟市场法是通过人为地构造假想市场，对于没有市场交易和实际市场价格的生态系统服务进行核算的方法。条件价值法是一种典型的模拟市场法，在实际研究中，从消费者的角度出发，在一系列假设问题下，通过调查、问卷、投标等方式来获得消费者的支付意愿和净支付意愿，综合所有消费者的支付意愿和净支付意愿来估计生态系统服务功能的经济价值。

(二)当量因子法

当量因子法是在区分不同种类生态系统服务功能的基础上，基于可量化的标准构建不同类型生态系统各种服务的价值当量，然后结合生态系统的分布面积进行评估。比如，基于单位面积价值当量因子法，将农田、森林、湿地等自然资源看作相对独立的生态系统，在区分不同种类生态系统服务的基础上，基于可量化的标准构建不同类型生态系统各种服务的价值当量，然后与生态系统的实物面积相乘、加总，得到生态系统服务价值。构建当量因子表是采用该方法的前提。

当量因子是指生态系统产生的生态服务的相对贡献大小的潜在能力。定义 1 个标准单位生态系统服务价值当量因子指 1 hm^2 全国平均产量的农田每年自然粮食产量的经济价值，以此当量为参照并结合专家知识可以确定其他生态系统服务的当量因子，其作用在于表征和量化不同类型生态系统对生态服务功能的潜在贡献能力。

单位面积生态系统服务价值的基础当量，它是指不同类型生态系统单位面积上各类服务年均价值当量。基础当量体现了不同生态系统及其各类生态系统服务的年均价值量，也是合理构建表征生态系统服务价值区域空间差异和时间动态变化的动态当量表的前提和基础。我国学者谢高地等基于 Costanza 等生态系统服务分类，结合对生态系统服务的理解状况，在对国内学者问卷调查的基础上，提出了“中国生态系统服务价值当量因子表”，成为国内生态系统价值测算方面的开创性成果，可作为当前生态系统服务价值评估的快速核算工具。

（三）森林生态系统服务价值评估

我国自然资源资产的生态价值评估始于森林资源价值的核算研究，本书以森林生态系统为例来介绍生态系统服务功能评价指标及方法。森林生态系统服务功能是指森林生态系统与生态过程所形成及维持的人类赖以生存的自然环境条件与效用。主要包括森林在涵养水源、保育土壤、固碳释氧、积累营养物质、净化大气环境、森林防护、生物多样性保护和森林游憩等方面提供的生态服务功能。森林生态系统服务功能评估是指采用森林生态系统长期连续定位观测数据、森林资源清查数据及社会公共数据对森林生态系统服务功能开展的实物量与价值量评估（图 16-1）。

1. 评价指标体系

（1）涵养水源。森林对降水的截留、吸收和贮存，将地表水转为地表径流或地下水的作用。主要功能表现在增加可利用水资源、净化水质和调节径流三个方面。

（2）保育土壤。森林中活地被物和凋落物层层截留降水，降低水滴对表土的冲击和地表径流的侵蚀作用；同时林木根系固持土壤，防止土壤崩塌泻溜，减少土壤肥力损失以及改善土壤结构的功能。

（3）生物多样性保护。森林生态系统通过森林植被、土壤动物和微生物固定碳素、释放氧气的功能。

（4）积累营养物质。森林植物通过生化反应，在大气、土壤和降水中吸收 N、P、K 等营养物质并贮存在体内各器官的功能。森林植被的积累营养物质功能对降低下游面源污染及水体富营养化有重要作用。

（5）净化大气环境。森林生态系统对大气污染物（如二氧化硫、氟化物、氮氧化物、粉尘、重金属等）的吸收、过滤、阻隔和分解，以及降低噪声、提供负离子和萜烯类（如芬多精）物质等功能。

（6）森林防护。防风固沙林、农田牧场防护林、护岸林、护路林等防护林降低风沙、干旱、洪水、台风、盐碱、霜冻、沙压等自然灾害危害的功能。

（7）生物多样性保护。森林生态系统为生物物种提供生存与繁衍的场所，从而对其起到保育作用的功能。

(8)森林游憩。森林生态系统为人类提供休闲和娱乐的场所,使人消除疲劳、愉悦身心、有益健康的功能。

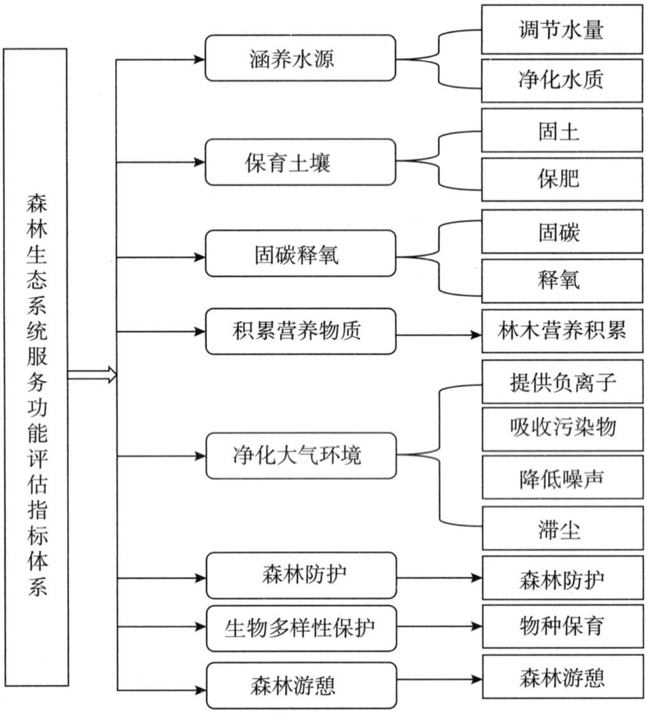

图 16-1　森林生态系统服务功能评估指标体系

2. 森林生态系统服务价值评估

森林在涵养水源、保育土壤、固碳释氧、积累营养物质、净化大气环境、森林防护、生物多样性保护和森林游憩等方面提供的生态服务价值可以采用市场价值法、替代费用法、机会成本法等进行评估(表 16-1)。

表 16-1　森林资源生态系统服务价值评估体系及方法

森林生态系统服务价值构成	可选用的评估方法
涵养水源	替代工程法、水量平衡法、森林土壤蓄水法
保育土壤	机会成本法、影子工程法、经济效益替代法、清除费用法
固碳释氧	造林成本法、碳税法、工业制氧法
积累营养物质	替代费用法、市场价值法
净化大气环境	生产成本法、市场价值法、影子工程法、替代消费法
森林防护	替代工程法
生物多样性保护	机会成本法
森林游憩	费用支出法、旅行费用法、条件价值法

第三节　自然资源资产核算与负债表编制

一、自然资源资产核算

(一)自然资源资产核算的背景

第二次世界大战之后，一些西方市场经济国家为了避免类似20世纪20—30年代的资本主义经济危机，普遍提出定期统计核算国民生产总值、国民收入、社会总消费、社会总投资、社会总资产、国际收支等宏观经济指标，各国先后制定了本国的国民经济核算方案。1953年联合国制定并公布了《国民经济核算体系和辅助系统表》(简称SNA)，国民经济核算体系在资源环境问题尚不突出的年代发挥了巨大作用，为国民经济核算提供了全球普适的指导，但是该体系并未考虑自然资源的消耗和环境质量的下降。伴随着经济快速增长，人口增加、资源危机和环境恶化等问题日益严重，可持续发展成为世界各国发展的行动纲领。20世纪60年代开始，国际社会开始关注如何考察与量化环境和自然资源损耗在经济增长中的贡献与影响。一些经济学家提出应将自然资源与环境数据纳入投入产出表。1993年联合国统计局发布了《国民核算手册：综合环境与经济核算》，提出综合环境经济核算体系(SEEA)，将自然资源与环境消耗纳入国民经济核算体系，以后得到不断探索与发展，先后形成SEEA 2003、SEEA 2012(包括SEEA CF、SEEA EEA)，以及2021年的SEEA EA。另外，还有许多国家或国际组织借鉴SEEA体系探讨适应本国或本区域需求的资源环境经济核算体系，如美国经济学家提出并被菲律宾等国使用的环境与自然资源核算计划(ENARP)、荷兰统计局的包含环境账户的国民经济核算矩阵体系(NAMEA)、欧盟统计局的欧洲环境经济信息收集体系(SERIEE)、挪威统计局的经济和环境统计项目(NOREEA)、美国商务部经济分析局的综合经济和环境卫星账户(IEESA)等，上述体系都正视了资源环境对于经济发展的巨大作用，都试图将资源环境因素纳入核算范围。

中国自20世纪80年代开始，逐渐注重自然资源合理利用与可持续发展，资源与环境问题已经引起全社会的高度重视。2003年国家统计局出版的《中国国民经济核算体系2002》中设置了实物量自然资源核算表作为卫星账户。2004年，国家统计局、国家环保总局联合开展了中国环境与经济绿色GDP核算研究。2013年11月中共中央十八届三中全会发布的《中共中央关于全面深化改革若干重大问题的决定》首次提出"探索编制自然资源资产负债表，对领导干部实行自然资源资产离任审计"。2015年，国务院办公厅印发了《编制自然资源资产负债表试点方案》，将内蒙古自治区呼伦贝尔市、浙江省湖州市、湖南省娄底市、贵州省赤水市、陕西省延安市作为试点地区开展试点工作。2016年11月，国务院印发了《"十三五"生态环境保护规划》，明确要求"探索编制自然资源资产负债表，建立实物量核算账户，建立生态环境价值评估制度，开展生态环境资产清查与核算。实行领导干部自然资源资产离任审计，推动地方领导干部落实自然资源资产管理责任。"由此，我国自然资源资产负债表编制正式进入试点研究与探索编制阶段。自然资源资产核算是编制自然资源资产负债表的首要工作。

(二)自然资源资产核算的目的与内涵

开展自然资源资产核算的目的主要包括：一是掌握自然资源资产基本状况；二是考察自然

资源资产在经济增长中的贡献；三是考察人类生产与生活对自然资源及生态环境的影响，并且从技术上探索如何将自然资源资产的这些状况及其对经济增长的影响纳入国民经济核算体系之中。

自然资源资产核算是在自然资源调查、统计与评价评估基础上，依据具体工作目标和需求对一定时间、空间内自然资源资产的实物数量和质量，以及价值价格数据的统计、汇总、核定与测算分析，客观反映其总量、结构、时空分布与变化状况。所谓"核算"，一是核，二是算。所谓"核"，就是核实、核查，即基于现实状况，以有据可查的资源状况、经济事项记载的数据等，进行核查、核实和记录；所谓"算"，就是汇总和计算，即基于核查、核实和记录的数据，按照一定的规则进行统计汇总，形成核算报表。自然资源资产核算包括自然资源实物量核算和自然资源资产价值量核算两部分。

自然资源实物量核算是对一定时间和空间内实物数量和质量的量测、汇总与核定、统计。自然资源实物量核算的目的在于直观地反映一个区域、一个部门或一个企业所拥有的某类自然资源的数量及其变化情况。

自然资源资产价值量核算是在全面整体调查与合理评估的基础上，按照统一规则对一定时间和空间内自然资源资产价值总量进行整体测算、核定与分类汇总。自然资源资产价值量的核算目的在于以价值量形式反映一个地区各种类自然资源总量水平及其变化，以把握自然资源资产基础情况及其变化。

自然资源资产核算的对象是一定时间和空间范围内的自然资源资产。根据我国《全民所有自然资源资产核算通则（征求意见稿）》，自然资源资产核算的种类具体包括：土地资源资产、矿产资源资产、森林资源资产、草原资源资产、湿地、海域及无居民海岛、水资源资产以及自然保护地。

（三）国际自然资源资产核算体系

从当前全球自然资源资产核算相关的体系构建上看，主要形成了以"环境经济核算"为基本内涵的核算体系，包括联合国的综合环境经济核算体系（SEEA）、荷兰统计局的国民经济核算矩阵体系（NAMEA）、欧盟统计局的欧洲环境经济信息收集体系（SERIEE）、美国经济学家提出的国际发展署以提供援助的方式协助菲律宾的环境与自然资源核算计划（ENRAP）。上述核算体系都对资源消耗和环境污染的损害进行核算，但由于各核算体系的出发点不同，因此在核算内容和核算方法上各有侧重（表 16-2）。

（四）我国自然资源资产核算的规则

我国提出开展自然资源资产核算源于国民经济核算和环境经济核算；而国际上的环境经济核算是基于如何在国民账户体系中充分体现资源与环境对经济增长的贡献与影响。因此，我国的自然资源资产核算也应该借鉴这一逻辑，即以在国民经济核算体系中反映自然资源资产状况与贡献为目标，遵循国民经济核算规则，考虑自然资源资产核算的特殊性，建立一套务实高效的自然资源资产核算体系。借鉴国际做法，当前我国开展自然资源资产核算可遵循以下规则。

表 16-2　主要环境经济核算体系比较

核算体系	SEEA	NAMEA	SERIEE	ENRAP
起源	联合国统计局(1993年)	荷兰统计局(1991年)	欧盟统计局(1994年)	美国经济学家 Henry Peskin 提出(1990年)
账户设置	国民账户的卫星账户	嵌入国民账户	国民账户的卫星账户	国民账户的卫星账户
核算内容	经济体内部和经济与环境之间的物质和能源实物流量； 环境资产存量和这些存量的变化； 与环境有关的经济活动和交易	国民经济账户； 环境物质账户； 环境主题(温室效应、藻类污染、臭氧层破坏、酸雨、其他自然资源变化等)账户	环境保护支出账户； 自然资源使用和管理账户	环境提供的废弃物处理服务； 环境损失； 环境提供的直接服务
核算方法	市场价格法、净现值法或重置成本法计算自然资源价值、损耗以及重估价； 环境损耗以维护成本法或损害评估	仅以实物单位表示与环境有关部分	实物量核算为主；价值量核算中市场产出按基本价格或生产者价格估价，非市场产出按生产成本估价	支付意愿法、旅行成本法、条件评估法、调查法估算环境服务价值； 现存资料成本法、工程成本法、成本转移法估算环境的废物消解服务价值； 净价格法计算自然资源经济耗减
核算应用	应用于环境评估中并以此制定相应的政策； 纳入经济可持续增长、低碳转型与人类福祉宏观经济政策制定中	分析环境污染物质的来源以及生产、消费活动对环境主题的影响； 分析不同环境主题的成因； 分析国民经济各行业对经济总量的贡献及其排放的环境污染物质	欧盟成员国利用 SERIEE 体系建立环境保护支出数据库； 从就业、市场等角度分析环境保护活动对欧盟经济及不同成员国的经济影响	计算经环境修正过的国民所得账； 提供环境政策管理所需的基本资料

1. 将自然资源资产核算纳入国民经济核算体系

建立一套编排环境和经济信息的系统方法，尽可能完整地涵盖与环境经济问题有关的存量和流量。一是丰富国民经济核算体系，尤其是将自然资源消耗对经济增长的贡献、经济活动及对环境的影响等纳入国民经济核算体系，以便综合考察及保护自然资源和生态环境。二是作为一个统一的计量体系，有利于横向比较与分析，并为相关领域的应用提供统一的、具有可比性的数据源。

2. 采取实物量与价值量相结合,存量与流量核算相衔接的方法进行核算

实物量核算是自然资源资产价值量核算的基础,是按实物数量单位来计算特定时间某一自然资源资产量的方法,能直接表明自然资源可用的数量、质量、分布、变化情况等。实物量核算是建立在自然资源调查工作基础上的,是对客观实物的调查、统计、监测、评价。价值量核算是在实物量核算(调查统计)的基础上,叠加价值量信息,得到可以货币表达的核算结果。

从核算时间看,自然资源资产核算不仅着眼于静态的资源存量核算,还需着眼于动态变化而进行的流量核算,或进行连续时段的变化核算。存量核算有助于评估某一时刻的资源总量及其与经济总量间的关系,也有助于对不同地区间的资源存量进行比较;流量核算有助于认识在一定空间范围内随时间变化而发生的自然资源变化状况,有助于分析资源流与经济流间的动态关系。

3. 核算依据严格遵循权责发生制

遵循权责发生制,即所有核算指标均以经济主体(经济单位)发生交易的记账时间,以所有权发生变更及相应权利和义务产生、变更或者被取消为准,单位内部交易的记账时间则以经济产值产生、变更或者消失时为准。按照权责发生制原则,价值量核算同样应以实际发生交易的价格为依据。如果没有可观测的市场价格,就应当按市场价格等价物进行估价,以提供市场价格的近似值。另外,对于资源环境生态价值及生态影响的核算,遵循权责发生制原则,主要核算残余物、废弃物排放量等,而对于不存在交易的所谓生态价值则不予考察。

4. 以明确的经济单位进行核算,考察自然资源利用中的经济行为

核算的经济单位就是实施一定经济行为的主体,SEEA 分别按照产业(企业主体)、住户(家庭主体)、政府(公共管理单位)、国外(进口与出口)考察各类经济主体所产生的资源供给与使用、资产流量与存量状况等,并按照一定的行业、区域进行统计,这就是统计单位。在地理区域上,按照经济主体"常住地"进行统计核算,而不是按照经济行为发生地进行统计核算。基于这一点的典型意义在于,环境经济核算是要考察资源与环境要素在经济循环中的作用与贡献,以及人类生产活动对资源的消耗及对环境的影响等,也就是将自然资源的投入与消耗、环境影响等纳入经济体系中进行考察,而不是仅仅考察自然资源本身的总量及其价值量的大小。

5. 以复式记账、四式记账和核算恒等式、平衡项控制核算指标的对应关系

依据自然资源资产的特殊性,建立自然资源资产与经济体系的对应关系。借鉴 SEEA 的做法,尤其重要的是要严格采用会计学的复式记账、四式记账,以保证核算指标之间的相互对应与平衡,在具体指标核算中遵循"供给—使用恒等式""投入—产出恒等式",即每种资源的总供给量与总使用量相等、在一个核算期内进入经济体的流量与经济体的产出及废弃物排放相等,体现资源投入与产品产出的对应关系。另外,针对出现流入与流出的不平衡,尤其在环境经济核算中不可避免地涉及自然力的作用,因此在经济账户序列中要设置"平衡项",如增加值、营业盈余、储蓄和净贷出/净借入等,以对经济运行过程与结果进行准确测度。

(五)自然资源资产核算思路

我国当前开展自然资源资产核算的思路,一是充分利用各类自然资源调查成果、自然资源确权登记成果以及自然资源管理与业务流程中形成的相关数据成果,通过对比分析、归类汇

总，辅以必要的补充调查、实验、量测等，核算不同分类体系下的自然资源实物量；二是以实物量核算结果为基础，利用自然资源资产评价评估成果、自然资源有偿使用和交易相关资料，借鉴各类自然资源评价评估方法、统计分析方法，核算自然资源资产价值量。

二、自然资源资产负债表编制

（一）自然资源资产负债表概念

自然资源资产负债表是用国家资产负债表的方法，将全国或一个地区的所有自然资源资产进行分类加总形成报表，显示某一时点上自然资源资产的“家底”，反映一定时间内自然资源资产存量的变化。自然资源资产负债表，是“自然资源”的“资产负债表”，其本质是针对自然资源资产编制的“资产负债表”，因此应遵循资产负债表编制的基本规则，即在编制资产负债表过程中，将自然资源资产及其所引起的负债纳入资产负债表中予以体现。因此，自然资源资产负债表是借助“资产负债表”这一概念或工具，来呈现一国或地区的自然资源资产和负债的规模、构成与变动情况的来龙去脉。自然资源资产负债表应该是一套（张）既包括实物量表、又包括价值量表的资产负债表。

自然资源资产负债表核算主要目的是揭示特定地区、特定时点的自然资源存量及其变动情况，核算自然资源资产数量的增减和质量好坏的变化，最终目的是反映各级政府负责管理的自然资源资产的“家底”。从中央层面编制国家资产负债表，具有透明、预警、促进政府管理和加强预算完整性等方面的作用，是《中共中央关于全面深化改革若干重大问题的决定》的要求。自然资源（包括土地、森林、矿产资源等）资产核算是国家资产负债表的重要组成部分，是编制国家资产负债表的基础。自然资源资产负债表重点反映某一时点自然资源资产的存量概念，是国家资产负债表的主要组成部分。

（二）自然资源资产负债表编制

编制自然资源资产负债表有利于明确自然资源的权利和责任关系，推动政府自然资源管理体制改革，促进国家治理能力的提升。在具体实施过程中，虽然学者们针对核算框架、核算标准与方法等均存在分歧，但是初步形成了自然资源资产负债表编制的一些共识。

自然资源资产负债表是一套（张）既包括实物量表、又包括价值量表的资产负债表，应该遵循先实物、后价值的编制流程；核算内容无须贪大求全，但应包括土地、水、林木和矿产等重要自然资源，既注重直接价值，也兼顾间接价值；自然资源负债不可或缺，至少包含自然资源的不合理消耗，以及由此带来的生态、环境破坏等方面。当然，在自然资源资产负债表编制过程中，许多问题或难题尚待解决，特别是综合性报表尚缺乏统一规范的应用形式，自然资源负债项的界定和价值核算方法未能达成共识，构建可复制、可推广的自然资源环境综合报表体系仍是一大挑战。

总的来说，我国自然资源资产负债表编制尚处于探索阶段，尤其在自然资源资产负债表的构成和表式上，尽管已经有许多有益的探索，但是在表格构成方面，特别是如何体现“负债”、是否存在“负债”等问题上依然存在较大争议。因此，在 2020 年国家统计局发布的《自然资源资产负债表编制制度（试行）》中，提出：“我国自然资源资产负债表的核算内容主要包括土地资源、林木资源、水资源和矿产资源。根据我国自然资源现有资料条件，先编制实物量账户，暂不开展价值量核算。本编制制度就编制土地资源资产账户、林木资源资产账户、水资源资产账户和矿产资源资产账户，提出指导性意见。”可见，目前的工作重点在于如何将不同类型资源的实物状况进行汇总统计，至于资产量、负债等问题，尚有待更深入的研究与探索。

《自然资源资产负债表编制制度(试行)》确定了土地资源资产、林木资源资产、水资源资产、矿产资源资产核算的范围及核算表式。自然资源资产负债表的基本平衡关系是:期初存量＋本期增加量－本期减少量＝期末存量。期初存量和期末存量来自自然资源统计调查和行政记录数据，本期期初存量即上期期末存量。以下分别介绍上述各类资源核算表式。

1. 土地资源资产账户

土地资源资产账户包括土地资源存量及变动表(表 16-3)、耕地质量等别及变动表、耕地质量等级及变动表、草地质量等级及变动表。

表 16-3　土地资源存量及变动

指标名称	合计	湿地	耕地	园地	林地	草地	城镇村及工矿用地	交通运输用地	水域及水利设施用地	其他土地
年初存量										
存量增加										
存量减少										
年末存量										

2. 林木资源资产账户

林木资源资产账户核算范围包括各地区辖区内的所有林木，账户类型分为林木资源期末(期初)存量及变动表(表 16-4)和森林资源质量及变动表。

表 16-4　林木资源期末(期初)存量及变动

指标名称	森林											其他林木
	合计	乔木林						竹林		特殊灌木林		
		合计		天然		人工		天然	人工	天然	人工	
	面积	面积	蓄积	面积	蓄积	面积	蓄积	面积		面积		蓄积
期初存量												
存量增加												
存量减少												
期末存量												

3. 水资源资产账户

水资源资产账户核算范围包括各地区辖区内的所有水体，由内陆水体中的淡水和微咸水组成，不包括海洋和大气中的水。水资源资产账户包括水资源存量及变动表（表 16-5）和水环境质量及变动表。

表 16-5　水资源存量及变动

指标名称	合计	地表水	地下水
年初存量			
存量增加			
降水形成的水资源量			
流入与调入量			
从区域外流入量			
从区域外调入量			
从区域内其他水体流入量			
其他水源水量			
经济社会用水回归量			
存量减少			
用水量			
生活			
工业			
农业			
人工生态环境补水			
流入与调出量			
流向区域外水量			
调出区域外水量			
流向区域内其他水体水量			
非用水消耗量			
年末存量			

4. 矿产资源资产账户

矿产资源核算范围包括煤炭、石油、天然气等能源资源和铁、铜、铝土、铅、锌、钨、锡、钼、金、银、硫、磷等重要金属和非金属等固体矿产资源。矿产资源账户包括以上各种重要金属和非金属固体矿产资源的存量及变动表（表 16-6），以及石油、天然气资源存量及变动表（表 16-7）。

表 16-6　固体矿产资源存量及变动

指标名称	基础储量	资源量	查明资源存量
年初保有量			
本年增加量			
勘探新增			

续表 16-6

指标名称	基础储量	资源量	查明资源存量
重算增加			
其他			
本年减少量			
采出量			
勘查减少			
重算减少			
损失			
其他			
年末保有量			

表 16-7　石油、天然气资源存量及变动

指标名称	石油			天然气		
	探明地质储量	探明技术可采储量	探明经济可采储量	探明地质储量	探明技术可采储量	探明经济可采储量
年初剩余储量						
本年增加量						
勘查新增						
调整增加						
其他						
本年减少量						
采出量						
调整减少						
其他						
年末剩余储量						

【本章小结】

自然资源资产概念：自然资源资产是指具有稀缺性、产权明晰、能够给人类社会带来效益的自然资源。

自然资源资产估价方法：自然资源资产经济价值的评估方法，大致可以分为收益途径、成本途径和市场途径三类评估途径，然而针对不同类型的自然资源资产特征，具体评估的方法又有差异性。自然资源资产生态价值评估方法，一般采用生态系统服务价值评估方法，具体分为单位服务功能价格的方法和单位面积价值当量因子的方法。

自然资源资产核算的概念：自然资源资产核算是在自然资源调查、统计与评估基础上，依据具体工作目标和需求对一定时间、空间内自然资源资产的实物数量和质量，以及价值价格数据的统计、汇总、核定与测算分析，客观反映其总量、结构、时空分布与变化状况。

自然资源资产负债表编制：自然资源资产负债表是一套(张)既包括实物量表、又包括价值量表的资产负债表，应该遵循先实物、后价值的编制流程。

【习题及思考题】

1. 什么是自然资源资产？简述自然资源资产的类型。

2. 不同类型自然资源资产经济价值评估方法有哪些？

3. 简述自然资源资产生态价值的主要评估方法。

4. 简述国际自然资源资产核算体系和中国自然资源资产核算的规则与思路。

【参考文献】

[1]朱道林，王健，张倩，等. 自然资源资产核算国际比较与借鉴. 北京：中国大地出版社，2022.

[2]中国地质大学(武汉)资产评估教育中心. 中国自然资源资产价值评估：理论、方法与应用. 北京：中国财政经济出版社，2020.

[3]唐建新，周娟. 资产评估. 2 版. 武汉：武汉大学出版社，2011.

[4]杨艳昭，封志明，闫慧敏，等. 自然资源资产负债表编制原型研究. 北京：气象出版社，2018.

第十七章　城市地价动态监测

本章主要阐述城市地价动态监测的意义、目标、任务及其内容，介绍地价动态监测、监测周期、地价监测点、监测地价类型、监测地价基准日、地价区段等相关概念，同时阐明城市地价动态监测的指标计算过程与分析内容。

第一节　城市地价动态监测概述

一、城市地价动态监测的意义

价格是商品市场交易的核心，土地市场也不例外。在现行的市场经济体制下，价格机制作用的合理与否，直接影响市场运行的正常秩序，能否全面掌握和了解土地市场价格，是宏观调控土地市场的关键。因此，城市土地市场的监控，市场价格是重点。我国的城市土地市场，目前已基本建立了以基准地价为基础，以各种形式的宗地地价为具体表现形式的地价体系。

土地市场价格的宏观调控是土地市场管理的重要手段。对土地市场价格进行调控的主要目的是保证土地市场价格的基本稳定和市场交易平稳发展，防止地价极高极低或忽高忽低，避免土地资产流失和土地利用的不合理。土地市场价格的调控是行政手段，但是必须依据土地市场的客观经济规律，按照市场机制本身的作用规律因势利导，使得市场机制和行政机制各自发挥其独特的作用，实现土地市场的规范化发展。尤其是多年来房价过快上涨引起社会各界对土地及房地产市场的广泛关注，进行地价动态监测成为重要的基础工作之一。因此，通过建立城市地价动态监测体系，全面、系统、及时地掌握全国各主要城市的地价动态变化规律，为政府及时掌握土地市场变化趋势，制定土地市场调控政策提供基本依据。

按照《城镇国有土地使用权出让和转让暂行条例》第二十六条规定，土地使用权转让的市场价格不合理上涨时，市、县人民政府可以采取必要的措施。由于土地资产的特殊性，土地价格总是呈上涨趋势，但是其上涨速度应与当时当地的经济发展速度相协调，否则就会影响社会生产和生活的用地需求，最终影响社会经济的持续、稳定发展，也不利于土地市场的正常发展。因此，当土地价格涨速过快时，政府应采取适当的行政手段进行干预，如限制地价水平、调整土地供应计划、调整土地税收等。

因此，建立城市地价动态监测体系，进行城市地价动态监测是对土地市场进行宏观调控的重要措施。

(一)地价监测是政府进行土地市场调控的基础性工作

市场经济不是自由经济，这在西方发达的所谓自由经济、市场经济国家也是如此，任何国家都会不同程度地对各个经济领域进行有效的调控和管理。而政府干预经济、调控市场并不是简单地干扰经济发展、限制市场竞争，相反其主要目的应是促进经济协调发展，促进市场机制的有效发挥。在政府对土地市场的宏观调控过程中，利用政府出让土地计划控制市场供应总量(利用供求关系调控市场)、实行协议出让最低限价政策(防止低价不正当竞争)、实行土地收购储备制度等均是有效的调控市场的措施，应充分、合理地应用这些措施对土地市场进行宏观管理。这些对市场的调控和管理，均要求首先应对市场价格进行全面、及时的掌握和了解，否则任何调控措施可能是无效的，甚至会产生负面作用。

(二)通过地价监测体系形成地价指数，有利于把握市场脉搏

通过地价动态监测体系，在各城市建立地价监测点，并定期掌握监测点地价，以此测算各城市的地价指数，这是掌握各城市地价动态变化的重要依据。

(三)利用监测点地价建立标定地价体系，完善我国地价管理制度

《中华人民共和国城市房地产管理法》第三十二条规定，基准地价、标定地价和各类房屋的重置价格应当定期确定并公布。而我国到目前为止，只建立了城市基准地价的评估、定期更新和公布制度，而标定地价尚没有实现定期确定和公布制度。在建立城市地价动态监测体系基础上，以监测点资料和数据为基础，将其发展为标准宗地，并定期评估和公布标定地价，完善我国地价体系。

二、城市地价动态监测的总体思路

土地作为资产的一个重要特征是位置固定，从而导致土地市场、土地价格的区域差异非常明显。在空间上，不同区域土地市场的交易量、交易价格存在较大的差异；在时间上，即使同一区域的土地市场交易对象之间也存在较大差异，而且即使针对同一交易对象，如果其用于不同用途、交易主体不同等，其交易价格也会存在很大差异。因此，监测地价变化必须考虑这一特征的要求。

基于这一特征，地价监测实际可以分为土地交易价格监测和固定监测点地价监测两类。土地交易价格监测是以实际成交量和成交价格为基本分析数据进行不同时期、不同区域的地价变化分析，其优点是监测结果反映土地市场实际交易状况，但由于交易对象所处位置、用途等差异，往往会导致不同时期的交易价格差异很大，因此其缺点是不能反映客观市场价格的走势。而固定监测点地价监测，通过固定监测对象(监测点)，并定期采集监测点的监测数据，利用监测点的地价变化分析不同时期、不同区域的地价变化状况，其优点是通过固定监测对象，地价监测结果反映客观地价变化关系，但由于监测点往往并不能每年都发生交易，需要通过采集监测信息评估监测点地价，工作量较大，也比较复杂。但考虑到其能够反映客观市场变化，因此我国城市地价监测采用固定监测对象方式进行。

(一)地价动态监测的目标与任务

(1)通过建立城市地价动态监测体系，运行城市地价动态监测系统(以下简称监测系统)，对全国重点地区和主要城市的地价变化实施动态监测，及时了解城市地价动态和趋势，发挥地价的市场“晴雨表”作用，及时准确反映城市地价水平及其变化趋势信息。

(2)通过对地价信息的深层次分析,掌握土地市场运行状态,判断地价变化与土地市场供需、房地产市场以及社会经济发展的协调状况,为政府干预、调控土地供应,加强对土地市场的宏观调控、稳定土地市场、促进社会经济良性运行提供决策依据。

(3)为公众提供地价信息服务,引导投资方向,通过地价杠杆调节土地资源配置。

(二)城市地价动态监测的功能

(1)地价数据采集功能:地价数据采集功能是指监测系统按照既定的标准,采集、整理并传递地价数据的功能。采集的地价数据包括地价监测点数据、土地交易数据、土地级别数据、基准地价数据、土地供需数据、房屋供需数据,以及其他相关的社会经济指标等,其中地价监测点数据是主要采集对象。

(2)地价动态分析功能:地价动态分析功能是指通过对采集到的原始地价数据进行分析,形成反映地价状况的各种地价指标和信息,并进行地价状态描述的功能。地价分析包括对城市地价水平、地价变化动态进行分析和对城市地价与其他社会经济发展相关指标协调程度进行判断等。

(3)地价信息发布功能:地价信息发布功能是指按照土地市场运行和管理的需要,通过国际互联网等方式向社会公布地价信息的功能。地价信息发布的主要内容有:城市土地级别、城市基准地价、城市监测点地价、城市地价指数、城市交易样点地价、城市地价与社会经济相关指标比较情况、城市地价与土地供应比较情况、城市地价与房屋供应比较情况,以及相关分析报告等。

(4)地价预警功能:地价预警功能是指在地价动态分析的基础上,对城市地价的变化趋势进行预测,并对地价变化中潜在的恶性风险进行预告和提醒的功能。地价预警主要包括对地价水平、地价变化趋势以及地价与社会经济发展的协调程度进行预测,对土地市场的良性或恶性运行情况进行综合判断。

(三)地价动态监测的技术路线

以城市为单位,通过确定监测范围、划分地价区段,设立监测点,定期(季度、年度)采集监测点地价及市场交易地价变化信息,进而测算地价监测指标、分析地价变化规律,并向社会发布。具体技术路线见图 17-1。

(四)城市地价动态监测的内容

(1)城市地价水平。它包括城市土地级别、城市基准地价、监测点地价、交易样点地价、城市平均地价等。

(2)城市地价变化趋势。它包括城市地价指数、城市地价增长率等。

(3)城市地价与土地供应的协调状况。它包括城市地价增长率与土地年度供应计划量增长率、土地年度实际供应量增长率、土地年度闲置量增长率的比较情况等。

(4)城市地价与房屋供应的协调状况。它包括城市地价增长率与房屋年度开发量增长率、房屋年度实际成交量增长率、房屋年度空置量增长率的比较情况、房屋价格增长率等。

(5)城市地价与社会经济环境的协调状况。它包括城市地价增长率与城市国内生产总值增长率、城市固定资产投资额增长率、房地产投资额增长率、房地产贷款余额增长率的比较情

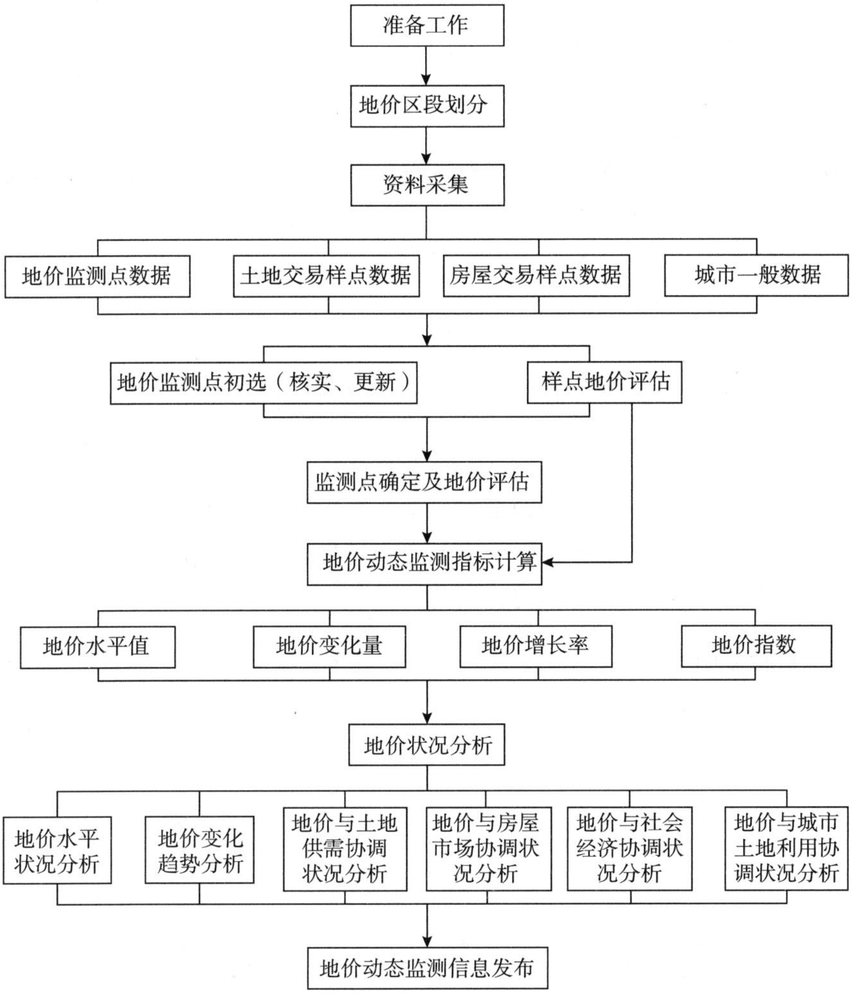

图 17-1　城市地价动态监测的技术路线

况等。

（6）城市地价与城市土地利用协调状况。它包括城市地价增长率与城市建设用地增长率、城市平均容积率增长率、城市建设占用耕地面积增长率、城市基础设施占地面积增长率的比较情况等。

三、城市地价动态监测的相关概念

（一）地价动态监测

地价动态监测是根据城市土地市场的特点，通过设立地价监测点，收集、处理并生成系列的地价指标，对城市地价状况进行观测、描述和评价的过程。

（二）监测周期

城市地价动态监测在设定的周期进行。全国范围、全省（自治区）范围和全城市范围的地价宏观监测周期按照年度和季度进行；重点区域和重点城市、重点区段以及专题性监测等，监测周期可以根据情况设置更短一些。

(三)地价监测点

地价监测点是指在一定级别的一定区段内设立的，并在土地条件、土地利用状况以及开发程度等方面与所在级别基准地价内涵界定一致或相近的，能够代表所在级别的区段地价水平的宗地。

(四)监测点地价

监测点地价是通过评估或交易地价修正得到的监测点在一定时点和一定条件下的地价。

(五)监测地价类型

城市地价动态监测中的地价分为城市商服地价、住宅地价、工业地价三种基本类别，三种基本类别地价的内涵应与城市基准地价内涵一致。根据不同的目的和需要还可以在三种基本类别的基础上再增设其他的类别。

(六)监测地价基准日

监测地价具有统一的基准日。季度监测地价的基准日分别为各季度的最后一日，年度监测地价的基准日为每年的12月31日。

(七)地价区段

地价区段是以城市土地定级为基础划分的，在地价水平、土地利用条件、基础设施条件、环境条件等方面相近或一致的区段。

(八)标定地价

标定地价是政府根据管理需要，组织评估的具体宗地在正常土地市场和正常经营管理条件下某一期日的土地使用权价格。

第二节　城市地价动态监测的程序与方法

一、城市地价动态监测程序

城市地价动态监测的基本技术程序如下：

(1)确定地价动态监测的范围；

(2)建立以地价监测点为基础的地价动态监测数据源；

(3)采集并处理监测数据；

(4)根据监测目标选择地价动态监测指标；

(5)计算各类地价动态监测指标；

(6)对城市地价状况进行综合分析和评价；

(7)编制城市地价动态监测报告；

(8)发布城市地价动态监测信息。

二、城市地价动态监测范围确定

城市地价动态监测的范围根据不同监测目标分别设置。城市内部按照城市某一种标准(如规划区红线、建成区界线等)界定地价动态监测范围。跨城市区域按照行政区划或者宏观经济区域划分城市地价动态监测范围。监测范围一旦确定不得随意变更。

城市地价动态监测分为国家级城市地价动态监测、省级城市地价动态监测和城市级地价动态监测三个层次。国家级城市地价动态监测、省级城市地价动态监测属于区域性城市地价动态监测范围，城市级地价动态监测属于城市内部地价动态监测范围。

(一)国家级城市地价动态监测范围

国家级城市地价动态监测范围包括全国范围的城市地价动态监测、跨省区域的地价动态监测、重点城市地价动态监测等。

全国范围的城市地价动态监测是指对全国范围内的直辖市、省会城市、计划单列市等大城市，以及主要中、小城市进行全面地价动态监测。

跨省区域地价动态监测是指对跨省经济区域(如长江三角洲、珠江三角洲等地区)的大城市和主要的中、小城市进行地价动态监测。

重点城市地价动态监测是指对在重要区域，甚至是全国范围内有重要影响的城市进行地价动态监测。

国家级城市地价动态监测不对镇一级地价进行监测。

(二)省级城市地价动态监测范围

省级城市地价动态监测范围包括全省(自治区)范围的城市地价动态监测、省(自治区)内分区域的地价动态监测等。

全省(自治区)范围的城市地价动态监测是指对全省(自治区)范围内的大城市、中等城市、小城市进行全面地价动态监测。

省(自治区)内分区域的地价动态监测是指对省(自治区)内的一定区域的大城市、中等城市、小城市进行地价动态监测。

(三)城市级地价动态监测范围

城市级地价动态监测范围包括城市主城区或建成区整体地价动态监测、城市各区域地价动态监测等。

三、地价监测点的设立与维护

(一)设立原则

(1)代表性原则。它是指设立的地价监测点在所在区段内，其地价水平、利用条件、利用状况、开发程度等方面具有代表性。

(2)确定性原则。它是指设立的地价监测点为一具体宗地,其周围条件及自身条件都比较确定。

(3)稳定性原则。它是指设立的地价监测点的土地条件、利用状况以及周围土地的利用条件比较稳定,在较长时间内不会发生分割、合并或重新规划等情况。

(4)标识性原则。它是指设立的地价监测点易于识别,具有一定的标识性。

(二)设立步骤

地价监测点设立的基本步骤如下:

(1)在土地定级基础上地价区段的划分;

(2)地价区段内地价监测点的布设;

(3)地价监测点初始资料的采集;

(4)地价监测点上图与资料建档。

(三)地价区段划分

(1)划分地价区段的要求:①在土地定级基础上分用途划定;②在同一地价区段内,地价水平比较接近或者一致;③在同一地价区段内,土地的利用状况、基础设施条件、环境条件和规划条件等基本相同;④各地价区段的面积规模适当,最小为一个街区范围,并保持地块的完整性;⑤各地价区段彼此相连,能够完全覆盖被监测范围。

(2)地价区段划分的方法:①以土地级别、基准地价或交易样本地价为依据,在工作底图上绘制若干条具有控制性的地价等值线;②在地价等值线的基础上,以土地级别界线、宗地界线、街区道路、河流以及其他线状地物为依据,在工作底图上勾勒出各地价区段的边界;③在实地查勘的基础上,根据土地条件、土地利用状况和土地开发程度等,调整初步划分出的地价区段边界,并落实在工作底图上,通过编号、图形整饰形成城市地价区段分布图;④以城市地价区段分布图为依据,量算各区段的土地总面积、各用途实际土地面积等,并进行地价区段登记。各用途实际土地面积根据城镇地籍调查结果计算。

(四)地价监测点布设、初始资料采集、上图与建档

(1)地价监测点布设要求。选择与布设监测点应达到:①地价监测点为形状规则的独立宗地或者地块,具有明确的界线;②地价监测点现状的容积率、开发程度、面积规模等,应与所在级别和地价区段的设定状况相近;③地价监测点总数应综合考虑城市规模等级、建成区面积等因素确定,直辖市不应低于200个,省会城市和计划单列市不应低于120个,其他城市不应低于60个,而且各用途地价监测点的数量应尽可能均衡;④地价监测点的分布密度至少应达到每区段1～2个。

(2)地价监测点布设与初始资料采集的方法。具体步骤为:①以标有地价区段界线的工作底图为基础,在各个地价区段范围内选择符合条件的宗地作为初选监测点,并将初选的地价监测点标注在工作草图上;②查阅土地登记档案,对初选监测点的登记资料进行整理,记入监测点登记表,没有登记资料的初选监测点根据实地查勘的情况填写监测点登记表;③根据工作草图的标注及登记资料,对初选监测点逐一进行实地查勘,包括对登记资料的核实和补充、宗地

周边环境的调查、土地实际利用状况的调查、宗地影像资料的获取等;④根据查勘的资料对初选监测点进行进一步的分析和筛选,确定地价监测点;⑤对监测点进行统一编号,编号包含全国行政区划序号信息、城市类别信息、土地级别序号信息、土地用途类别信息、城市内监测点序号信息;⑥经分析和筛选整理后确定的监测点资料要进行正式的初始登记。初始登记的主要内容包括:监测点权属状况资料、利用状况资料、影响因素资料、设定条件资料、价格状况资料和其他资料等。

(3)地价监测点上图与资料建档。根据监测点分布位置,按照用地类型绘制地价监测点分布图,标明各地价监测点的代表符号、编号以及其他图件要素。然后将监测点资料进行分类整理,建立监测点资料档案。

(五)地价监测点的维护

(1)地价监测点定期检查。每年要对地价监测点进行全面跟踪检查,并对检查情况进行登记。地价监测点的检查内容有:①使用状况方面,包括用途是否发生变化、建筑面积是否变化、内部基础设施是否改变、是否发生地质灾害等;②周边环境方面,包括总体规划是否调整、是否增加重要的基础设施和公共设施等;③权属关系方面,是否发生交易行为、是否分割或者合并、是否设定新的权属限制等。

(2)地价监测点更新。地价监测点原则上应保持稳定,但遇到下列情况时应该更新:①地块或地块上建筑物灭失;②地块用途发生改变;③地块被合并或分割;④地块地质条件发生规模较大的恶性改变;⑤土地被长期低效利用;⑥城市主城区或建成区扩容。

地价监测点的更新可分为原监测点消失的更新、新监测点替代原监测点的更新和净新增监测点的更新。新监测点和净新增监测点的设立可参照地价监测点的设立步骤。地价监测点更新的数量每年不得超过该城市地价监测点总数的10%。当城市土地级别调整、基准地价更新时,原则上保留90%以上的原有监测点,并在原有监测点的基础上,进行监测点的扩充。

(3)建立地价监测点资料库。地价监测点须建立专门的资料库,并对资料进行及时的分类管理,资料库管理的资料主要包括:①初始登记资料,包括城市地价监测点登记表(初始)、地价区段登记表(初始)、地价监测点分布图、地价区段分布图、地价监测点宗地图、地价监测点影像照片等;②变更登记资料,包括各监测年度的城市地价监测点登记表(变更)、地价区段登记表(变更)、地价监测点变更统计表等;③各季度、年度成果资料,包括:地价监测点(季度)调查表、地价动态监测指标(季度)调查表、土地招标拍卖挂牌出让情况(季度)调查表、土地交易样本(季度)调查表、地价监测点(年度)调查表、地价动态监测指标(年度)调查表、房屋交易样本(年度)调查表、土地(年度)供需情况调查表、房屋(年度)供需情况调查表、土地面积调查表、相关社会经济指标(年度)调查表、城市基准地价更新情况调查表、地价监测点评估技术要点表、地价监测点分布图、土地交易样本分布图、房屋交易样本分布图、城市地价状况年度分析报告、地价监测点评估报告等。

四、城市地价动态监测数据采集

(一)地价动态监测数据的内容

(1)地价监测点数据。分为初始采集数据和常规采集数据,其中,初始采集数据包括监测点的土地权属状况、土地实际利用状况、地价影响因素、监测点设定条件、监测点价格状况等基本情况;常规数据采集重点为监测点在监测时段的现状条件下评估地价、设定内涵条件下评估地价、评估时间及评估人等。

(2)土地交易样本数据。为土地交易的相关数据。

(3)房屋交易样本数据。为房屋交易的相关数据。

(4)城市一般数据。为土地年度供需统计数据、房屋年度供需统计数据、城市社会经济统计数据、城市基准地价资料等。

(二)地价监测点数据采集方法

监测点数据分为基础数据和监测点地价。

监测点基础数据在地价监测点布设过程中通过初始调查进行采集,但要及时进行核实和变更采集。

监测点地价通过对监测点市场价格的评估获取,有关监测点地价评估的原理和方法须遵循《城镇土地估价规程》;如果设立的监测点为土地交易日期在1年以内的交易样本,其地价可直接通过期日、土地开发程度、土地使用权年限、容积率等修正得到。

监测点年度数据每年采集一次,监测点年度地价基准日设定在每年的12月31日;监测点季度数据每季度采集一次,通过抽样采集,各类别监测点抽样数不得低于其总数的10%,监测点季度地价基准日设定在各季度的最后一日。

监测点地价评估要求:①监测点现状条件下评估地价与设定内涵条件下评估地价分别评估,评估值为监测点地面价;②监测点地价为土地使用权价格,且不考虑他项权利限制;③监测点设定内涵条件下评估地价所对应的年限均为相应用途的法定最高年限,监测点现状条件下评估地价所对应的年限是相应用途的剩余使用年限;④应采用两种或两种以上的评估方法,但不能采用基准地价系数修正法;⑤监测点地价评估报告采用统一的格式;⑥每一个监测点应由两名注册土地估价师评估并签字。

(1)土地交易样本数据采集方法。土地交易样本数据通过市场调查采集,采集的渠道主要是土地交易市场、土地交易登记部门和实际的市场调查。

土地交易样本数据按照以下步骤进行采集:①通过土地交易市场、土地交易登记部门等有关方面获取土地交易的基本数据,填入土地交易样本调查表,并对土地交易样本数据进行实地市场调查、核实,土地交易样本数据每季度采集一次;②招标拍卖挂牌出让的土地交易样本数据每季度采集一次;③按照城市地价监测点所在的不同地价级别与区段,将土地交易样本按不同用地类别,分别标注在图上。

(2)房屋交易样本数据采集方法。房屋交易样本数据通过市场调查采集。数据采集的渠道主要是房地产市场管理部门和实际市场调查。房屋交易样本数据包括房价和房屋租金水平等,采用样本调查的方法采集。

房屋交易样本数据按照以下步骤进行调查:①通过房地产市场管理部门获取房屋交易的基本数据,填入房屋交易样本调查表,并对房屋交易样本数据进行实地市场调查、核实。房屋交易样本数据每年度采集一次;②按照城市地价监测点所在的不同地价级别与区段,将房屋交易样本按不同用地类别,分别标注在图上。

(3)城市一般资料的采集方法。城市一般资料每年度采集一次,采集的渠道主要是统计部门和相关管理部门。分类如下:①土地供需资料、城市基准地价资料主要通过资料查询和实地调查相结合的方式采集,采集的渠道主要是国土资源管理部门;②房屋供需资料主要也是通过资料查询和实地调查相结合的方式采集,采集的渠道主要是房地产市场管理部门;③城市社会经济统计资料主要通过资料查询的方式采集。

(三)地价动态监测资料的整理与审核

地价动态监测资料采集齐备后,应将各类登记表、调查表、汇总表和统计表等表格进行分类整理,按时间顺序进行统一编号存档。

地价动态监测资料归档前应对资料是否完整、内容是否准确、操作程序是否符合规定等进行审核。

第三节 城市地价监测指标计算

一、城市地价监测指标类型

城市地价监测指标包括地价水平值、地价变化量、地价增长率和地价指数等四种类型。

(一)地价水平值

地价水平值是以一定范围内的平均地价反映某一时点地价水平高低状况的指标。

地价水平值按照土地用途分为商服地价水平值、住宅地价水平值、工业地价水平值,为了综合反映城市地价水平,在不同用途的基础上设置城市综合地价水平值。

城市地价水平值按照范围大小分为区段地价水平值、级别地价水平值、城市整体地价水平值等。

区域地价水平值按照区域大小分为地级范围城市地价水平值、省级范围城市地价水平值、重点区域城市地价水平值和全国城市总体地价水平值等。

(二)地价变化量

地价变化量主要是反映在某一时段内地价价位的落差,以地价增加(或减少)量表示。

按照土地用途分为商服地价变化量、住宅地价变化量、工业地价变化量,为了综合反映城市地价变化量,在不同用途的基础上设置城市综合地价变化量等。

城市地价变化量按照范围大小分为区段地价变化量、级别地价变化量、城市整体地价变化量等。

区域地价变化量按照区域大小分为地级范围城市地价变化量、省级范围城市地价变化量、重点区域城市地价变化量和全国城市总体地价变化量等。

(三)地价增长率

地价增长率主要是反映在某一时段内地价的变化幅度,一般是通过不同时期地价变化量与基期地价水平值的比值计算得出的,以百分率表示。

按照基期的不同,地价增长率分为定比地价增长率和环比地价增长率。

按照土地用途分为商服地价增长率、住宅地价增长率、工业地价增长率，为了综合反映城市地价变化幅度，在不同用途的基础上设置城市综合地价增长率等。

城市地价增长率按照范围大小分为区段地价增长率、级别地价增长率、城市整体地价增长率等。

区域地价增长率按照区域大小分为地级范围城市地价增长率、省级范围城市地价增长率、重点区域城市地价增长率和全国城市总体地价增长率等。

(四)地价指数

地价指数主要是反映在不同时点的地价水平与某一时点地价水平比较的相对关系，以地价水平值比值的100倍表示。

地价指数按照基数不同分为定比地价指数和环比地价指数。定比地价指数以某一固定基期的地价水平值为基数，环比地价指数以上一统计周期地价水平值为基数。

地价指数按照土地用途分为商服地价指数、住宅地价指数、工业地价指数及表征城市整体地价水平相对关系的综合地价指数等指标。

地价指数按照范围大小分为地(市)级范围地价指数、省级范围地价指数、跨省区域地价指数和全国总体地价指数等指标。

二、地价动态监测指标值计算

(一)地价水平值计算

地价水平值是在既定区域内以监测点地价为基础样本，并加入一定比例的交易地价。地价水平值的基本计算方法如下。

(1)区段地价水平值，等于地价区段内既定用途样本地价的算术平均值。计算公式为：

$$\bar{P}_k = \frac{\sum_{i=1}^{n} P_{ik}}{n} \tag{17-1}$$

式中：$\bar{P}_k$ 为第 k 个地价区段内既定时点、既定用途的地价水平值；P_{ik} 为第 k 个地价区段内既定时点、既定用途第 i 个样本地价；n 为第 k 个地价区段内既定时点、既定用途地价样本的总数。

(2)既定时点、既定用途级别地价水平值，等于土地级别内区段地价水平值的加权平均值。计算公式为：

$$\bar{P}_j = \frac{\sum_{k=1}^{m} \bar{P}_k \times S_k}{\sum_{k=1}^{m} S_k} \tag{17-2}$$

式中：$\bar{P}_j$ 为第 j 级别内既定时点、既定用途的级别地价水平值；$\bar{P}_k$ 为第 k 个区段既定时点、既定用途地价水平值；S_k 为第 k 个区段既定时点、既定用途实际土地面积；m 为第 j 级别内既定用途地价区段的总数。

(3)城市整体地价水平值,等于监测范围内既定用途级别地价水平值的加权平均值。

(4)城市综合地价水平值,采用各用途地价水平值按各用途实际土地面积加权平均计算。

(5)区域城市地价水平值,采用各城市整体地价水平值简单算术平均计算。

(二)地价变化量计算

地价变化量以地价水平值为基础计算,分为年度地价变化量和季度地价变化量。地价变化量的基本计算方法如下。

(1)年度地价变化量,等于既定年度、既定用途地价水平值减去上一年度该用途地价水平值。计算公式为:

$$\Delta\overline{P}_y = \overline{P}_y - \overline{P}_{y-1} \tag{17-3}$$

式中:$\Delta\overline{P}_y$ 为第 y 年既定用途的年度地价变化量;$\overline{P}_y$ 为第 y 年既定用途的地价水平值;$\overline{P}_{y-1}$ 为第 $y-1$ 年既定用途的地价水平值。

(2)季度地价变化量,等于既定季度、既定用途地价水平值减去上一季度该用途地价水平值。

(三)地价增长率计算

地价增长率以地价水平值为基础计算。地价增长率的基本计算步骤如下。

(1)年度地价增长率,等于既定年度、既定用途地价变化量与上一年度该用途地价水平值的比率。计算公式为:

$$Q_y = \frac{\Delta\overline{P}_y}{\overline{P}_{y-1}} \times 100\% \tag{17-4}$$

式中:Q_y 为既定用途第 y 年年度定比地价指数;$\Delta\overline{P}_y$ 为既定用途第 y 年地价水平值;$\overline{P}_{y-1}$ 为第 $y-1$ 年既定用途固定基期某地价水平值。

(2)季度地价增长率,等于既定季度、既定用途地价变化量与上一季度该用途地价水平值的比率。

(3)季度同比地价增长率,等于既定季度、既定用途地价水平值和上一年同季度该用途地价水平值之差与上一年同季度该用途地价水平值的比率。

(四)地价指数计算

地价指数以对应城市内部区域的地价水平值为基础计算。

(1)定比地价指数等于既定用途某年(季)度地价水平值与固定基期地价水平值的比率,基期地价指数设定为100。年度定比地价指数计算公式为:

$$I_y = \frac{\overline{P}_y}{\overline{P}_0} \times 100\% \tag{17-5}$$

式中:I_y 为既定用途第 y 年年度定比地价指数;$\overline{P}_y$ 为既定用途第 y 年地价水平值;$\overline{P}_0$ 为既定用途固定基期某地价水平值。

季度定比地价指数计算方法与年度定比地价指数相同。

(2)环比地价指数等于既定用途某年(季)度地价水平值与上年(季)度地价水平值的比率。年度环比地价指数计算公式为：

$$I_y = \frac{\bar{P}_y}{\bar{P}_{y-1}} \times 100\% \tag{17-6}$$

式中：I_y 为既定用途第 y 年年度环比地价指数；$\bar{P}_y$ 为既定用途第 y 年地价水平值；$\bar{P}_{y-1}$ 为既定用途第 $y-1$ 年地价水平值。

季度环比地价指数计算方法与年度环比地价指数相同。

第四节 城市地价动态监测分析

一、城市地价动态监测分析内容

城市地价动态监测分析包括地价水平状况分析、地价变化趋势分析、地价与土地供需协调状况分析、地价与房地产市场关系分析、地价与社会经济协调状况分析、地价与城市土地利用协调状况分析和地价变化主要影响因素与变化趋势分析等部分。

(一)地价水平分析

地价水平分析主要采用地价水平值和地价变化量等指标，重点对不同时期和不同区域、不同用途和不同级别的地价水平值进行比较、排序，并说明地价的水平差异、时序变化等情况。

(二)地价变化趋势分析

地价变化趋势分析主要采用地价增长率、地价指数等指标，重点对不同时期和不同区域、不同用途和不同级别的增长率进行高低比较和排序，并说明变动幅度大小差异和变化情况等。

(三)地价与土地供需协调状况分析

地价与土地供需协调状况分析主要是结合城市土地供需面积和地价变化情况，对土地市场量价关系及其差异和变化进行分析。

(四)地价与房地产市场关系分析

地价与房地产市场关系分析主要是结合地价与房地产开发投资额、销售面积、销售额、房价、贷款额等指标乃至房地产市场调控政策和货币金融财政政策，对地价与房地产市场运行的互动关系进行分析。

(五)地价与经济社会协调状况分析

地价与经济社会协调状况分析主要是结合地价与国内生产总值、社会消费品零售总额、固定资产投资额、人民币贷款余额、工业增加值、广义货币余额等宏观经济指标，对地价与经济社会发展的互动影响进行分析。

(六)地价与城市土地利用协调状况分析

地价与城市土地协调利用状况分析主要采用不同时期地价与城市土地利用变化量、利用强度、利用效率等指标,对地价与城市土地利用变化的互动影响进行分析。

(七)地价变化主要影响因素与变化趋势分析

地价变化主要影响因素与变化趋势分析主要是从土地供需、房地产市场运行、经济社会发展以及宏观调控政策等方面分析归纳地价变化原因,并结合具体经济形势和调控政策导向对未来地价变化趋势进行预判。

二、城市地价动态监测分析范围与周期

(一)国家级城市地价动态监测分析范围

国家级城市地价动态监测分析范围包括:全国范围的城市地价动态监测分析、跨省区域地价动态监测分析、重点城市地价动态监测分析等。

全国范围的城市地价动态监测分析是指对全国范围内的直辖市、省会城市、计划单列市等大城市,以及主要中、小城市进行全面地价动态监测分析。

跨省区域地价动态监测是指对跨省经济区域(如环渤海地区、长江三角洲地区、珠江三角洲地区等)的大城市和主要的中、小城市进行地价动态监测。

重点城市地价动态监测是指对在重要区域,甚至是全国范围内有重要影响的城市进行地价动态监测。

(二)省级城市地价动态监测分析范围

省级城市地价动态监测分析范围包括全省(自治区)范围的城市地价动态监测分析、省(自治区)内分区域的地价动态监测分析等。

全省(自治区)范围的城市地价动态监测分析是指对全省(自治区)范围内的大城市、中等城市、小城市进行全面地价动态监测分析。

省(自治区)内分区域的地价动态监测分析是指对省(自治区)内的一定区域的大城市、中等城市、小城市进行地价动态监测分析。

(三)城市级地价动态监测分析范围

城市级地价动态监测分析范围包括城市主城区或建成区整体地价动态监测分析、城市各区域地价动态监测分析等。

(四)城市地价动态监测分析周期

城市地价动态监测分析定期进行,并以分析报告的形式向社会发布。国家级、省级和城市级的地价宏观监测分析周期一般按照年度和季度进行;重点区域、重点城市、重点区段以及专题性监测分析其周期可以根据时点需要具体设置。

【本章小结】

城市地价动态监测的概念：是根据城市土地市场的特点，通过设立地价监测点，收集、处理并生成系列的地价指标，对城市地价状况进行观测、描述和评价的过程。

地价区段的概念：地价区段是以城市土地定级为基础划分的，在地价水平、土地利用条件、基础设施条件、环境条件等方面相近或一致的区段。

地价监测点的概念：是指在一定级别的一定区段内设立的，并在土地条件、土地利用状况以及开发程度等方面与所在级别基准地价内涵界定一致或相近的，能够代表所在级别的区段地价水平的宗地。

城市地价动态监测的任务：以城市为单位，通过确定监测范围、划分地价区段，设立监测点，定期（季度、年度）采集监测点地价及市场交易地价变化信息，进而测算地价监测指标、分析地价变化规律，并向社会发布。

城市地价监测类型与指标类型：城市地价监测类型分为城市商服地价、住宅地价、工业地价三种基本类型。根据不同的目的和需要还可以在三种基本类型的基础上再增设其他的类型。城市地价监测指标类型包括地价水平值、地价变化量、地价增长率和地价指数等四种。

【习题及思考题】

1. 城市地价动态监测的概念是什么？
2. 城市地价动态监测的任务是什么？
3. 如何维护地价监测点？
4. 城市地价监测指标类型有哪些？各指标的计算方法是什么？
5. 城市地价动态监测内容包括哪些？
6. 城市地价动态监测分析内容包括哪些？

【参考文献】

国土资源部土地利用管理司，中国土地勘测规划院. 城市地价动态监测理论与实践总论. 北京：地质出版社，2006.

第十八章　我国不动产估价行业管理

本章介绍我国不动产估价行业管理体系，论述我国地价体系的概念、构成及常见地价的作用，介绍不动产估价组织、机构、人员管理等方面的行业管理规范，对估价机构、估价师、不动产咨询与顾问的内涵和工作内容进行概述。

第一节　管理体系

不动产估价是对土地、房屋及地上定着物的客观合理价格或价值的估算和判定过程，其评估值需要被当事人或社会一般人所信服和接受，为当事人提供公平可信的价格参考依据，因此，作为全社会行业的重要组成部分，维护市场准则和社会公平性，不动产估价行业需要有其系统的管理体系。

一、不动产估价管理制度

不动产估价是一种社会服务行为，是对不同利益群体所拥有的土地、房屋以及地上定着物进行不同目的的市场价值评估活动，具有可靠性、客观性、专业性、时效性等特点。我国不动产估价领域主要包括土地估价和房地产估价两大分支，但其社会作用和要求相似，所发挥的社会服务功能也一致。不动产估价制度是从法律上对不动产估价师和不动产估价行为进行规范和约束的一种制度安排。通过制定不动产估价制度的约束和规范，能够从合法性角度明确社会对估价行业的需求，建立不动产估价行业的准则和标准，明确不动产估价师及不动产估价机构的责任，维持不动产市场秩序，保障不动产估价活动利益相关者合法权益。

（一）不动产估价制度的范畴

不动产估价制度一般分为法律、行政管理制度和行业自律规范等，从不同角度和层面对规范和协调不动产估价师、不动产估价行业、不动产估价服务对象、政府等各方面的关系具有重要的约束和指导作用。不动产估价的法律确定了不动产估价师、不动产估价行为的法律地位，并界定不动产估价师、不动产估价行为以及不动产估价服务对象之间的社会关系。不动产估价的行政管理制度是政府相关部门通过计划、组织、指挥、控制、协调等系列方式对不动产估价行业的监督管理。不动产估价的行业自律规范是不动产估价行业内部建立的有关职业要求、职业道德、准则和标准等自我约束体系，能够规范行业行为，协调同行利益关系，维护行业公平竞争和正当利益，促进行业健康发展。

（二）不动产估价制度的内容

不动产估价制度的内容主要是从法律法规角度对不动产估价的法律地位和社会需求、估价标准与技术指导、职业资格核准、考试制度、从业信用与规范等方面进行的规定。

(1)不动产估价制度的法律法规规定了不动产价格评估制度、不动产价格评估人员资格认证等方面的内容。例如,《城市房地产管理法》明确了估价行业的法律地位。相关的法律法规及行业标准也明确了对估价行业业务的社会需求,如基准地价评估、上市公司土地评估等都在相关规定中做了具体要求。

(2)不动产估价制度的估价标准与技术指导是估价核心制度,对行业的标准化和技术性发展起到决定性作用。例如,《城镇土地估价规程》《农用地估价规程》等行业技术规程在技术标准、行业服务、政府咨询等方面均做出了明确规定。这些不动产估价制度是估价行业业务有序开展的基础和技术依据,随着社会需求的不断调整和估价业务的日益扩大,更多的不动产估价制度将会出台。

(3)不动产估价机构和不动产估价人员是支撑该行业领域发展的核心力量,不动产估价制度明文规定了不动产估价师的从业资格、资格获取、职业道德、技术标准、继续教育等,同时也规定了估价机构的从业许可、从业规范、业务范围、技术要求等。这类不动产估价制度既是维护社会的公平、公正、公开和保障利益相关者权益的工具,也是避免不动产估价机构和从业人员出现违法违规行为的基础。

(4)不动产估价是一种社会自律行为,需要严格遵循行业从业信用和规范要求。不动产估价机构应当符合一定条件并向工商行政管理部门申请登记,并及时到相关主管部门备案。由于不动产估价行为易对利益相关方造成正面或负面的影响,因此在评估过程中需要秉持独立、客观、公正执业的要求,如估价机构要与政府主管部门在人、财、物等方面彻底脱钩等。

二、不动产估价管理体系

不动产估价管理体系是用于建立不动产估价管理目标以及实现这些目标的过程的相互关联和相互作用的一组要素。在不动产估价管理全过程中,需要从管理的主体、范围、内容、保障四个方面建立管理体系,具体包括不动产估价组织管理、不动产估价机构管理、不动产估价人员管理、不动产估价行业规范管理等方面。

(一)管理体系的构建内涵

完善而健全的不动产估价管理体系应充分考虑其本身的系统性、完整性、全面性、保障性、可操作性,需要明确其管理中的各个要素和环节。

(1)管理主体。我国不动产估价管理的主体主要由政府主管部门、行业协会(或学会)组成,并由公众共同参与监督,其中,不动产估价行业协会是介于政府行政部门与估价机构、人员之间的环节,统一负责不动产估价行业管理活动,发挥组织、指导、监督、协调等重要作用,具有政府行政部门不可替代的桥梁、枢纽功能。当前,我国土地估价由中国土地估价师与土地登记代理人协会以及地方相对应的协会(或学会)负责,房地产估价由中国房地产估价师与房地产经纪人学会以及地方相对应的协会(或学会)负责。

(2)管理范围。我国不动产估价管理的范围既包括行业内部的自身建设,又包括行业外部环境的建设。不动产估价行业属于社会的中介行业,需要强化行业的自律管理,因此,其行业内部管理主要指对行业内估价机构的资质管理、从业人员的职业管理、估价业务的监督管理;而行业外部环境的建设包括不动产估价行业各项相关制度及政策的制定和实施、公平公正的市场环境建设。

(3)管理内容。我国不动产估价行业是维护不动产市场良好运行的重要支撑,需要有一支具备专门知识和技术的高素质评估人员队伍,因此,不动产估价管理需要对估价机构设立资质和运行发展、从业人员的资格认定和教育培训、估价业务的监督检查等进行管理,以提升不动产估价行业的专业性、规范性和服务性。

(4)管理保障。随着我国经济的多元化发展以及国家机构改革的需求,不动产估价行业也面临诸多挑战,需要在法律制度、行业规范、资源配置等方面进行创新和完善,主要包括估价行业发展长远规划和计划的编制、行业结构与布局的调整、行业制度和政策的更新、行业技术规范的编制等,以保障不动产估价行业的持续发展和市场的健康运行。

(二)管理体系的具体构成

不动产估价管理体系包括组织管理、机构管理、人员管理和行业规范管理四个方面。

(1)组织管理。不动产估价的组织管理是通过建立组织结构、明确责权关系等,以有效实现组织目标的过程。目前,我国不动产估价的组织管理主要通过政府主管部门监督、行业自律组织具体负责的方式,包括拟定、实施评估行业职业准则和职业道德准则,建立各项自律性管理制度,协调行业内外关系,维护提升行业地位及利益,组织估价理论、方法和政策的研究与交流,组织估价师考试命题与考务、机构备案与监管、估价师管理等。

(2)机构管理。进入不动产估价行业的机构形式多种多样,只有按照统一的行业标准对进入估价市场的各类机构进行严格的资质审查、考核监督,才能保证估价机构进行公平的市场竞争。我国不动产估价机构管理主要包括估价机构资质、分支机构设立、估价业务管理、法律责任等方面,以避免条件不合格的不良机构混入估价行业、扰乱不动产市场秩序。

(3)人员管理。所有的不动产估价业务必须由具体的专业人员来完成,对房地产估价专业人员的管理显得尤其重要。不动产估价人员管理主要包括估价人员的资格认定与注册、估价人员的权利与义务、估价人员的职业再教育和培训、估价人员的法律责任等方面,以提高估价人员的综合素质和能力、维护土地评估秩序、规范估价人员的职业行为。

(4)行业规范管理。不动产估价行业是一个自律性行业,需要按照行业要求进行规范化管理。为保障不动产估价行业依法合规经营,维护规范有序、公平竞争的市场环境,抵制行业内不正当竞争行为,促进行业健康发展,不动产估价的行业规范管理需要制定和及时更新系列的行业规范管理制度和政策,包括不动产估价机构注册管理、不动产估价师职业资格管理、不动产估价行业监督管理、不动产评估机构行政备案管理等。

第二节　地价体系

一、地价体系概述

(一)地价体系的内涵

由于土地质量、地产权利、供求关系的差别以及不同层次土地管理的现实需求,在土地市场上逐渐形成了作用不同、级别不同且标准不同的地价形式。为区分同一时期内不同形式、不同用途的土地价格，满足全面管理土地市场的需要，将其赋予相应的概念和内涵，形成一组相互联系又有区别的土地价格系列。这些价格在一定区域内的市场条件与政策制度下运行，构成了一个地区的地价体系，在土地市场中发挥不同的作用。因此，地价体系是土地市场中由若干个既相互联系又互有区别的地价构成，且共同满足土地市场管理和运行需要的价格系列。

构成地价体系的各种地价不是主观提出，而是受土地管理政策与经济政策影响，在土地市场运行和管理过程中客观形成的。科学的地价体系要求性质、用途一致的地价不能赋予两个不同的概念，也不能用同一个概念反映两个性质与用途不同的地价。同时，构成地价体系的各种地价，应相互衔接并覆盖整个地产市场管理的全过程，否则将引起地价体系混乱，不利于国家制订和实施相关的地价管理政策。我国各地的区位条件、城市规模以及经济发展水平存在明显的差异，因此从一定区域范围乃至全国来看，地价体系不仅应满足某个区域土地管理和土地市场发育与运行的需要，还应使不同区域间的地价水平具有良好的可比性。

(二)地价体系的作用

根据当前地产市场运行和管理的需要，我国地价体系应发挥以下方面的作用：

(1)公示作用。政府定期公布地价标准及变化趋势，可反映土地市场的价格水平及走向；评估和成交的宗地价格，可反映单位和个人占用的土地资产量，以充分发挥土地资产潜力，同时引导土地市场健康运行。

(2)参考作用。土地资产的个别性和不可移动性，决定了土地市场是不完全的市场。如果没有科学合理的地价体系和土地估价与咨询制度，也没有定期评估和公布的正常地价水平和标准，就难以保证交易双方清晰地了解土地市场，容易形成偏离市场水平的交易价，不利于正常的市场交易和建立有序的土地市场。

(3)税收和政策调控作用。政府通常通过征收有关土地税、实行强制收购等措施进行土地资产的管理，以加强政府对土地资产利用和转移的宏观调控，而这一过程的重要依据是合理的地价标准。

(4)对土地利用方式的引导作用。通过地价的差异性与引导土地的供应、需求，土地使用者根据生产需要与支付能力合理调整土地利用方式、布局和强度。

(三)构建地价体系的意义

随着我国市场经济体制的日趋完善，土地交易活动频繁发生，政府需要随时掌握地价变化情况，以便制定出灵活与实用的地价政策，防止地价变化对社会经济造成不良影响，确保国家土地资产的保值与增值。因此，管好土地市场的关键之一是对地价加强管理。地价体系的建立与完善，能够更好地发挥市场在资源配置中的决定性作用和政府的调控引导作用，促进土地市场的均衡发展，还能够服务于土地资源资产核算、土地资产管理、土地使用制度深化改革、土地使用权价格市场机制形成、地价管理制度完善等。此外，农村土地与城镇土地两个市场的相互割裂，导致城镇、集体建设用地及农用地基准地价三种地价体系的不连续性，给经济发展带来了障碍，也不利于“三农”问题的解决和社会主义新农村建设，因此构建合理的一体化地价体系是关系到整个城乡统一土地市场建设的关键所在，也是当前地价管理工作的重心。

二、我国地价体系的构成

(一)地价体系的构成

国家既作为土地所有者行使出让和收回土地使用权的权力，又作为政府管理部门对地产市场中的各类交易行为进行宏观调控与微观管理。一方面，各级政府相关主管部门需要了解管辖区域内土地市场的地价水平及其分布，以及正常市场情况下的宗地价格和实际的宗地交易价格；另一方面，单位与个人作为土地投资者和土地使用者也需要了解所在市场上的地价水平及其投资或使用土地的价格水平。因此，需要构建一个与我国土地管理制度和经济制度相配套，又同时满足政府、地产投资者、使用者等对地价宏观与中微观管理以及市场交易等多方面多层次需求的地价体系。根据我国土地使用制度及土地市场需求，我国地价体系应包括基准地价、标定地价、交易底价或交易评估价、交易地价、监测地价以及衍生和派生出的其他地价，六类地价相互影响、相互联系，是我国地价体系的基本构成(表 18-1)。

表 18-1　我国地价体系的主要构成

构成地价	作用
基准地价	反映区域内整体的平均地价水平，作为政府对地价实行的宏观管理和控制标准
标定地价	反映宗地在一般市场条件下正常地价水平，作为政府对地价和地产市场进行具体管理的依据
交易底价或交易评估价	反映宗地在不同市场条件和不同交换形式下地价水平，供土地交换或交换各方作为交易最低价或期望价参考
交易地价	反映具体宗地在地产交易或交换等活动中现实价格，由土地交易双方认可并据此支付的地价款
监测地价	反映市场价格的变化，为政府部门及市场参与各方提供辅助决策信息
其他地价	衍生和派生的供抵押贷款、土地税收、资产核算、土地出让等方面使用的地价

根据地价性质，基准地价、标定地价、交易评估价以及由此衍生出的其他地价，是根据过去成交地价及土地收益情况评估得到的评估地价，交易地价是土地市场交易中直接实现的现实地价。根据地价特点，基准地价属于区域平均地价，标定地价、交易地价、交易底价及其他派生地价都是对于具体宗地而言，属于宗地地价类型。

(二)地价体系的基础结构与相互关系

基准地价、标定地价、交易地价共同构成了我国最基础的地价体系。基准地价是宏观地价，主要反映的是土地使用价值的差异。与市场交易价格不同，基准地价反映了价值决定价格的一般规律，主要为出让底价、税收标准、宗地地价的确定提供依据，为公众提供信息服务及引导社会预期。宏观控制性的基准地价有利于国家从整体上对地价进行管理；中观依据性的标定地价有利于各地区的实际管理操作；微观活动中的交易地价则为基准地价和标定地价的定期调整提供了现实的依据。三层次地价作用各异，缺一不可(图 18-1)。

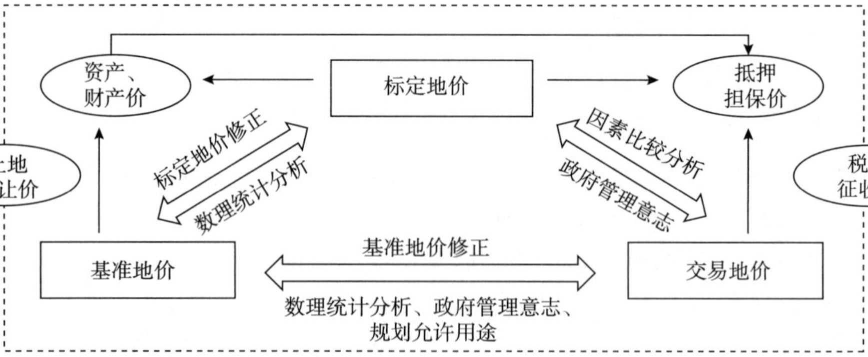

图 18-1 地价体系中价格关系示意图

(三)地价体系的类型

(1)针对不同的地类，地价体系分为城镇建设用地地价体系与农用地地价体系。城镇建设用地地价体系以基准地价和标定地价为核心，既包括反映宏观地价水平的基准地价，又包括标定地价、交易地价在内的宗地地价；农用地地价体系是针对农业用地价格评估与管理需求建立起来的，是以基准地价和宗地地价为核心的价格体系。

(2)从体系作用的角度，地价体系分为基准地价体系、标定地价体系、地价动态监测体系。以基准地价、标定地价为核心的公示地价是我国最基本的地价标准，也是地价管理工具体系的重要组成部分，而地价动态监测体系的作用是通过监测地价及时反映市场价格的变化，为政府部门及市场参与各方提供辅助决策信息。基准地价体系最早开始建立，随着土地市场发展的日益成熟，交易样点数量的增多以及数据的易获得性提高，地价动态监测系统逐步建立，但基准地价更新周期长而监测地价仅覆盖土地市场活跃的县市地区，监测地价旨在反映市场的动态实时走势，不便于直接用在土地评估中。而一年一更新的标定地价正好弥补了基准地价周期长和监测地价不稳定的缺陷(表 18-2)。

表 18-2 基准地价、标定地价和监测地价的比较

比较因素		基准地价	标定地价	监测地价
价格表征		不同级别或不同均质区域平均价格	标准宗地价格	监测点价格
价格定位		公示地价	公示地价	非公示地价
价格内涵	权利年期	法定最高使用年期	法定最高年期或政策规定年期	法定最高使用年期
	用途类型	商服、住宅、工业等	参照 GB/T 21010—2007 设定，宜细分至二级	商服、居住、工业
	价格期日	政府确定	每年 1 月 1 日	每季度最后一日
	开发利用条件	设定的平均开发利用条件	现状开发利用条件	设定条件
覆盖范围		城镇建设用地范围内	标定区域	一般为建成区

续表 18-2

比较因素	基准地价	标定地价	监测地价
样点选取条件	符合评估密度和分布均匀性要求	优先选取符合要求的地价监测点	现状条件应与所在级别和地价区段的设定状况相同
更新周期	每三年应全面更新	年度更新	季度更新
成果特点	级别范围广，区域性明显	区位具体，精细性强	更新频率快
成果作用	地价管理宏观需求	地价管理微观需求	地价趋势监测与预测

资料来源：刘颖等：《基准地价、标定地价与监测地价的联动思考》，《特区经济》2022 年 12 期

三、常见地价的作用

从各地价在地价体系中的作用和地位分析，基准地价和标定地价是政府为管理地价和地产市场而组织或委托评估的，对地价体系中的其他地价具有一定的导向和控制作用，因而是我国地价体系的核心；标定地价、交易地价是地产市场中最常见、最大量发生的地价形式，反映的是地产市场的现实。

基准地价是具有宏观控制和指导性的地价，反映地产市场中的地价变动趋势，可为政府制定管理措施和投资决策等提供依据。科学合理公开的基准地价是国家征收土地税费的依据，也是进一步评估标定地价、出让底价等宗地地价的基础，起到估算基值和修订初始值的作用，进而对土地利用和流动进行引导。同时作为制定协议出让国有土地使用权最低价的依据和参考标准。中国基准地价体系自建立以来，在宗地地价评估、税费征管、土地市场建设及国家宏观调控方面发挥了巨大作用。

标定地价能直观地在相应区域范围内提供地价参考，且每年更新能更好地反映土地市场的实际状况，成为基准地价的有力补充，并与基准地价一起构成了我国地价体系的核心。标定地价可为国家核定土地增值税和税制改革、制定土地市场管理政策、确定土地出让金提供依据。此外，标定地价也是确定企业、单位占有使用土地资产量的标准，为企业清产核资和股份制改造中确定土地资产量提供依据。

交易地价能灵敏地反映市场的供需状况、土地的利用状况和市场动态变化，同时通过与其他社会经济发展指标综合反映社会经济发展状况。从微观活动中为基准地价与标定地价的定期调整提供了现实参考。

监测地价能够反映城市地价水平，城市地价变化趋势，城市地价与土地供应的协调状况，城市地价与房屋供应的协调状况，城市地价与社会经济环境的协调状况，城市地价与城市土地利用协调状况等，还具有对地价变化中潜在的恶性风险进行预告和提醒的功能。

第三节　机构与人员管理

不动产估价行业的健康发展是保障国民经济正常运行的重要支撑。为加强对不动产估价行业的监督管理，规范不动产估价机构和估价人员行为，维护不动产估价市场秩序，切实维护不动产估价活动当事人合法权益，促进不动产估价行业健康发展，需要对不动产估价行业进行有效管理。

一、不动产估价组织管理

(一)不动产估价行业的组织管理主体

不动产估价行业协会是我国不动产估价行业的组织管理主体,是自律性社会管理机构,具有专业性、中立性和客观性的要求,不动产估价专业人员和不动产估价机构在协会的指导和管理下执业。因此,不动产估价协会的成立与运行的核心任务是强化估价专业人员和不动产估价机构的自律性,提高估价专业人员及机构的职业技术水平和职业操守,维持不动产估价行业的整体公信力。

不动产估价行业协会的管理权利一般包括两个方面,即政府授权和估价师自身协议。政府授予的管理权利,一般是通过相关法律或者委托方式确定的协会职能,通常包括职业资格考试的组织与实施、不动产估价报告的备案与审核、不动产估价师的继续教育等。估价师自身协议的管理权利,一般由估价师协会的章程或者是在协会内部经过一定的组织方式和程序,如协会常务理事会决议、协会领导办公会决议等确定,通常包括估价师技术指导与服务、估价师职业规范制订与监管、估价师信用档案建立与管理等。

(二)不动产估价行业协会的基本职能

我国不动产估价行业协会具有估价师和估价机构的职业资格管理、职业行为管理和职业技术服务三大基本职能。

(1)估价师和估价机构的职业资格管理。不动产估价师准入制是全球多数国家实行的职业资格制度,有较为完整的一套职业资格管理流程和要求,涵盖估价师和估价机构职业资格的取得、职业资格的注册、职业过程的监督、职业技能的继续教育、资质审核管理等多个方面。这一基本职能是保证不动产估价活动正常开展的基本前提,也是保障不动产估价结果的科学性、客观性和合理性的重要手段。

(2)估价师和估价机构的职业行为管理。不动产估价是一种社会经济行为,事关各利益主体的切身权益,直接影响到整个市场发展的稳定性、有序性和持续性。因此,估价师和估价机构的职业行为管理是维护市场良性发展的重要基础。一方面,制定统一的技术行业标准和规范,引导和约束估价师和估价机构在执业过程中的技术实施,保障执业过程的公正、公平和客观;另一方面,制定系列的行业质量标准和要求,对估价师和估价机构的行为进行监管,对于违反行业标准、扰乱市场秩序的恶性竞争行为,行业协会要予以提醒、警告和处罚,以维护不动产估价行业的整体形象和利益。这一基本职能既是对估价师和估价机构的约束,但同时也是保护,是规范执业行为过程的核心。

(3)估价师和估价机构的职业技术服务。估价师协会不仅要承担组织管理工作,还要对估价师和估价机构进行技术方面的指导服务。这些技术服务包括技术规范的制订、重大技术问题指引编制、专业信息的收集整理和发布、技术水平的监管、技术培训和相关学术研究和交流等。这一基本职能是发挥估价师协会技术服务能力、提升估价师和估价机构的职业技术水平、扩大估价行业的职业能力范围、活跃估价行业学术研究氛围的重要支撑。

(三)我国不动产估价组织管理层级

不动产估价组织管理机构是由具有估价资格和从事估价工作的组织和个人自愿结成的自律性社会管理机构,估价专业人员和估价机构在协会的指导和管理下执业。我国不动产估价组织管理机构主要分为全国和地方两种,我国目前负责全国不动产(土地)估价行业组织与管理的全国非营利性组织为中国土地估价师与土地登记代理人协会,于1994年5月成立(原名中国土地估价师协会),2014年8月更名为中国土地估价师与土地登记代理人协会(简称“中估协”),负责全国估价师和估价机构的管理工作和事务性工作。全国各省、自治区、直辖市均设有相关协会,部分协会将土地估价师与土地登记代理人纳入统一管理框架,部分协会将土地估价师和房地产估价师纳入统一管理框架,多数协会保留土地估价师的单一管理模式,负责执行和落实全国不动产估价协会指派任务,并对本地区估价师和估价机构进行监督管理。另外,也有部分省会城市成立了市一级层面的估价协会。

二、不动产估价机构管理

为适应不动产估价工作的需要,加强估价机构管理,保证不动产估价成果的公正性、权威性和科学性,国家主管部门出台了有关政策和法规,要求切实做好不动产估价机构的管理工作。要不忘初心牢记使命,增强责任意识、服务意识和担当精神,不断提升会员服务、完善职业质量监管体系,进一步促进不动产评估行业高质量发展,为助力财政管理改革和促进社会经济发展做出贡献。我国不动产估价机构分为土地估价机构和房地产估价机构,归属不同的主管部门管理,主要从以下方面对估价机构进行管理。

(一)国家有关部门对不动产估价机构实行备案管理制度

自我国不动产估价机构的管理制度建立伊始,长期采用资格核准管理制度,即依据我国相关法律的规定,对不动产评估机构的从业资格条件(包括采用合伙或者公司形式,聘用评估专业人员、注册资金等)审核及资质认证的制度。《资产评估法》第十六条规定“设立评估机构,应当向工商行政管理部门申请办理登记。评估机构应当自领取营业执照之日起三十日内向有关评估行政管理部门备案。评估行政管理部门应当及时将评估机构备案情况向社会公告”。至此,此前长期实行的资质核准管理改为备案管理,具体的不动产估价机构主管部门也做出了相应的管理制度修改和调整。同年,住房城乡建设部发布了《住房城乡建设部关于贯彻落实资产评估法规范房地产估价行业管理有关问题的通知》(建房〔2016〕275号),规定对房地产估价机构实行备案管理制度,不再实行资质核准。2017年,国土资源部发布了《国土资源部关于开展土地估价机构备案工作的通知》(国土资规〔2017〕6号),明确了统一的备案平台、向谁备案及备案的要求和程序,要求各机构应向机构工商登记所在地的省级国土资源部门备案。

(二)土地估价机构分级制度

1993年,国家土地管理局颁布了《土地估价机构管理暂行规定》(2006年废止),规定“土地估价机构资格实行分级制。A级土地估价机构,可在全国范围内从事土地估价工作。B级土地估价机构,只能在估价机构所在地的县级行政区域内从事土地估价工作”。1999年,我国发布《关于土地评估机构与政府主管部门脱钩的通知》,要求从事土地评估的中介服务机构与政府主管部门脱钩，土地估价机构进入行业自律组织管理阶段。2006 年 1 月 1 日，《土地估价中介机构管理办法》实施，同年《土地评估机构资信评级办法》颁布，之前 A 级和 B 级的资格分级制未沿用，而是改为资信评级制度，即根据注册土地估价中介机构的企业信誉、营业收入、社会贡献、科研能力、业务完成量、内部质量保证体系建设、人员构成及作业条件、会员及资深人士比例、土地估价报告质量等方面，进行客观综合评定确定等级的制度。土地评估机构资信评级工作由中估协和省级协会两级组织开展，中估协负责颁发 A 级证书，各省级协会负责颁发 B 级（含 B 级）以下证书。从 2021 年开始，土地评估中介机构 A 级资信评级工作中，中估协增列了准 A 级资信等级。土地评估机构资信评级制度实施旨在加强土地评估机构诚信建设，形成有效的行业自律机制，提高土地估价行业社会信誉，未再对估价机构从事业务工作的范围进行规定。

（三）房地产估价机构资质等级制度

2005 年，原建设部颁布了《房地产估价机构管理办法》，规定“房地产估价机构资质等级分为一、二、三级。国务院建设行政主管部门负责一级房地产估价机构资质许可。省、自治区人民政府建设行政主管部门、直辖市人民政府房地产行政主管部门负责二、三级房地产估价机构资质许可，并接受国务院建设行政主管部门的指导和监督。”2013 年，住房和城乡建设部对《房地产估价机构管理办法》进行了修正，房地产估价机构资质等级保持不变，仍采用一、二、三级的划分方式，住房和城乡建设部负责指导和监督房地产估价机构资质核准工作，制订房地产估价机构资质等级条件，不再承担一级房地产估价机构资质核准工作，调整后由省、自治区、直辖市住房城乡建设（房地产）管理部门负责本行政区域内的一级房地产估价机构资质核准工作。

三、不动产估价人员管理

不动产估价人员是指从事不动产价值和价格评估及相关咨询服务的专业人员。为加强对土地和房地产市场管理，提高不动产估价人员的素质，我国相关部门制定了《房地产估价师职业资格制度规定》《土地估价行业职业道德准则》《土地估价行业评估职业行为准则》等约束和管理不动产估价人员执业的相关制度。我国对于不动产估价人员的管理主要包括以下四个方面：

（一）职业资格管理

对于未通过房地产估价师职业资格考试取得房地产估价师职业证书的人员，不得以房地产估价师的名义从事房地产估价（含土地估价）业务。也就是说，通过房地产估价师职业资格考试是从事房地产估价（含土地估价）业务及其相关活动的基本门槛。同时，国家对房地产估价师职业资格实行职业注册管理制度，取得房地产估价师职业资格并经注册的，可以依法从事房地产估价业务和土地估价业务，签署房地产估价报告和土地估价报告。另外，不动产估价人员取得职业资格之后还应当按照国家专业技术人员继续教育的有关规定接受相应行业组织的继续教育，更新专业知识，提高业务水平。

（二）职业道德管理

不动产估价人员从事房地产估价或者土地估价业务应当遵纪守法，诚信执业，恪守职业道德和职业准则、标准，主动接受有关主管部门的监督检查，自觉接受行业自律管理。首先，在社会公德方面，不动产估价人员应维护对国家爱国守法、对社会遵德守正、对环境珍惜守护、对单位尽责守规、对家庭用心守爱；其次，在职业素养方面，不动产估价人员应对竞争公平守道、对行业自律守信、对委托公正守约、对项目独立守职、对报告客观守真。

（三）行为准则管理

为进一步规范估价行业行为、维护良好行业环境、防范行业风险，提高行业社会公信力，促进行业持续健康发展，不动产估价人员应遵守市场竞争行为、职业自律行为、承接业务行为、外部作业行为、撰写报告行为、档案管理行为等准则。市场竞争行为侧重市场经济中的经济行为以及与同行竞争行为方面；职业自律行为侧重自身职业能力提升建设方面；承接业务行为侧重和客户交流与承接项目方面；外部作业行为侧重整个项目外业作业和项目全过程管理方面；撰写报告行为侧重内业撰写报告方面；档案管理行为侧重项目作业底稿整理归档、档案管理以及信息保密方面。

（四）惩罚管理

不动产估价人员的职业行为对国家和个人财产的保护起到极其重要的作用。当不动产估价人员在房地产估价（含土地估价）及管理工作中出现错误，由注册单位对当事人处以警告、没收非法所得、暂停执行业务、吊销职业资格，并可处以罚款，情节严重、构成犯罪的，由司法机关依法追究刑事责任。常见的惩罚事由有：

- 涂改、伪造或以虚假和不正当手段获取房地产估价师职业资格；
- 未按规定办理注册、变更登记和未经登记以房地产估价师的名义从事估价业务；
- 用执行业务之便，索贿、受贿，谋取其他不正当的利益；
- 允许他人以自己的名义从事估价业务和同时在两个或两个以上估价单位执行业务；
- 与委托人串通或故意做不实的估价报告和因工作失误，造成重大损失；
- 以个人名义承接房地产估价业务，收取费用；
- 因在估价及管理工作中犯严重错误，受行政处罚或刑事处罚的。

此外，房地产估价师职业资格管理部门的工作人员，在职业资格考试和注册管理中玩忽职守、滥用职权、构成犯罪的，依法追究刑事责任，未构成犯罪的，给予行政处分。

四、不动产估价行业规范管理

我国现行不动产估价行业管理主要包括不动产估价机构注册管理、不动产估价师职业资格管理、不动产估价行业监督管理、不动产评估机构行政备案管理等。

（一）不动产估价机构注册管理

不动产估价机构是指依法设立并取得土地估价机构资质或房地产估价机构资质，从事土地或房地产估价活动的中介服务机构，实行执业注册制度。省、自治区人民政府住房城乡建设主管部门、直辖市人民政府房地产主管部门负责房地产估价机构资质许可。省、自治区、直辖市土地估价师协会负责所在辖区土地估价机构的注册与管理。未经注册不得从事不动产估价中介经营活动，出具的估价报告不具法律效力。

(二)不动产估价师职业资格管理

2014年,国务院取消和调整了一批职业资格许可,其中包括土地估价师。2021年,住房和城乡建设部与自然资源部联合下发了《房地产估价师职业资格制度规定》《房地产估价师职业资格考试实施办法》,原土地估价师、房地产估价师统称为房地产估价师,国家设置房地产估价师准入类职业资格,纳入国家职业资格目录,实行统一考试、统一注册、分工监管。住房和城乡建设部与自然资源部根据职责分工负责房地产估价师职业资格制度的实施,包括职业资格考试管理、职业注册管理、监督检查管理、继续教育等。

(三)不动产估价行业监督管理

不动产估价行业主管部门对土地和房地产估价行业进行监督管理。一要严格按照资质等级条件,统一标准,加强不动产估价机构资质核准管理,强化审批事后监管;二要建立健全不动产估价机构和注册房地产估价师信用档案,及时更新信用档案信息;三要努力营造公平竞争、打破分割、优胜劣汰的市场环境,促进形成统一的全国性的不动产估价市场;四要强化行业自律管理,充分发挥不动产估价行业组织的作用;五要定期对各地的资质核准情况、行业管理情况、估价报告和估价业绩进行抽检,纠正估价管理中的违法行为。

(四)不动产估价机构行政备案管理

前文明确指出,我国不动产估价机构实行备案管理制度,以加强估价机构的监督管理。土地估价机构需要在"全国土地估价监管系统"完成备案,房地产评估机构需要在"全国房地产估价行业管理信息平台"完成备案。不动产估价机构行政备案管理主要包括备案信息填报、备案信息核验、备案信息公示和变更等。对于对未完成不动产估价机构备案开展估价业务的评估机构,由相关主管部门依法处理。

第四节　估价机构、估价师、咨询与顾问

一、估价机构

估价机构是指依法设立并取得土地或房地产估价机构资质,从事估价活动的中介服务机构。

(一)估价机构的设立与运行

1. 估价机构的设立要求

我国的不动产估价机构主要有两类——土地估价机构和房地产估价机构。2016年,《资产评估法》出台,住房城乡建设部发布《关于贯彻落实资产评估法规范房地产估价行业管理有关问题的通知》(建房〔2016〕275号),原国土资源部发布《关于开展土地估价机构备案工作的通知》(国土资规〔2017〕6号),明确指出评估机构设定应符合《资产评估法》要求(表18-3)。不同地区根据实际情况,也制定了当地的估价机构设立条件。

表 18-3　估价机构设立的一般性要求

条目	要求
合伙或者公司形式	①合伙形式的评估机构，应当有两名以上评估师；其合伙人三分之二以上应当是具有三年以上从业经历且最近三年内未受停止从业处罚的评估师 ②公司形式的评估机构，应当有八名以上评估师和两名以上股东，其中三分之二以上股东应当是具有三年以上从业经历且最近三年内未受停止从业处罚的评估师 ③评估机构的合伙人或者股东为两名的，两名合伙人或者股东都应当是具有三年以上从业经历且最近三年内未受停止从业处罚的评估师
登记与备案	①应当向工商行政管理部门申请办理登记 ②评估机构应当自领取营业执照之日起三十日内向有关评估行政管理部门备案
制度建立	①评估机构应当依法独立、客观、公正开展业务，建立健全质量控制制度，保证评估报告的客观、真实、合理 ②应当建立健全内部管理制度，对本机构的评估专业人员遵守法律、行政法规和评估准则的情况进行监督，并对其从业行为负责

注：根据《资产评估法》条款整理。

2. 估价机构的运行要求

《资产评估法》对评估机构的运行也提出了要求，包括评估人员、评估程序、评估报告、评估行为以及其他方面（表 18-4）。

表 18-4　估价机构运行的一般性要求

条目	要求
评估人员	评估专业人员只能在一个评估机构从事业务
评估程序	①对受理的评估业务，评估机构应当指定至少两名评估专业人员承办 ②评估专业人员应当根据评估业务具体情况，对评估对象进行现场调查，收集权属证明、财务会计信息和其他资料并进行核查验证、分析整理，作为评估的依据 ③评估专业人员应当恰当选择评估方法，除依据评估职业准则只能选择一种评估方法外，应当选择两种以上评估方法，经综合分析，形成评估结论，编制评估报告 ④评估机构应当对评估报告进行内部审核 ⑤评估机构开展法定评估业务，应当指定至少两名相应专业类别的评估师承办，评估报告应当由至少两名承办该项业务的评估师签名并加盖评估机构印章
评估报告	①应当由至少两名承办该项业务的评估专业人员签名并加盖评估机构印章 ②评估机构及其评估专业人员对其出具的评估报告依法承担责任 ③委托人不得串通、唆使评估机构或者评估专业人员出具虚假评估报告

续表 18-4

条目	要求
评估行为	①不得利用开展业务之便，谋取不正当利益 ②不得允许其他机构以本机构名义开展业务，或者冒用其他机构名义开展业务 ③不得以恶性压价、支付回扣、虚假宣传，或者贬损、诋毁其他评估机构等不正当手段招揽业务 ④不得受理与自身有利害关系的业务 ⑤不得分别接受利益冲突双方的委托，对同一评估对象进行评估 ⑥不得出具虚假评估报告或者有重大遗漏的评估报告 ⑦不得聘用或者指定不符合本法规定的人员从事评估业务 ⑧不得出现违反法律、行政法规的其他行为
其他	①委托人拒绝提供或者不如实提供执行评估业务所需的权属证明、财务会计信息和其他资料的，评估机构有权依法拒绝其履行合同的要求 ②委托人要求出具虚假评估报告或者有其他非法干预评估结果情形的，评估机构有权解除合同 ③评估机构根据业务需要建立职业风险基金，或者自愿办理职业责任保险，完善风险防范机制

注：根据《资产评估法》条款整理。

(二)估价机构的管理制度

1. 土地估价机构的管理制度

1993 年，国家土地管理局颁布实施《土地估价机构管理暂行规定》，对土地估价机构资格分级管理及其资格认证等进行了规定。2016 年我国发布《关于贯彻实施〈中华人民共和国资产评估法〉的通知》，其中明确要求："评估机构要独立、客观、公正开展业务，建立健全质量控制制度，保证评估报告的客观、真实、合理""要建立健全内部管理制度，对本机构的评估专业人员遵守法律、行政法规和评估准则的情况进行监督""严格落实《资产评估法》规定的评估机构备案制度"。

2. 房地产估价机构的管理制度

2005 年，建设部发布第 142 号令，即《房地产估价机构管理办法》(2013 年和 2015 年对其进行了修正)，对房地产估价机构的资质等级认定与核准等进行了规定，并对估价管理进行了规定。2013 年，住房城乡建设部下发《关于进一步规范房地产估价机构管理工作的通知》(建房〔2013〕151 号)，对如何进一步规范房地产估价机构管理工作进行了具体指示。2016 年，住房城乡建设部发布的《关于贯彻落实资产评估法规范房地产估价行业管理有关问题的通知》指出，自 2016 年 12 月 1 日起，要对房地产估价机构实行备案管理制度，不再实行资质核准。房地产评估机构的设立，应当符合资产评估法相关规定。对符合规定的，省级住房城乡建设(房地产)主管部门需予以备案，核发统一格式的备案证明。符合《房地产估价机构管理办法》中相应等级标准的，需在备案证明中予以标注。同时，要做好房地产估价机构资质核准与备案制度衔接。对于资质有效期满后未达到资产评估法规定条件的，不予备案，不得开展房地产估价活动。

二、估价师

(一)不动产估价师概述

在2014年国务院取消和调整了一批职业资格许可之前,我国大陆地区不动产估价师包括土地估价师和房地产估价师,分别由原国土资源部与住房和城乡建设部负责管理。2014—2020年,土地估价师资格考试因土地估价师的职业资格许可取消而停止。2021年,住房和城乡建设部与自然资源部联合下发了《房地产估价师职业资格制度规定》《房地产估价师职业资格考试实施办法》,规定通过国家职业资格考试取得中华人民共和国房地产估价师职业资格证书,并经注册后从事房地产估价(含土地估价)业务,至此原土地估价师、房地产估价师合并为房地产估价师,从事评估业务也包括土地估价和房地产估价两大类。相应地,房地产估价师职业资格考试实行全国统一大纲、统一试题、统一组织,包括《房地产制度法规政策》《房地产估价原理与方法》《房地产估价基础与实务》《土地估价基础与实务》四个科目。

(二)不动产估价师职业资格报考或取得条件

根据《房地产估价师职业资格制度规定》规定,申请参加房地产估价师职业资格考试的报名条件包括:①拥护中国共产党领导和社会主义制度;②遵守中华人民共和国宪法、法律、法规,具有良好的业务素质和道德品行;③具有高等院校专科以上学历。房地产估价师职业资格考试合格人员,由各省、自治区、直辖市考试管理机构颁发房地产估价师职业资格证书。该证书由住房和城乡建设部统一印制,住房和城乡建设部、自然资源部共同用印,在全国范围内有效。取得房地产估价师职业资格并经注册的,可以依法从事房地产估价业务和土地估价业务,签署房地产估价报告和土地估价报告。

(三)不动产估价师的权利与义务

《资产评估法》对不动产估价师的权利与义务做出了明确要求。

(1)不动产估价师的权利。不动产估价师在取得估价业务职业资格后,按照国家及行业相关法律与技术规范,根据估价目的,可以要求委托人提供相关的权属证明、财务会计信息和其他资料,以及为执行公允的评估程序所需的必要协助。根据估价需要,可以依法向有关国家机关或者其他组织查阅从事业务所需的文件、证明和资料。秉承公平公正的原则,必须拒绝委托人或者其他组织、个人对评估行为和评估结果的非法干预。完成评估任务后,需按要求编制并依法签署评估报告。

(2)不动产估价师的义务。作为不动产估价师,需要诚实守信,依法独立、客观、公正从事业务;遵守评估准则,履行调查职责,独立分析估算,勤勉谨慎从事业务;完成规定的继续教育,保持和提高专业能力;对评估活动中使用的有关文件、证明和资料的真实性、准确性、完整性进行核查和验证;对评估活动中知悉的国家秘密、商业秘密和个人隐私予以保密;与委托人或者其他相关当事人及评估对象有利害关系的,应当回避;接受行业协会的自律管理,履行行业协会章程规定的义务;等等。

(四)不动产估价师不当行为的规定

《资产评估法》对不动产估价师不当行为也进行明确规定。包括：不得私自接受委托从事业务、收取费用；不得同时在两个以上评估机构从事业务；不得采用欺骗、利诱、胁迫，或者贬损、诋毁其他评估专业人员等不正当手段招揽业务；不得允许他人以本人名义从事业务，或者冒用他人名义从事业务；不得签署本人未承办业务的评估报告；不得索要、收受或者变相索要、收受合同约定以外的酬金、财物，或者谋取其他不正当利益；不得签署虚假评估报告或者有重大遗漏的评估报告等不当行为。

三、咨询与顾问

不动产咨询与顾问是不动产估价机构接受投资者、开发商或消费者等委托，对不动产投资环境、市场状况、项目评价、交易手续、相关政策、法规等方面提供专业意见或解决方案的一种服务模式。特别是近年来，大型央企、国企针对企业自身在生产经营和改革发展中所涉及的土地使用权转移、土地用途或使用权类型变更、股权变动涉及土地使用权调整、单位自有经营性物业资产管理、对外租赁经营(出租/承租)土地或房地产等大量的资产整合、盘活、处置工作日益增多，不动产估价行业的咨询与顾问需求日趋增加。

(一)服务对象

不动产估价咨询顾问服务的服务对象根据自身单位属性一般可分为四大类：政府单位(包括国家、省、市属机关单位及下属事业单位)、国有企业(包括央企、省市属企业)、民营企业以及个人。

(二)服务内容

由于服务对象的不同，所涉及的具体服务内容也有差别，但一般包括基础服务和专项服务。基础服务主要是根据委托单位需求向其提供日常所需的周期性基本服务，包括不动产市场信息、房价或地价指数变动趋势、监测样点变动信息、相关政策分析等，主要用于市场发展、行业发展或企业发展的趋势性判断。专项服务可以是基础服务之上，也可以是基础服务之外的针对某个具体目的咨询与顾问服务，需要结合具体开展的服务任务确定，包括不动产资产档案梳理与信息系统建立、不动产资产盘活处置、不动产资产分割或转移过户及政策分析、不动产经济行为过程中交易税费筹划、不动产资产相关政策的培训、不动产相关的专业类业务文书审核等。

(三)服务提升

不动产估价咨询与顾问的服务逐渐成为该行业的主要业务之一，但与不动产行业主要从事的评估业务相比，其更具有前瞻性、挑战性、研究性和创新性。因此，需要有针对性地制定服务计划、研究计划和发展计划；按照服务要求分模块管理，开展全流程综合咨询顾问服务；做好归纳统计工作，构建完善的数据信息库；培养行业和机构的创新意识与灵活应变能力；建立完善的人才培养机制等。不动产估价咨询与顾问的服务提升关乎不动产估价行业的健康运行，是该行业可持续发展的重要组成。

【本章小结】

不动产估价行业管理对于规范与培育我国不动产估价市场，加强对不动产估价行业的监督管理，约束不动产估价机构和估价人员行为具有极其重要的作用。本章在介绍不动产估价管理制度的基础上，明确了不动产估价管理体系的内涵和具体构成；系统介绍了地价体系的内涵、特点、作用与意义，从构成地价、基础结构与相互关系、类型等方面阐述了我国地价体系的构成，并介绍了常见地价及其作用；从不动产估价的组织管理、机构管理、人员管理、行业规范管理等四个方面系统分析了不动产估价行业管理内容；此外，本章还介绍了估价机构、估价师、咨询与顾问等涉及不动产估价行业管理和持续发展的内容。

不动产估价行业管理是保障区域土地高质量管理和土地市场健康发育与良性运行的核心基础之一，必须按照我国不动产估价制度和管理的特点，建立健全不动产估价管理体系和地价体系，为不动产估价行业、估价师与服务对象、政府宏观调控提供指导与管理的依据。同时，提高估价专业人员及机构的职业技术水平和职业操守，提升不动产咨询与顾问服务、评估业务水平，强化估价专业人员和不动产估价机构的自律性，维持不动产估价行业的整体公信力，才能切实有效地管理好不动产估价行业，从而促进不动产估价行业健康发展。

【习题及思考题】

1. 什么是不动产估价管理体系？
2. 不动产估价管理体系对不动产估价有何影响？
3. 什么是地价体系？简述地价体系在地产市场运行和管理中的作用。
4. 地价体系的构成有哪些？简述其在地价体系中的作用。
5. 不动产估价行业管理主要内容是什么？
6. 简述不动产估价机构设立与运行的一般要求。

【参考文献】

[1]毕继业，周小平，张丽. 不动产估价. 北京：北京师范大学出版社，2015.
[2]岑福康. 特大型城市国有建设用地价格体系理论与实践. 上海：同济大学出版社，2014.
[3]中国土地估价师与土地登记代理人协会. 土地估价原理与方法. 北京：中国大地出版社，2022.

附录：相关标准与规范

《城镇土地估价规程》(GB/T 18508—2014)
《房地产估价规范》(GB/T 50291—2015)
《城镇土地分等定级规程》(GB/T 18507—2014)
《农用地估价规程》(GB/T 28406—2012)
《房地产估价基本术语标准》(GB/T 50899—2013)
《农用地质量分等规程》(GB/T 28407—2012)
《农用地定级规程》(GB/T 28405—2012)
《土地利用现状分类》(GB/T 21010—2017)
《标定地价规程》(TD/T 1052—2017)
《园地分等定级规程》(TD/T 1071—2022)
《自然资源价格评估通则》(TD/T 1061—2021)
《自然资源分等定级通则》(TD/T 1060—2021)
《无居民海岛使用价格评估规程》(HY/T 0326—2022)
《农村集体土地定级与估价技术指南》(T/CREVA 1201—2021)
《林地分等定级技术规范》(T/CREVA 3101—2021)
《草地分等定级技术规范》(T/CREVA 3102—2021)
《林地估价技术规范》(T/CREVA 1101—2021)
《草地估价技术规范》(T/CREVA 1102—2021)